elefante

**o joio** e o trigo

*elefante*

**Conselho editorial**
Bianca Oliveira
João Peres
Tadeu Breda

**Edição**
Tadeu Breda

**Assistência de edição**
Natalia Engler

**Preparação**
Fábio Fujita

**Revisão**
Tomoe Moroizumi
Laura Massunari

**Revisão técnica**
João Peres

**Capa**
Túlio Cerquize

**Diagramação**
Daniela Miwa Taira

**Direção de arte**
Bianca Oliveira

TRADUÇÃO

**ÉRIKA NOGUEIRA VIEIRA**

*Para Dinah, Lyra, Sasha e Indigo*

# PREFÁCIO

**Carlos Monteiro**

Em muitas das entrevistas que concedi a jornais impressos, telejornais e documentários nos últimos anos, duas perguntas têm sido constantes. A primeira é sobre como foi o momento "Eureka!", quando teriam sido definidos o conceito de alimento ultraprocessado e a hipótese — hoje bem comprovada — de que o aumento no consumo desses alimentos seria uma das causas da pandemia de obesidade. A segunda orbita em torno de por que esse conceito e essa hipótese tiveram origem em um núcleo acadêmico da Universidade de São Paulo (USP), e não em núcleos de instituições estadunidenses ou inglesas, que tradicionalmente respondem pelos maiores avanços na pesquisa sobre alimentação, nutrição e saúde.

A resposta à primeira pergunta você encontra nas próximas páginas, na narrativa precisa e saborosa de Christopher van Tulleken. Portanto, não vou repeti-la aqui. Alguns elementos que ajudam a responder à segunda questão também estão no livro, mas detalho os que me parecem mais importantes.

O Núcleo de Pesquisas Epidemiológicas em Nutrição e Saúde (Nupens) da USP, que concebeu o conceito de alimento ultraprocessado e a hipótese de sua relação com a pandemia de obesidade, nasceu há mais de trinta anos em uma faculdade de saúde pública — e não, como é mais frequente no Brasil e em outros países, em uma escola médica.

Trata-se de um detalhe importante. No campo da saúde pública, pesquisas são, por natureza, transdisciplinares. Focam a identificação dos fatores ambientais (físicos, socioeconômicos, culturais) que determinam a incidência das doenças na população — sobretudo aquelas que apresentam alta frequência ou que evoluem de forma epidêmica. A partir da identificação desses fatores, são propostas medidas e políticas públicas necessárias para modificar o ambiente e prevenir as doenças.

A pesquisa médica, por sua vez, busca entender a fisiopatologia das doenças: por que e como, em determinados ambientes, algumas pessoas (ou organismos humanos) adoecem e outras não. Esse conhecimento abre caminhos para a proposição e a avaliação de esquemas terapêuticos que visam tratar ou controlar a doença no indivíduo.

Não surpreende, portanto, que uma faculdade de saúde pública tenha sido o berço do conceito de alimentos ultraprocessados e da hipótese de seu vínculo com a pandemia de obesidade. Da mesma forma, não deve surpreender o fato de que descobertas sobre a regulação do balanço energético e novas alternativas para o manejo clínico da obesidade surjam em faculdades de medicina.

Para além de integrar uma faculdade de saúde pública, o Nupens/USP, desde sua criação, tem como uma de suas linhas de investigação o estudo de determinantes da evolução de problemas de saúde. Incluem-se aí pesquisas sobre as causas das grandes variações temporais da mortalidade infantil na cidade de São Paulo no século XX e do excepcional declínio da desnutrição infantil no Brasil na primeira década do século XXI. Eis o segundo elemento: a experiência acumulada na identificação de fatores que determinam a evolução da saúde de uma população.

Para identificar as causas da evolução da mortalidade e da desnutrição, quantificamos o risco dessas condições em função de seus principais determinantes — no caso, renda familiar e acesso a serviços públicos de saúde, educação e saneamento. Na sequência, resgatamos a evolução temporal desses determinantes no período de interesse. Por fim, modelamos a variação esperada nos problemas de saúde em função da evolução dos determinantes. Em essência, aplicamos o mesmo método para entender o crescimento epidêmico da obesidade no Brasil (e, depois, no mundo), trocando a evolução da renda e do acesso a serviços públicos pela evolução da dieta.

Outro elemento que ajuda a entender a origem brasileira do conceito de alimento ultraprocessado e da hipótese de seu vínculo com a pandemia de obesidade é um traço dominante dos grupos de pesquisadores brasileiros que atuam na área da saúde pública: sua filiação a instituições públicas e o apoio exclusivo que recebem de fontes também públicas de financiamento à pesquisa. Essas condições, raras em universidades estadunidenses e inglesas, permitiram que o Nupens/USP produzisse conhecimento sem conflitos de interesses. E essas são condições indispensáveis para se fazer ciência com independência em áreas nas quais o avanço científico pode ir na direção contrária aos interesses econômicos do setor privado.

Em termos botânicos, poderíamos comparar esses fatores ao embrião, ao endosperma e ao tegumento da semente que gerou o conceito de alimento ultraprocessado e ajudou a entender a pandemia de obesidade. E este livro mostra como essa semente, de boa cepa e regada por muitos, resistiu às pragas e floresceu. Hoje, por exemplo, acumulam-se evidências de que o aumento no consumo de alimentos ultraprocessados poderia explicar a evolução epidêmica de outras enfermidades, incluindo doenças mentais, doenças inflamatórias intestinais e certos tipos de câncer. Observa-se também que, diante dessas evidências, um número crescente de países vem implantando políticas públicas para prevenir ou reverter o predomínio de alimentos ultraprocessados na dieta.

Nas páginas de *Gente ultraprocessada*, Van Tulleken descreve com primor a história dos alimentos ultraprocessados, a lógica de sua produção e os impactos desses produtos para nossa saúde. Para isso, expôs, muito corajosamente, seu próprio organismo aos ultraprocessados, fez uma exaustiva revisão da literatura e conversou com grandes especialistas no tema. O resultado é uma narrativa completa e fascinante.

O livro revela não apenas os efeitos nocivos dos alimentos ultraprocessados mas também a urgência de políticas públicas que impeçam que a dieta ultraprocessada substitua padrões saudáveis e tradicionais de alimentação baseados em alimentos integrais e em refeições preparadas com base nestes alimentos — comida de verdade, como costumamos dizer no Brasil.

A luta da saúde pública contra os interesses financeiros da indústria de alimentos ultraprocessados é e será árdua, mas obras como esta, já lida por milhares de leitores em vários países, são poderosas e imprescindíveis.

CARLOS MONTEIRO é professor emérito da Faculdade de Saúde Pública da USP.

# APRESENTAÇÃO

**Paula Johns**

Orgulho de ser brasileira. Bastaria essa frase para descrever o sentimento que tive ao ler *Gente ultraprocessada* na semana em que foi lançado no Reino Unido, em abril de 2023. Devorei o livro rapidamente e agreguei muitas peças ao quebra-cabeça das complexidades (paradoxalmente simples) dos temas que giram em torno da alimentação. Tema que nos move, literalmente, e que move o mundo. E, como pano de fundo da alimentação no caso dos humanos, temos o sistema capitalista, que estrutura sistemas alimentares a partir da lógica do acúmulo, do corte de custos e da otimização de lucros que precisam crescer sem limites (ou escrúpulos) e para todo o sempre — uma das facetas do "deus mercado" que comanda muitas esferas de nossas vidas.

Costumo apresentar a ACT Promoção da Saúde como uma organização da sociedade civil dedicada a promover ambientes saudáveis que possibilitem *escolhas saudáveis* por meio da articulação em rede e de *advocacy* por políticas públicas que melhorem as condições de saúde e bem-estar de todos, sem deixar ninguém para trás.

*Gente ultraprocessada* coloca em xeque a crença de que temos um grande poder de escolha em relação ao que comemos. O instinto de sobrevivência animal, de comer o que é necessário para se nutrir e se alimentar, parece estar escangalhado na espécie humana. Nossas supostas escolhas não são mais capazes de seguir as orientações do que o nosso organismo necessita em termos de nutrientes; passaram a ser atravessadas por variáveis externas, como marketing, preço, acesso, (des)informação, engenharia alimentar, aditivos, padrões de beleza etc., que terminam por determinar nossas escolhas muito mais do que nossas necessidades. Apesar das palavras complicadas que permeiam o maravilhoso mundo dos aditivos e das substâncias químicas, o presente livro demonstra numa linguagem de fácil entendimento que quando, como e o que comemos são fatores determinados por sistemas complexos em operação bem abaixo de nosso nível consciente — e que os ultraprocessados vieram ao mundo para mudar isso.

O livro é também um relato de duas histórias de transição. Primeiro, a de um cético do Norte global em relação a uma enorme inovação científica que surge no Sul, até se tornar um adepto da nova teoria e um ativista de peso, que envereda em aspectos dos alimentos ultraprocessados que talvez nem os criadores da classificação NOVA tenham se aprofundado. Além de enriquecer o debate, o escrutínio amplo e detalhista do conceito de ultraprocessados abre novas janelas e novas perspectivas para entender os desafios que temos diante de nós para avançar na regulação dos alimentos ultraprocessados. E essa é parte da missão da ACT Promoção da Saúde. A segunda história é a da transição alimentar de alimentos in natura e preparações culinárias para comidas prontas e empacotadas. E foi a observação transdisciplinar dessa transição, pelos protagonistas da teoria nascida no Brasil e liderada pelo professor Carlos Monteiro, que inspirou o desenvolvimento e a testagem da hipótese do conceito de alimento ultraprocessado, descrito pelo autor como indicador de uma nova era da alimentação.

Talvez a existência de culturas alimentares tão distintas ajude a explicar tanto a hipótese aventada pelos brasileiros como o ceticismo dos britânicos e de outros expoentes da ciência da nutrição do Norte global. Estamos inseridos em ambientes alimentares distintos. Por aqui, precisamos preservar nossa dieta composta ainda majoritariamente por comida de verdade para que não alcancemos percentuais de consumo de ultraprocessados elevados como nos Estados Unidos e no Reino Unido. Isso por si só torna a leitura deste livro essencial. E que bom saber que a edição em inglês se tornou um sucesso de vendas. Esse fenômeno alimenta a esperança de que o valor de uma cultura alimentar baseada em alimentos in natura possa ser exportado para o Norte, antes de sermos completamente dominados pelo avanço dos ultraprocessados nos mercados que ainda não estão saturados.

Não se trata de um livro de receitas para prevenir ou tratar os índices crescentes e alarmantes de obesidade (entendida como um marcador importante da má alimentação para além do peso ou da aparência corporal) e doenças correlatas, seja individual ou coletivamente. Trata-se, sim, de uma análise minuciosa sobre um sistema alimentício arquitetado com o propósito de gerar mais receita e lucro para corporações transnacionais no campo da produção e do consumo e que, portanto, necessita impulsionar o consumo excessivo. O ultraprocessamento é peça fundamental na constituição dessa nova era da alimentação na qual somos cobaias de um grande experimento que tem trazido graves consequências à saúde humana e planetária.

Chris é muito habilidoso em destrinchar os impactos — tanto os já documentados como aqueles que ainda desconhecemos em sua totalidade — de substâncias químicas com nomes dificílimos, como ácido perfluorooctanoico, estearato de glicerol, monoestearato de sorbitano, carrageninas, dimetilpolissiloxano, entre tantos outros corantes, emulsificantes, saborizantes e edulcorantes, desenvolvidos para fazer com que os ultraprocessados fiquem mais atrativos, saborosos, coloridos, viciantes e baratos. E se, além disso tudo, essas substâncias servirem para fornecer alegações nutricionais nos rótulos, ou driblar regras de rotulagem sobre excesso de nutrientes críticos, melhor ainda. É claramente o caso dos edulcorantes, que vêm cada vez mais substituindo ou sendo misturados com açúcares para fugir da rotulagem nutricional frontal ou da tributação majorada.

Esse problema, aliás, é emblemático para entender as maneiras pelas quais os ultraprocessados causam problemas de saúde. O sabor doce prepara o organismo para receber açúcar e, quando isso não acontece, é um problema. Essa imitação de nutrientes é uma das características dos ultraprocessados que contribui para burlar sistemas complexos de regulação do processo de se alimentar e adquirir os nutrientes necessários ao organismo.

Imaginar o efeito cumulativo de tudo isso junto e misturado é para nos deixar verdadeiramente preocupados, ainda mais em face de regras de regulação dos aditivos alimentares muito menos rigorosas do que para medicamentos — as quais, para piorar, sabemos que estão ficando cada vez mais frouxas.

A liberdade de inovação garantida à indústria vem demonstrando ser absolutamente incompatível com a saúde humana e planetária, e o lado perverso dessa equação é que muitas dessas inovações são propagandeadas como boas para a saúde ou sustentáveis. Isso fica óbvio quando olhamos o caso dos cigarros convencionais *vs.* cigarros light, hoje apresentados como novos produtos, seja o tabaco aquecido, sejam os cigarros eletrônicos. Também não é preciso ser gênio para comparar com o caso dos refrigerantes convencionais *vs.* diet. E, ao olhar o caso da gordura trans, um produto comprovadamente letal e amplamente aceito como tal, assim como os cigarros, fica patente que o tempo que levamos para conseguir regular esses setores é incompatível com o que seria desejável do ponto de vista da saúde e dos limites do planeta. Deveria ser possível inverter o ônus da prova e colocar essa responsabilidade nas indústrias. Criar precedentes de responsabilização pelos danos que causam poderia ser um incentivo mais efetivo para provocar mudanças sistêmicas num sistema alimentar que está nos adoecendo.

E, por falar em cigarros, o autor também faz uma comparação importante entre ultraprocessados e drogas do ponto de vista da dependência. Ele afirma que o Reino Unido contemporâneo é, para os ultraprocessados, o que os anos 1950 foram para os cigarros. Nessa analogia, reforça o entendimento de que, assim como os cigarros, os ultraprocessados não são alimentos, são supérfluos e nocivos à saúde.

O mergulho no admirável mundo do ultraprocessamento vai além de colocar uma lupa no conteúdo interno desses produtos. Chris também nos faz navegar nas questões estruturantes e nos impactos que permeiam a produção e o consumo, como agronegócio, monoculturas de larga escala, resistência a antibióticos, sistemas financeiros, controle das corporações por grupos de investidores, tributação e as estratégias mirabolantes desenvolvidas pelas empresas para evitá-la, poluição plástica, conflitos de interesses e a compra de evidências científicas — como, entre outros, no caso emblemático da falsa correlação entre (falta de) atividade física e obesidade.

Ainda que uma empresa isoladamente tenha interesse genuíno em melhorar suas práticas, políticas e produtos, as regras do jogo não permitem: ela será engolida pelo sistema capitalista enquanto a regra mais importante continuar sendo o lucro acima de tudo, que tem convivido em perfeita harmonia com a narrativa das alegações de saudabilidade, sustentabilidade e justiça social dentro do popular tripé do ESG — ambiental, social e governança, na sigla em inglês.

Trazer *Gente ultraprocessada* para o Brasil em 2024 tem uma importância especial. Afinal, é o ano em que o Guia Alimentar para a População Brasileira completa uma década de publicação. O guia é um documento oficial do Ministério da Saúde, e tive o privilégio de participar de seu lançamento enquanto membro do Conselho Nacional de Saúde, sob a gestão do então ministro Arthur Chioro. Na ocasião, o ministério teve de deslocar o local do lançamento por pressão da indústria. Não foi o primeiro e não será o último ataque ao guia. Mas o que é o Guia Alimentar? Num olhar desatento, talvez pareça uma publicação ilustrada e despretensiosa, direcionada à população, com as dez regras de ouro para uma alimentação saudável, atualizando a versão anterior de 2006. No entanto, a partir de um olhar mais cuidadoso, é um marco, uma inovação, uma quebra profunda de paradigma que atravessou fronteiras e vem causando rebuliço não só no Brasil, mas em todo o mundo. O guia traduz a classificação NOVA em orientações muito simples sobre como se alimentar e se constitui como uma referência para a construção de políticas públicas que impactem a alimentação, levando em consideração o ambiente e a cultura alimentar, a regionalidade, a sazonalidade da produção, a justiça social, a sustentabilidade, a saúde e as relações de gênero, raça, etnia e equidade. Uma verdadeira inspiração, que protege as nossas culturas alimentares da transição alimentar para ultraprocessados e que por isso tem sido alvo das indústrias que giram em torno da produção e do consumo desses produtos.

Uma das partes que me tocou profundamente na leitura de *Gente ultraprocessada*, e que talvez nem todos percebam, está nos agradecimentos. Tanto Chris como o personagem principal da história, o professor Carlos Monteiro, reconhecem e agradecem a liberdade de poder fazer pesquisa e comunicação científica livre de conflitos de interesses, e isso por estarem inseridos em instituições públicas que não têm financiamento comercial, respectivamente NHS (Serviço Nacional de Saúde do Reino Unido) e BBC, e USP.

Termino parafraseando Chris: nós todos temos muita sorte por essas instituições ainda existirem.

Boa leitura!

PAULA JOHNS é socióloga, cofundadora e diretora-executiva da ACT Promoção da Saúde.

# INTRODUÇÃO

Toda quarta-feira à tarde, no laboratório onde eu trabalhava, tínhamos um evento chamado clube de periódicos. A palavra “clube” faz a coisa soar mais divertida do que realmente era. O ritual, praticado em laboratórios do mundo todo, funcionava assim: um membro do laboratório apresentava uma publicação recente da bibliografia científica que julgasse ser relevante para o nosso trabalho, e o restante de nós o detonávamos. Se o artigo não fosse bom o bastante, o infeliz que o selecionara também seria detonado.

O laboratório, que é administrado por Greg Towers, ainda fica na University College London (UCL), em um antigo hospital vitoriano construído pelo mesmo arquiteto que projetou o Museu de História Natural da Inglaterra. É um prédio belíssimo, cheio de camundongos e goteiras. Quando lá cheguei em 2011 para fazer um doutorado, parecia um lugar improvável para a pesquisa de alto nível em virologia molecular que eu produzia.

Nesses clubes de periódicos, Greg e os outros membros seniores do laboratório me ensinaram que a ciência não é uma lista de regras ou fatos, mas uma discussão viva. Greg estava mais preparado para a discussão sobre qualquer aspecto dos dados de qualquer artigo do que qualquer pessoa que eu conhecera até então ou que tenha conhecido depois. Nada passava batido. Era a melhor formação científica que eu podia ter esperado.

A especialidade do laboratório era a competição contínua entre vírus como o HIV e as células que eles precisavam infectar para se reproduzir. Essa competição é como uma corrida armamentista. Todas as células têm defesas contra ataques virais, e todos os vírus carregam armas para superar essas defesas. À medida que as células desenvolvem defesas cada vez mais sofisticadas, os vírus também estão constantemente desenvolvendo armas melhores, que por sua vez levam à evolução de mais defesas celulares, e assim sucessivamente.

A maioria de nós estudava o HIV ou seus primos virais por razões estimulantes, como o desenvolvimento de novos medicamentos e vacinas, mas havia um grupo dissidente no laboratório que estudava um tipo diferente de vírus, que mal parecia um vírus. Quase metade do DNA de cada célula do nosso corpo é composto de antigos genes de vírus mortos. Conhecido por muito tempo como DNA "lixo", esse tema parecia ser um remanso científico até que, em outubro de 2014, um dos membros do grupo dissidente apresentou no clube de periódicos um artigo da revista *Nature* cujo título era repleto de jargões: "An Evolutionary Arms Race between KRAB Zinc-Finger Genes ZNF91/93 and SVA/L1 Retrotransposons" [Uma corrida armamentista evolucionária entre os genes dedo de zinco KRAB ZNF91/93 e retrotransposões SVA/L1] (Jacobs *et al.*, 2014).

Dei uma passada de olhos rápida no artigo antes do encontro e achei incompreensível. De cada dez artigos apresentados no clube de periódicos, aproximadamente sete eram derrubados, dois se mantinham de pé e ofereciam informações úteis, e um revelava evidências de pura fraude. Não estava claro para mim em que categoria esse artigo se encaixaria.

Enquanto discutíamos os dados, percebi uma mudança no clima. Todos se sentaram mais eretos enquanto os dados demonstravam que esses vírus antigos e mortos encontrados por todo o genoma humano não estão absolutamente mortos; eles têm genes funcionais, prontos para criar novos vírus. Cada célula do corpo humano é uma fábrica potencial de vírus, mas alguma coisa mantém esses genes virais quietos. Acontece que eles são suprimidos por outros genes na célula.

O artigo dizia que partes de nosso genoma estão em constante guerra umas com as outras.

As implicações disso ficaram imediatamente óbvias para todos em um laboratório que estava habituado com a natureza das corridas armamentistas. Quer envolvam competições entre vírus, disputas de vizinhos, times esportivos, campanhas políticas ou superpoderes globais, todas as corridas armamentistas devem gerar complexidade. À medida que uma insurreição se desenvolve, uma contrainsurreição também deve se desenvolver. Inteligência gera contrainteligência, com agentes duplos e triplos. É o desenvolvimento de armas sempre mais sofisticadas que leva à evolução de defesas cada vez mais sofisticadas.

Como o genoma humano é uma corrida armamentista interna, com uma parte do DNA em guerra com a outra, isso significa que ele deve ser inexoravelmente levado em direção a uma complexidade cada vez maior. Por milhares de gerações, à medida que aqueles vírus "mortos" evoluem, o restante do genoma também deve se desenvolver para mantê-los quietos.

Essa corrida armamentista com nossos genes vem acontecendo desde a aurora da vida, e pode muito bem ser o motor da evolução da própria complexidade. A principal diferença entre o genoma humano e o dos chimpanzés não está nas partes que codificam proteínas (que são por volta de 96% similares), mas nas que parecem vir dos vírus velhos e mortos (Villarreal, 2005).

O artigo transformou a compreensão que eu tinha de mim mesmo, ainda que eu tenha levado um tempo para entender a ideia de que, pelo menos em parte, sou um agrupamento de velhos vírus em guerra com meus outros genes. Ele pode mudar o modo como *você* enxerga a si mesmo também. Você não está simplesmente vivendo junto dessa corrida armamentista entre genes diferentes — você é produto dela, uma coalizão inquieta de elementos genéticos em competição.

Essas coalizões e competições se estendem para além de nossos genes. Onde o "você" termina e o "não você" começa está longe de estar claro. Você está coberto de micróbios que o mantêm vivo — eles são parte de você tanto quanto seu fígado —, mas esses são os mesmos micróbios que podem matá-lo se chegarem à região errada de seu corpo. Nossos corpos são muito mais como sociedades do que como entidades mecânicas, abarcando bilhões de bactérias, vírus e outras formas de vida microbianas, mas apenas uma primaz. Eles estão cheios de acordos e imperfeições negociados e estranhos. Corridas armamentistas turvam as fronteiras.

Trabalhei no laboratório de Greg por seis anos antes de voltar a exercer medicina, mas a ideia de corridas armamentistas, os sistemas complexos que elas criam e as fronteiras que elas turvam se tornaram uma parte essencial do modo como penso o mundo. Continuei a realizar pesquisas, mas meu foco passou do estudo de vírus para a investigação de pesquisas científicas tendenciosas ou fraudulentas. Agora, estudo principalmente a indústria alimentícia e como ela afeta a saúde humana. Minha base laboratorial se provou crucial para isso: corridas armamentistas e seus efeitos vão aparecer muito ao longo deste livro.

Para começar, comer é competir numa corrida armamentista que tem durado bilhões de anos. O mundo ao nosso redor tem uma quantidade relativamente fixa de energia disponível, e toda a vida está absorta numa competição contra outras formas de vida por essa energia. A vida tem, afinal, apenas dois projetos: reprodução e obtenção de energia para alimentar essa reprodução.

Os predadores travam competições não apenas uns com os outros para obter presas, mas, é claro, com as próprias presas, que costumam querer se aferrar à energia contida em sua carne. Os "animais-presas" também competem por vegetação tanto uns com os outros quanto com as próprias plantas, que produzem toxinas, espinhos e outras defesas para não serem devoradas. As plantas competem umas com as outras por sol, água e solo. Micróbios, bactérias, vírus e fungos atacam constantemente todos os outros organismos no ecossistema para extrair toda a energia que puderem. E ninguém fica na frente por muito tempo em uma corrida armamentista: os lobos podem ser bem adaptados para comer cervos, mas os cervos são extraordinariamente adaptados para evitar que sejam devorados por lobos e, de vez em quando, os matam.[1]

Comemos, então, como parte de um conjunto de corridas armamentistas interligadas e emaranhadas, competindo por energia que flui entre as formas de vida. Como todas as corridas armamentistas, essa competição gerou complexidade, de forma que tudo o que diz respeito à alimentação é complicado.

Nossos sentidos de paladar e de olfato, nosso sistema imunológico, nossa destreza manual, nossa anatomia dental e mandibular, nossa vista: é difícil pensar em qualquer aspecto da biologia, da psicologia ou da cultura humanas que não seja primeiramente formatado por nossa histórica necessidade de energia. Por milhões de anos, nosso corpo se adaptou extraordinariamente para se aproveitar de uma grande variedade de alimentos.

Mas, ao longo dos últimos 150 anos, os alimentos se tornaram... não alimentos.

Começamos a comer substâncias construídas a partir de novas moléculas e utilizando processos nunca encontrados em nosso histórico evolucionário, substâncias que não podem nem mesmo ser chamadas de "alimentos". Cada vez mais, nossas calorias vêm de amidos modificados, de açúcares invertidos, de proteínas isoladas e hidrolisadas e de óleos de sementes que foram refinados, branqueados, desodorizados, hidrogenados — e interesterificados. Essas calorias foram agrupadas em preparações usando outras moléculas a que nossos sentidos também nunca foram expostos: emulsificantes sintéticos, adoçantes de baixa caloria, gomas estabilizadoras, umectantes, compostos aromatizantes, corantes, estabilizadores de cor, agentes carbonatadores, agentes de firmeza e agentes de massa — e de perda de massa.

Essas substâncias entraram na dieta gradualmente, a princípio, começando em fins do século XIX, mas a incursão ganhou ritmo a partir dos anos 1950, a ponto de constituir agora a maior parte do que as pessoas comem no Reino Unido e nos Estados Unidos e de compor uma parte significativa da dieta de quase toda sociedade do planeta.

E, ao mesmo tempo que adentramos esse ambiente alimentar desconhecido, também seguimos rumo a um ecossistema novo e paralelo, com suas próprias corridas armamentistas que são alimentadas não pelo fluxo de energia, mas pelo fluxo de dinheiro. Esse é o novo sistema de produção industrial de alimentos. Nesse sistema, somos a presa, a fonte do dinheiro que alimenta o sistema. A competição por esse dinheiro, que impulsiona complexidade e inovação crescentes, ocorre entre todo um ecossistema de corporações em constante evolução, de grupos transnacionais gigantes a milhares de empresas nacionais de menor porte. E a isca deles para extrair o dinheiro é chamada de alimentos ultraprocessados, ou AUPs. Esses alimentos passaram durante muitas décadas por um processo de seleção evolucionária por meio do qual produtos que são comprados e ingeridos em grandes quantidades são aqueles que melhor sobrevivem no mercado. Para alcançar isso, eles se desenvolveram para subverter os sistemas corporais que regulam o peso e muitas outras funções.[2]

Os AUPs constituem atualmente até 60% da dieta média no Reino Unido e nos Estados Unidos (Rauber *et al.*, 2020a; Chang *et al.*, 2021; Baraldi *et al.*, 2018). Muitas crianças, inclusive minhas próprias filhas, obtêm a maior parte de suas calorias a partir dessas substâncias. Os AUPs são nossa cultura alimentar, a coisa a partir da qual construímos nosso corpo. Se você estiver lendo este livro na Austrália, no Canadá, no Reino Unido ou nos Estados Unidos, essa *é* a sua dieta nacional.

O AUP tem uma definição científica longa e formal, mas que pode ser resumida ao seguinte: se está embalado em plástico e tem pelo menos um ingrediente que você não costuma encontrar em uma cozinha caseira média, é AUP. Muitos deles lhe serão familiares como junk food, mas também há uma abundância de AUPs orgânicos, caipiras e "éticos", que podem ser vendidos como saudáveis, nutritivos, ecologicamente corretos ou bons para perder peso (outro princípio básico é que quase todo alimento que alega na embalagem ser saudável é AUP).

Quando pensamos em processamento alimentar, a maioria de nós imagina as coisas físicas que são feitas com os alimentos — fritar, extrudar, macerar, recuperar mecanicamente e assim por diante. Mas o ultraprocessamento também inclui outros processos mais indiretos — marketing enganoso, processos judiciais falaciosos, lobby secreto, pesquisas fraudulentas —, todos eles vitais para as corporações extraírem aquele dinheiro.

A definição formal de AUP foi primeiramente elaborada por uma equipe brasileira em 2010, mas, desde então, um extenso conjunto de dados surgiu para sustentar a hipótese de que os AUPs prejudicam o corpo humano e aumentam as taxas de incidência de câncer, doenças metabólicas e mentais; prejudicam as sociedades humanas ao suplantar culturas alimentares e impulsionar a desigualdade, a pobreza e a morte prematura; e prejudicam o planeta. O sistema alimentar necessário para a produção do AUP, e do qual ele é o alimento necessário, é a principal causa do declínio da biodiversidade e o segundo maior responsável mundial por emissões de gases causadores do efeito estufa. Os AUPs vêm causando uma pandemia sinérgica de mudanças climáticas, má nutrição e obesidade. Este último efeito é o mais estudado, e o mais difícil de abordar, porque as discussões sobre comida e peso, por mais bem-intencionadas que sejam, fazem com que um grande número de pessoas se sinta muito mal.[3]

Grande parte deste livro irá tratar de peso porque muitas das evidências sobre os AUPs se relacionam aos seus efeitos sobre o peso, mas os AUPs causam sofrimento de diversas outras maneiras. Os AUPs não provocam doenças cardíacas, derrames e mortes prematuras simplesmente porque causam obesidade. Os riscos aumentam com a quantidade de AUPs consumidos independentemente de ganho de peso. Além disso, pessoas que consomem AUPs e não ganham peso têm mais riscos de desenvolver demência e doença inflamatória intestinal, mas não tendemos a culpar os pacientes por esses problemas. Assim, a obesidade ganha uma menção especial por ser única entre as doenças relacionadas à alimentação — única, aliás, entre todas as doenças —, porque os médicos culpam os pacientes por tê-la.

Na verdade, deixe-me insistir um pouco mais na obesidade. Ainda estamos entendendo a linguagem para essa discussão. A palavra é, com razão, ofensiva para muitas pessoas, e chamar a obesidade de doença é estigmatizá-la. Muitas pessoas não vivem a obesidade como uma doença, mas como uma identidade. Para outras, é só um jeito de ser, e um modo cada vez mais normal de ser. O ganho de peso não está inevitavelmente associado a maiores riscos de problemas de saúde, e o risco de morte é de fato menor para muitas pessoas que vivem com sobrepeso do que para as que vivem com um peso "saudável". Ainda assim, usarei algumas vezes a palavra "obesidade" e a enquadrarei algumas vezes como doença, porque doenças recebem financiamento para pesquisa e tratamento, e eventualmente o rótulo de doença reduz o estigma: uma doença não é um estilo de vida ou uma escolha, e a palavra pode ajudar a tirar o fardo da responsabilidade da pessoa afetada.

Isso é importante porque toda discussão sobre ganho de peso, seja na imprensa, seja em nossa própria mente, transborda culpa, que é sempre direcionada às pessoas que vivem com sobrepeso. A ideia de que a culpa é delas subsistiu ao escrutínio científico e moral porque é simplista a ponto de se tornar invisível. Baseia-se na ideia de que existe alguma falha na força de vontade — uma falha em se movimentar mais e em comer menos. Essa ideia não se mantém de pé, como mostrarei repetidamente. Por exemplo, desde 1960, pesquisas nacionais de saúde nos Estados Unidos registram um retrato preciso do sobrepeso no país, revelando que, em homens *e* mulheres brancos, negros *e* hispânicos de *todas* as idades, houve um aumento dramático na obesidade a partir da década de 1970 (Rodgers *et al.*, 2018). A ideia de um colapso simultâneo na responsabilidade pessoal tanto em homens quanto em mulheres de todas as idades e grupos étnicos não é plausível. Se você vive com obesidade, não é devido à falta de força de vontade; isso não é culpa sua.

Na verdade, somos muito menos responsáveis por nosso peso do que um esquiador por quebrar uma perna, ou um jogador de futebol por machucar o joelho, ou um cientista que estuda morcegos por pegar uma infecção pulmonar por fungos trabalhando em cavernas. Doenças relacionadas à alimentação são geradas a partir da colisão de alguns genes antigos com um novo ecossistema alimentício que é arquitetado para impulsionar o consumo excessivo, e hoje em dia parecemos incapazes ou talvez pouco dispostos a melhorar.

Nos últimos trinta anos, sob rigoroso escrutínio de elaboradores de políticas públicas, cientistas, médicos e pais, a obesidade cresceu num ritmo inacreditável. Durante esse período, catorze estratégias governamentais, contendo 689 políticas de ampla abrangência, foram promulgadas na Inglaterra (Theis & White, 2021), mas, entre as crianças que concluíam o ensino fundamental, as taxas de obesidade aumentaram mais de 700%, e as taxas de obesidade severa, 1.600% (T. Cole, comunicação pessoal, 2022).

Crianças no Reino Unido e nos Estados Unidos, países com as taxas mais altas de consumo de AUPs, não estão apenas com peso mais elevado do que seus pares em quase todos os outros países ocidentais de alta renda; elas também estão mais baixas (NCD Risk Factor Collaboration, 2020; National Food Strategy, 2021). Essa diminuição da estatura anda de mãos dadas com a obesidade no mundo todo, sugerindo que se trata de uma forma de má nutrição, e não de um transtorno de excesso.

Quando essas crianças chegarem à idade adulta, a elas terão se juntado a tantos outros de seus pares que a parcela da população que vive com obesidade aumentará para uma a cada três pessoas. As chances de um adulto vivendo com obesidade severa ser capaz de alcançar e manter um peso corporal saudável sem a ajuda de um especialista são inferiores a uma em mil. A obesidade severa, portanto, para a maioria dos afetados, é uma condição incurável, para a qual não há medicamentos ou cirurgia. O sobrepeso hoje afeta mais de um quarto das crianças e metade da população adulta (Baker, 2023).

As políticas no Reino Unido e em quase todos os outros países fracassaram na solução da obesidade porque não a enquadram como uma doença comerciogênica — ou seja, uma doença causada pelo marketing e pelo consumo de substâncias viciantes. Comparações com drogas e cigarros geram um risco de causar ainda mais estigma, mas as farei com o devido cuidado nestas páginas. Como todas as doenças relacionadas à alimentação, a obesidade tem causas mais profundas do que os AUPs, incluindo vulnerabilidade genética, pobreza, injustiça, desigualdade, trauma, fadiga e estresse. Assim como fumar é a principal causa de câncer no pulmão, a pobreza é a principal causa do hábito de fumar. As taxas de consumo de cigarro no Reino Unido são quatro vezes mais altas entre os mais desfavorecidos do que entre os mais ricos, e metade da diferença nas taxas de mortalidade entre os pobres no Reino Unido é explicada pelo fumo (Hiscock *et al.*, 2012).

Como os cigarros, os AUPs são um conjunto de substâncias por meio das quais esses problemas sociológicos mais arraigados prejudicam o corpo. É uma forma tangível por meio da qual essas injustiças são manifestadas, mediando trauma e pobreza, e permitindo a manifestação de genes que, de outra forma, podem permanecer ocultos. Resolva o problema da pobreza e você irá prevenir grande parte dos cânceres de pulmão e da obesidade. Só que isso rende outro livro.

Este livro trata dos sistemas que fornecem nossos alimentos e nos ditam o que devemos comer. Quero incitar você a imaginar um mundo estruturado de uma forma diferente, um mundo que ofereceria a todos mais oportunidades e escolhas. Assim, não há propostas para tributar coisas ou proibi-las — apenas uma reivindicação de melhoria nas informações sobre os AUPs e de acesso a comida de verdade.

Este não é um livro sobre perda de peso porque, em primeiro lugar, ninguém desenvolveu ainda um método que auxilia as pessoas a perder peso com segurança e de modo substancial, e, em segundo, porque não suponho que você *deveria* perder peso. Não possuo um corpo "certo" e não tenho opinião sobre a aparência que alguém gostaria de ter. Não tenho uma opinião sobre a comida que você *deveria* comer; isso depende de você. Faço escolhas que não são "saudáveis" o tempo todo, sejam elas as de praticar esportes perigosos ou de comer porcaria. Mas estou convicto de que, para fazermos escolhas, todos nós precisamos de informações exatas sobre os possíveis riscos de nossos alimentos e de que devemos ser menos expostos a marketing agressivo e, muitas vezes, falacioso.

Portanto, você não irá encontrar nestas páginas quase nenhum conselho sobre como viver sua vida ou como alimentar seus filhos.

Em parte porque isso não é da minha conta, mas, sobretudo, por acreditar que conselhos são um tanto inúteis. O que comemos é determinado pelos alimentos que nos cercam, seu preço e como eles são comercializados — é isso que precisa mudar. Mas tenho, sim, uma sugestão sobre como ler este livro. Se você sentir que pode querer deixar de comer AUPs, não faça isso. Continue comendo.

Deixe-me explicar. Você é participante de um experimento para o qual não se voluntariou. Novas substâncias estão sendo testadas em todos nós o tempo todo para ver quais delas são mais eficientes para extrair dinheiro. Será que um emulsificante sintético pode ser usado em vez de um ovo? Será que um óleo de semente pode substituir uma gordura láctea? Será que um pouco de etil metilfenilglicidato pode ser adicionado em vez de um morango? Ao comprarmos AUPs, estamos constantemente impulsionando sua evolução. Nós nos arriscamos nesse experimento enquanto os benefícios ficam nas mãos dos donos das empresas que produzem AUPs, e os resultados são amplamente escondidos de nós — exceto os efeitos em nossa saúde.

Minha proposta é de que, durante a leitura deste livro, você continue o experimento de comer AUPs, mas que o faça por você, não pelas empresas que os fabricam. Posso lhe contar sobre os AUPs, mas as coisas em si serão seu melhor professor. Apenas ao consumi-los você irá entender sua verdadeira natureza. Sei disso porque eu mesmo fiz o experimento.

Ao longo da minha pesquisa sobre os impactos dos AUPs, estabeleci parcerias com colegas do University College London Hospital (UCLH). Fui o primeiro paciente desse estudo. A ideia era obter dados a partir de mim que nos ajudassem a conseguir financiamento para um estudo muito maior (o que agora estamos levando a cabo). A ideia era simples: eu pararia de comer AUPs por um mês, depois seria pesado e medido de todas as maneiras possíveis. Então, no mês seguinte, eu teria uma dieta em que 80% das minhas calorias seriam provenientes de AUPs — a mesma dieta da qual se alimenta cerca de uma a cada cinco pessoas no Reino Unido e nos Estados Unidos.

Não comi em excesso deliberadamente durante esse segundo mês, comi apenas como de costume — no caso, sempre que me dá vontade e qualquer alimento que esteja disponível. Enquanto comia, conversei com os principais especialistas mundiais em alimentos, nutrição, alimentação e ultraprocessamento no meio acadêmico, na agricultura e, mais importante, na própria indústria alimentícia.

Essa dieta de AUPs deveria ter sido prazerosa, já que eu estava comendo alimentos dos quais em geral me abstenho. Mas algo estranho aconteceu. Quanto mais eu conversava com os especialistas, mais enojado com a comida eu ficava. Isso me lembrou o livro best-seller de Allen Carr, *O método fácil de parar de fumar*. O livro é incomum no gênero de autoajuda no sentido de que houve de fato um estudo e que a intervenção que ele recomenda é bastante boa. A ideia é que você continue fumando enquanto lê sobre como fumar faz mal. Em algum momento, os cigarros começam a parecer repugnantes.

Então, renda-se: permita-se experimentar todo o horror dos AUPs. Não estou incitando você a se empanturrar ou comer em excesso, mas simplesmente a parar de resistir aos AUPs. Eu o fiz por quatro semanas — se você sentir vontade de experimentar, faça isso pelo tempo que levar para terminar este livro. Existe um problema ético em incentivá-lo a fazer isso, mas estou à vontade com ele, por dois motivos. Primeiro, você já está sendo incentivado a comer AUPs o dia todo. Segundo, se você for um cidadão médio, já está obtendo por volta de 60% de suas calorias a partir de AUPs; portanto, aumentar esse valor para 80% durante um mês provavelmente não vai fazer uma grande diferença.

Ao ler este livro, espero que você também leia a lista de ingredientes no verso das embalagens dos alimentos que consome. Você encontrará muito mais substâncias do que poderei despejar sozinho nestas páginas, mas, no fim, espero que você tenha começado a entender como tudo, desde as campanhas de marketing até a estranha falta de satisfação que sente depois de comer, provoca problemas de saúde. E poderá ver que muitos dos problemas da sua vida que você põe na conta de estar ficando mais velho, ou de ter filhos, ou de passar estresse no trabalho, são causados pela comida que consome.

Não posso prometer que os AUPs vão se tornar bizarros e nojentos ao longo da leitura, mas você pode achar que sim, e, se conseguir abrir mão deles, as evidências sugerem que isso será bom para o seu corpo, o seu cérebro e o planeta. Já aconteceu com diversas pessoas envolvidas no processo de criação deste livro e do podcast que o antecedeu, e eu adoraria saber se vai acontecer com você.

# I

# Espera, o que estou comendo?

# 1

# POR QUE TEM LODO DE BACTÉRIA NO MEU SORVETE? A INVENÇÃO DOS AUPS

O primeiro fim de semana da minha dieta de 80% de AUPs foi um daqueles bizarros dias de outono em que o verão faz um breve retorno. Nós seguimos para o parque, e eu comprei sorvete para mim e para o restante da família. Dinah, minha esposa, escolheu um Freeze Pop, um tubo de líquido azul-brilhante congelado fabricado por uma marca chamada Swizzels, e eu fiquei com um Twister da Wall's. Nossa filha de três anos, Lyra, degustou uma bola gigante de sorvete de pistache de uma marca chamada Hackney Gelato. A irmã dela de um ano, Sasha, conseguiu filar umas lambidas dos sorvetes de todos nós.

Lyra encontrou dois amigos e ficou por ali no sol abrasador com seu sorvete, conversando sobre o que quer que crianças de três anos conversem, antes de ir brincar com eles nos balanços. Ela me entregou seu copinho de sorvete enquanto saía correndo. Estava mais ou menos intocado, uma bola de pistache verde-brilhante. Demorei um instante para me dar conta de que aquilo era estranho. Como é que ainda era uma bola? A parte de fora do copinho estava, na verdade, morna ao toque. Por que o sorvete não tinha derretido?

Experimentei uma colherada. Era uma espuma tépida e gelatinosa. Alguma coisa não tinha deixado o sorvete derreter.

Dei uma conferida on-line nos ingredientes: "leite fresco, açúcar, pasta de pistache (pistaches de Bronte 4%, amêndoas 2%, açúcar, proteína de soja, lecitina de soja, óleo de coco, óleo de girassol, clorofila, aromatizantes naturais, incluindo limão siciliano), dextrose, creme de leite fresco, glucose, leite em pó desnatado, estabilizantes (goma de alfarroba, goma guar, carragenina), emulsificante (mono e diglicerídeo de ácidos graxos), sal marinho Maldon".

Estabilizadores, emulsificantes, gomas, lecitina, glucose, diversos óleos diferentes... esses são os marcos dos AUPs. A definição — que é longa e que vou explorar adequadamente no próximo capítulo — engloba muito mais do que o acréscimo de aditivos, mas lembre-se de que a presença desses ingredientes que você não tem na sua cozinha é um indicador de que um alimento *é* AUP. E, como você verá mais adiante, outros aspectos do processamento são tão importantes quanto os aditivos (se não mais) quando se trata dos efeitos no corpo humano.

E a Hackney Gelato não é a única a usar esse tipo de ingredientes, que são quase universais nos sorvetes que você compra por aí. Eu não entendia exatamente por que todos eram necessários da perspectiva do fabricante. Não seria mais simples e mais barato usar menos ingredientes?

Para tentar entender por que os AUPs são produzidos dessa forma, e por que são tão onipresentes, marquei uma reunião com um homem chamado Paul Hart. Trata-se de uma fonte interna da indústria de alimentos. Alguém que saiu diretamente da escola para um estágio na Unilever, onde ficou por mais de vinte anos, primeiro tendo formação como bioquímico, depois projetando sistemas de produção de alimentos. Há muito pouco que Hart não saiba sobre AUPs ou a indústria que os produz. E ele é perspicaz: "Trabalhei na indústria de Big Food, adulto e menino. Agora já estou velho demais para morrer jovem!".

O discurso de Hart é pontuado por pequenas frases como essa — citações, aforismos —, que parecem atalhos para ideias mais profundas. É como se seu cérebro trabalhasse mais rápido do que sua boca, então ele tem de reduzir tudo a um número mínimo de palavras (embora ainda haja palavras demais). Fazer perguntas a Hart é como tirar a rolha de uma garrafa sob pressão. Quando lhe perguntei se podíamos conversar, ele me mandou um briefing de cinco páginas.

Encontrei Paul Hart e sua esposa, Sharon, no McDonald's da Pentonville Road em Londres. Ele tinha acabado de voltar da enorme feira comercial Food Ingredients Europe, em Frankfurt, e sacou um punhado de brochuras de empresas de ingredientes de que eu nunca tinha ouvido falar, espalhando todos pela grudenta mesa de plástico: "Prova A. Minha nossa. Isso é pavoroso. Caramba! Veja essa foto de iogurte".

Hart me mostrou um rótulo com alegações extravagantes sobre prebióticos, probióticos e ômega 3, e explicou que o iogurte não passa de um veículo para fazer alegações sobre esses outros ingredientes: "Você fisga os consumidores dizendo que algum defeito na dieta deles será consertado se engolir um iogurte cheio de aditivos".

As conversas com ele podem se tornar agradáveis, ainda que incompreensíveis e obscuras. Mas o iogurte me pareceu uma boa maneira de perguntar por que o sorvete de Lyra não derreteu. "Chris, podemos usar o sorvete para explicar quase qualquer coisa sobre os AUPs", respondeu Hart.

Aquilo soava ideal. Saímos do McDonald's para caminhar pelo Regent's Canal até a estação em que Sharon e ele deveriam tomar o trem para casa. Eles estão casados há quarenta anos, e é divertido passar tempo com os dois, ainda interessados nas ideias um do outro. Sharon é enfermeira de formação e explicou de forma solícita coisas com as quais eu parecia confuso. Era o cenário perfeito para entrar efetivamente na questão do sorvete... Então Paul começou a contar sobre uma conferência de tortilhas a que tinha ido. "Uma empresa se gabava, de brincadeira, por seus produtos serem essencialmente embalsamados, com um prazo de validade que se estendia por anos", disse ele. Eu devo ter me mostrado apavorado, porque ele logo tratou de esclarecer que "todo mundo adorou!".

Caminhamos a passos lentos ao longo do canal, passando sobre e por baixo de pequenas pontes e desviando de ciclistas. O sol escaldante me deu a chance de voltar ao sorvete. Enquanto eu guiava o casal por Londres, apontando monumentos do lugar, Paul Hart me guiava pelos sorvetes. Eu tinha olhado os sorvetes na Tesco [rede de supermercados] da minha região e quase todos eles tinham goma xantana, goma guar, emulsificantes e glicerina. Será que ele podia explicar por quê? "Tudo tem a ver com preços e custos. Esses ingredientes economizam dinheiro."

Isso é importante para os consumidores britânicos, que em 2017, mesmo antes da atual crise causada pelo aumento do custo de vida, gastavam apenas 8% de seu orçamento familiar com comida,[1] taxa mais baixa do que praticamente todo o resto do mundo, com exceção dos Estados Unidos (onde as pessoas gastam 6%). Nossos vizinhos europeus — alemães, noruegueses, franceses, italianos — gastam de 11% a 14% de seu orçamento com comida, e famílias de países de baixa renda gastam 60% ou mais (Office for National Statistics, 2017).

No Reino Unido (e em muitos outros países), moradia, combustível e transporte são extraordinariamente caros, o que aperta o orçamento para a comida. Para pessoas ricas, isso não é um problema. Mas uma análise feita pela Food Foundation (Scott, Sutherland & Taylor, 2018) mostra que os 50% das famílias mais pobres precisariam gastar quase 30% de sua renda disponível para ter uma dieta que seguisse nossas diretrizes nacionais de alimentação saudável. Os 10% das famílias mais pobres precisariam gastar quase 75%. Os AUPs são quase universalmente mais baratos e mais rápidos do que alimentos e refeições que exigem preparo caseiro, além de, supostamente, serem tão nutritivos quanto — se não mais. A combinação de baixa remuneração, falta de tempo e a promessa de algo delicioso provavelmente contribui para os altos níveis de AUPs em nossas dietas — talvez não seja surpresa que os AUPs são consumidos em grandes quantidades em países como o Reino Unido e os Estados Unidos, que têm mais desigualdade econômica do que países similares de alta renda.

Em todo caso, Hart explicou como ingredientes como emulsificantes e gomas ajudam na produção de AUPs — e no corte de custos. Primeiro, eles tornam o sorvete tolerante ao calor, o que facilita seu processo de transporte. Da fábrica para o caminhão, do caminhão para o supermercado, do supermercado para o seu congelador em casa, o sorvete irá de −18 °C a −5 °C e de novo para o mais gelado diversas vezes. As gomas, a glicerina e os emulsificantes impedem a formação de cristais de gelo ao manter a água junto de si. Isso significa que o sorvete pode ser feito em grande quantidade em uma fábrica e então transportado por todo o país. Isso permite que a cadeia de fornecimento seja um pouco menos apressada a cada estágio e reduz a necessidade de manter temperaturas muito baixas. "Os consumidores gostam de cremosidade", explicou Hart, "não de fragmentos de gelo!" A produção centralizada também permite às empresas negociar preços com um varejista para estabelecimentos no país inteiro, o que corta ainda mais os custos.

Um dos primeiros trabalhos de Hart na Unilever foi no laboratório de desenvolvimento de sorvetes. Ele descreveu a escala da ambição lá. O objetivo era fazer blocos de espuma que fossem estáveis em temperatura ambiente de modo que pudessem ser distribuídos no mundo todo e então congelados in loco. Se isso pudesse ser alcançado, a economia seria imensa. De fato, muitos sorvetes não estão longe desse objetivo agora, como eu havia descoberto no parque. "O único problema que resta", disse ele, "são as bactérias — bactérias adoram sorvete. Então, tudo ainda precisa ser congelado."

Hart me deu um exemplo de uma marca artesanal, Cream o' Galloway, cujo sorvete de baunilha parece ser feito mais ou menos a partir dos mesmos ingredientes que talvez você use em casa: leite, nata, açúcar, leite em pó desnatado, gema de ovo, essência de baunilha. Isso é ótimo, mas o resultado é que o produto não é vendido no país todo, porque o sorvete deles é apenas um pouco menos tolerante a todo o transporte de um lado a outro. Essa escolha de ingredientes também se reflete no preço: meio litro do sorvete de baunilha da Cream o' Galloway custa 3,60 libras. Ele é cerca de catorze vezes mais caro do que, por exemplo, o sorvete de baunilha da Ms Molly, exclusivo da Tesco, que custa uma libra por dois litros. Não é de surpreender que a Ms Molly use ingredientes bem diferentes em suas receitas: concentrado de leite desnatado reconstituído, pó de soro (leite) parcialmente reconstituído, xarope de glucose, açúcar, dextrose, estearina de palma, óleo de palma, óleo de palmiste, emulsificante (mono e diglicerídios de ácidos graxos), estabilizantes (goma guar, alginato de sódio), saborizante, colorante (carotenos).

De acordo com Paul Hart, outra razão pela qual o uso desses ingredientes promove economia de dinheiro é que muitos deles — como estearina de palma, óleo de palmiste, leites reconstituídos e emulsificantes — simplesmente imitam ingredientes reais caros como leite, creme de leite e ovos.[2] Esse tipo de substituição molecular é essencial para todos os AUPs. Os alimentos tradicionais (ou, como podemos mais apropriadamente chamá-los, "alimentos") são feitos de três amplas categorias de moléculas que lhes dão sabor, textura e calorias: gorduras, proteínas e carboidratos.

O sorvete tradicional obtém sua textura de uma combinação complexa de cristais de gelo, água líquida (que permanece líquida porque contém açúcar dissolvido), proteína do leite e glóbulos de gordura do leite, todos encaixados ao redor de células de ar. É uma espuma — em geral, por volta de 50% de ar —, o que explica o fato de ele não ser duro demais nem quando está frio e de não ser fácil fazê-lo em casa, já que é preciso batê-lo sem parar enquanto é congelado.[3]

O segredo desses sorvetes ultraprocessados, como de todos os AUPs, é que eles são constituídos a partir das versões mais baratas possíveis daquelas três moléculas essenciais: gorduras, proteínas e carboidratos. Às vezes, produtos e texturas inteiramente novos são criados — coisas como doces de goma ou salgadinhos de espuma de lentilha —, mas, em geral, o intuito dos AUPs é substituir os ingredientes de um alimento tradicional e muito adorado com alternativas mais baratas e aditivos que estendam a data de validade, facilitem a distribuição centralizada e, como consequência, impulsionem o consumo excessivo.

Tortas, frango frito, pizza, manteiga, misturas para panqueca, confeitaria, molhos, maionese — tudo isso começou como comida de verdade. Mas as versões sem AUPs são caras, de modo que seus ingredientes tradicionais costumam ser substituídos por alternativas baratas, às vezes inteiramente sintéticas. Essas alternativas costumam ser moléculas extraídas de lavouras cultivadas para alimentação de animais, que em alguns países são significativamente subsidiadas. As moléculas são refinadas e modificadas até que possam ser usadas para fazer praticamente qualquer coisa, como me explicou Hart.

"Podemos substituir quase qualquer ingrediente por uma alternativa barata modificada", disse ele. "Vou lhe contar sobre o amido e a manteiga. É muito simples." Não era. Quando paramos na entrada do longo túnel do canal de Islington e um par de libélulas pousou em alguns juncos, Paul Hart deu início à explicação cativante, mas densa, da química dos carboidratos sintéticos.

Começou falando sobre amidos. Amidos são a forma como as plantas armazenam energia — seja como combustível em uma semente para a muda que cresce, seja em suas raízes para alimentar o rebrotar de um tubérculo. Quando você enterra uma semente ou uma batata, elas essencialmente consomem a si mesmas para produzir raízes e folhas.

O amido é composto de grânulos microscópicos feitos de cadeias de moléculas de glicose. A forma como essas cadeias são organizadas e enredadas afeta as propriedades do amido quando se trata de coisas como aquecimento, resfriamento e a sensação que proporcionam na boca. É uma química complexa. Mas, mesmo sem entender a exata natureza das moléculas, os humanos aperfeiçoaram um bocado a ciência dos amidos ao longo dos últimos dez mil anos por meio do cozimento e da domesticação das lavouras.

Tomemos a batata, por exemplo. Batatas cerosas têm grânulos de amido robustos, o que significa que elas ficam firmes quando você as ferve e podem manter sua estrutura numa salada de batatas. Batatas farinhentas, por outro lado, contêm cadeias de moléculas de açúcar que não estão tão bem unidas. É por isso que, ainda que fiquem maravilhosas assadas, elas têm uma qualidade farinhenta que faz com que esmigalhem em uma salada, transformando-a em um purê. Logo, há batatas cujo amido alcança um ponto ideal entre as cerosas e as farinhentas, o que significa que elas podem ser usadas para praticamente qualquer coisa — Maris Piper é a batata mais popular do Reino Unido por um motivo.

Se você extrai os diferentes amidos produzidos por diferentes plantas, descobre que têm propriedades contrastantes. Você pode misturá-los com água para fazer todo tipo de gel e pastas diversas com diferentes texturas e a diferentes temperaturas. Os químicos perceberam, no século XIX, que, ao modificar o amido quimicamente, podiam criar e extrair as propriedades de que precisavam. Os amidos modificados, que você vai começar a notar em muitas listas de ingredientes de AUPs, podem substituir gorduras e laticínios, reter água durante o congelamento e espessar qualquer molho. Com a domesticação do amido, veio a possibilidade de transformar qualquer lavoura barata em quantidades inimagináveis de dinheiro.

Nos anos 1930, a Kraft começou a usar uma pasta de milho e amidos de araruta na produção de maionese, ingredientes que eram muito mais baratos do que ovos ou óleo, mas ainda proporcionavam a mesma sensação na boca. Nos anos 1950, graças a cientistas com nomes industriais extraordinários como Carlyle "Corky" Caldwell, Moses Konigsberg e Otto Wurzburg, o uso de amidos modificados realmente começou a pegar (BeMiller, 2009).

Uma vez que se pode modificar um amido de maneira precisa, há muito pouco que você não possa fazer.[4] Afine seu amido com ácido, e ele será útil para tecidos e lavanderia. Trate-o com óxido de propileno e obtenha aquela sensação grudenta para molhos de salada. Misture-o com ácido fosfórico e poderá melhorar a estabilidade de ciclos múltiplos de congelamento e descongelamento — o que é perfeito para recheios de tortas. E as maltodextrinas (polímeros curtos de glicose — uma forma de amido modificado) podem fazer coisas como dar brilho a uma superfície ou cremosidade ao que as pessoas acham que é um "milk-shake". Não há mais necessidade de gorduras lácteas caras: esses amidos vêm de lavouras que podem ser cultivadas em grande escala e por uma fração do valor.

Paul Hart passou, então, sem interrupção, para as gomas que eu tinha notado na lista de ingredientes do sorvete de Lyra.

Você pode reconhecer o nome de algumas: goma guar, goma de alfarroba, alginato, carragenina e a quase onipresente goma xantana. Esta última é, pasme, um exsudato bacteriano: lodo que uma bactéria produz para permitir que se agarre a superfícies. Pense na goma xantana da próxima vez que raspar o limo acumulado em seu filtro ou em sua máquina de lavar.

Como outros amidos modificados, essas gomas podem ser usadas para substituir moléculas mais caras e proporcionar maior prazo de validade aos alimentos. Hart tem uma experiência especial com gomas. Na década de 1980, ele se juntou a uma equipe de renome global na Unilever cujo trabalho com essas gomas levou a imensos avanços na textura de produtos com baixo teor de gordura — e até zero gordura —, incluindo molhos e pastas. Você provavelmente já consumiu muitas vezes as moléculas em cujo desenvolvimento ele trabalhou.

Esses produtos de baixo teor de gordura eram bem alinhados com as diretrizes dos anos 1970 que aconselhavam as pessoas a consumir menos gordura. Hoje, ainda que os carboidratos possam ter substituído as gorduras como a molécula problemática na cabeça das pessoas, molhos com baixo teor de gordura ainda são um grande negócio.

O Centro de Reologia Industrial — a ciência que estuda como os materiais se deformam, que é a propriedade que lhes dá a textura em nossa boca — comparou as estratégias de substituição de gordura nas ofertas com baixo teor de gordura de duas grandes fabricantes de maionese: a Hellmann's e a Heinz (Centre for Industrial Rheology, [s.d.]). Remover a gordura de um produto como a maionese, que é quase integralmente gordura, não é uma tarefa qualquer. A gordura afeta o sabor e a textura muito específica da maionese tradicional, que se comporta como um sólido quando você não mexe nela, e depois como um líquido "estruturado" quando você mexe.

Os dois fabricantes optaram por soluções diferentes: a Hellmann's usa gomas e amidos para espessamento, enquanto a Heinz usa apenas amido modificado. Essas diferenças ficam claras na textura. A Heinz com baixo teor de gordura se comportou de modo bastante semelhante à versão com teor normal de gordura em termos de fluidez, enquanto a Hellmann's com baixo teor de gordura é muito mais espessa do que sua contraparte com teor de gordura normal. Aquelas gomas trazem um risco de filosidade semelhante ao muco, e maionese melequenta não atrai ninguém. Mas, usadas adequadamente, as gomas oferecem mais lubrificação, que é muito desejada, porque dá a sensação de oleosidade na boca. Em ambos os casos, os amidos e as gomas dão aos fabricantes a oportunidade de reduzir seus custos enquanto alegam que estão melhorando a saúde do consumidor.

Não estou dizendo que todo mundo deve fazer sua própria maionese, mas sim que é provável que as versões de baixo teor de gordura não ofereçam nenhum benefício à saúde. Na verdade, o martelo está praticamente batido em relação a esses substitutos com baixo teor de gordura. Assim como os adoçantes artificiais não parecem reduzir o consumo geral de calorias ou proteger contra doenças (algo a que voltarei), usar novas moléculas sintéticas para criar essas versões com baixo teor de gordura de maionese e de muitos outros produtos não parece funcionar. A melhor evidência independente mostra que AUPs como esses são bastante associados a ganho de peso e outras doenças relacionadas à alimentação (como veremos no próximo capítulo). Ademais, desde a introdução e o uso difundido desses produtos de baixo teor de gordura, as taxas de obesidade continuaram a aumentar. Isso pode se dever ao fato de consumirmos mais desses tipos de produto (já que não estamos exatamente obtendo a gordura da qual de fato estamos atrás), ou pode ser porque algumas das moléculas que substituem a gordura parecem ter uma variedade de efeitos diretamente prejudiciais (aos quais também voltarei mais tarde... muitas vezes).

A conversa sobre maionese encerrou a explicação de Paul Hart sobre amidos e gomas. Mas ele queria continuar falando a respeito de gordura. Sob o sol do fim da tarde, com a luz refletindo do canal em um belo canteiro de flores, Hart começou a me contar sobre os perfis dos pontos de fusão e da saturação da cadeia de carbono.

Quase todas as moléculas aromáticas que dão sabor aos alimentos na boca — as que evaporam na língua e sobem para o fundo do nariz — são gordura solúvel. Isso torna a gordura bastante importante, pois a manteiga deixa o pão delicioso, e molhos oleosos deixam a salada comestível. Na verdade, é difícil pensar em um alimento que não fique melhor com alguma calda cremosa ou pasta gordurosa. E há misturas precisas de gordura e açúcar que parecem especialmente palatáveis.

Mas as gorduras não são apenas saborosas e fontes de calorias — também dão estrutura à comida. A gordura sólida é particularmente útil para este segundo propósito, como todo padeiro sabe. A manteiga, em particular, tem um perfil de derretimento perfeito para muitos pratos. Ela é feita de leite batido, o que faz com que a gordura se separe em torrões, preservando todas as vitaminas solúveis em gordura, enquanto o açúcar e a proteína são desprezados.

Hart explicou o valor da manteiga comparado ao do leite, que é uma emulsão líquida (o que significa que as gorduras, os açúcares e as proteínas estão todos dispersos na água): "Uma bactéria pode facilmente boiar [no leite], comendo e se replicando. É quase um meio perfeito de cultura de bactérias. Mas a manteiga...", ele interrompeu para garantir minha absoluta atenção, "a manteiga é uma emulsão *invertida*".

Isso significa que a manteiga é, principalmente, gordura com um pouco de água dispersa. Como a manteiga não é um líquido, as bactérias não conseguem se mover, então ela dura muito tempo sem refrigeração e é cheia daquelas vitaminas solúveis em gordura e de ácidos graxos essenciais. "É um alimento fantástico", disse Hart, "que transformou as primeiras sociedades humanas." Ele tinha razão: transformou mesmo.

✻

Algumas das primeiras evidências da produção de manteiga foram encontradas em um lugar inusitado: uma imensa escarpa de arenito onde as fronteiras da Líbia, da Argélia e do Níger se encontram no meio do deserto do Saara. Procure "Messak Mellet" na internet. Você vai ver a pedra amarelo-escura das montanhas Tadrart Acacus cercada de todos os lados por grandes mares amarelos de areia. A partir das imagens de satélite, você pode não esperar que esse seja um lugar onde se encontram cavernas com pinturas rupestres e entalhes de crocodilos, elefantes e girafas (Di Lernia & Gallinaro, 2010). Contudo, eles estão lá. E há outras imagens ainda mais surpreendentes, incluindo cenas de gado, com vacas sendo ordenhadas.[5]

As imagens são de difícil datação, mas ossos das cercanias mostram que gado, ovelhas e bodes estavam presentes na área a partir de oito mil anos atrás e se tornaram muito comuns há sete mil anos. A evidência inequívoca de laticínios apareceu em 2012, quando uma equipe da Universidade de Bristol encontrou resíduos de leite em lascas de cerâmica no abrigo da pedra de Takarkori datadas de 5.000 AEC (Dunne *et al.*, 2012). A análise indicou que o leite era processado para virar queijo ou um produto semelhante à manteiga.

Naquela época, os humanos adultos, como todos os outros mamíferos, nunca haviam tomado leite depois de desmamar. Por isso, não produziam lactase, a enzima que permite a muitos de nós digerir a lactose (o principal carboidrato do leite). Mas pesquisas recentes mostram que a inabilidade de produzir lactase fez notavelmente pouca diferença para nossa capacidade de desfrutar do leite (Evershed *et al.*, 2022). É provável que a principal motivação para o processamento inicial tenha sido a preservação: o iogurte (feito quando o açúcar lactose é consumido pela bactéria *Lactobacillus* para produzir o conservante natural ácido láctico) e a manteiga demoram mais para estragar do que o leite. Ao longo dos milênios seguintes, a manteiga se tornou central para culturas alimentares no mundo todo.

O problema da manteiga é que ela sempre foi cara. Afinal, você tem de criar e depois ordenhar um animal para obtê-la. Gordura vegetal é bem mais barata, mas a maioria é óleo líquido — mais difícil de armazenar e menos útil para dar textura à comida. Simplesmente não é manteiga. Então, não surpreende que a jornada para produzir uma manteiga barata, artificial e de gordura sólida tenha começado há muito tempo, a partir de 1869.

Naquele ano, Napoleão III — sobrinho do Napoleão mais famoso[6] — ofereceu um prêmio para quem conseguisse resolver essa alquimia gordurosa. O vencedor foi um químico e farmacêutico francês chamado Hippolyte Mège-Mouriès, que já tinha ganhado a Legião da Honra por melhorias na tecnologia de cozimento ao forno. A descrição de seu método de produção para um substituto da manteiga pode ser a primeira de um *ultraprocessamento* (List, 2006; Khosrova, 2016; McGee, 2007 [2014]).[7]

Mège-Mouriès pegou uma gordura sólida barata de uma vaca (sebo), derreteu (esquentou com um pouco de água), digeriu com algumas enzimas do estômago de uma ovelha para quebrar o tecido celular que mantinha a gordura unida, depois passou por uma peneira, deixou assentar e comprimiu entre dois pratos para extrair, branqueou com ácido, lavou com água, aqueceu e, por fim, misturou com bicarbonato de sódio, proteína de leite, tecido de úbere de vaca e anato, um corante alimentar amarelo derivado de sementes de urucuzeiro (Snodgrass, 1931). O resultado foi um substituto plausível para a manteiga e que dava para espalhar.

Mège-Mouriès deu à sua criação a marca de Oleomargarina, só que o ligeiro empecilho, como o leitor deve ter reparado, era que a receita original de margarina ainda demandava gorduras animais.[8]

No entanto, grandes avanços na química industrial no século XIX e no início do XX abriram a porta para produzir margarina a partir de óleos vegetais.

O segredo foi encontrar um modo de produzir óleos vegetais sólidos, o que foi alcançado na virada do século XX por meio de um processo denominado hidrogenação. Descobriu-se que, se você aquecer o óleo na presença de gás hidrogênio em alta pressão, é possível modificar sua estrutura química e suas propriedades de derretimento. Se você hidrogenar completamente o óleo, obtém gordura tão dura quanto gelo. Mas se você hidrogenar apenas parcialmente, pode criar qualquer perfil de derretimento que desejar, o que torna possível produzir uma gordura que é sólida em temperatura ambiente, mas fácil de espalhar assim que sai da geladeira.[9]

O próximo passo foi descobrir o óleo mais barato possível. As sementes de algodão eram um subproduto sem valor da indústria do algodão e encaradas como lixo até 1860. Descaroçadeiras de algodão eram instaladas nas margens dos rios de modo que as sementes fossem simplesmente levadas pela água. Mas, em 1907, a incipiente empresa Procter & Gamble (que, mais tarde, criaria a Pringles) encontrou uma maneira de transformar semente de algodão em gordura sólida comestível.[10] Uma dificuldade era que o óleo continha uma toxina chamada gossipol, que protege a planta de insetos, mas também leva a uma redução de fertilidade nos homens, assim como diversas outras impurezas que fazem com que tenha um gosto ruim (Nixon, 1930).

A solução para esses problemas foi um processo conhecido como RBD, por meio do qual os óleos são refinados, branqueados e desodorizados.

Tomemos o óleo de palma, por exemplo. Quando recém-prensado, ele é quase carmim-escuro, altamente aromático, condimentado e saboroso, e cheio de antioxidantes como tocotrienois de palma. Mas, para os fabricantes de AUPs, todos aqueles sabores e cores são um problema em vez de uma vantagem. Você não pode fazer Nutella com um óleo vermelho condimentado. Os óleos para os AUPs precisam ser suaves, insossos e sem sabor, de modo que possam ser usados para fazer qualquer produto comestível — daí o uso do RBD. Então, os fabricantes refinam o óleo ao aquecê-lo, usam ácido fosfórico para remover quaisquer gomas e ceras, neutralizam com soda cáustica, branqueiam com uma argila betonítica e, por fim, desodorizam usando um vapor de alta pressão.[11] Esse é o processo usado para fazer óleo de soja, óleo de palma, óleo de canola (semente de colza) e óleo de girassol — quatro óleos que constituem 90% do mercado mundial — e quaisquer outros óleos não "virgens" ou "prensados a frio".

Depois de ter resolvido os problemas da semente de algodão, a P&G deu início a uma grande campanha divulgando o óleo com o nome de Crisco, um acrônimo para *crystallised cottonseed oil* [óleo de semente de algodão cristalizado]. (Eles consideraram mas rejeitaram o nome "Cryst" por causa de suas potenciais conotações religiosas.) Em 1920, o uso do produto já estava disseminado. A gordura vegetal Crisco, essencialmente uma falsa banha, foi possivelmente o primeiro AUP produzido em grande escala.[12]

As longas listas de gorduras (muitas das quais nunca antes presentes em uma dieta humana) que você vai começar a notar em tudo, de biscoitos a sorvetes, são o legado dessa tecnologia para processar gordura: gordura de carité, gordura de palma, gordura de caroço de manga, estearato de palma, gordura de coco. Uma vez submetidas ao tratamento RBD, elas são essencialmente intercambiáveis. Sob a luz do sol, enquanto Sharon olhava o relógio, o marido explicava a vantagem disso para todos os fabricantes de AUPs — não só para os que produzem sorvete: "Eles podem simplesmente usar aquele que calhar de ter o menor preço de mercado. E, para evitar o custo de refazer a embalagem, podem colar um daqueles rótulos Uncle Tom Cobley[13] com a lista de todos os diferentes ingredientes".

Se você vir alguma dessas gorduras em um rótulo, gorduras que você não usa em casa (qualquer gordura de palma modificada, por exemplo), então o produto é um AUP. Os flutuantes preços de mercado podem acabar resultando em ingredientes ainda mais incomuns em nossa comida. A guerra na Ucrânia fez os preços do óleo de girassol dispararem, e, ao mesmo tempo, a Indonésia proibiu temporariamente as exportações de óleo de palma, num esforço para reduzir a elevação interna dos preços de alimentos. Isso pode ter o efeito de fazer o custo de alguns desses óleos vegetais começar a se aproximar do custo da manteiga. "Eles já estão no mesmo patamar do sebo, banha e *schmaltz*, que é gordura de frango", explicou Hart. "Então pode não demorar muito para vermos gordura de frango no sorvete. Imagina só!"

E, com essa repulsiva ideia final, ele e Sharon foram pegar o trem.

# 2

# PREFIRO COMER CINCO TIGELAS DE COCO POPS: A DESCOBERTA DOS AUPS

Exatamente sete dias antes de o sorvete de Lyra não derreter, eu tinha começado minha dieta de AUPs com um café da manhã de Coco Pops.

"É para mim?", perguntou Lyra.

"Não", eu disse. Ela estava comendo mingau.

"Quero o cereal do Mickey Mouse!", disse Lyra, apontando para o macaco Coco.[1]

Eu havia presumido que, por nunca ter provado Coco Pops, ela não se interessaria de forma nenhuma pelo cereal. Mas a Kellogg's a deixara viciada antes mesmo da primeira colherada. Aquele era um produto criado tendo em mente uma criança de três anos. Mais uma vez eu disse não, então ela desabou no chão chorando e gritando com raiva, o que trouxe Sasha para a cozinha (nos braços de Dinah).

Eu tinha feito mingau para Lyra porque meus instintos me disseram que Coco Pops não era um café da manhã saudável para uma criança de três anos, ainda que tudo na embalagem parecesse indicar o contrário. A caixa estava coberta de informações nutricionais reconfortantes: "50% da sua vitamina D diária", "30% menos açúcar".[2] No Reino Unido, usamos "semáforos" para indicar se uma comida é saudável. A informação nutricional do Coco Pops apresentava dois valores verdes (para gordura e gorduras saturadas) e dois amarelos (para sal e açúcar). E havia uma ilustração de macaco na caixa, sugerindo que o cereal não só era seguro para crianças, como deliberadamente destinado a elas. Talvez fosse OK.

De qualquer forma, minhas dúvidas persistentes eram irrelevantes. Enquanto eu levava tudo isso em consideração, Lyra tinha engatinhado por debaixo da mesa, enchido sua tigela e começado a comer grandes punhados de Coco Pops secos, com os olhos arregalados e em êxtase. Derrotado, servi o leite e li os ingredientes: arroz, xarope de glicose, açúcar, cacau em pó com gordura reduzida, massa de cacau, sal, extrato de malte de cevada, aromatizantes.

O Coco Pops atende à definição de AUP por causa do xarope de glicose, da massa de cacau e dos aromatizantes. Um triunfo espetacular da engenharia.

Se você comer cereal de arroz inflado todo dia, pode não notar mais o estalar, o quebrar e o rebentar, mas naquele dia fui transportado para os cafés da manhã da minha infância. Lyra colou o ouvido junto da tigela e fechou os olhos, hipnotizada. Então voltou a comer. E a comer. E a comer. E eu a observava, parecia que ela não estava totalmente no controle. A embalagem dizia que uma porção recomendada para um adulto é de trinta gramas (um punhado, grosso modo). Mas, depois de trinta gramas, Lyra mal tinha tomado ar. Normalmente tenho de estimulá-la na hora das refeições, mas a primeira tigela de Coco Pops tinha simplesmente desaparecido. Quando tentei sugerir que uma tigela bastava, a ideia foi imediatamente descartada. Era como aconselhar um fumante a ficar apenas no primeiro cigarro. Ela comia não apenas irracionalmente: comia como que em transe.

✿

Se o Coco Pops não parece uma comida típica de dieta, é porque eu tinha começado um experimento dietético de um mês conduzido com a ajuda de meus colegas do UCLH, onde eu trabalho. A ideia veio de dois artigos que uma colega, a produtora de TV Lizzie Bolton, me instara a ler. Eles tinham ficado largados numa pilha na minha mesa por semanas quando, por fim, arrumei tempo para eles. À primeira vista, não pareciam particularmente interessantes, mas acabariam por se revelar dois dos artigos mais importantes que já li na vida.

O primeiro fora publicado em português havia mais de uma década, em um periódico de saúde brasileiro relativamente desconhecido. Tinha um título modesto e bastante específico: "Uma nova classificação de alimentos baseada na extensão e no propósito do seu processamento". O autor principal era Carlos Augusto Monteiro, um professor de saúde pública de São Paulo.

O segundo artigo soava ainda menos tentador. Era um experimento dietético sobre ganho de peso, talvez para promover mais um modismo: "Dietas ultraprocessadas causam ingestão de calorias em excesso e ganho de peso: um estudo controlado randomizado em regime de internato de ingestão de alimentos *ad libitum*". Autor principal: Kevin Hall.

No primeiro, Monteiro desenvolvia uma teoria; no segundo, Hall descrevia um experimento que testava essa teoria e, à primeira vista, parecia confirmá-la. A teoria é a seguinte: a principal razão para o rápido aumento de sobrepeso e obesidade no mundo, especialmente na década de 1980, é o respectivo aumento na produção e no consumo de produtos alimentares e bebidas ultraprocessados.

Eu nunca tinha ouvido falar de AUPs e estava cético em relação a uma única explicação abrangente para a pandemia de obesidade, que, sabemos, é amplamente complexa e multifatorial. Mas havia algo no sistema de classificação proposto por Monteiro que parecia original e interessante.

O sistema de classificação é hoje chamado de classificação NOVA e divide os alimentos em quatro grupos (Monteiro *et al.*, 2019). O grupo 1 é de "alimentos in natura ou minimamente processados" — alimentos encontrados na natureza como carne, frutas e legumes, mas também coisas como farinha ou massa. O grupo 2 é de "ingredientes culinários processados", incluindo óleos,[3] banha, manteiga, açúcar, sal, vinagre, mel, amidos — alimentos tradicionais que poderiam muito bem ser preparados usando tecnologias industriais. Eles não são coisas com base nas quais podemos sobreviver, porque tendem a ser pobres em nutrientes e densamente energéticos. Mas combine-os com as coisas do primeiro grupo e você terá a base para comidas deliciosas. O grupo 3 é de "alimentos processados", misturas pré-fabricadas dos grupos 1 e 2, processadas principalmente para conservação: pense em feijões enlatados, castanhas salgadas, carne defumada, peixe enlatado, pedaços de fruta em calda e pão fresco feito de modo adequado.

E então chegamos ao grupo 4, de "alimentos ultraprocessados". É uma definição longa, talvez a mais longa que já li de uma categoria científica: "Formulações de ingredientes principalmente de uso exclusivo industrial, feitos por meio de uma série de processos industriais, muitos deles exigindo equipamentos e tecnologias sofisticados".

Essa é só a primeira parte. Continua: "Os processos usados para produzir alimentos ultraprocessados incluem o fracionamento de alimentos integrais em substâncias, modificações químicas dessas substâncias".

Exatamente como Paul Hart descreveu, grãos como milho e soja são transformadas em óleo, proteína e amido, que são então ainda mais modificados. Os óleos são refinados, branqueados, desodorizados, hidrogenados e interesterificados; a proteína pode ser hidrolisada e o amido, modificado. Essas frações de alimentos alterados são então combinadas a aditivos e juntadas a partir de técnicas industriais como moldagem, extrusão e mudanças de pressão. Esse é um padrão que encontrarei por toda a minha dieta de AUPs. Listas de ingredientes, de pizzas a balas, começaram a parecer iguais.

A definição de AUP continua por muito tempo antes de fechar de um modo que reverberou subitamente: "Processos e ingredientes usados para fabricar alimentos ultraprocessados são projetados para criar produtos altamente rentáveis (ingredientes de baixo custo, prazo de validade longo, promoção de marca empática), convenientes (prontos para consumir) e hiperpalatáveis, responsáveis por suplantar pratos e refeições preparados na hora a partir de todos os outros grupos alimentares da classificação NOVA".

Eu mal registrara a ideia de que o propósito de um alimento poderia ser importante da primeira vez que deparei com o trabalho de Monteiro e, no entanto, ele começou a cristalizar uma nuvem de ideias que vinha pairando em minha mente há muitos anos. Eu conseguia entender que, pelo menos em teoria, os processos físicos e químicos podiam afetar como os alimentos interagem com o corpo. Mas incluir, como parte da definição, o *propósito* do processamento — "criar produtos altamente rentáveis" — era inteiramente novo.

Considerações sobre se os alimentos tradicionais têm um *propósito* diferente de substâncias feitas por corporações transnacionais com rendimentos de bilhões estavam quase completamente ausentes de discussões científicas e de políticas a respeito de alimentos e nutrição. Não foi um grande salto mental imaginar que produtos que subvertem os mecanismos evoluídos do corpo, os quais sinalizam quando parar de comer, podem sobreviver melhor no mercado.

Depois de ler o trabalho de Monteiro, achei que a classificação NOVA e os AUPs tinham algum apelo inicial enquanto ideias, mas isso era apenas uma hipótese. Então, li o experimento de Hall, que testava a ideia. Ele foi publicado na *Cell Metabolism*, um periódico respeitável — ainda que especializado. O experimento era bastante simples. Voluntários se alimentaram ou com uma dieta ultraprocessada, ou com uma dieta que era idêntica em termos de gordura, sal, açúcar e fibras, mas livre de qualquer AUP. Depois de duas semanas, os dois grupos inverteram: um recebeu a dieta do outro. Durante ambas as fases, os participantes podiam comer o quanto quisessem. Na dieta de ultraprocessados, os participantes comeram mais e ganharam peso, enquanto na dieta não processada eles perderam peso, apesar de terem tido acesso à quantidade de comida que desejassem. Na época, eu não tinha muita experiência com experimentos desse tipo, então era difícil criticar os detalhes. Mas o relatório tinha um peso real e os dados pareciam sólidos.

Só que, ainda assim, eu não estava convencido. Até os periódicos mais prestigiosos — talvez *especialmente* os periódicos mais prestigiosos — são cheios de ideias atraentes, bem apresentadas e aparentemente ancoradas em dados promissores, que, no fim, se mostram totalmente erradas. Na verdade, há estimativas confiáveis de que *a maioria* dos artigos científicos pode estar equivocada (Ioannidis, 2005). Não bastam dois artigos para mudar todo um campo. E eu achava estranho que nenhum entre as dezenas de especialistas em nutrição que viviam no Reino Unido que eu tinha entrevistado enquanto pesquisava outras matérias e documentários tivesse mencionado Carlos Monteiro, Kevin Hall ou os AUPs. O processamento não é mencionado nas diretrizes nutricionais nacionais do Reino Unido ou dos Estados Unidos. Não há identificação nas embalagens indicando se um alimento é ultraprocessado.

A despeito disso, eu me lembro de sentir uma empolgação cautelosa lendo esses artigos depois de ter posto Lyra e Sasha para dormir naquela noite. O modo como vínhamos pensando sobre comida não tinha mostrado nenhum sinal de resolver o crescente problema de doenças relacionadas à alimentação.

No dia seguinte, fui encontrar uma amiga e colega do UCLH, Rachel Batterham. Ela dá aulas sobre obesidade, diabetes e endocrinologia e é renomada internacionalmente, tendo publicado informações científicas das mais importantes sobre regulação de apetite e comportamentos alimentares, incluindo um artigo revolucionário na *Nature*. Sagaz e divertida, ela mudou o modo como penso sobre obesidade e as pessoas que vivem com ela.[4]

Mostrei os artigos a Rachel. Ela também mal tinha ouvido falar de AUPs, mas conhecia por cima o trabalho de Kevin Hall e foi imediatamente capaz de fazer conexões sobre como o processamento físico dos ingredientes pode afetar a quantidade de alimento que será ingerida antes que o corpo diga "pare". E, sempre zelosa para atacar grandes questões com rigor científico absoluto, ela imediatamente começou a traçar uma abordagem para testar essas hipóteses.

Decidimos fazer um experimento: eu faria uma dieta à base de AUPs por um mês e a equipe de Rachel monitoraria todos os aspectos do meu cérebro e do meu corpo. Se houvesse qualquer resultado interessante, nós os usaríamos como dados-piloto para obter financiamento para um estudo mais amplo.[5] Na época, o único artigo que se debruçava sobre respostas do corpo à dieta com AUPs era o de Hall, e ele tinha sido conduzido em laboratório. Nós levaríamos o experimento para o mundo real.

As condições da minha dieta eram simples. Eu comeria como uma criança britânica. No Reino Unido, uma em cada cinco pessoas obtém pelo menos 80% de suas calorias de AUPs, e esse número também é típico para crianças e adolescentes (Rauber *et al.*, 2018). Na população como um todo, o número médio é de 60% (Rauber *et al.*, 2020a; Chang *et al.*, 2021; Rauber *et al.*, 2020b; Steele *et al.*, 2019).

Então, 80% de minha dieta seria composta de AUPs, mas eu não me forçaria a me empanturrar — não seria como *Super Size Me: A Dieta do Palhaço*.* Apenas comeria quando sentisse vontade. Sinceramente, nem

* Documentário de 2004 dirigido e protagonizado por Morgan Spurlock em que, para evidenciar os problemas à saúde acarretados pela alimentação à base de junk food, ele registra sua jornada pessoal fazendo todas as suas refeições diárias no McDonald's ao longo de um mês. [N.E.]

Rachel nem eu esperávamos grande coisa em um único mês, mas achamos que poderíamos encontrar algo que justificasse mais investigações.

O primeiro passo era parar de comer AUPs por quatro semanas como preparo. Eu ainda estava na mentalidade de pensar que AUP era sinônimo de junk food, então fiquei surpreso quando descobri, ao manter um diário alimentar ao longo de uma semana típica, que em geral eu obtinha por volta de 30% das minhas calorias de AUPs.

Depois de anos escrevendo e comunicando sobre comida — e de ganho de peso lento, mas contínuo —, minha dieta costumeira era mais ou menos assim: café preto de manhã, um sanduíche com batatinhas chips no almoço e um jantar caseiro razoavelmente saudável (frango, arroz e brócolis são o básico), seguido por uma sobremesa de supermercado. A cada poucas noites, em vez de prepararmos o prato principal, comíamos uma lasanha de micro-ondas (AUP) ou uma pizza de forno (AUP). Eu pegava comida para viagem uma vez por semana, em geral AUP graças ao uso abundante de amidos modificados e enriquecedores de farinha.

Abandonar esse consumo de AUPs foi surpreendentemente difícil. Eu ansiava por refeições de micro-ondas, barras de snacks e comida para viagem. Mas, quando comecei a olhar os rótulos e as listas de ingredientes, também descobri que a maioria dos alimentos de lanchonetes e da cantina do hospital estava descartada. Eu não podia comprar um sanduíche para o almoço por causa dos emulsificantes no pão e da maltodextrina e dos conservantes nas pastas. Logo, tinha de fazer meus próprios sanduíches — sobretudo de queijo, manteiga e pão de massa fermentada da padaria da região. Não podia nem pôr a minha maionese Hellmann's preferida.[6]

Meu cinto ficou um pouco mais frouxo, claro, mas comecei a ansiar de verdade por minha dieta de AUPs. Os alimentos que eram proibidos tinham se tornado imensamente desejáveis. Comecei a ficar obcecado por coisas que, em geral, não pensava, enquanto minha mente se concentrava mais do que de costume em todas as opções tentadoras que me cercavam — sobretudo o McDonald's e o KFC do outro lado da rua do hospital.

Na véspera do dia em que minha dieta deveria começar, fui ao laboratório da UCL para passar metade de um dia sendo pesado e medido. Subi na balança de bioimpedância. Peso: 82 quilos. Altura: 1,85 metro.

IMC: 24,2. Gordura corporal: 17%. De modo geral, eu estava deprimentemente em uma forma mediana para um homem da minha idade. A equipe de Rachel tirou um pouco de sangue para avaliar meus níveis de inflamação e verificar como meu corpo respondia aos alimentos. Eu tinha ficado de jejum desde a noite anterior. Eles me deram um delicioso milk-shake com as quantidades precisas de gordura, proteína e açúcar, e então observaram o aumento de hormônios de saciedade e minha resposta insulínica. Também fiz testes psicométricos e preenchi questionários sobre humor e apetite.

Por último, fiz um exame de ressonância magnética para criar um mapa de como diferentes partes do meu cérebro estavam conectadas umas às outras. Eu me lembro de pensar, quando estava deitado na máquina, que aquele exame parecia absurdo. Não iríamos descobrir mudanças evidentes em uma ressonância magnética em apenas quatro semanas consumindo uma dieta que é totalmente normal para milhões de pessoas no país inteiro.

Enquanto via Lyra terminar sua primeira tigela de Coco Pops e servir outra toda desajeitada, comecei a me perguntar quando ela ia parar. Enquanto comíamos, pensei mais sobre a comparação com fumar. A primeira colherada tinha sido um êxtase para nós dois. O cereal é rico, complexo e intensamente achocolatado, muito mais do que eu lembrava. A textura do primeiro bocado é extraordinária, alguns dos "pops" ficam borrachudos quase na mesma hora enquanto outros permanecem crocantes, estalando na língua.

Mas, depois de três colheradas, a alegria tinha passado: o que restava era um sedimento marrom, consumido apenas para aliviar a ânsia. Lyra e eu fomos atraídos para nossos bocados seguintes como fumantes para a próxima tragada. A experiência do primeiro impulso não podia ser replicada; ainda assim, alguma coisa no cereal nos impelia a continuar tentando.

Lyra não estava a fim de conversar, então olhei a caixa, que parecia ilustrar com muita clareza o modo como pensamos sobre comida no Reino Unido e nos Estados Unidos — em termos de seu "perfil nutricional". A comida contém nutrientes "bons" e "ruins", e o perfil nutricional detalha as quantidades de cada um deles. Para descobrir se uma comida é saudável, a maioria de nós pergunta quanta gordura saturada, sal, açúcar, fibras, vitaminas e minerais ela contém. Quantas calorias tem uma porção? Tem vitamina C? Isso é tão arraigado que é difícil pensar nos alimentos de qualquer outra forma.

Essa abordagem em relação a alimentos foi denominada um tanto desdenhosamente de "nutricionismo" por Gyorgy Scrinis, professor associado de políticas e diretivas alimentares da Universidade de Melbourne (e uma das primeiras pessoas a apresentar a ideia de que talvez os alimentos sejam mais do que a soma de suas partes componentes). Mas o nutricionismo de fato resolve um problema importante. Sempre que você decide estudar algo, precisa "operacionalizar" a coisa. Isso está no cerne da ciência mais moderna: precisamos definir as coisas que não podemos medir em termos de coisas que podemos. Riqueza e saúde são bons exemplos. A riqueza é fácil: você pode medir diretamente e atribuir um número a ela. A saúde, porém, é mais fugidia: ela existe, mas não há unidade específica para quantificá-la, então a definimos, em vez disso, em termos de um índice de debilidade, IMC, pressão sanguínea, presença de doenças crônicas, níveis de ferro e assim por diante.

A comida é como a saúde, carece de uma dimensão mensurável específica. Para estudá-la cientificamente, você precisa quebrá-la em partes mensuráveis, como os componentes nutricionais, que têm, *sim*, dimensões — calorias, gramas de vitamina C e assim por diante. Documentamos exaustivamente os efeitos desses nutrientes em quase todos os aspectos da nossa fisiologia à medida que doenças relacionadas à alimentação explodiram pelo mundo. Mas, antes de Carlos Monteiro, ninguém envolvido no ramo da saúde e da nutrição havia passado tanto tempo preocupado em como descrever a dieta de outro modo.

Enquanto Lyra erguia sua segunda tigela para sorver descuidadamente a borra marrom de leite, comecei a pensar que o nutricionismo não era muito útil para tentar descobrir quanto ou o que ela devia comer. Será que ela comera açúcar demais para uma criança, por exemplo? Tinha quase certeza de que sim, mas não havia modo de intervir. A embalagem trazia uma pequena tabela de dados com a quantidade de açúcar e sal por grama, mas eu não sabia quantos gramas ela havia comido. E a embalagem não dizia quantos gramas de Coco Pops eram OK para uma criança de três anos, o que parecia estranho, dado que tanto espaço na caixa é dedicado à ilustração de um macaco que comercializa o produto diretamente para crianças.

Assim, passei a examinar a quantidade de sal. Coco Pops é constituído de 0,65% de sal, mas eu não fazia ideia do que isso significava. Desse modo, para ter um contexto, procurei o conteúdo de sal em outros alimentos. Creio que uma maneira mais útil de explicar o sal no Coco Pops pode ser: este cereal contém 20% a mais de sal por grama do que uma lasanha de micro-ondas típica. Essa incrível quantidade de sal vale para a maioria dos cereais matinais — ajuda a fazer com que tenham um sabor maravilhoso. Então, por que não havia uma advertência sobre o sal?

Acredito que é porque a porção recomendada para um adulto é de trinta gramas, ou quatro colheradas grandes. Se você for um adulto e comer essa quantidade, não vai ingerir sal demais, mas certamente Lyra tinha consumido mais de trinta gramas de cereal enquanto eu procurava as tabelas nutricionais da lasanha.

Aqueles "semáforos" nutricionais (dois verdes, dois amarelos) começaram a parecer cada vez mais absurdos enquanto eu a observava. No Reino Unido, esse sistema de destacar os níveis de gordura, gordura saturada, sal e açúcar é inteiramente voluntário (muitos outros países têm sistemas similares). Mas imagine dirigir um carro com uma criança de três anos no banco de trás e deparar com quatro sinais, dois verdes e dois amarelos. Você segue em frente ou não?

Bem como o sistema de semáforos, no Reino Unido *existe* outra maneira de pensar os alimentos, e ela aflora com bastante frequência na imprensa local: a designação "alto teor de gordura (saturada), sal ou açúcar", ou HFSS [na sigla em inglês]. Para propósitos de comercialização no Reino Unido, comida embalada é formalmente categorizada como HFSS (ou não) por algo obscuramente chamado Modelo de Perfil de Nutrientes (Nutrient Profile Model ou NPM 2004/5), que foi desenvolvido como uma ferramenta para regulamentar os anúncios de alimentos direcionados a crianças.[7]

Se você tem dificuldade de entender a tabela de dados nutricionais na embalagem para orientar uma alimentação saudável aos seus filhos, então a NPM 2004/5 vai espantá-lo. Você não consegue procurar a pontuação de NPM de um alimento com facilidade — precisa calculá-la usando os três passos seguintes, que vou registrar apenas para ilustrar sua complexidade.

Primeiro, você confere uma pontuação para as coisas ruins: calorias, gordura saturada, açúcares e sódio. Estes são chamados de pontos "A". Em seguida, você adiciona os pontos das coisas boas: frutas, vegetais, castanhas, fibras e proteínas. Estes são chamados de pontos "C". (Aliás, pode ser que você tenha de pagar para ter acesso a algo como a base de dados nutricionais do NielsenIQ Brandbank para reunir toda essa informação.) Depois de calcular os pontos A e C, há outras regras que devem ser levadas em conta, como: "Se um alimento ou bebida renderem onze ou mais pontos A, então eles não podem pontuar para proteína a não ser que também pontuem cinco para frutas, vegetais e castanhas".

Até agora está claro? Bem, *então* você subtrai os pontos C dos pontos A para calcular uma pontuação que vai até trinta. Qualquer alimento que tiver pontuação acima de quatro é classificado como HFSS. Mas, mesmo se você fizer tudo isso, não fica claro se crianças devem comer esses alimentos HFSS, ou em que quantidades. A designação determina apenas se um alimento pode ser *comercializado* para crianças em épocas particulares e de modos particulares.

De acordo com uma resenha de 2018 da calculadora NPM 2004/5, "não existe uma única medição a definir esses alimentos como 'mais saudáveis' ou 'menos saudáveis'" (Public Health England, 2018). Mas, enquanto Lyra passava a mão no leite com chocolate derramado em seu pijama, parecia que a definição de AUPs de Carlos Monteiro poderia ser um pouco mais simples — desde que as evidências sustentassem sua definição e suas ligações com a saúde, claro.

Sem dúvida, os semáforos, as tabelas de informações nutricionais, a designação HFSS pareciam representar uma ilusão quanto ao modo como as pessoas escolhem e consomem os alimentos. Não se trata apenas do fato de que nenhuma pessoa normal consegue entender as informações misturadas às alegações dos fabricantes. A ilusão é a ideia de que podemos comer de acordo com números, e não com o apetite.

Os seres humanos, como todos os animais, têm sistemas evoluídos que controlam a ingestão nutricional. À medida que lia mais, comecei a me perguntar se é a regulação normal de apetite que os AUPs desestabilizam para que não paremos de comer, independentemente do que esteja escrito na caixa.

O artigo original, que esboçava a hipótese de Monteiro, parecia ser tão potencialmente importante quanto alguns artigos do clube de periódicos no laboratório, os que mudaram para sempre minha compreensão do mundo. Mas, como ele tinha inventado essa ideia de categorizar os alimentos de acordo com seu nível de processamento?

Comecei a examinar os artigos de Monteiro publicados anteriormente. É uma jornada pela história da nutrição e da obesidade.

Monteiro nasceu em 1948 em uma família que estava em uma posição muito particular na hierarquia social brasileira, no limite máximo da pobreza e no limite mínimo da riqueza. Monteiro conseguia enxergar nas duas direções. Talvez seu interesse por justiça social tenha vindo da ideia de que seria muito fácil cair na pobreza desesperadora tão visível ao seu redor, talvez uma questão de sorte mais do que qualquer outra coisa.

Ele foi a primeira pessoa da família a ir para a universidade, entrando em medicina em 1966, logo depois do golpe militar. Sua carreira médica começou contra um pano de fundo de crescente violência de Estado, e seu interesse pela saúde das comunidades mais marginalizadas aumentou.

Monteiro deu início à sua longa jornada como pesquisador em uma das regiões mais carentes do estado de São Paulo, o Vale do Ribeira. Ele investigava como a classe social — em oposição a educação ou renda — afetava o estado nutricional de trabalhadores agrícolas. Era um projeto com muitas fronteiras turvas: definir "classe social" e "estado nutricional" não é fácil. Monteiro combinou habilidades em matemática, medicina, antropologia e economia para organizar e analisar diversos conjuntos de dados. Ele estava começando a aprender as habilidades que, mais tarde, aplicaria para criar a categoria de AUPs.

Seus primeiros artigos, a partir de 1977, concentravam-se em má nutrição, um problema enorme no Brasil da época. Eram trabalhos sobre amamentação, crescimento atrofiado e suplementação de ferro em crianças. Uma crise de sobrepeso era praticamente inimaginável.

Foi assim que a ciência da nutrição teve início pelo mundo: estudando doenças e deficiências. Enquetes com marinheiros procurando a Passagem do Noroeste. O "bócio" da deficiência de iodo. Beribéri, pelagra, raquitismo: nomes familiares para doenças de deficiência vitamínica. A ciência nutricional foi forjada em um mundo no qual a questão mais premente eram as exigências mínimas para um corpo saudável, e no qual um sofrimento terrível podia ser aliviado com o acréscimo de um único nutriente. É provável que isso tenha muito a ver com a emergência da ideia de que uma dieta saudável pode ser decomposta em químicos individuais, cada um com sua dose exata.

Nosso entendimento de como o corpo responde ao excesso está muito atrasado. E excesso é o que Monteiro começou a observar a partir de meados dos anos 1990. A outrora impossível crise de sobrepeso tinha, de súbito, se tornado não apenas plausível, como também evidente para onde quer que se olhasse. Ele observou o que chamou de "transformação nutricional", um crescimento confuso na obesidade entre as comunidades mais pobres, enquanto as taxas de obesidade em áreas mais afluentes começavam a cair.

Ainda que seus artigos sejam cheios de equações complexas, o conteúdo parece rotineiro. Não passa a impressão de ser como curar câncer ou sequenciar o genoma — trata-se de examinar faturas de compras, embora utilizando múltiplos modelos de regressão linear. Mesmo com a minha formação científica, passando os olhos superficialmente pelo trabalho de Monteiro, senti que ele era obscurecido pela mesma questão que obstrui tantas ideias importantes — ser complicado e tedioso. Mas quando eu recuava da seção de métodos científicos de qualquer um de seus artigos e olhava para o conjunto da obra, podia ver que ele documentava meticulosamente algo extraordinário: a transformação nutricional do Brasil, de um país onde obesidade era de interesse meramente acadêmico para um país onde ela é, sem dúvida, o problema de saúde pública dominante.

A razão pela qual isso era tão empolgante é que, em países como o Reino Unido e os Estados Unidos, nós realmente deixamos passar o momento em que nossas dietas mudaram de alimentos amplamente não processados para AUPs. Quase não temos nenhum dado dietético individual colhido sobre o que as pessoas comiam nos anos 1950, 1960 ou 1970 além dos dados de consumo doméstico nacional. Mas Monteiro sabia o que tinha acontecido nos Estados Unidos e no Reino Unido, e assistia àquilo se desenrolar em ritmo acelerado no Brasil.

Por volta de 2003, ele começou a produzir mais artigos sobre a quantidade de gordura e açúcar que as pessoas estavam comendo, os quais abordavam os dados de modo incomum. De fato, seus estudos a respeito de sobrepeso, obesidade, açúcar e gordura revelaram um paradoxo peculiar.

Recomendações tradicionais aconselham uma dieta com base em carboidratos, como cereais, pão, arroz, massa, batatas, bem como em frutas e vegetais. Óleos, gorduras, sal e açúcar refinado devem ser consumidos com parcimônia. Só que Carlos Monteiro descobriu que, entre meados da década de 1980 e os anos 2010, período em que as taxas de obesidade no Brasil dispararam, as compras dos supostos itens saudáveis — cereais, massa, pão — aumentaram, em paralelo a um enorme declínio em compras aparentemente não saudáveis de óleo e açúcar enquanto ingredientes (Levy-Costa *et al.*, 2005). Julgada convencionalmente, a mudança se destinava a uma dieta melhor, não pior.

Num esforço para resolver esse aparente paradoxo, Monteiro decidiu que, em vez de se concentrar em nutrientes únicos ou itens alimentares, olharia para o *padrão* dietético geral. Ele e sua equipe abordariam a tarefa de traçar um limite em torno de "comida ruim" de uma maneira diferente. Em vez de começarem pelo início, no nível microscópico, começariam pelo fim. Eles haviam identificado quais alimentos estavam causando os problemas, e então trabalharam no sentido inverso para ver o que todos eles tinham em comum.

Isso exigia métodos estatísticos que não tinham sido usados antes em nutrição. O que surgiu dos cálculos foram dois padrões separados de alimentação no Brasil: um que abarcava sobretudo alimentos tradicionais, como arroz e feijão, e outro que consistia, principalmente, em alimentos como refrigerantes, bolachas, sobremesas prontas, macarrão instantâneo e cereais. O segundo vinha assumindo o comando, suplantando as comidas tradicionais. O consumo de biscoitos no Brasil crescera 400% entre 1974 e 2003, assim como o consumo de refrigerantes. A relação entre os produtos que causavam o problema era clara: todos eles eram feitos de ingredientes desconstruídos e modificados que eram misturados a aditivos e, com frequência, comercializados agressivamente.

Ao analisar as compras de alimentos que tinham relação com hábitos mais saudáveis, Monteiro e sua equipe descobriram que elas incluíam açúcar e óleo. Não que açúcar e óleo sejam saudáveis em si, mas comprá-los indicava que a família ainda cozinhava arroz e feijão, além de preparar sobremesas caseiras. Isso colocou Monteiro e sua equipe diante de uma questão de longa data. Quando se trata de obesidade, o problema *é* comida. A dificuldade desde 1980 — na verdade, desde 1890 — tem sido saber qual comida, exatamente.

Está claro que existem comidas ruins, mas como defini-las?

Você pode estar sentindo que já ouviu tudo isso antes. Muita gente esperta já se mostrou há muito tempo preocupada com "alimentos processados", mas descobriu que essa não é uma ideia fácil de resolver — a minha mãe, por exemplo.

Na época em que Monteiro estudava os trabalhadores agrícolas do Vale do Ribeira, minha mãe era editora na Time Life. Ela trabalhava em muitos livros diferentes, mas seu projeto do coração era uma série chamada "The Good Cook" [A boa cozinha], escrita por um purista alimentar chamado Richard Olney. Ele era o tipo de cozinheiro que plantava trigo para fazer sua própria farinha. Pessoas como ele, e minha mãe, falavam de junk food.

Quando os meus irmãos e eu nos tornamos cientificamente letrados, discutíamos com a minha mãe dizendo que ela estava sendo esnobe. Lembrávamos que sua (deliciosa) comida era carregada com a mesma quantidade de sal e gordura que quase nunca tínhamos permissão para comer. O modo como aprendemos a pensar nos alimentos na faculdade de medicina não distingue entre as comidas gordurosas e salgadas que a minha mãe cozinhava e seus equivalentes industriais. Mas os dados de Carlos Monteiro faziam, sim, uma distinção, e essa distinção se tornou mais clara desde então.

Tomemos uma pizza, por exemplo. Em termos de nutrição, uma pizza é uma pizza. Farinha, tomate, queijo. Você pode comprar uma na Sweet Thursday, a pizzaria no fim da minha rua, por dez libras. Ela é feita com cerca de seis ingredientes e não é um AUP. Mas tem aproximadamente o mesmo perfil nutricional de uma pizza que custa uma libra no supermercado ao lado, que contém conservantes, estabilizantes e antioxidantes. Ambas as pizzas têm, grosso modo, o mesmo número de calorias, gordura, sal e açúcar. Mas uma é comida tradicional não associada à obesidade ou a doenças relacionadas à alimentação, e a outra não é.

Qualquer discussão sobre comida logo cai em um lamaçal de esnobismo porque, em geral, as pessoas que têm mais dinheiro podem consumir uma variedade mais ampla de alimentos do que as pessoas com menos renda. E isso, como veremos, contribui para o fato de que, tipicamente, pessoas com menos dinheiro têm taxas mais elevadas de obesidade. Isso também é o alicerce do argumento de que obesidade e outras doenças relacionadas à alimentação não são uma escolha.

A geração da minha mãe estava longe de ser a primeira a se preocupar com junk food ou alimentos "processados". Mesmo antes de os alimentos processados serem associados à pobreza, existiam preocupações. Hugh MacDonald Sinclair, o patrono de grande parte de nossa compreensão sobre a gordura e seu metabolismo no corpo, já se preocupava com o processamento anos antes de a minha mãe editar livros de receitas ou de Monteiro entrar em cena. Bioquímico carismático e excêntrico de Oxford, Sinclair escreveu uma carta para a revista *Lancet* em 1956, descrita (pelo próprio Sinclair) como "a carta mais longa e rude que a *Lancet* já publicou".

Na carta, ele vinculava a deficiência crônica de ácidos graxos essenciais ao câncer de pulmão, à trombose coronária e à leucemia. A deficiência, assegurou ele, se devia aos altos níveis de processamento do trigo e à fabricação de margarina: "Sem simpatia pelo naturalismo de cabelo comprido, pleiteio humildemente que devemos refletir mais e conduzir mais pesquisas antes de extrair e 'melhorar' o trigo e fabricar margarina, antes de empurrar para as pessoas uma forragem sofisticada que elas inocentemente aceitam".

Ainda antes de Sinclair, houve uma pediatra de Chicago chamada Clara Davis. Figura eminente — embora misteriosa — no ramo da nutrição humana, que conheceremos adequadamente mais adiante neste livro, ela estava preocupada com farinha branca, alimentos assados e açúcar já na década de 1920. Antes de Davis, nos anos 1820 houve a publicação do primeiro grande texto acadêmico sobre os danos da adulteração e do processamento de alimentos. *Death in the Pot: A Treatise on Adulterations of Food, and Culinary Poisons, and Methods Of Detecting Them* [Morte na panela: um tratado sobre adulteração de alimentos, venenos culinários e métodos para detectá-los], por Frederick Accum.

E penso ser seguro supor que quando, por volta de seis mil anos atrás, um criador de gado do norte da África decidiu armazenar leite no estômago de um animal e acabou inventando o queijo por acidente, nem todo mundo tenha recebido bem a nova forma de processamento, ainda que ela aumentasse o tempo de vida do produto.

Dividir os alimentos em processados e não processados é uma tarefa impossível. Tente pensar em um único alimento que seja verdadeiramente não processado, que você possa comer inteiro e cru e que nunca tenha sido criado seletivamente. Algumas frutas silvestres, ostra, leite cru, alguns cogumelos e não muito mais. O processamento teve início apenas um milhão de anos depois de divergirmos dos chimpanzés. Cortar um naco de carne da carcaça de um mamute? Isso é processamento alimentar. Cozinhar com fogo? Também é processamento. Lavouras e animais geneticamente modificados ao serem criados seletivamente, um método que antecede a escrita? Processamento.

O fato de que quase toda a nossa comida é, até certo ponto, processada provavelmente tem muito a ver com as razões pelas quais as diretrizes nutricionais simplesmente nunca se preocuparam com o processamento quando se trata de saúde. Junk food tinha sido considerada prejudicial apenas por conter grandes quantidades de coisas "ruins" — sal, gordura saturada e açúcar — e muito pouco de coisas boas.

Em 2007, enquanto Monteiro lutava com esse problema, foram publicados dois artigos que influenciaram muito ele e sua equipe. O primeiro, de Michael Pollan, saiu no *New York Times* e começava com estas frases muito conhecidas: "Coma comida. Não muita. Sobretudo plantas".[8] Pollan ressaltava a questão de que quase todo tipo de dieta tradicional parecia estar associado à saúde, independentemente do que contivesse — incluindo, no caso dos franceses, por exemplo, grandes quantidades de álcool e gordura saturada, ou, no caso dos italianos, muita pizza e massas.

O segundo artigo, escrito por David Jacobs, um epidemiologista da Universidade de Minnesota, e Linda Tapsell, da Universidade de Wollongong, na Austrália, foi publicado na bem menos influente *Nutrition Reviews*. Seu título era "Food, Not Nutrients, Is the Fundamental Unit in Nutrition" [Comida, não nutrientes, é a unidade fundamental da nutrição], e apontava um fenômeno até então inexplicável: muitos bons estudos tinham identificado que alimentos como grãos integrais, castanhas, azeitonas e peixes oleosos pareciam reduzir riscos de doenças crônicas, mas o benefício do nutriente relevante — betacaroteno, óleo de peixe, vitamina B etc. — desaparecia assim que era extraído do alimento e tomado, em vez disso, como suplemento.

Em resumo, não há nenhum suplemento que funcione para pessoas saudáveis. Os nutrientes benéficos só parecem nos ajudar quando os consumimos no contexto. Óleo de peixe não nos beneficia — mas peixe oleoso, sim. Parece inacreditável, eu sei. Não há suplemento, vitamina ou antioxidante que diminua o risco de mortalidade, ou até de qualquer tipo de doença em pessoas saudáveis. Quase todos os estudos independentes de larga escala de suplementos antioxidantes e multivitamínicos mostraram que, se eles fazem alguma coisa, é aumentar o risco de morte. Isso é especialmente verdadeiro para a vitamina E, o betacaroteno e a vitamina C em alta dosagem (Rutjes *et al.*, 2018; Singal, Banh & Allan, 2013; Bjelakovic *et al.*, 2012). Se você consegue entender que fora do contexto de possíveis deficiências os suplementos vitamínicos não funcionam, então começou a entender que alimentos e extratos de alimentos não são a mesma coisa. Lembre-se do efeito da corrida armamentista: os alimentos são complexos.

Esses dois artigos assentaram os alicerces intelectuais para o próximo passo de Monteiro: descrever as comidas ruins formalmente de modo que elas pudessem ser estudadas. Era uma tarefa para a qual seu período nas plantações do Vale do Ribeira o havia preparado. Ele e sua equipe se voltaram para seus dados sobre alimentos associados com resultados de saúde deficiente e começaram a tentar descrevê-los. Em 2010, eles já haviam elaborado a classificação NOVA. O próprio Monteiro nega ter sido ideia sua, insistindo que foi uma obra coletiva; nega ter havido qualquer tipo de momento "Eureka!". Em vez disso, diz que a definição veio de muitos anos de análise cuidadosa de dados. Ninguém da equipe de Monteiro era sequer capaz de me dizer exatamente como ou mesmo quando chegaram à definição, apenas que, um dia, Jean-Claude Moubarac inventou o nome "NOVA" no refeitório da universidade.

✽

No café da manhã, eu me peguei cantarolando o jingle de um velho anúncio de TV: "I'd rather have a bowl of Coco Pops!" [Prefiro comer uma tigela de Coco Pops!]. Acontece que Lyra preferia comer uma tigela de Coco Pops em vez de quase qualquer outra coisa. Ela comeu até sua barriga ficar estufada. Quando parou, já tinha consumido duas porções para adultos cobertas de leite integral: mais da metade de suas calorias diárias. Depois que terminamos, peguei minha balança digital, voltei a encher sua tigela e conferi todos os pesos do que havíamos comido. Tenho uma balança digital porque minhas melhores receitas vieram de colegas de laboratório que as anotaram como protocolos de experimentos com pesos até os mínimos gramas. Uma colega começou a se interessar por pesar especiarias em uma microbalança, de modo que suas receitas indicavam coisas como "cem miligramas de cravo moído". Eu não comprei uma microbalança.

Ao mesmo tempo, eu tinha comido cinco porções, uma primeira refeição apropriada para minha dieta de AUPs. Criado no fim dos anos 1950, o Coco Pops era um item básico de café da manhã para a geração dos meus pais, de longe o cereal mais popular da minha própria infância. Em vez de parecer algo que devia despertar preocupação, quase dava a impressão de ser uma comida "tradicional".

Desde a primeira publicação do sistema de classificação NOVA de Monteiro, aconteceram alguns retrocessos significativos. Como, perguntaram os críticos, um grupo de processos que não acrescenta calorias nem altera a composição química de um alimento[9] podia causar ganho de peso ou prejudicar a saúde? É uma objeção compreensível. Você pode ter tido uma sensação de estranhamento sobre outra coisa também: que a definição de AUP soa um tanto... arbitrária?

O jornalista do contra Christopher Snowdon deu sua opinião exatamente quando, em janeiro de 2022, fez um post em seu blog com o título "O que são alimentos ultraprocessados?".[10] O texto fora inspirado, disse Snowdon, em um "desarranjado" editorial sobre AUPs do *British Medical Journal*. Seu resumo dessa "arbitrariedade" da definição é engenhoso: "'Junk food' é muito restrito, já que a maioria das pessoas o interpreta como 'fast-food' de um punhado de redes de restaurantes. E então, na ausência de um culpado dietético óbvio, o lobby da 'saúde pública' está se voltando a uma cruzada contra 'alimentos ultraprocessados'".

Snowdon tinha uma queixa específica quanto a uma das regras básicas do editorial para identificar AUPs: que estes provavelmente contêm mais de cinco ingredientes. "Que espécie de limiar ridículo e arbitrário é esse?", escreveu ele. "Nada disso tem nenhuma representatividade científica mínima que seja!"

*É fácil* entender o que ele quer dizer. Por que não seis ingredientes? Por que não quatro? Mas a arbitrariedade simplesmente não importa se você é um cientista.

Imaginemos que a equipe de Monteiro tenha começado com algo explicitamente arbitrário. Como signos do zodíaco. Em vez de AUPs, eles podiam ter sugerido que ser do signo de leão é o que causa obesidade — em termos científicos, simplesmente não importa, *desde que você possa amparar isso com evidências.*

Imaginemos que alguém observara que as pessoas de leão tinham, *sim*, mais obesidade. Bem, então os pesquisadores teriam de construir um modelo intelectual para explicar por que isso poderia acontecer: estações, clima na concepção, dieta materna, vírus que circulavam no momento do nascimento e assim por diante. Eles poderiam fazer experimentos com animais, criando ratos que nascessem entre 23 de julho e 22 de agosto, e então compará-los com ratos nascidos em outras datas. Assim, imaginemos que, depois de ter testado seu modelo até não poder mais, eles tivessem descoberto que nascer quando o Sol está transitando do 120° ao 150° de longitude celestial, a constelação de Leão, faz toda a diferença e que nada mais era importante. Bem, então teríamos de viver com isso. Seria estranho, mas ainda assim seria verdade, mesmo que o ponto de partida tivesse sido completa e puramente arbitrário.

Os filósofos da ciência não estão totalmente de acordo em relação à origem do conhecimento, mas a maioria deles aceita que a ciência começa com uma observação, seguida pela construção de um modelo e então pelo teste dessa observação. Às vezes os dados empíricos nos dão a impressão de serem científicos demais: medições do movimento de objetos celestes, ou dígitos de leituras de máquinas extravagantes como um colisor linear. Mas, outras vezes, um passeador de cachorro encontra um ganso morto num parque, e esse é o primeiro ponto de dados sobre uma pandemia de gripe aviária.

É claro que, na realidade, a proposição astrológica não seria sustentada por nenhum dado e que o modelo cairia por terra. Os pesquisadores precisariam procurar outra causa, como um sistema alimentar que obriga as pessoas a comer montes de alimentos produzidos industrialmente, ou ser do signo de sagitário. O poder da boa ciência é que ela pode lidar com uma hipótese ruim, errada ou arbitrária. Essa, realmente, é a característica definidora da ciência.

A ciência da vida real *costuma* começar com algo arbitrário. Enfiar coisas em caixas. Agrupar coisas. Nomeá-las. Precisamos traçar um limite em algum lugar e descrever o objeto de interesse. Nas ciências físicas, os limites em geral são mais claros. Na física, as partículas são agrupadas e descritas de acordo com o modo como elas se comportam em campos gravitacionais ou eletromagnéticos. Na química, os elementos são organizados na tabela periódica de acordo com sua composição subatômica e seu comportamento químico. Os sistemas são objetivos e discretos.

Às vezes, nas biociências, também temos categorias bem definidas. O HIV é, agora, um diagnóstico binário: você tem ou você não tem. Mas muitos dos problemas mais prementes são bem mais confusos. Define-se a obesidade em adultos, arbitrariamente, como possuir um IMC de 30 ou mais. Não importaria se, em vez disso, o limiar fosse 29 ou 31.[11] Não há uma mudança súbita na saúde que acontece exatamente nos 30 — os riscos apenas aumentam gradualmente. Quase todas as medições biológicas — pressão sanguínea, hemoglobina, capacidade pulmonar — caem ao longo de um contínuo. Em determinado ponto traçamos um limite, um tanto quanto arbitrário, e dizemos que as pessoas de um lado têm pressão alta, ou anemia, ou obesidade, e as do outro lado não têm.

Essa foi a genialidade da equipe de Monteiro: eles traçaram um limite. Ou talvez a genialidade deles tenha sido exatamente entender que um limite podia ser traçado — de que *há* alimentos prejudiciais e que eles podem ser definidos. E dado que o lugar exato no qual se traça o limite é arbitrário, a ideia de que existem padrões alimentares que causam doenças e outros que não causam não é arbitrária. A ideia vem de um imenso volume de dados cuidadosamente coletados e analisados. Também não é arbitrário propor que os alimentos produzidos com o objetivo de obter lucro podem ser elaborados, deliberada ou inadvertidamente, para nos fazer consumi-los em excesso.

A classificação NOVA era uma hipótese, um modelo que separava alimentos em categorias para serem testados rigorosamente — por Kevin Hall e muitos outros. E essa hipótese se esquiva, pelo menos parcialmente, do campo minado social de estudar alimentação. Se uma pizza específica irá impelir consumo em excesso não tem nada a ver com quanto ela custa ou quem a está comendo. A única questão é se ela é um AUP.

Depois da definição criada em 2010, os AUPs estavam operacionalizados para estudo. Mas será que a hipótese resistiria ao escrutínio?

# 3

# CLARO, "ALIMENTOS ULTRAPROCESSADOS" SOA RUIM, MAS ELES SÃO *MESMO* UM PROBLEMA?

Na segunda semana da minha dieta, viajei para acampar com meu irmão Xand e meus dois cunhados, Chid (Richard) e Ryan. Dirigimos para o oeste saindo de Londres em direção ao País de Gales, parando na loja de conveniência Leigh Delamere, um festival de AUPs. Comprei um Doritos Cool Original, duas latas de Red Bull e pacotes de Skittles e Haribo Supermix para o resto da viagem.

Dormimos em um lugar lindo perto de uma cachoeira no parque nacional Brecon Beacons, perturbado apenas pelos meus sonhos lúcidos sobre comida e meu organismo. Imaginei que meu corpo tinha se tornado grosso e grudento, como se tivesse ficado muito concentrado de sal e açúcar. Acordei cedo, sentindo-me triste e indisposto.

Diluí-me com um pouco de água e me animei durante o café da manhã, olhando para as serras. Comemos Crunchy Nut Clusters, da Kellogg's (com grãos integrais e sem corantes e aromatizantes artificiais, e uma promoção para adultos irem de graça à Legoland), e "muesli naturalmente saudável" Original Recipe, da Alpen.

Ryan, um australiano professor de psicologia internacionalmente renomado, ficou chocado por eu estar comendo Alpen na minha dieta de AUPs: "Qual é o problema com a Alpen? É natural e saudável". Eu lhe disse que, tecnicamente, se qualificava como um AUP por conter soro de leite em pó na composição, um ingrediente que não é tipicamente usado na cozinha caseira.

Ele dava a impressão de estar genuinamente perplexo. "Mas as montanhas na embalagem parecem intocadas!" Respondi que, ainda assim, se tratava de AUP. Chid e Xand concordaram. "Bem, o sabor é bom", insistiu ele. Se a embalagem pode convencer Ryan, ela pode convencer qualquer um.

Enquanto voltávamos para casa, recebi uma ligação de um produtor da BBC Radio. Eles queriam que eu fizesse um documentário curto apresentando às pessoas a ideia dos AUPs. Parecia que esse documentário talvez pudesse nos ajudar a conseguir financiamento para o nosso estudo se descobríssemos algo interessante a partir da minha dieta de 80% de AUPs (os financiadores adoram saber que a pesquisa que eles patrocinaram será amplamente divulgada). Também seria uma oportunidade para criar relações com potenciais colaboradores de pesquisa. Então entrei em contato com Kevin Hall, o autor do artigo que testou a hipótese de Monteiro, para verificar se os AUPs de fato causavam sobrepeso.

Liguei para Hall de uma cabine de rádio com isolamento acústico na Broadcasting House e lhe perguntei sobre seu experimento. "Quando deparei com essa ideia pela primeira vez — de que não devíamos estar preocupados com os nutrientes na nossa comida, mas com a medida e o propósito do processamento —, achei que era um absoluto disparate", ele me disse. Foi um início surpreendente.

Hall estava em seu escritório em Bethesda, Maryland, onde é pesquisador sênior do Instituto Nacional Estadunidense de Diabetes e Doenças Digestivas e Nefrológicas. Seu título um tanto quanto burocrático — "chefe de seção: seção de fisiologia integrativa, Laboratório de Modelagem Biológica" — oculta o fato de que ele é uma das principais figuras da ciência da nutrição do século XXI, apesar de não ter formação como nutricionista; é físico e possui doutorado em modelagem matemática, o que é chamado de dinâmicas não lineares.

Nascido no Canadá e filho de operários — o pai era um habilidoso operador de máquinas que construiu turbinas para algumas das primeiras usinas nucleares, enquanto a mãe era assistente no consultório de um fisioterapeuta —, Hall foi, como Carlos Monteiro, o primeiro de sua família a estudar em uma universidade. Destacou-se durante a graduação em física na Universidade McMaster, ficando quase como primeiro da turma em física de partículas de altas energias. Ele é tipicamente modesto ao discutir suas realizações como estudante: "O primeiro da turma achava tudo tão simples, eu me dei conta de que precisaria encontrar alguma coisa em que fosse melhor".

Hall conseguiu um emprego de verão em um laboratório de eletrofisiologia, estudando como o intestino dos cães organiza suas contrações. Foi lá que começou a construir modelos matemáticos de processos biológicos, que o desviaram para o campo da pesquisa nutricional, que ele posteriormente transformou.

"Dependendo de quem você encontrar, sou conhecido por uma das três coisas que falarei a seguir", disse, expondo-as em ordem cronológica.

Primeiro, seu modelo matemático do metabolismo humano adulto (Hall *et al.*, 2011). Usando modelos como esse, Hall previu há muitos anos que uma dieta com baixo teor de carboidratos não teria um efeito significativo sobre o peso.

Sua próxima realização foi testar esse modelo em contraste com uma ideia que vinha crescendo desde a virada do milênio, de que o açúcar era o principal problema quando se tratava de obesidade. Ele realizou alguns dos trabalhos definidores sobre como o açúcar afeta o nosso metabolismo, que iremos examinar adiante.

Então Hall fez seu "estudo do *Biggest Loser*" (Hall, 2013). Para isso, seguiu os participantes do reality show de emagrecimento *The Biggest Loser*, fenômeno da TV estadunidense, durante seis anos. Todos eles começaram o programa com um IMC maior do que 40 — obesidade de grau três (ou, como pavorosamente costumava ser conhecida, obesidade "mórbida") — e ficaram isolados por vários meses num rancho onde foram submetidos a um programa de restrição extrema de calorias e de exercícios. No fim da competição, a perda de peso média ficava em torno de sessenta quilos. Seis anos depois, a média de recuperação de peso era de aproximadamente 41 quilos, apesar de os participantes manterem níveis altos de exercício. O estudo de Hall destacou a enorme dificuldade para manter a perda de peso.

"E, por fim, meu trabalho com alimentos ultraprocessados... Acho que quatro coisas, na verdade", disse Hall. Era por causa deste último estudo que eu estava falando com ele. Sem dúvida, eu não esperava que ele começasse dizendo que originalmente achara a teoria de Monteiro sobre AUPs um disparate. Hall me contou que participava de um congresso, sentado ao lado de um executivo da Pepsi, quando ouviu falar sobre AUPs pela primeira vez. Isso tinha sido em 2017, quando alguns poucos artigos sobre o assunto começavam a aparecer: "[O executivo da Pepsi] disse que havia uma nova maneira de pensar sobre alimentos. Eles estavam preocupados, e queriam minha opinião sobre ela. Minha resposta inicial foi: como é que alguém pode levar isso a sério?".

Da perspectiva de Hall, houve décadas de progresso significativo na descoberta de que nutrientes em nossa oferta alimentar são bons (e ruins) para nós e de como curar essas doenças de deficiência. "Ciência da nutrição", disse ele, "se chama ciência da nutrição porque trata de nutrientes, certo? E aí vem esse grupo de Monteiro dizendo: 'Não, não, não, vocês entenderam tudo errado'."

Hall não gostou especificamente do modo como Monteiro descreveu os AUPs, como "formulações, sobretudo, de fontes industriais pobres em energia e nutrientes dietéticos, com aditivos, usando uma série de processos e contendo o mínimo de alimentos integrais". Ele achou que era uma definição confusa e insatisfatória, que não dizia nada sobre qual era de fato o problema com esses alimentos.

Hall tinha algumas perguntas que, a seu ver, precisavam ser feitas:

1. Esses tais "AUPs" não são ruins para você por serem feitos de sal, gordura e açúcar e não terem muita fibra? Se for esse o caso, AUP não é simplesmente outra forma de dizer "alto teor de gordura, sal e açúcar"?
2. Ou essas pessoas estavam dizendo que são ruins porque suplantam alimentos bons na dieta das pessoas?
3. Ou eram indicador de outras coisas, como fumo e pobreza?
4. Ou eram alguma combinação dessas coisas?
5. Ou Monteiro e seus colegas estariam alegando que o problema era outro? Algo sobre o processamento em si — os químicos, os processos físicos, os aditivos, a comercialização e assim por diante?

Hall pediu respostas às pessoas que primeiro lhe tinham falado sobre AUPs (que não faziam parte da equipe de Monteiro). Elas responderam que a questão era o alto teor de sal, açúcar e gordura combinados com a carência de fibras. A essa altura de nossa conversa, Hall ficou bastante empolgado: "Eu disse: 'Espere um segundo, pessoal — ou uma coisa ou outra! Você não pode dizer que não se trata de nutrientes e então, quando eu pergunto sobre o mecanismo, me dizer que se trata de nutrientes: sal, açúcar, gordura e fibras!'".

Hall tinha a impressão de que a própria ideia de AUPs era confusa, então decidiu fazer um experimento para refutar a hipótese dos AUPs. Ele queria demonstrar que tudo que tinha relação com processamento não fazia nenhuma diferença — que a única coisa que importava era a composição química e nutricional.

O experimento que ele desenvolveu era tentadoramente simples: ele compararia duas dietas diferentes (Hall *et al.*, 2019). Uma compreendendo 80% de alimentos do grupo 1 da NOVA (coisas como leite, frutas, vegetais e assim por diante), com alguns alimentos do grupo 2 (ingredientes de cozinha como óleo e vinagre) e do grupo 3 (alimentos processados, incluindo itens enlatados, manteiga e queijo), mas nenhum AUP (grupo 4). A outra consistiria em, pelo menos, 80% de alimentos do grupo 4 — ou seja, 80% de AUPs.

Crucialmente, as dietas seriam equiparadas em termos de conteúdo de sal, açúcar, gordura e fibras, e os participantes poderiam comer a quantidade que quisessem. Todos os participantes usaram roupas folgadas para que não pudessem afirmar facilmente se estavam engordando.

Vinte homens e mulheres de biotipos variados, com pesos relativamente estáveis, foram incluídos no estudo. A média de idade dos participantes era de trinta anos. Esses voluntários passaram quatro semanas contínuas — 24 horas por dia, sete dias por semana — no Centro Clínico do Instituto Nacional de Saúde. Metade deles começou pela dieta de AUPs, e metade pelo que Hall chamou de "dieta não processada".[1] Depois de duas semanas, eles inverteriam, de modo que todos comeriam cada dieta por uma quinzena. A de AUPs era comprada em lojas, uma dieta estadunidense típica. A outra seria preparada pelo talentoso grupo de nutricionistas do centro e por cozinheiros, usando apenas ingredientes integrais.

"Eles me olharam como se eu fosse louco quando eu disse que queria que eles fizessem a equiparação dos ingredientes da dieta ultraprocessada", lembrou Hall. Na informação suplementar ao artigo sobre o experimento, há uma lista detalhada de refeições, junto com fotografias de cada uma delas. Nas fotos, as dietas não processadas parecem apetitosas, enquanto as ultraprocessadas me parecem, sinceramente, repulsivas.[2]

Tomemos o almoço do quinto dia da dieta de AUPs, por exemplo: consistiu em um sanduíche de um tipo de embutido enlatado com limonada diet. O sanduíche tinha sido cortado em triângulos e pedaços esmagados da carne caíam para fora no prato. Até a limonada parecia cinza e triste, como água em que se lavou a louça. E os jantares não eram melhores: dois dos hambúrgueres mais tristes e murchos já vistos, vagens cinzentas enlatadas, milho-doce enlatado, um *mac-and-cheese* [macarrão com queijo] que parecia uma espécie de secreção de ferida — um desfile implacável de bege e marrom secos, exagerado pela disposição floreada em que os pratos são fotografados. Eles me deixavam constipado só de olhar. Por causa do baixo teor de fibras dos AUPs, era adicionada fibra NutriSource extra à maioria das refeições.

Em comparação, os alimentos não processados pareciam de um anúncio para um novo restaurante fabuloso. O almoço no primeiro dia foi salada de espinafre com peito de frango, fatias de maçã, triguilho, semente de girassol e uva. Havia um molho vinagrete feito com azeite, suco de limão siciliano espremido na hora, vinagre de maçã, semente de mostarda moída, pimenta-do-reino preta e sal. O jantar foi rosbife com arroz basmati, brócolis no vapor, uma salada de tomate de acompanhamento, vinagrete balsâmico, algumas rodelas de laranja e nozes pecan espalhadas. Tudo apresentado como se os talentos da equipe de cozinheiros não tivessem se esgotado na preparação dos alimentos, então carnes fatiadas estão dispostas em leque no prato com pequenas guarnições.

Não importa o que as fotografias mostram, os participantes avaliaram as refeições quase de maneira idêntica em termos de familiaridade e aprazibilidade. Ninguém nunca conseguiu terminar toda a comida. Isso é importante. O teste era bem próximo à "vida normal" nos Estados Unidos, onde as pessoas têm acesso a quantas calorias desejarem.

Quando os resultados chegaram, Hall ficou chocado. Ele tinha se provado errado, e Monteiro, correto. À base da dieta cinza, enlatada e ultraprocessada, as pessoas comeram uma média de quinhentas calorias a mais por dia do que as pessoas que seguiram a dieta não processada, e ganharam peso em função disso. Talvez ainda mais surpreendente, os participantes, na verdade, *perderam* peso quando estavam na dieta não processada, ainda que pudessem consumir o quanto quisessem dela. Como já mencionado, não é que os AUPs fossem mais saborosos; havia uma outra qualidade além de "saboroso" que impelia o grupo dos AUPs a comer demais.

Pelo contrário, o estudo provavelmente subestima os efeitos dos AUPs. Afinal, as comidas com AUPs não tinham sido comercializadas para os participantes durante o estudo: não havia pôsteres com alegações de saúde, e as comidas tinham sido removidas de suas embalagens cobertas de imagens atraentes. No mundo real, uma parte do processamento são as embalagens e os anúncios, quase universalmente voltados para AUPs. Você quase nunca vê um para carne bovina, cogumelos ou leite, e não há em suas embalagens incentivos para o consumo. Mas você vê, sim, ilustrações de personagens e alegações de enriquecimento com vitaminas impressos por toda parte em AUPs. Adiante vou falar sobre as fortes evidências de que o marketing, em todas as suas formas, leva a um consumo excessivo.

Além disso, os participantes do estudo não tiveram de pagar ou preparar suas refeições. A equipe de Hall gastou por volta de cem dólares por semana para fornecer duas mil calorias por dia de AUPs; para a dieta não processada, o gasto equivalente esteve em torno de 150 dólares. Os AUPs representam uma enorme economia. Há também uma economia de tempo. Hall destacou as habilidades dos cozinheiros do centro. Eles são capazes de preparar qualquer tipo de comida, da maneira que for, mas muitas pessoas não têm tempo para fazer granola caseira ou picar quatro tipos diferentes de frutas e legumes a cada refeição, ou preparar tigelinhas de molhos e castanhas. Um teste mais justo provavelmente teria sido o cenário dos AUPs contra o tipo de refeição não processada que a maioria de nós é capaz de preparar em casa com pressa. Minhas tentativas de fazer pizza caseira costumam acabar comigo levando uma torrada com queijo e tomate ao micro-ondas (surpreende pouco que Lyra prefira uma opção congelada e ultraprocessada).

O fato de Kevin Hall se provar errado apesar desses fatores torna suas descobertas ainda mais robustas. O impacto do experimento não pode ser subestimado. O estudo, ainda que pequeno, foi tão bem conduzido que ofereceu evidências estimulantes de que a teoria de

Monteiro pode de fato explicar o aumento da obesidade. O trabalho de Hall deu estofo científico ao sistema de classificação NOVA, e muitos cientistas começaram a enxergá-lo como um modo legítimo de definir a categoria de alimentos associados à obesidade. Parecia que ele poderia ter o poder de resolver as observações contraditórias que persistiam nas pesquisas científicas por tanto tempo: a confusão sobre gordura e açúcar, o fracasso dos produtos dietéticos em auxiliar na perda de peso, o aumento persistente da obesidade no mundo todo. As descobertas de Hall catalisaram um novo e massivo esforço de pesquisa, e já foram citadas por centenas de outros artigos científicos e dezenas de documentos de políticas públicas.

Estudos clínicos como o de Hall custam milhões de dólares e só podem ser conduzidos em alguns poucos centros especializados ao redor do mundo. Mas evidências epidemiológicas do "mundo real" para sustentar o experimento de Hall continuam a fazer sentido. Desde 2010, têm se acumulado cada vez mais evidências sugerindo que é grande a probabilidade de os AUPs serem a causa primária não apenas do rápido crescimento mundial da obesidade, como também, potencialmente, de todos os outros tipos de problemas de saúde. O que outrora era um pingo de evidência se tornou uma enxurrada desde que o estudo de Hall foi publicado, em 2019.

Eu ainda seguia minha dieta quando Rachel Batterham decidiu levar alguém para seu grupo de pesquisa especificamente para se debruçar sobre esse conjunto bibliográfico vasto e crescente sobre AUPs: um jovem cientista chamado Sam Dicken. Dicken se formou em Cambridge e agora recebe um financiamento prestigioso do Medical Research Council [Conselho de pesquisa médica].

Eu o conheci um dia no escritório de Rachel na UCL, cuja vista, por coincidência, atravessa o pátio diretamente até o consultório da clínica onde atendo pacientes toda semana. Dicken tinha preparado para mim uma apresentação de sua pesquisa e, depois de projetar o primeiro slide, começou a falar. No total, ele tinha analisado por volta de 250 artigos — esse tipo de estudo é sua especialidade —, abordando de forma sistemática todas aquelas perguntas que Hall tinha feito e que, provavelmente, também lhe ocorreram. À medida que avançava, falava cada vez mais rápido e sem pausas. Era como se não precisasse de oxigênio.

Uma das principais críticas à classificação NOVA é que os AUPs não passam de comidas pobres em nutrientes com alto teor de gordura saturada, sódio e adição de açúcar, e é por isso que prejudicam a saúde. Outra crítica é que, como as pessoas que comem muitos AUPs consomem menos comida minimamente processada, como frutas, vegetais, cereais, grãos, legumes e frutos do mar (Martini *et al.*, 2021), a associação entre alto consumo de AUPs e saúde debilitada poderia se dever ao fato de os AUPs estarem suplantando comidas boas na dieta. Talvez se as pessoas simplesmente comessem AUPs com muita lentilha e brócolis, os efeitos desaparecessem? Ou talvez os AUPs pudessem ser reformulados, com menos açúcar e gordura e com adição de vitaminas e minerais?

Existe também o argumento de que é mais provável — devido ao fato de os AUPs serem, de modo geral, bem baratos — que as pessoas que os consomem em grandes quantidades tenham renda baixa, o que, tragicamente, está bastante associado a uma saúde debilitada. Adultos e crianças nas regiões mais carentes do Reino Unido apresentam quase o dobro de prevalência de obesidade do que aqueles das regiões menos carentes (Batterham, 2020). Será que a verdadeira relevância do consumo de AUPs seria o fato de que ele é um indicador de pobreza?

Ou será que, já que os comportamentos não saudáveis tendem a andar de mãos dadas, o consumo mais elevado de AUPs é um sinalizador de uma dieta ou um estilo de vida no geral não saudável? Ou seja, será que as pessoas que comem muitos AUPs bebem mais e fumam mais? Nesse caso, pode parecer que os AUPs são o problema, quando na verdade o cigarro e a bebida é que são.

Mas epidemiologistas como Sam Dicken estão muito a par desses problemas. Resolvê-los *é* o trabalho deles. E, como Dicken apontou, muito trabalho foi feito para estabelecer se há uma relação real entre os AUPs e os problemas de saúde que eles parecem causar.

Tomemos, por exemplo, um estudo grande com mais de cem mil pessoas que foi publicado no *British Medical Journal*, que sugeria um vínculo entre AUPs e câncer (Fiolet *et al.*, 2018). Equipes da França e do Brasil examinaram o risco geral de câncer e de câncer de mama, de próstata e colorretal, e descobriram que, com um aumento de 10% na proporção de AUPs na dieta, havia um crescimento de aproximadamente 10% no risco geral de câncer e de câncer de mama. Esse "efeito dose-dependente" é um fator que dá verdadeira força às evidências.

Mas isso não era tudo. Uma vez que os cientistas tiveram acesso a dados sobre a composição nutricional precisa das dietas dos participantes, eles puderam examinar se o risco mais elevado de câncer era meramente devido ao fato de que os AUPs tendem a ter elevado teor de açúcar, sal e gordura e baixa quantidade de fibras. Também examinaram se era simplesmente devido ao fato de os AUPs serem parte de um padrão dietético que, no geral, não é saudável. De certa forma, estavam respondendo àquelas mesmas perguntas que Kevin Hall formulara, mas numa escala imensa. A descoberta deles foi que, mesmo depois de ajustado o conteúdo nutricional dessa forma, o resultado permaneceu estatisticamente significativo. Parecia, mais uma vez, que os nutrientes eram um problema menor do que o processamento.

"E aquele estudo não é o único a fazer isso", disse-me Sam Dicken, sacando outro artigo, este de autoria de um grupo chinês que analisou dados de 92 mil estadunidenses (Zhong *et al.*, 2021). Quando os pesquisadores fizeram o controle dos itens de praxe, como idade, sexo e assim por diante (o que significa que isso foi levado em consideração para ter certeza de que os efeitos dos AUPs não eram simplesmente devido à ingestão por pessoas mais velhas, por exemplo), eles descobriram que o aumento do consumo de AUPs está associado ao aumento de mortes por doenças cardiovasculares. Então acrescentaram controles para gordura, sal e açúcar, e o efeito permaneceu. Quando os pesquisadores adicionaram ainda mais controles para ver se os AUPs simplesmente indicavam uma dieta deficiente como um todo, independentemente da gordura e do açúcar, o efeito continuou o mesmo.

A essa altura, Dicken pegava ritmo, mostrando slide após slide cobertos por tamanha densidade de números e dados que era quase desanimador. Todos mostravam a mesma coisa, apoiando o estudo de Hall: que os AUPs não são prejudiciais apenas porque são gordurosos, salgados e açucarados.

Rachel tomou a frente para destacar o fato e dar a Dicken a chance de respirar: "Algumas pessoas pensam que AUP é só uma péssima comida em termos de nutrição, consumida por pessoas que, em geral, têm dietas ruins. Mas quando você corrige isso tudo, os efeitos sobre mortes, e depressão, e peso, e ataques cardíacos permanecem os mesmos". O problema *é* o ultraprocessamento, não o conteúdo nutricional.

Sam Dicken fez uma apresentação detalhada sobre dezenas de estudos que examinavam mais de cinquenta efeitos diferentes relacionados à saúde. Mesmo nesse ritmo, levou quase duas horas.[3] Ele repassou meticulosamente como cada estudo deu passos cuidadosos para garantir que suas descobertas sobre os AUPs não se deviam a gordura saturada, sal, açúcar ou padrão dietético.

E os dados foram testados de muitas maneiras. Inevitavelmente, a maioria dos estudos se concentra na obesidade, mas também há evidências de que uma maior ingestão de AUPs está fortemente associada a um maior risco de:

- morte — a dita mortalidade geral (Schnabel *et al.*, 2019; Rico-Campà *et al.*, 2019; Kim, Hu & Rebholz, 2019; Bonaccio *et al.*, 2021; Chen *et al.*, 2022);
- doenças cardiovasculares — AVCs e ataques cardíacos (Bonaccio *et al.*, 2021; Kim, Hu & Rebholz, 2019; Srour *et al.*, 2019);
- cânceres — todos os cânceres no geral, bem como câncer de mama em específico (Fiolet *et al.*, 2018);
- diabetes tipo 2 (Llavero-Valero *et al.*, 2021; Srour *et al.*, 2020);
- pressão sanguínea alta (Jardim *et al.*, 2021; Meneguelli *et al.*, 2020; Mendonça *et al.*, 2017);
- doença hepática gordurosa (Zhang *et al.*, 2021);
- doença inflamatória intestinal — colite ulcerativa e doença de Crohn (Narula *et al.*, 2021; Lo *et al.*, 2022);
- depressão (Gómez-Donoso *et al.*, 2020);
- perfil lipídico piorado (Schnabel *et al.*, 2018);
- fragilidade — como medida pela força de preensão (Zhang *et al.*, 2022);
- síndrome do intestino irritável e dispepsia (indigestão) (Schnabel *et al.*, 2018);
- demência (Li *et al.*, 2022).

Esta última pode ser um dos efeitos mais alarmantes para quem tem um histórico familiar de demência. Em 2022, um estudo publicado pelo periódico *Neurology* examinou dados de mais de 72 mil pessoas

(Li *et al.*, 2022). O crescimento na ingestão de AUPs em 10% foi associado a um aumento de 25% no risco de demência, e de 14% no risco de Alzheimer.

Esses efeitos em tantos resultados de saúde diferentes não são leves. Em um grande estudo italiano, mesmo depois do ajuste do padrão dietético, o quarto dos participantes que ingeria a maior quantidade de AUPs teve um aumento no risco de morte de 26% comparado com o quarto que comia a menor quantidade (Bonaccio *et al.*, 2021). Um estudo estadunidense com ajustes similares também relatou descobertas parecidas (Kim, Hu & Rebholz, 2019). Em um estudo com sessenta mil pacientes do Reino Unido, o risco de mortalidade geral teve um aumento de 22% (Chen *et al.*, 2022). Em um estudo espanhol, o risco de mortalidade geral cresceu 62% (Rico-Campà *et al.*, 2019). Efeitos dessa magnitude se repetem em quase todos os estudos.

Sam Dicken apontou outra coisa importante: como o processamento não é incluído nas diretrizes nacionais britânicas, é perfeitamente possível alguém comer uma dieta com muitos AUPs, que, na verdade, é relativamente baixa em gordura, sal e açúcar. Uma dieta dessas seria saudável de acordo com as diretrizes, enquanto de acordo com as evidências ela provavelmente causaria problemas de saúde.

Tomemos o sistema NutriScore, outro selo amplamente usado em embalagens de alimentos por toda a Europa. Ele classifica os alimentos em qualidade nutricional, de alta a baixa, mas um quarto dos ditos alimentos "de alta qualidade" são AUPs (Romero Ferreiro, Lora Pablos & Gómez de la Cámara, 2021); eles costumam ser produzidos a partir de plantas e reformulados para ter baixo teor de gordura, açúcar e sal. Então, pode ser que você esteja comendo de maneira saudável de acordo com a embalagem e, ainda assim, consumindo quantidades enormes de AUPs. Isso será verdadeiro para muitas pessoas que tomam shakes e bebidas dietéticas que alegam promover perda de peso.

Da enxurrada de estudos que Dicken apresentou junto com o estudo clínico de Hall, parecia-me que a NOVA explicava efeitos de saúde de um modo que o sistema de classificação nutricional tradicional não era capaz de fazer. Mas é importante notar que a NOVA ainda não foi universalmente aceita.

Há um punhado de artigos críticos. Um bastante conhecido, intitulado "Ultra-Processed Foods in Human Health: A Critical Appraisal" [Alimentos ultraprocessados na saúde humana: uma apreciação crítica], foi publicado em 2017 pelo *American Journal of Clinical Nutrition* (Gibney *et al.*, 2017).

A principal objeção dos autores é que a NOVA é bruta e simples. Isso pode ser verdade, ainda que eu possa argumentar que descrever alimentos em termos de três macronutrientes e sal, que é o que atualmente fazemos, também é bastante simplista.

O artigo começa garantindo que "a nutrição na saúde pública tem sido bem servida ao longo da última metade de século pela identificação de potenciais contribuições alimentares para doenças crônicas não transmissíveis". Não tenho certeza de que isso seja verdade. Afinal, as taxas de obesidade e de doenças metabólicas continuam a crescer, e as abordagens nutricionais padrão para a comida têm feito pouco para mitigar essa situação. Reduzir o uso direto de gordura e açúcar não resolveu o problema.

Os autores logo começam a criticar diretamente a NOVA, alegando que "nenhum argumento foi oferecido sobre como, ou se, o processamento alimentar de qualquer forma constitui um risco para a saúde do consumidor através da ingestão adversa de nutrientes ou riscos químicos ou microbiológicos". Isso também não me parece verdade. Pude preencher diversos capítulos subsequentes deste livro com evidências sobre por que e como o processamento afeta adversamente a saúde. E dezenas de artigos foram publicados sobre esse assunto antes de 2017, reunidos por um artigo de revisão de 2021 (Tobias & Hall, 2021).

Na verdade, a crítica à NOVA não aborda de fato absolutamente nenhuma bibliografia epidemiológica. É um comentário, não uma revisão da ciência, como a produzida por Sam Dicken. No entanto, os autores conseguiram, sim, desenterrar um artigo que não foi capaz de evidenciar uma ligação clara entre AUPs e obesidade.

Então, para começo de conversa, por que estou mencionando esse comentário? Por causa de sua seção de "conflitos de interesses" — a parte dos artigos científicos em que os autores expõem relações que podem enviesar os resultados. Ali, admite-se que um dos autores, Mike J. Gibney, "atua em comitês científicos da Nestlé e da Cereal Partners Worldwide", mas os outros autores declararam não ter conflitos de interesses — o que é estranho, porque um autor, Ciarán Forde, tinha tido uma passagem anterior de muitos anos por uma série de funções na indústria alimentícia, e mais recentemente trabalhou por cinco anos como cientista pesquisador sênior do Centro de Pesquisas Nestlé. Alguns de seus estudos sobre comportamento alimentar infantil foram parcialmente financiados pela Nestlé, e ele é membro do conselho de assessoria científica do Kerry Group PLC, uma empresa alimentícia com faturamento anual de quase nove bilhões de euros que fabrica muitos AUPs, como linguiças Wall's e produtos de iogurte sólido no palito chamados Yollies.[4] Forde submeteu, sim, uma correção cerca de quatro meses depois da publicação desse artigo dizendo que fora, até 2014, "um empregado do Centro de Pesquisas Nestlé" e que "tinha recebido reembolso de viagens da Kerry Taste and Nutrition, e [que] algumas de suas pesquisas sobre comportamentos alimentares infantis são, em parte, cofinanciadas pelo Centro de Pesquisas Nestlé" (*The American Journal of Clinical Nutrition*, 2018).

De certo modo, isso é algo pequeno. Não é necessária uma pesquisa particularmente profunda para descobrir que Forde trabalhou na Nestlé. Mas a declaração absolutamente clara e transparente de todos os interesses envolvidos na publicação de um artigo é o mínimo para haver credibilidade, e é essencial para entender se a indústria influencia os resultados das pesquisas (*spoiler*: sim, influencia).

Esse tipo de influência é comum. Outro artigo (Jones, 2019) que contrapõe a ideia de AUPs alega que "a NOVA não consegue demonstrar os critérios exigidos para as recomendações alimentares: ser compreensível, acessível economicamente, exequível e prática". O artigo é creditado oficialmente a Julie Miller Jones, mas há uma declaração enfiada no fim sobre como o artigo na verdade foi escrito: "O conceito e muito da base do presente artigo resultaram de um trabalho da força-tarefa conjunta *ad hoc* da Food and Nutrition Science Solutions".

Acontece que essa "força-tarefa" representava a Academia de Nutrição e Dietética (cujos patrocinadores incluem grandes empresas de nutrição como a Abbott e a BENEO, uma subsidiária da maior companhia açucareira do mundo), a Sociedade de Nutrição Estadunidense (cujos "parceiros apoiadores" incluem Abbott, Danone, Mars, Mondelēz, Nestlé, PepsiCo e General Mills) e muitas outras instituições com financiamento de empresas que fabricam AUPs.

E, ainda que Jones tivesse sido a única autora, isso não estaria acima de suspeitas. Ela é consultora científica de empresas como a Quaker

Oats e a Campbell Soup Company, e já escreveu artigos ou deu palestras para o CIMMYT (o Centro Internacional de Aprimoramento de Milho e de Trigo do México) e para a Tate & Lyle, uma gigante do açúcar.

Mais um artigo crítico à NOVA a argumentar que termos como AUPs são mais confusos do que explicativos foi escrito por Heribert Watzke, que fundou o departamento de ciência de materiais alimentares da Nestlé na Suíça (Knorr & Watzke, 2019). Um artigo que sugeria que dietas sem AUPs também poderiam exceder o número de calorias recomendadas era de autoria de Christina Sadler *et al.* (2022). Ela e um dos outros autores são empregados pelo Conselho Europeu de Informações sobre Alimentos, o qual recebe um terço de seu financiamento da indústria de alimentos e bebidas. A pesquisa de Sadler é, em parte, financiada pela Mondelēz e pela McCain Foods.

O envolvimento de empresas de AUPs nos questionamentos sobre a associação entre AUPs e saúde debilitada não é surpreendente. Mas há dados abundantes sobre a indústria farmacêutica, bem como outras indústrias, mostrando que, quando uma indústria financia a ciência, os resultados são enviesados em seu favor (Flacco *et al.*, 2015; Stamatakis, Weiler & Ionnidis, 2013; Ioannidis, 2016; Fabbri *et al.*, 2018; Lundh *et al.*, 2017; Rasmussen *et al.*, 2018).

É claro, nem todo artigo que critica a NOVA tem conflitos de interesses identificáveis. Mas todos os artigos que são críticos citam evidências que vêm daqueles escritos por autores com conflitos de interesses, e nenhum deles apresenta um esclarecimento que chegue a abalar as fortes evidências de que os AUPs estão associados com prejuízos à saúde.

Eu estava em minha dieta por uma semana quando falei com Rachel Batterham e Sam Dicken, e já me parecia claro que existe uma categoria de alimentos (os itens individuais são outra história; fico feliz em reconhecer que há uma enorme área cinzenta em torno da margem) que três fontes robustas de evidência relacionam ao risco de doenças.

Primeiro, há evidências biológicas fundamentais dando plausibilidade a essa relação. Uma crescente carga de evidências sugere que alguns ingredientes específicos costumeiramente usados para fabricar AUPs podem ser prejudiciais, e que algumas das características peculiares dos AUPs (como sua suavidade e densidade energética) são associadas a ganho de peso e saúde debilitada. Já chegaremos a tudo isso.

Então, há o estudo clínico de Kevin Hall — pequeno, mas inequívoco e conduzido por um cético que é conhecido por seu rigor. Por fim, há todas as evidências epidemiológicas: dezenas de estudos independentes bem conduzidos que mostram vínculos convincentes entre os AUPs e uma série de problemas de saúde, incluindo morte prematura.

Eu agora compreendia as evidências dos malefícios dos AUPs e, depois da minha conversa com Paul Hart, a lógica que fez com que eles dominassem nosso sistema alimentar. Mas algo que ele dissera sobre a história da produção de gordura sintética me mandou para um desvio pelo qual também quero levar você que me lê. Eu estava em busca daquilo que se provaria ser o AUP supremo, uma substância que me ajudou a entender algo inteiramente novo sobre o universo dos produtos disponíveis em nossas prateleiras. Vou contar a história de trás para a frente.

# 4

# (NÃO ACREDITO QUE NÃO É) MANTEIGA DE CARVÃO: O AUP SUPREMO

Se você tivesse comprado um exemplar do *New York Times* em 21 de fevereiro de 1989, teria deparado com o que deve ser uma das aberturas mais impressionantes da história do jornalismo econômico: "Empresa da Alemanha Ocidental acusada de desempenhar papel essencial na construção de uma fábrica de gás tóxico na Líbia confirmou hoje que produziu e despachou para os Estados Unidos uma droga ilegal conhecida como ecstasy".

A empresa em questão era a alemã Imhausen-Chemie. Um porta-voz confirmou que eles tinham de fato fabricado e transportado a droga, mas disse que não estavam cientes de que a substância era abarcada pelas leis antidrogas da Alemanha Ocidental.

É claro, as indústrias químicas produzem uma série de moléculas para outras companhias sem necessariamente estar completamente a par do propósito a que se destinam, e o ecstasy só entrou no imaginário público como uma droga perigosa na década de 1990; então, você pode estar inclinado a dar à Imhausen-Chemie o benefício da dúvida. Ou talvez você estivesse inclinado a fazê-lo, não fosse a perturbadora menção daquela fábrica de gás tóxico.

Apenas um mês antes, o mesmo jornal tinha publicado outra matéria sobre a mesma companhia com o seguinte título: "Alemães acusados de ajudar a Líbia a construir fábrica de agente nervoso". O presidente da Imhausen-Chemie, Jürgen Hippenstiel-Imhausen (conhecido como Hippi por amigos e colegas), reconheceu, em uma entrevista sobre *aquela* controvérsia, que a companhia tinha ido atrás de um contrato na Líbia para fabricar sacos plásticos, mas negou qualquer relação com o que chamou de "a fábrica que supostamente produzia armas químicas na Líbia". (A Imhausen se revelou uma das maiores empresas de armas químicas do mundo, com uma produção diária estimada entre 22 mil e 84 mil libras de gás mostarda e agente nervoso.)

Hippi não era do tipo que recua nem, seguramente, do tipo que facilita as coisas para sua equipe de comunicação. Ele declarou que o nome da empresa fora utilizado indevidamente: "Tudo se baseou em suspeitas e rumores. Os líbios não têm dinheiro para pagar coisas assim. Nós negamos totalmente qualquer envolvimento. Os líbios são estúpidos demais para administrar uma fábrica dessas. Todos os árabes são preguiçosos e chamam escravos estrangeiros para fazer o trabalho".[1] No ano seguinte, ele foi condenado a cinco anos de prisão. A acusação retratou Hippi como "o vendedor supremo da morte".

E, no entanto, por incrível que pareça, esse episódio não é o mais vil da história da empresa. Nem de longe. Para isso, precisamos voltar a 1912, quando o avô da esposa de Hippi, Arthur Imhausen, assumiu uma empresa de sabão e começou a comercializar produtos químicos,[2] inclusive explosivos, durante a Primeira Guerra Mundial. Depois da guerra, o novo sabão da empresa, de improvável nome Warta, tornou-se popular em toda a Alemanha.

Ao mesmo tempo que o Warta sumia das prateleiras, dois cientistas do Instituto Kaiser Wilhelm, Franz Fisher e Hans Tropsch, trabalhavam num processo para livrar a Alemanha da dependência de petróleo estrangeiro, necessário para tanques, aviões e carros (Maier, 2016). A Alemanha carecia de seu próprio petróleo. Por outro lado, possuía vastos depósitos de carvão de baixa qualidade — uma substância chamada lignito, que continha apenas cerca de 30% de carbono.

A ideia de Fisher-Tropsch era bastante simples: eles esmagariam carvão com vapor e oxigênio para transformá-lo em monóxido de carbono e hidrogênio, porque esses são os ingredientes básicos de que você precisa para criar uma gama quase ilimitada de moléculas úteis. Depois, passariam os gases por um catalisador que faria o carbono, o hidrogênio e o oxigênio se recombinarem em combustível líquido. Eles gradualmente aperfeiçoaram o método[3] de modo que, no início dos anos 1940, nove locais de produção fabricavam seiscentas mil toneladas de combustível por ano a partir de carvão. Esse processo deixou para trás um subproduto, algo chamado "cera bruta" ou *Gatsch*, a substância que conhecemos como parafina (Imhausen, 1943).

Arthur Imhausen, que ainda estava fazendo um grande negócio com o Warta, ficou sabendo sobre a parafina residual e achou que seria capaz de fazer um bom uso dela para o Partido Nazista, do qual era membro. Sua ideia se baseava no fato de que, assim como de combustíveis, a Alemanha era carente de gordura comestível. Na década de 1930, o país já consumia por volta de 1,5 milhão de toneladas de gordura por ano, mas só era capaz de produzir internamente cerca de metade desse volume. Os alemães dependiam da importação de linhaça da América do Sul, de soja do Leste Asiático e de óleo de baleia da Antártida (Imhausen, 1943; Barona, 2012). Imhausen trabalhava em técnicas para transformar parafina em sabão e se deu conta de que, como o sabão é quimicamente muito parecido com a gordura, se ele podia fazer um, poderia fazer o outro.[4]

Ele entrou em contato com Wilhelm Keppler, político e figura decisiva na relação de empresas alemãs com o regime nazista.[5] Keppler era encarregado de um aspecto específico do plano de tornar a Alemanha autossuficiente: criar autossuficiência em gorduras e óleos industriais. Ele ouviu avidamente a proposta de Imhausen de produzir gordura comestível a partir da parafina residual da transformação de carvão em combustível líquido (Maier, 2016).

Imhausen se associou a Hugo Henkel, inventor do detergente Persil, e eles fundaram a Deutsche Fettsäure Werke em 1937. Esta se fundiu com a IG Farben, uma gigante química alemã, e já em 1938 estavam produzindo ácidos graxos de alta qualidade. A partir daí, era um passo simples acrescentar glicerina e produzir *Speisefett* — gordura comestível.

A Speisefett era branca, insípida e cerosa e, ainda assim, parecia muito longe da manteiga. Mas esse era um problema trivial para um químico como Imhausen. O gosto amanteigado vem de um produto químico chamado diacetilo, que ainda é usado na saborização de pipoca de micro-ondas.[6] Misturar a gordura com diacetilo, água, sal e um pouco de betacaroteno para cor permitiu que Imhausen completasse a transformação do carvão alemão em "manteiga de carvão" — a primeira comida totalmente sintética.

Keppler ficou encantado e queria transformar a realização em propaganda propulsora de confiança. Mas havia dois problemas. O primeiro: a mãe de Imhausen era judia. Em 1937, quando a Deutsche Fettsäure Werke começou a operar, Keppler tinha escrito para o proeminente nazista Hermann Göring para perguntar se ele tinha certeza de que queria participar da inauguração, considerando o fato de que Imhausen era de "ascendência não ariana". Göring perguntou a Hitler a respeito, que supostamente teria respondido: "Se o homem realmente produziu a coisa, então faremos dele um ariano!" (Maier, 2017; Von Cornberg & Steiner, 1998).

E foi então que Göring escreveu o seguinte para Imhausen: "Em vista de seus grandes méritos no desenvolvimento do sabão sintético e da gordura culinária sintética a partir do carvão, o Führer, à minha sugestão, aprovou seu reconhecimento como ariano absoluto" (Von Cornberg & Steiner, 1998; Stolberg-Wernigerode, 1974; Emessen, 1947; Breitman, 1991).

Foi assim que cuidaram do primeiro problema.

O segundo problema era a segurança da manteiga de carvão: se ela seria usada para alimentar as tropas, não poderia prejudicar sua performance.

Em 1943, Imhausen escreveu um artigo no *Colloid and Polymer Science* com o título: "Síntese de ácidos graxos e sua importância para garantir o abastecimento de gordura na Alemanha" (Imhausen, 1943). O artigo descrevia detalhadamente o processo de fabricação da gordura sintética e fazia referência indireta a testes de segurança: "Milhares de testes, conduzidos pelo diretor professor doutor Flössner, confirmaram o alto nível da gordura culinária sintética e fizeram dela a primeira comida sintética do mundo a ser aprovada para consumo humano".

Otto Flössner era o chefe do Departamento Psicológico do Grupo de Trabalho do Reich para Nutrição Pública. E ainda que seja verdade que ele fez uma ampla testagem na gordura sintética, o que é menos bem referido é o contexto dos experimentos, que foram conduzidos em mais de seis mil prisioneiros de campos de concentração (Proctor, 2000; British Intelligence Objectives Sub-Committee, [s.d.a]; Flössner, 1948).[7]

No fim das contas, o regime aprovou a gordura para consumo humano, ainda que, depois da Segunda Guerra Mundial, a Inteligência do Serviço Secreto Britânico tenha revelado dados que os nazistas não haviam divulgado: o fato, por exemplo, de alguns estudos terem mostrado que a ingestão crônica de gordura sintética causava problemas renais severos e descalcificação óssea em animais. Cachorros, aparentemente, recusavam-se a comê-la (British Intelligence Objectives Sub-Committee, [s.d.b]; Kraut, 1949). A gordura foi usada por tripulações de submarinos alemães no Atlântico Norte, e como, já no fim da guerra, o tripulante médio de submarino vivia por apenas sessenta dias depois do embarque, os dados de segurança de longo prazo eram possivelmente considerados não relevantes.

A fábrica de manteiga sintética que Imhausen tinha administrado no Vale do Ruhr foi descoberta pelos Aliados depois do fim da guerra. Uma reportagem do *Chicago Daily Tribune*[8] mostra que o maquinário gigante parou no meio da produção, com uma linguiça de gordura de trinta centímetros de largura assomando da boca da máquina extrusora. Cilindros enormes de manteiga sintética jaziam enrolados em barris de alumínio. Um oficial britânico é citado: "É uma manteiga excelente, e duvido que alguém chegaria a adivinhar que é sintética".

A transformação de carvão em manteiga revela os problemas inevitáveis de criar alimentos sintéticos. Há perigos inerentes à ingestão de misturas complexas de novas moléculas como fonte de calorias — substâncias com as quais nunca deparamos podem ter efeitos imprevisíveis em nossa fisiologia. Isso significa que elas exigem testes extensivos em humanos e animais que, a não ser que não haja outra maneira de produzir alimentos, são, no mínimo, eticamente questionáveis. E, para tornar esses alimentos sintéticos atraentes para um público amplo, eles costumam exigir marketing fraudulento, tanto a respeito do ancestral do inventor quanto dos benefícios de aditivos modernos para a saúde. Mas, acima de tudo, a história da manteiga de carvão me parecia revelar algo sobre a natureza das corporações.

Depois da guerra, as potências ocidentais ocupantes permitiram que a Imhausen-Chemie continuasse operando e alocaram Arthur Imhausen como presidente da Confederação Alemã das Câmaras de Indústria e Comércio (Historische Kommission für Westfalen, 2019). Seu filho Karl-Heinz (o sogro de Hippi) assumiu a indústria química, que, de várias formas, continua a existir. A empresa de sabão original mudou de mãos algumas vezes e agora integra a Evonik Industries,[9] uma das principais empresas especializadas em produtos químicos do mundo.[10]

E a Evonik não é a única herdeira das empresas de Imhausen. Você há de lembrar que sua parceira inicial era a IG Farben, talvez a mais famigerada das empresas alemãs. Durante a Segunda Guerra, ela operava uma fábrica de borracha sintética em Auschwitz, cuja força de trabalho era inteiramente constituída de trabalho escravo. O gás Zyklon-B usado para assassinar prisioneiros no mesmo campo era produzido por uma subsidiária da IG Farben, a Degesch (Johnson, 2009).[11] Mais do que qualquer outra entidade corporativa, ela foi fundamental no apoio ao esforço de guerra nazista. Muitos de seus empregados assumiram posteriormente cargos nas empresas que resultaram do desmembramento da IG Farben, as quais ainda têm nomes familiares: BASF, Bayer e Hoechst (hoje parte da empresa francesa Sanofi) (Johnson, 2009).[12]

A desintegração da IG Farben deixou para trás uma empresa de fachada cotada na bolsa que se destinava a dar às vítimas uma entidade contra a qual fazer reivindicações de indenização. Depois do pagamento inicial de cerca de dezessete milhões de dólares nos anos 1950, a empresa nunca pagou nenhuma outra indenização, recusando-se a se unir a um fundo nacional de indenização que foi fundado em 2001 para pagar as vítimas. Os advogados da companhia culparam ex-trabalhadores escravizados por atrasar a dissolução da companhia.[13]

As ações da empresa foram listadas na bolsa de valores de Frankfurt do fim da guerra até 2011. Então, essas empresas ao mesmo tempo existem e não existem, dependendo de você estar tentando negociar as ações para fazer dinheiro (nesse caso, existem) ou tentando receber indenização por trabalho escravo (nesse caso, não existem). Mas a riqueza gerada pelas companhias está, sim, bem viva em algum lugar.

Hippi — o homem que se vestia com estilo e era casado com a neta de Arthur Imhausen — foi libertado da prisão de Bruchsal em uma ensolarada manhã de segunda-feira na primavera de 1993.[14] O promotor público calculou que ele ganhara por volta de noventa milhões de marcos na década de 1980 com seu acordo com a Líbia. Ele devia às autoridades fiscais alemãs por volta de quarenta milhões de marcos — cerca de 25 milhões de dólares. Mas Hippi tinha empregado bem seu doutorado em economia em uma corrida armamentista contra a lei. Usando o que os promotores descreveram como "carrossel de dinheiro gigante", que englobava contas concentradoras na Suíça e cinco empresas de fachada registradas em Liechtenstein, o dinheiro desapareceu.

Foi enquanto pesquisava tudo isso que comecei a entender essas corporações como organismos em um ecossistema movido a dinheiro. Mobilizar-se contra empresas que são descendentes diretas do regime nazista parece inútil: vergonha e indignação são claramente insuficientes para limitar a sobrevivência de corporações que são cúmplices de atrocidades. E a ideia de ecossistema parecia explicar o porquê: o comportamento delas muda apenas quando o fluxo de energia — ou seja, o dinheiro — é desviado. A vergonha *pode* interromper o fluxo de dinheiro, mas, se não interromper, não terá função prática para limitar o comportamento corporativo.

Acontece que os economistas usam o mesmo conjunto de equações para descrever a sobrevivência corporativa na corrida armamentista econômica que os ecologistas usam para explicar a sobrevivência ou a extinção de espécies na corrida armamentista biológica. As empresas e os grupos que vivem de organismos vivos (espécies, famílias e assim por diante) estão sujeitos às mesmas leis, independentemente de seus ecossistemas serem movidos a dinheiro ou a energia (Daepp *et al.*, 2015; Strotz *et al.*, 2018; Van Valen, 1973, 1975, 1977).

Parece que há mais uma constatação sobre o efeito de criar comida a partir de carvão ou, na verdade, de qualquer processo sintético industrial: fazê-lo destrói o significado do alimento para além da capacidade de sustentar a vida humana (por mais temporária que seja, como no caso da manteiga de carvão e dos marinheiros dos submarinos alemães). A comida passa a ser uma substância técnica, sem significado cultural ou histórico — nutricionismo ao extremo.

Sem dúvida, esse parece ser o caso, a julgar por um artigo de 1949 de Hans Kraut. Publicado — e ainda disponível para download — no *British Journal of Nutrition* (Kraut, 1949), "The Physiological Value of Synthetic Fats" [O valor fisiológico de gorduras sintéticas] é um dos diversos artigos que bagunçam a bibliografia científica que cita os experimentos de Flössner sem mencionar que eles foram conduzidos em prisioneiros de campos de concentração. O autor, assim, defende a produção atual de gordura sintética:

> Pessoas que trabalham pesado não podem ingerir calorias suficientes a não ser que uma proporção significativa delas esteja na forma de gorduras [...]. Isso é particularmente importante para quem faz longos turnos na indústria moderna sem intervalo de descanso para uma refeição completa. O aumento do consumo de gordura em todos os países industrializados nos últimos cem anos não é, portanto, apenas uma questão de gosto, mas uma necessidade da vida moderna, então acredito que seja positivo dar continuidade a pesquisas sobre gordura sintética.

Essa é a lógica inexorável de toda a indústria alimentícia: reduzir o tempo de que os trabalhadores precisam para fazer uma refeição. Penso nisso sempre que vejo uma promoção de refeição rápida no almoço. Batatas ultraprocessadas, refrigerante ultraprocessado, sanduíche ultraprocessado.

Quando entrevistei a equipe brasileira que elaborou a definição de AUPs e que tanto trabalhou tanto no conceito, perguntei sobre seus próprios hábitos alimentares. Todos falaram especificamente sobre o almoço, destacando o fato de que se sentam todos os dias para almoçar e que comem arroz e feijão. Quando trabalhei no Brasil, eu também fazia isso. No mundo contemporâneo, almoçar à mesa é um sinal de vida boa e saudável.

Nas últimas décadas, a substituição de alimentos tradicionais por AUPs aconteceu em um ritmo quase inimaginável em termos de nossa história evolucionária. Isso é preocupante porque, na hierarquia das atividades da vida biológica, a alimentação (junto com a reprodução) está bem no topo da escala. Quase todas as outras coisas que fazemos está a serviço dessas duas atividades. Para entender os efeitos dos AUPs, tive de recuar no tempo e fazer perguntas que nunca haviam me incomodado muito: o que é exatamente "alimentação" e como exatamente evoluímos para fazer isso? Voltemos bem ao início, quando pedras eram alimentos, para o que eu chamo de "a primeira era da alimentação".

# II

# Mas não posso simplesmente controlar o que como?

# 5

# AS TRÊS ERAS DA ALIMENTAÇÃO

É útil pensar na alimentação como algo que aconteceu em três eras distintas, mas sobrepostas, que ainda estão ocorrendo atualmente.

Na primeira era da alimentação, os organismos vivos começaram a comer coisas que nunca estiveram vivas, como pedras e metais. Esse processo continua desde a aurora dos tempos até hoje. Durante a segunda era da alimentação, os organismos vivos começaram a comer outros organismos vivos, talvez depois de algum processamento. Isso acontece há centenas de milhões de anos (e há cerca de dois milhões de anos para os humanos).

Durante a terceira era da alimentação, uma única espécie (assim como seus animais de estimação e rebanhos) começaram a comer AUPs, que são fabricados usando técnicas industriais previamente desconhecidas e moléculas inéditas. Em comparação, essa era tem apenas algumas décadas de idade. É por isso que pode ser proveitoso considerar os efeitos dos AUPs ao pensá-los no contexto de uma história muito longa de como nos mantemos vivos.

Vamos voltar bem ao início.

A Terra tem aproximadamente 4,5 bilhões de anos. Mais ou menos os primeiros setecentos milhões desses anos foram uma época empolgante — um constante bombardeio de asteroides, incluindo um do tamanho de um planeta que deu origem à Lua. O núcleo líquido da Terra volta constantemente à superfície, mesmo agora, de modo que as evidências desses impactos se perderam, mas, para ter uma ideia da totalidade dos bombardeamentos, você só precisa olhar para a superfície cheia de crateras da Lua. Não é à toa que o primeiro meio bilhão de anos é conhecido como período Hadeano.

No entanto, o termo "Hadeano", que conjura imagens de uma paisagem infernal de lava borbulhante, pode não ser completamente exato. Não resta muito da Terra inicial na superfície, mas alguns poucos cristais minúsculos de silicato de zircônio, descobertos no oeste da Austrália, nos dão uma ideia de que as condições podem ter sido mais amenas do que acreditávamos. Esses "zircônios", que datam de 4,4 bilhões de anos atrás, indicam a presença de água líquida, sugerindo que os oceanos podem ter se formado dentro dos primeiros 150 milhões de anos do planeta (Bell *et al.*, 2015).

Eles teriam sido, evidentemente, bastante quentes. A densa atmosfera de dióxido de carbono do início da Terra teria criado uma tampa de pressão, o que significa que, apesar de serem líquidos, os oceanos podem ter sido superaquecidos a mais de 200 °C — portanto, Hadeano até certo ponto, mas decerto não um mar de rocha líquida. E a atmosfera também teria sido mais benigna, composta, sobretudo, de gases de vulcões — dióxido de carbono, nitrogênio e dióxido de enxofre. O oxigênio era a principal coisa que faltava.

Outro daqueles zircônios australianos que datavam de 4,4 bilhões de anos continha vestígios de algo ainda mais surpreendente: carbono com uma assinatura "biogenética"[1] — a primeira evidência indireta de vida (Bell *et al.*, 2015).

Estamos seguros de que organismos unicelulares surgiram há 3,5 bilhões de anos. Os indícios são pequenos, mas inequívocos: microfósseis em uma formação ferrífera bandada no norte do Canadá, vestígios de colônias microbianas de estromatólito com carbono semelhante à vida no sudoeste da Groenlândia, camadas de depósitos bacterianos em arenito no oeste da Austrália.

Há 3,2 bilhões de anos, a vida já estava se replicando e alterando a geologia da Terra, criando características do tamanho de países, grandes formações ferríferas bandadas, centenas de quilômetros quadrados de área, depositados como resíduos por bactérias incipientes (Alleon *et al.*, 2018; Cavalazzi *et al.*, 2021; Dodd *et al.*, 2017; Gramling, 2016). As maiores formações ferríferas bandadas são encontradas na Austrália e nos dão pistas da primeira era da alimentação, que teve início com a emergência dessa primeira vida.

Na época, os oceanos estavam cheios de ferro dissolvido liberado por vulcões submarinos, e esse ferro era alimento para as vidas bacterianas incipientes. Enquanto respiramos oxigênio, essas bactérias absorvem dióxido de carbono. Ferrugem era o subproduto liberado. Aquelas gigantescas formações ferríferas bandadas listradas, que fornecem o metal para tantos dos objetos que vemos ao nosso redor, são provavelmente enormes depósitos de excremento bacteriano (Li, Beard & Johnson, 2015; Haugaard *et al.*, 2016; Powell, 2007).

Se você acha desafiadora a ideia de metal como alimento, não se preocupe: isso tem tudo a ver com átomos.

Tudo é composto de átomos, que por sua vez são feitos de prótons e elétrons.[2] Diferentes elementos têm diferentes números de prótons e elétrons, que dão a eles suas diferentes propriedades (alguns elementos são gases mais claros; outros, sólidos e escuros etc.). Mas cada elemento sempre deve ter um número igual de prótons e de elétrons. O oxigênio tem oito prótons e oito elétrons. O carbono, seis prótons e seis elétrons. Porém, nem todos os átomos estão satisfeitos com seu quinhão.[3] O carbono, por exemplo, gostaria de ceder elétrons, enquanto o oxigênio está desesperado por mais deles.[4] Esses átomos insatisfeitos podem se juntar e compartilhar de modo que ambos fiquem mais satisfeitos — é um casamento perfeito que forma o dióxido de carbono. Na cerimônia, um pouco de energia é liberado — essa é a reação química que faz um carro funcionar.

É fácil imaginar que, quando minha filha Lyra fica chorosa no fim da tarde, ela se comporta de um jeito parecido a um carro com pouco combustível. E os fundamentos são iguais. Lyra apanha elétrons de sua comida (átomos de carbono em, digamos, uma fatia de pizza) e os passa para o oxigênio do ar que inala, exalando dióxido de carbono. No carro, há uma explosão provocada por essa reação, mas a "vida" consiste em garantir que a energia liberada seja extraída com mais cuidado.

Dentro de quase todas as células de Lyra, os elétrons são colhidos dos átomos de carbono da pizza (nas moléculas de açúcar da farinha de trigo) por pequenas proteínas. Essas proteínas repassam os elétrons para uma sucessão de outras proteínas em pequenos órgãos dentro das células chamados mitocôndrias. À medida que os elétrons embarcam nessas proteínas, eles se movimentam como bombas enchendo a mitocôndria como um balão com carga elétrica. Isso cria uma voltagem de trinta milhões de volts por metro, grosso modo equivalente à voltagem que conduz os raios entre o céu e a terra. Na proteína final, o elétron é passado ao oxigênio sem qualquer fogo ou fumaça.

O balão da mitocôndria está agora cheio de carga elétrica, mas tem poucos poros, pequenos moinhos que permitem que a carga escape, impulsionados por aquela enorme voltagem. À medida que flui para fora, a energia é extraída por esses moinhos para formar uma nova molécula, o ATP, que é então usada para alimentar cada reação em todas as células do corpo. Acrescente um ATP a uma proteína e o DNA é replicado, um poro se abre, um músculo se contrai, uma célula se move. Uma única célula usa por volta de dez milhões de moléculas de ATP por segundo. Por grama, nossa mitocôndria produz dez mil vezes mais energia do que o Sol.

E isso, como dizem, é a vida. Toda a vida. De bactérias que habitam orifícios vulcânicos nas fossas oceânicas aos meus dedos digitando estas palavras no teclado, é isto o que acontece: a vida captura a energia liberada pela passagem de elétrons da alimentação para a respiração.[5] Assim, um alimento pode ser qualquer coisa que queira um elétron menos do que a respiração.

Portanto, em determinado momento durante as primeiras centenas de milhões de anos da Terra, a geoquímica se tornou bioquímica, e a primeira era da alimentação teve início, com organismos unicelulares alimentando-se de rochas para produzir vida. Nós, hoje, separamos organizadamente a geoquímica e a bioquímica em departamentos distintos, muitas vezes em prédios diferentes, mas não há um momento exato em que a química das rochas se tornou a química da vida. Ainda assim, mesmo os limites mais turvos continuam sendo um limite: vida é muito diferente de não vida. Como na classificação dos alimentos, há um limite a ser traçado.

Essa primeira era da alimentação, em que os alimentos nunca estiveram vivos, continua hoje. Bactérias ainda se alimentam de rochas, e nós ainda tentamos entender os processos fundamentais disso. Mas, a certa altura, talvez quando o acesso a recursos como o ferro bruto passou a ser concorrido demais, um atalho se desenvolveu: deixe alguém mais conseguir a energia da rocha ou do Sol, e então se alimente deles ou de seus resíduos. Desde esse primeiro atalho, todos os animais constituíram seus corpos da mesma maneira:

alimentando-se de outras vidas. Essa é a segunda era da alimentação, a era da ingestão de alimentos.

Quando, exatamente, começa essa segunda era não está claro, e a bibliografia científica é divertidamente rancorosa. Em uma série de artigos e correspondências, a seca linguagem acadêmica mal esconde a fúria sobre se marcas em rochas de meio bilhão de anos atrás decorrem de um comportamento de alimentação ativo de um animal antigo ou se foram feitas por pedras ligadas a fíbulas de laminariales em águas rasas, ou a folhas de eucalipto enrugadas sendo arrastadas sobre a areia por ondas geradas pelos ventos (Retallack, 2010; Chen *et al.*, 2013).

Mas há uma compreensão geral de que um dia, por volta de 560 milhões de anos atrás, uma pequena criatura de fato rastejou lentamente em um pouco de lama no fundo do mar na extremidade do antigo continente de Rodínia (Retallack, 2010). Mais ou menos tão comprida quanto um dedo, ela era achatada e oval, com um padrão de sulcos irradiando de um sulco central. Ampliada, renderia um design interessante para um tapete. Ainda que carecesse de esqueleto, membros, olhos e qualquer coisa além do sistema nervoso mais básico, ela era, pelos padrões da época, incrivelmente complexa, o auge de bilhões de anos de evolução. A lama em si estava viva, toda lama está: areia ligada pelo musgo secretado de inúmeros organismos unicelulares. Enquanto o "tapete", que mais tarde receberia o nome de *Dickinsonia costata*, arrastava-se sobre essa lama microbiana, deixava para trás um pequeno rastro e, às vezes, pequenos túneis nos quais ele mergulhava antes de reaparecer (Peterson *et al.*, 2008; Weidenbach, 2008).

Muitas criaturas estavam fazendo a mesma coisa naquele dia, sem dúvida. Mas é essa que fica com toda a glória porque foi morta de repente, e algo em relação às circunstâncias de sua morte — ser coberta quase imediatamente por uma camada de pó ou cinza preservadora — e os eventos geológicos do próximo meio bilhão de anos significaram que ela foi conservada e ficou esperando para ser descoberta em 1946 por um homem chamado Reg Sprigg, geólogo que trabalhava em Ediacara Hills, no sul da Austrália (Weidenbach, 2008).

O movimento do "tapete" pela lama é descrito em uma publicação científica como "interações moderadamente complexas com esteiras microbianas para explorar recursos de nutrientes e de oxigênio". Ou seja, trata-se do primeiro rastro registrado da segunda era da alimentação.

Esses pequenos tapetes *Dickinsonia* nos lembram que comer é ser parte de um ecossistema. Além de comer, eles estavam preparando outras vidas para serem comidas e criando um ecossistema — mudando ativamente sua relação com o sedimento em que viviam, deslocando-se, arando-o como solo, fertilizando-o com dejetos. Eles se incluíam entre as primeiras criaturas a estar em uma corrida armamentista umas com as outras, competindo para extrair energia do sistema.

✽

Havia muito mais complexidade pela frente à medida que a segunda era se desdobrava. Durante esse período, a corrida armamentista evolucionária por energia transformou nossos ancestrais de organismos unicelulares em organismos pluricelulares e daí nos peixes primitivos, e então, através de criaturas como musaranhos que sobreviveram a seja lá o que tenha matado os dinossauros, em você e eu.

A alimentação evoluiu para um processo muito mais complexo do que pensamos. Ela tinha de suprir duas necessidades diferentes ao mesmo tempo: oferecer a energia de que precisamos para permanecer vivos e prover os materiais de construção — os elementos e as moléculas — de que precisamos para constituir nosso corpo.

Toda a matéria viva na Terra é composta quase inteiramente por apenas quatro elementos: oxigênio, carbono, hidrogênio e nitrogênio. Em humanos e outros mamíferos, eles correspondem a cerca de 99% dos átomos do corpo. Mas outros vinte e poucos elementos também são conhecidos como ingredientes vitais. E, como nós mesmos não podemos criá-los, precisamos ingeri-los.

Além dos quatro principais, meu corpo contém por volta de um quilo de cálcio e um quilo de fósforo.[6] E tem por volta de duzentos gramas de enxofre e a mesma quantidade de potássio, 120 gramas de sódio e 120 gramas de cloro, e mais ou menos quarenta gramas de magnésio. Além desses, contém um pouco menos de cinco gramas de ferro — o equivalente a um preguinho, para deixar meu sangue vermelho e meu muco verde —, alguns miligramas de flúor para manter meus dentes duros, e zinco para criar DNA, construir proteínas e para todos os tipos de função de imunidade.

Os últimos poucos elementos que me mantêm vivo pesam juntos menos de um grama: estrôncio, encontrado sobretudo nos ossos; iodo, essencial para a formação do hormônio da tireoide; cobre, para o funcionamento de um conjunto enorme de enzimas; e, então, pequenas quantidades quase imensuráveis de magnésio, molibdênio e cobalto. A deficiência de qualquer um deles pode ser mortal, e o excesso, fatalmente tóxico.

Essa é uma lista de exigências muito precisas e mostra como o projeto de se alimentar é complicado para todos os organismos complexos. Mas, enquanto os humanos podem tentar compreender e medir as coisas, os animais só têm de tocar o barco. Se você é um carnívoro, outro animal fez o trabalho pesado para você — as vacas são compostas basicamente das mesmas coisas que os animais que se alimentam delas. A vida de um herbívoro, porém, é muito diferente. Os herbívoros têm de ir atrás da chuva, evitar os carnívoros e comer a quantidade certa, por exemplo, de selênio. Como eles fazem isso?

Para entender esse mecanismo, fui visitar Eddie Rixon, um pecuarista de quarta geração de Oxfordshire. Rixon vive em uma colina no meio de sua fazenda com três gerações de sua família e cerca de cem vacas. Se soa idílico, é porque de fato é, embora ele tenha trabalhado sem parar enquanto conversávamos, enchendo sacas com forragem e inspecionando os cascos das vacas.

Rixon enfatizou a complexidade dos hábitos alimentares de seus animais: "Muitas das plantas que os herbívoros, inclusive as vacas, comem são cheias de toxinas, bem como de energia e nutrientes. A vaca tem de equilibrar de forma precisa a ingestão de energia com a carga de toxina, assim como a obtenção da quantidade correta de nutrientes".

Em sua corrida armamentista com as plantas, as vacas tiveram de desenvolver mecanismos de desintoxicação incríveis. As toxinas são destruídas pelas bactérias em seu intestino ou por enzimas poderosas no fígado, ou são inteiramente removidas pelos rins. Mas as vacas também aprendem muito sobre as plantas à medida que as comem. Elas provam um pouco, se lembram do sabor e do cheiro e ligam essa memória ao efeito em seu corpo. As vacas de Rixon complementam constantemente um banco de memórias de como as plantas interagem com seu corpo — quanta energia foi liberada na forma de açúcares e proteínas, se as toxinas as deixaram nauseadas e assim por diante — e são capazes até de aprender quais plantas trabalham bem juntas.

Porque é um erro, como aponta Rixon, pensar que as vacas e outros herbívoros comem somente capim e nada muito diferente. Em vez disso, ao imitar suas mães e experimentar pequenas quantidades de diferentes plantas, os herbívoros constroem uma dieta extraordinariamente diversa (Mote, Villalba & Provenza, 2008; Villalba, Provenza & Manteca, 2010). Em alguns estudos, os cientistas fizeram furos no pescoço e no estômago de cabras e gado criados soltos (isso soa extremo, mas os animais toleram bem esse procedimento, feito com anestésico). Isso permite que os cientistas coletem e tenham uma amostra de o que exatamente os animais escolhem comer (Provenza, 2018). Esses estudos indicaram que eles costumam ingerir entre 25 e 50 plantas diferentes por dia, com todos os elementos químicos em todas essas plantas interagindo uns com os outros e as memórias de todos eles sendo registradas para referência futura.

Enquanto Eddie Rixon e eu conversávamos, as vacas vieram para a extremidade do campo nos cumprimentar, fungando e bufando, e se submetendo a uma coçada atrás da orelha. Rixon mantém suas sebes propositalmente diversas: "Se você observar as vacas, vai vê-las comendo plantas diferentes nas extremidades do campo. Não entendemos exatamente o que estão fazendo, mas estão tomando decisões deliberadas".

Por exemplo, vermes (nos intestinos, não no solo) são um grande problema para as vacas. Muitas das plantas que Rixon mantém nas cercas vivas contêm taninos que matam vermes do intestino, o que significa que ele pode usar menos vermífugos em forma de medicamento. Isso também é bom, já que vermífugos na forma de medicamento matam as minhocas, reduzindo assim a saúde do solo.

Os taninos não matam apenas os vermes: podem aglutinar-se e neutralizar outras toxinas. Coma uma entrada de sanfeno rico em taninos, uma planta perene com grandes flores cor-de-rosa, e os taninos neutralizarão os terpenos tóxicos num prato principal de artemísia. Os taninos de um bocado de *Lotus corniculatus* podem aglutinar e desativar os alcaloides tóxicos em festucas infestadas de fungos. Há milhares ou possivelmente milhões dessas combinações (Mote, Villalba & Provenza, 2008; Hoste *et al.*, 2022).

Talvez a coisa mais notável sobre as vacas seja o fato de que elas não são capazes de digerir a principal fonte de energia nas plantas: os açúcares estruturais, como celulose, xilose e pectina. Nenhum mamífero é capaz de digeri-las. Em vez disso, recrutamos as bactérias para fazer o trabalho para nós. Estou me referindo ao microbioma, aos trilhões de bactérias, fungos e outros micro-organismos que vivem sobre e dentro de nós. A maioria desses micro-organismos é encontrada em nossos intestinos: ali, quer você seja uma vaca ou um ser humano, eles fazem praticamente a mesma coisa. (Vamos explorar adiante o efeito dos AUPs no microbioma, o que é potencialmente um dos modos como eles nos prejudicam.) O microbioma é tão crucial para a sobrevivência das vacas que você poderia inverter sua noção de vaca e pensar nela como simplesmente um veículo para o próprio microbioma, um reservatório de quatro pernas transportando os micro-organismos para as plantas que elas escolhem. Uma vez que você fizer isso, pode imaginar a si mesmo da mesma maneira.

As vacas passam muito tempo triturando as plantas antes de manter o material vegetal em câmaras de fermentação bacteriana nos quais as bactérias quebram o amido e as fibras, criando energia e moléculas residuais chamadas ácidos graxos voláteis de cadeia curta. Você já deve ter ouvido falar de algumas delas em outros contextos — as bactérias em seu próprio intestino também produzem a maioria dessas substâncias.

O ácido acético é o principal ácido no vinagre. O propionato é usado como conservante alimentar. O butirato, como aditivo alimentar e de perfumes. O valerato é encontrado na planta medicinal valeriana e usado como aditivo alimentar para produzir sabor de carne. A vaca pode usar esses ácidos graxos para obter energia e construir seu corpo (e nós também). As vacas e todos os ruminantes vivem dos resíduos das bactérias em seu intestino.[7]

A corrida armamentista da segunda era, entre organismos competindo para comer e evitar serem comidos, impeliu sistemas incrivelmente complexos como o microbioma. Eu deixei a fazenda de Eddie Rixon com um novo respeito pela complexidade do projeto herbívoro e com a cabeça cheia de ideias sobre como os seres humanos se diferenciam das vacas e de todas as outras formas de vida em termos de hábitos alimentares.

Por quase toda a segunda era da alimentação, e por todas as diferentes espécies, os alimentos vinham sendo consumidos crus, frescos e, muitas vezes, ainda vivos. Então, há cerca de dois milhões de anos, uma única espécie começou a processar externamente seus alimentos, amassando, triturando, moendo e — o mais importante — cozinhando.

Hoje, é amplamente aceito que cozinhar é parte essencial do que nos torna humanos. Isso pode parecer óbvio, mas, há apenas alguns anos, um número significativo de antropólogos ainda afirmava que cozinhar tinha significado puramente cultural. Na minha cabeça, a questão poderia ter sido resolvida com uma simples competição de quem come mais, tendo no cardápio bife e batatas crus. Só que ela foi resolvida em termos mais científicos em 2007, quando uma equipe, incluindo Rachel Carmody e Richard Wrangham, em Harvard, testou essa hipótese em... pítons — na píton birmanesa, para ser mais exato (Boback *et al.*, 2007). (O artigo, que em todos os outros aspectos é excessivamente detalhado, não explica por que usaram pítons.) Eles alimentaram as pítons com carne bovina crua, carne bovina cozida, carne bovina crua moída e carne bovina cozida moída. A carne bovina cozida moída tornou a energia 25% mais disponível, o que não é nada surpreendente.[8] Com esse experimento, Carmody e Wrangham convenceram quase todos de suas hipóteses de que o trato digestivo humano se estende para além do corpo até a cozinha.[9] O processamento térmico e mecânico não é apenas parte de nossa cultura — é uma parte da nossa fisiologia.

Essa necessidade de cozinhar significa que ocupamos um nicho dietético único. Um artigo de 2015 propôs que os humanos eram os únicos cucinívoros — animais obrigados a cozinhar (Furness & Bravo, 2015). Na verdade, somos os únicos processívoros: precisamos não apenas *cozinhar* os alimentos, mas também *processá-los*. Desde a pré-história, estamos moendo, sovando, fermentando, secando, salgando, esfriando e enterrando alimentos. Nossos corpos são testemunhas da longa história do processamento alimentar (Zink, Lieberman & Lucas, 2014). Isso é evidente no número de genes que temos de enzimas para digerir amido, leite, açúcar e álcool, e no tamanho de nosso aparato alimentar: nossos dentes, mandíbula e intestinos são minúsculos se comparados aos de outros mamíferos, que têm cerca de metade do tamanho, proporcionalmente ao nosso peso (Stevens & Hume, 2004).

O processamento é necessário para nossa sobrevivência e nos tornou humanos,[10] e assim é parte da segunda era da alimentação.

A segunda era continua por toda a nossa volta. Você pode ir ao supermercado e continuar sendo um organismo da segunda era ao comprar carne, frutas e vegetais — ainda que, é claro, isso seja dispendioso e tome tempo. A maioria dos seres humanos no Reino Unido e nos Estados Unidos entrou no que eu chamo de "a terceira era da alimentação", na qual a maior parte de nossas calorias provém de produtos alimentares que contêm moléculas inéditas e sintéticas, nunca encontradas na natureza.

O Anno Domini em que isso começou a acontecer é uma questão em debate.

1879 é um candidato. Um químico com pós-doutorado chamado Constantin Fahlberg estava trabalhando em um laboratório na Universidade Johns Hopkins, nos Estados Unidos. Uma entrevista posterior à *Scientific American* em 1886 o descreveu como alto, corpulento e bonito. Um busto memorial em seu cenotáfio na Alemanha parece confirmá-lo: ele é, em cada centímetro, o industrial do século XIX, com uma sobrancelha peluda, cabelo imaculado, barba e bigode encerado. Na época da entrevista, era uma grande celebridade, mas permaneceu, de acordo com o entrevistador, "difidente e reservado".

Fahlberg estava tentando produzir compostos médicos a partir de alcatrão de hulha, um líquido preto e grudento que é o subproduto tóxico do processamento de carvão. Ele ainda é usado em xampus e sabonetes para tratar psoríase e infecções fúngicas. Eu costumava usar um para tratar a minha própria caspa, com sucesso variado, ainda que ele com certeza me deixasse cheirando a asfalto recém-aplicado. Ninguém tem certeza de como o alcatrão de hulha funciona, mas seus efeitos provavelmente se devem ao fato de ele conter enormes quantidades de toxinas: fenóis, hidrocarbonetos policíclicos aromáticos e outros venenos. Em pequenas doses, eles matam células humanas indesejadas e patógenos. Em grandes quantidades, há muitas evidências de que causam câncer.

Versões da história da descoberta de Fahlberg falam dele lambendo as mãos no laboratório, mas isso não é exatamente preciso. Desconfio até que os químicos do século XIX eram mais cuidadosos do que isso — ainda que apenas ligeiramente, de acordo com seu próprio relato:[11]

> Uma noite, eu estava tão interessado em meu laboratório que esqueci o jantar até bem mais tarde, então corri para fazer uma refeição sem parar para lavar as mãos. Eu me sentei, parti um pedaço de pão e o levei à boca. Estava indescritivelmente doce. Não perguntei o porquê, provavelmente por ter pensado que era um bolo ou uma guloseima. Lavei a boca com água e sequei meu bigode, e, para a minha surpresa, o guardanapo estava ainda mais doce do que o pão. Tive um lampejo de que era eu a causa daquela singular doçura universal e, consequentemente, provei a ponta do meu polegar; ela ultrapassava qualquer confeitaria que eu já havia provado. Entendi a coisa toda de uma única vez. Eu tinha descoberto ou produzido alguma substância de alcatrão de hulha que era mais doce do que o açúcar. Larguei meu jantar e corri de volta para o laboratório, e, no meu entusiasmo, provei os conteúdos de todos os béqueres e placas de evaporação na mesa. Para minha sorte, nenhum deles continha nenhum líquido venenoso ou corrosivo.

Fahlberg havia criado a sacarina, o primeiro adoçante artificial e, devido à escassez de açúcar provocada pela Primeira Guerra, o primeiro composto inteiramente sintético a ser adicionado à nossa dieta em grande escala. É trezentas vezes mais doce do que o açúcar, uma vitória da química sintética. Fahlberg ficou imensamente rico. A sacarina é usada ainda hoje — se você já foi a um restaurante ou motel nos Estados Unidos, já reparou nos conhecidos pacotinhos cor-de-rosa de Sweet'N Low em todas as mesas. [No Brasil, seriam Adocyl e Zero-Cal.]

A invenção da sacarina caiu no meio de uma nova era da química de alimentos sintéticos. O trabalho com carboidratos sintéticos estava em curso havia mais de meio século. Um artigo de 1885 começa afirmando que o estudo da modificação de amido atraiu mais trabalhadores do que qualquer outra área da química (Brown & Morris, 1885). Ao longo do século XX, milhares de novas moléculas entraram na nossa comida.

E nós consumimos quantidades enormes delas. Em países industriais como o Reino Unido, cada um de nós ingere oito quilos de aditivos alimentares por ano. Quando li essa estatística, ela não parecia possível. Para pô-la em perspectiva, em média compramos apenas dois quilos de farinha por ano para alimentos assados em casa. Mas tudo isso é coerente com a observação de Carlos Monteiro: estamos comprando cada vez menos ingredientes de base, à medida que cada vez mais da nossa comida é preparada e processada industrialmente.

Está claro que comer oito quilos de moléculas sintéticas por ano, sem falar em gorduras, proteínas e carboidratos sinteticamente modificados, é preocupante, só que a maior parte da inquietação quanto aos aditivos está mal apresentada, como mostrarei adiante. O ponto principal não é que eles são prejudiciais em si, é que os aditivos são um indicador de AUPs. Eles sinalizam um método e um propósito de produção de alimentos que hoje sabemos que estão ligados a doenças. Os ingredientes individuais dos AUPs podem ser prejudiciais, mas quando combinados é que fazem o estrago maior. Chamo o consumo de AUPs de a terceira era da alimentação por ele ser uma mudança muito recente de nosso passado evolucionário (Mepham, 2011).

✿

Mesmo que você continue comendo alimentos integrais e minimamente processados, como os seres humanos têm feito há milhões de anos, vai comer com muito mais consciência nutricional do que as pessoas que viveram algumas centenas de anos atrás.

Comer se tornou, em parte, um projeto intelectual em vez de puramente instintivo. Muitos de nós levam em consideração as calorias, o tamanho da porção, alimentos bons e alimentos ruins, vitaminas etc. Comer puramente por instinto, do jeito que uma vaca faz, em vez de tentar seguir as recomendações das embalagens dos alimentos ou de nutricionistas, é uma abordagem quase inimaginável para muitas pessoas. A ideia de que os seres humanos podem ter um sistema interno exatamente como o das vacas de Eddie Rixon, que nos permite nos autorregular e equilibrar nossas dietas, parece improvável levando em consideração como as autoridades confiam tão pouco em nós para comermos sem orientação. Será que os seres humanos poderiam mesmo relegar a alimentação ao instinto?

A primeira resposta científica plausível a essa pergunta foi desenvolvida com a ajuda de três bebês chamados Donald, Earl e Abraham em 1928. Eles foram submetidos a um dos estudos nutricionais mais importantes, e menos celebrados, do século XX, conduzido por uma pediatra de Chicago chamada Clara Davis.

Davis deve ter sido uma pessoa impressionante, ainda que não saibamos muito a seu respeito. Foi uma das dez mulheres que se formaram em sua faculdade de medicina em 1901 e, em 1926, já trabalhava no Mount Sinai Hospital em Chicago, preocupando-se com a maneira como os médicos orientavam mães e pais a alimentar seus filhos. Ao longo de toda a segunda era da alimentação, a prole de todos os mamíferos tinha comido mais ou menos o que os adultos comiam. Podia ser um pouco mais amassada e amaciada, e quem sabe menos temperada, mas não havia "comida de bebês" — só leite, depois comida.

No entanto, na década de 1920, alimentar uma criança tinha se transformado quase em uma ciência nos Estados Unidos. "Ninguém que não tenha conhecimento sobre a composição daquela comida pode prescrever satisfatoriamente uma comida para uma criança", declarou um artigo no *Journal of the American Medical Association* (Powers, 1935). As mães estadunidenses costumavam receber listas de alimentos baseadas na ciência nutricional mais recente, mas as crianças não pareciam ligar para os dados e se recusavam a comer esses alimentos. Isso se tornou um problema tão grande que a maioria das consultas a pediatras durante os anos 1920 dizia respeito a melindres na alimentação (Scheindlin, 2005). A profissão respondeu "sensatamente", recomendando que os pais deixassem as crianças ficarem com fome e as tratassem "com firmeza". O livro de 1926 de Alan Brown, *The Normal Child, Its Care and Feeding* [A criança normal, seu cuidado e alimentação], oferece um bom exemplo: "A força é necessária em relação a crianças que cospem a comida ou que vomitam ao bel-prazer. Dê a uma criança dessas uma pequena quantidade de comida; se ela vomitar, dê mais; continue até que ela mantenha a comida dentro".

Davis não gostava dessa tendência autoritária, pois sabia que não havia evidências históricas para esse tipo de abordagem. Sabia também que os animais selvagens pareciam se manter saudáveis sem que a ciência lhes dissesse o que comer. Ela achava que os médicos deveriam, sim, estar ouvindo o que as crianças tentavam lhes dizer.

Mas aquela não era a única preocupação de Davis. Ela estava igualmente refletindo sobre a comida moderna dos anos 1920 de um jeito que ainda parece moderno quase cem anos depois. Em um artigo, ela descreve a "má nutrição em crianças que eram desmamadas e passavam a comer confeitaria, conservas, molhos, pão branco, açúcar e comida enlatada que eram encontrados em geral na mesa dos adultos". Considerava essas comidas "incompletas e alteradas", e observou que elas "não formavam uma parte considerável da dieta há cem anos". De fato, ela desconfiava que aquelas comidas mais altamente processadas deviam estar por trás dos muitos problemas alimentares que observava como médica (Davis, 1947).

De algum modo, Davis conseguiu convencer diversas mães a deixarem os filhos em seu laboratório por meses seguidos — e, em um caso, por mais de quatro anos — para que participassem do teste clínico alimentar mais longo já conduzido. O plano era simples, mas bastante revolucionário. Davis deixaria as crianças escolherem a própria comida e então avaliaria se elas podiam ser tão saudáveis quanto as crianças que eram alimentadas com dietas "prescritas" usando a recomendação nutricional da época. Ela escolheu crianças que tinham sido exclusivamente amamentadas até o exato início do experimento, de modo que não possuíam "nenhuma experiência de alimentação ou discriminações preconcebidas e parcialidades sobre comida".

Sua hipótese era de que, como o corpo humano tem mecanismos reguladores internos de ingestão de água e oxigênio, frequência cardíaca, pressão sanguínea, temperatura corporal e todas as outras variáveis fisiológicas, o mesmo deveria valer para a composição corporal e a ingestão de nutrientes.

Earl Henderson foi o primeiro sujeito que Davis recrutou. Com nove meses de idade e filho de uma "jovem subnutrida cuja dieta não tinha sido ideal para a lactação", ele passara quase toda a sua breve vida dentro de casa. Estava doente quando admitido, com as adenoides inchadas, uma secreção nasal mucosa e um círculo de agrupamentos de ossos protuberantes no peito — a deformação de costelas raquíticas características da deficiência de vitamina D. No entanto, a esse adoentado bebê de nove meses foi dado o controle total do que comeria ("O experimento perguntaria se ele era capaz de lidar com suas próprias questões gastronômicas").

Henderson teria 34 itens alimentares diferentes entre os quais escolher a cada dia, tudo preparado pela cozinha do hospital, que "abarcaria uma ampla gama de alimentos de origem animal e vegetal obtidos frescos no mercado. Apenas alimentos naturais e integrais. Nada de comida incompleta ou enlatada".

Esta é a lista completa (repare que quase não há processamento de nenhum tipo — nem sequer queijo ou manteiga):

- carnes (cortes de músculo): carne bovina (crua e cozida), de carneiro e frango;
- órgãos glandulares: fígado, rim, miolos, tendões (timo);
- frutos do mar: peixe de água salgada (hadoque);
- cereais: trigo integral (não processado), aveia (escocesa), cevada (grãos integrais), fubá (amarelo), centeio (Ry-Krisp);
- produtos de ossos: tutano (de boi e de vitelo), geleia de osso (substâncias de osso solúveis);
- ovos;
- leites: leite cru tipo A, leite integral cru tipo A lácteo (parecido com iogurte);
- frutas: maçãs, laranjas, bananas, tomates, pêssegos ou abacaxis;
- vegetais: alface, repolho, espinafre, couve-flor, ervilhas, beterrabas, cenouras, nabos, batatas;
- incidentais: sal marinho.

Enquanto eu pesquisava sobre Davis, fiz um registro do que eu dava para Lyra (três anos) e Sasha (um ano) comerem. Tento incluir variedade em suas dietas, mas raramente consigo reunir sequer dez alimentos diferentes.

Para cada refeição, doze itens alimentares eram apresentados a Henderson e aos outros sujeitos, sempre com leite, leite azedo fermentado e sal. Os alimentos individuais eram colocados em tigelas separadas, nunca misturados. As enfermeiras tinham instruções meticulosas: não podiam oferecer a comida às crianças; só podiam lhes dar as comidas que elas indicassem que queriam. Elas também não podiam indicar desaprovação ou aprovação, e só lhes cabia retirar as bandejas depois que os meninos parassem de comer. Se os meninos terminassem uma comida específica em uma refeição, então receberiam mais dessa comida na próxima.

Earl Henderson foi admitido na enfermaria de Clara Davis e, por três dias, foi amamentado exclusivamente pela mãe. Foram feitas avaliações detalhadas: um exame físico, um hemograma, exame de urina, de níveis de cálcio e fósforo. Fizeram um raio X de seus ossos para determinar a densidade. "No quarto dia, a amamentação foi descontinuada, e o experimento em si começou."

É difícil imaginar quão traumático deve ter sido de início para Henderson e sua mãe. Talvez ele estivesse tão faminto que ter a mãe substituída por enfermeiras que podiam lhe oferecer uma nutrição adequada significasse que ele não se importava. Nada disso foi registrado, o que me afligiu enquanto eu lia sobre o experimento.

Davis descreveu a primeira refeição de Henderson: a maneira como ele "olhou para a bandeja por alguns segundos", depois alcançou "um prato de cenouras cruas e mergulhou a mão inteira nelas". Mas parece que um punhado não foi o bastante. "De novo sua mão voltou para o prato", de novo e de novo, "até que tivesse comido a maioria das cenouras."

Davis estava satisfeita. "Dentro de três dias, ele tinha experimentado quase todos os itens", escreveu ela. "Ele tinha respondido à nossa primeira pergunta: era capaz e indicava suas escolhas alimentares [...], e comia uma quantidade adequada."

Outra dúzia de crianças foi recrutada ao longo dos anos seguintes, e todas elas se ajustaram à dieta com o mesmo entusiasmo. Quase todas provaram tudo o que lhes foi oferecido pelo menos uma vez, e o apetite delas era "uniformemente bom": elas costumavam saudar as bandejas de comida que se aproximavam "pulando para cima e para baixo em suas camas". Uma vez na mesa, elas se dedicavam consistentemente a comer por quinze ou vinte minutos, então comiam de maneira intermitente, "brincando um pouco com a comida, tentando usar a colher e oferecendo pedacinhos para a enfermeira".

Na noite seguinte a essa leitura, eu estava na mesa alimentando Sasha e reparei que, assim como as crianças de Davis, ela costumava me oferecer um naco da comida, mesmo enquanto eu a alimentava. O fato de Davis incluir esse detalhe me assegurava de que ela realmente estava lá, observando e se preocupando, não apenas supervisionando de longe.

A comida no experimento de Davis não era salgada, mas cada criança recebia um prato de sal com cada refeição. Elas consumiam os alimentos com as mãos, balbuciando, engasgando ou até chorando depois de os levarem à boca, mas frequentemente buscavam mais, "com uma repetição do mesmo balbucio".

O experimento foi um enorme sucesso. Apenas duas crianças não comiam alface, e uma não quis provar espinafre. Todas as crianças tiveram êxito em controlar as próprias dietas, e todas alcançaram os requisitos nutricionais como se estivessem lendo todos os manuais mais recentes. A ingestão média de calorias de todas elas ficou dentro dos limites estabelecidos pelos padrões nutricionais da época, e elas ficaram livres de todos os problemas de praxe relacionados à alimentação que ainda são elementos básicos da prática pediátrica hoje. Nenhuma das crianças teve cólica, desconforto ou dor abdominal depois de comer. Nunca ficaram constipadas. Na verdade, nenhuma criança passou dois dias consecutivos sem defecar. Em quinze crianças, ao longo de muitos meses, essa estatística é simplesmente inacreditável. Também não houve melindre na hora de comer. Todas tinham apetite vigoroso, e todas, para usar a palavra de Davis, "prosperaram".

Talvez o melhor argumento para a regulagem nutricional interna tenha sido o que dizia respeito ao raquitismo de Earl Henderson. Ele tinha chegado com essa condição, na qual os ossos ficam flácidos e frágeis. Há raios X de suas mãozinhas no artigo, feitos logo que ele chegou, bons o bastante para ver a densidade óssea reduzida e a perda do córtex sólido mais externo dos ossos.[12] As chapas de crescimento nas extremidades dos ossos são indistintas e confusas, e, numa fotografia anexa, Henderson parece ter as pernas arqueadas e estar aflito.

Então, Davis imediatamente propôs um tratamento para Henderson: "Comprometidos com a promessa de não fazer nada, ou de não deixar nada inacabado, em seu detrimento, colocamos um pequeno copo de óleo de fígado de bacalhau em sua bandeja para que ele tomasse se quisesse". O óleo de fígado de bacalhau era, à época, a única fonte comestível de vitamina D.[13] Ao longo dos primeiros três meses do experimento, Henderson tomou o copinho de óleo "sem regularidade e em quantidades variadas", até que o cálcio e o fósforo em seu sangue alcançaram níveis normais e seus raios X mostraram que ele havia se curado do raquitismo, quando então parou de tomá-lo completamente. Depois que o óleo ficou intocado na bandeja por mais de quinze dias, as enfermeiras pararam de oferecê-lo.

As outras crianças também seguiram aquele mesmo padrão. Quaisquer que fossem os problemas com que tivessem chegado, uma vez que podiam controlar a própria nutrição, de acordo com Davis, todas elas rapidamente alcançavam uma ótima saúde. Todas comiam quantidades imensas e variadas, mas de maneiras estranhas e imprevisíveis.

Todas passavam pelo que os cozinheiros responsáveis pela dieta chamava de "coqueluche" — coqueluche de ovos, coqueluche de cereais, coqueluche de carne e assim por diante.

Esse é um padrão que observo em minhas filhas. Lyra adorava tomates quando ela estava parando de mamar e comia uma dúzia dos pequenininhos todos os dias ao longo de semanas. E então, um dia, parou, e inexplicavelmente recusou tomates por meses. Eu os cozinhava e escondia na comida, mas ela sempre os cuspia. Ela já tinha comido satisfeita fezes de gato no canteiro ou um punhado de pelos do tapete, de forma que não era um nojo convencional. Simplesmente não queria tomates — até que voltou a comê-los. Vinte por dia. Altos e baixos.

Logo que comecei a ler sobre o experimento de Davis, eu tinha algumas questões sobre sua motivação e ética. Afinal, aquelas eram todas crianças pobres com mães em situação de desespero — será que, de algum modo, era abusivo? Mas, à medida que seguia lendo, emergia uma espécie de personalidade de forma muito mais marcante do que aconteceria em artigos científicos modernos. Parecia claro para mim que ela se importava profundamente com as crianças, tendo, eventualmente, adotado dois dos primeiros meninos de que cuidou, Donald e Abraham, que permaneceram próximos a vida toda. A viúva de Donald se lembrou do amor imenso que a sogra tinha pelos dois (Scheindlin, 2005).

Então, o que exatamente podemos concluir do experimento de Davis? Há um perigo de interpretá-lo de forma errônea — de tirar como conclusão "deixe as crianças comerem o que quiserem". Davis foi muito clara quanto ao fato de que esse não devia ser o veredito — os adultos precisam ensinar as crianças o que comer para evitar envenenamento e assim por diante —, mas ela achava, sim, que, uma vez que se estabelecia uma alimentação segura, tínhamos de reconhecer que as crianças deviam estar aprendendo a autorregular sua alimentação em resposta ao que precisam, mandando sinais de um lado a outro entre o cérebro e o intestino. Ela pensou muito sobre aquelas "coqueluches" alimentares, considerando que elas deviam estar na raiz de tanto "melindre" para comer, e sugeriu que essa tendência comportamental podia ser resultado de um complexo malabarismo interno. Propôs que, "à medida que os suprimentos de diferentes fatores alimentares são reduzidos, há um aumento do apetite por alimentos que irão fornecê-los". E levou esse raciocínio um passo adiante: "Uma explicação desse tipo indicaria a existência de um centro para o apetite e seria totalmente teórica".

A última frase é uma ideia muito intrigante, e Davis a ampliou: "A precisão com que o apetite seletivo dos bebês do experimento alcançou requisitos nutricionais conhecidos sugere que o apetite é outra das muitas atividades autorreguladoras cujas funções são preparatórias para a nutrição celular, voltada para suas necessidades, e que não exigem nem conhecimento nutricional, nem orientação da mente".

Davis estava propondo que os seres humanos, como as vacas de Eddie Rixon, são capazes de variar suas dietas precisamente de acordo com o que necessitamos — que nós também temos o aparato para comer sem qualquer conhecimento de nutrição de um modo que nos permita construir e manter nosso corpo. Talvez eu tenha deixado passar, mas nada disso foi mencionado em meus seis anos de faculdade de medicina.

# 6

# COMO NOSSO CORPO REALMENTE MANEJA AS CALORIAS

O legado do meio bilhão de anos ou mais da segunda era da alimentação é um sistema interno que regula a ingestão de comida de forma precisa. As espécies que se alimentam de outras vidas vêm resolvendo dois problemas simultâneos com precisão extraordinária por muito tempo: comer a quantidade certa de todos os micronutrientes essenciais enquanto ingerem exatamente a quantidade certa de energia.

A parte do sistema que regula a ingestão de energia — e, portanto, a gordura corporal — é a que melhor conseguimos entender até agora. O peso é rigorosamente regulado, e cada espécie tem uma porcentagem bastante uniforme de gordura. Ela pode variar ao longo do ano com a hibernação, a migração e a gestação, mas é controlada internamente como tudo mais em relação ao corpo de todos os animais.

Os seres humanos têm uma composição corporal natural que é mais gordurosa do que a da maioria dos outros mamíferos. Os elefantes machos têm por volta de 8,5% de gordura corporal, e as fêmeas, cerca de 10% (Chusyd *et al.*, 2021). Os macacos, como chimpanzés e bonobos, têm menos de 10% de gordura corporal (Pontzer *et al.*, 2016a). Por outro lado, mesmo as populações humanas de caçadores-coletores têm porcentagens de gordura corporal de cerca de 21% em mulheres e 14% em homens (Pontzer *et al.*, 2012). A obesidade é rara em populações humanas que continuam vivendo na segunda era da alimentação, até quando a comida é abundante, e os animais selvagens (também parte da segunda era da alimentação) não parecem, da mesma forma, desenvolver obesidade.[1]

É claro, a obesidade humana existiu, sim, durante a segunda era da alimentação, e ela *é* antiga. Então, antes de seguir adiante, deixe-me esclarecer isso. A Vênus de Willendorf é uma estatueta que representa o corpo de uma mulher com alta porcentagem de gordura corporal, entalhada por volta de vinte mil ou trinta mil anos atrás. Há evidências de que quem a esculpiu não trabalhou a partir da imaginação, mas pode ter representado a si mesma (McDermott, 1996).

Vários membros da dinastia Ptolemaica, que governou o Egito de 305 a 30 AEC, eram considerados obesos a ponto de sua respiração se interromper à noite. Os alexandrinos deram a Ptolomeu VIII o apelido de "Fisão", que quer dizer "grande bolha" (Michalopoulos, Tzelepis & Geroulanos, 2003). Os escritos da Grécia, do Egito e da Índia antigos reconheciam a existência de obesidade e doenças metabólicas. E o Velho Testamento, o Novo Testamento, os primeiros escritos cristãos e o Talmud fazem referências à obesidade — quase sempre de maneira negativa (Buchwald, 2018). Retratos e pinturas das últimas centenas de anos costumam ter representações de obesidade. Em 1727, o médico britânico Thomas Short escreveu que "nenhuma era jamais arcou com mais casos de corpulência do que a nossa própria" (O'Rahilly, 2016).

Todos esses casos antecedem o advento dos AUPs. Mas o peso corporal aumentado é extremamente raro e quase desconhecido em crianças. Em muitas sociedades humanas contemporâneas na terceira era da alimentação, a maioria de nós tem porcentagens de gordura corporal equivalentes às daqueles famosos mamíferos marinhos adiposos. As baleias-azuis têm uma das maiores porcentagens de gordura do que qualquer animal selvagem, cerca de 35%, e — alerta de *spoiler* — no fim da minha dieta eu estava chegando perto dessa proporção. Então, ao passo que tem havido alguma obesidade há muito tempo, o foco de grande parte deste livro é o rápido aumento do peso corporal na maioria dos países entre 1900 e os dias de hoje, sobretudo desde o início da década de 1970, e a prevalência cada vez maior de crianças com obesidade.

Contudo, apesar do fato de a obesidade ter sido rara até relativamente pouco tempo, a ideia de haver um sistema que regula o peso corporal nos seres humanos, ou em qualquer criatura, é relativamente nova. Por muito tempo, diversos médicos e cientistas, inclusive eu, imaginaram que a porcentagem de gordura corporal nos humanos tinha previamente sido menor porque alimentos em geral eram mais difíceis de obter. Nesse modelo, evoluímos para achar a comida gratificante e desejável, e assim somos levados a consumir o máximo que podemos. Logo, em uma era de alimentos abundantes, seguros e deliciosos, o ganho de peso é inevitável.

Porém, essa ideia — de que o peso é regulado externamente pelo fornecimento de comida — tornaria o peso uma exceção entre os parâmetros fisiológicos. Considere, por exemplo, a quantidade de água em seu corpo. Pode parecer que ela está sob seu controle consciente, e, de fato, você *pode* escolher beber ou demorar para beber água, mas, ao longo do curso de sua vida, a quantidade de água em seu corpo — e, portanto, a concentração de centenas de milhares de elementos químicos dissolvidos que compõem quem você é — é controlada internamente com precisão, mesmo quando você bebe, transpira e urina. O controle consciente do equilíbrio de fluidos é temporário na melhor das hipóteses e amplamente uma ilusão. E o caso da respiração é ainda mais óbvio se você tentar parar de respirar. A ingestão de comida está sob um controle consciente um pouco maior do que a respiração e a ingestão de água, por isso é quase tão difícil limitar o consumo de alimentos quanto limitar a ingestão de água ou oxigênio. O que, quando e como nós comemos é determinado por sistemas complexos que operam bem abaixo de nosso nível consciente.

✽

Existe uma complexidade vertiginosa em como os animais selvagens mantêm um peso corporal saudável enquanto equilibram suas necessidades nutricionais. Temos uma grande dívida com os ratos por seu papel em nos ajudar a entender isso.

Em 1864, um fisiologista alemão chamado Paul Bert uniu cirurgicamente o corpo de dois ratos, a fim de que eles compartilhassem uma circulação sanguínea comum. Isso não envolveu uma grande habilidade técnica. Ele simplesmente removeu tiras de pele do flanco de cada animal e costurou um animal ao outro. À medida que a ferida sarava, os vasos sanguíneos cresceram naturalmente de um rato para o outro de modo que eles se tornaram um "par parabiótico".

Sinistro, sim, mas permitiu que os cientistas desvendassem o efeito das coisas no sangue. Em um experimento inicial, alimentaram um rato de um par parabiótico com açúcar e o outro não. Ambos apresentaram alto nível de açúcar no sangue — ainda que um tivesse desenvolvido cárie, mostrando que é o açúcar na boca, não no sangue, que estraga os dentes. Em outros experimentos, ratos velhos foram unidos a ratos jovens, o que estendeu a vida do rato mais velho e encurtou a do mais jovem.[2]

Quase um século depois, em 1959, um fisiologista inglês chamado G. R. Hervey deu início a uma série de experimentos usando a técnica do par parabiótico para entender o controle de peso. O estudo é uma leitura difícil. Noventa e três pares de ratos foram costurados; deles, apenas 32 sobreviveram tempo o bastante para serem usados no experimento (Hervey, 1959). Esses ratos tinham uma pequena sonda elétrica inserida no crânio, que era usada especificamente para danificar uma parte do cérebro chamada hipotálamo. Se você enfiasse o dedo direto no nariz e atravessasse o osso lá no fundo, acabaria tocando seu hipotálamo. O hipotálamo mantém a homeostase no corpo, controlando a temperatura, a ingestão de água, o quanto você transpira e assim por diante.

Hervey descobriu que os ratos com o hipotálamo danificado perdiam o controle do quanto comiam e, com frequência, desenvolviam obesidade. Então, começou a danificar o hipotálamo de apenas um rato em cada par parabiótico, e os resultados ficaram ainda mais terríveis. Os ratos com o hipotálamo danificado comiam tanto e tão rápido que, às vezes, morriam engasgados com a comida: já não eram capazes de detectar os sinais de "pare de comer" que vinham de seu corpo. Enquanto isso, o outro rato — inteiramente normal a não ser por estar acoplado ao rato com a lesão no hipotálamo — começava a definhar. Ele *estava* recebendo um sinal através do sistema circulatório compartilhado que lhe dizia para parar de comer.

Essa foi a primeira forte evidência de que existe um mecanismo de feedback para o peso, assim como há para todos os outros sistemas no corpo. As descobertas de Hervey sugeriram que os animais têm um peso fisiológico e uma porcentagem de gordura corporal "corretos", assim como têm pressão sanguínea, temperatura, níveis de sódio "corretos" e assim por diante.

Agora sabemos que um dos sinais que diziam aos ratos para parar de comer é um hormônio chamado leptina, produzido no tecido adiposo e detectado pelo hipotálamo no cérebro (Paz-Filho *et al.*, 2010). A leptina também é um hormônio que deveria alterar sutilmente a forma como pensamos sobre a gordura no nosso corpo. Há uma tendência a considerar a gordura quase como um tecido morto — uma camada de banha, um tanque expansível de combustível —, mas, na verdade, ela é um órgão endócrino sofisticado, que produz uma gama de hormônios que atuam no cérebro para regular o peso corporal.

A leptina é um dos diversos hormônios envolvidos no controle de peso a longo prazo. Ela informa o cérebro sobre a quantidade de gordura presente no corpo. Quando a secreção de leptina cai, é um sinal de inanição, o que causa vastos efeitos em diferentes partes do cérebro que levam a uma maior ingestão de alimentos. Se uma pessoa tem uma alta porcentagem de gordura corporal, então a leptina deve informar ao cérebro: "Muita gordura por aqui. Não há necessidade de se concentrar tanto em comida".

A leptina e outros hormônios estão envolvidos no controle de longo prazo de ingestão de alimentos, mas há também um sistema para controle de curto prazo. Fígado, pâncreas, estômago, intestino grosso, intestino delgado, microbioma, tecido adiposo e muitos outros órgãos detectam açúcar, gordura, proteína e outras moléculas nas entranhas e no sangue depois que comemos. Eles enviam sinais para o cérebro — e recebem sinais dele — através de uma rede de nervos, vasos sanguíneos e hormônios. Há um diálogo entre os órgãos, que conversam constantemente em seu interior sobre o que você deve comer, quando comer e quando parar.[3]

Esses sistemas de longo e curto prazos tratam da regulação um tanto mecânica da comida e da energia, as quantidades de combustível e de nutrientes exigidos para a função básica. Mas suas descrições na bibliografia científica costumam omitir a experiência consciente de comer. Foi só bem recentemente que os artigos científicos começaram a descrever a alimentação como um processo que envolve prazer, ou a usar palavras como "recompensa", "delicioso" e assim por diante. Afinal, esses são termos associados com outro sistema — o sistema hedônico combinado com os antigos circuitos que nos levam a querer as coisas e a desfrutar delas.

Entender como a regulação de combustível e energia interage com o prazer nos leva à fronteira emocional entre nossa experiência consciente do mundo e o funcionamento de nosso corpo como uma máquina. É o limite entre a filosofia e a ciência.

Sabemos que esses dois sistemas — o que orienta a alimentação por prazer e o que supervisiona a alimentação para obtenção de nutrientes e combustível — estão intimamente ligados por meio de uma cadeia de pressões evolucionárias que remontam a centenas de milhões de anos. Os peixes primitivos que foram nossos ancestrais distantes há trezentos milhões de anos parecem já ter tido uma versão dos mesmos circuitos de recompensa que motivam tanto de nosso comportamento hoje (Murray, Wise & Rhodes, 2012).

Por muito tempo, mesmo os cientistas que estudavam esses sistemas achavam que os dois competiam um com o outro: a fome e a recompensa aumentam a ingestão, enquanto o sentimento de saciedade reduz a ingestão. Esse modo de pensar logo leva à suposição que eu sempre fazia — de que se a comida é deliciosa o bastante, ela simplesmente passa por cima do sistema que, em desespero, tenta nos dizer que estamos satisfeitos. É o problema do "vou-passar-mal-se-comer-mais-um-pedaço-ah-tudo-bem-pode-sevir".

Mas é esse *mesmo* o problema? Comida incrivelmente deliciosa?

Kevin Hall — o de Bethesda, Maryland, e do experimento que provava a hipótese de Carlos Monteiro — antes pensava como eu costumava pensar: que era só um caso da delícia triunfando sobre a satisfação. Hall desconfiava que comidas ultraprocessadas, muito gratificantes ou viciantes, simplesmente passam por cima do sistema homeostático dentro de nós. Ele já não pensa assim, e me explicou seu raciocínio anterior com uma analogia — uma explicação bonita e tentadora de como não conseguimos lidar com os AUPs, mas que ele hoje acredita estar errada.

"Imagine uma casa pequena no norte da Califórnia. Ela vai ter um pequeno aquecedor, adequado para invernos amenos, e um termostato. A temperatura aumenta e cai do verão para o inverno", disse Hall. "O termostato e a fornalha funcionam juntos, ligando e desligando de acordo com a temperatura exterior. A casa fica na mesma temperatura o ano inteiro."

Essa casa com um aquecedor adequado para o clima é como um corpo humano, ou qualquer corpo, durante a segunda era da alimentação. A comida é abundante às vezes, outras está com estoque baixo. O sistema mantém a ingestão necessária.

"Mas então", continuou Hall, "digamos que eu pegue essa casa e a transfira para Edmonton, no norte do Canadá." Com invernos notoriamente sombrios, Edmonton tem um significado particular para Hall — ele morou lá por alguns anos difíceis, indo com frequência de avião e trabalhando remotamente para uma empresa que parecia estar falindo. "Em Edmonton, a fornalha ainda funciona à perfeição e o termostato está ajustado a uma temperatura confortável, mas não existe maneira de ele poder competir com o ambiente. A fornalha está ligada o tempo todo, mas a temperatura do lado de fora é tão extrema e tão fria que não tem como a casa não ficar fria também."

O clima é frio demais, então a casa fica fria.

Nessa analogia, quando estamos cercados por comidas extremamente deliciosas, ganhamos peso, assim como nossas casas ficam frias quando estão cercadas por climas extremamente frios. É um argumento que faz algum sentido intuitivo, sem dúvida, mas Hall já não está satisfeito com ele: "Não acho mais que é assim que funciona". Ele não tinha uma analogia elegante sobre como acredita que os AUPs *de fato* prejudicam nosso sistema de ingestão de energia. "Agora, penso que, de alguma forma, o ambiente alimentar — os AUPs — reinicializa o termostato, ou passa por cima dele, ou talvez apenas o estrague completamente."

A teoria de Hall não é simplesmente que as comidas com AUPs são deliciosas e, portanto, criam uma "sobrecarga hedônica" graças à qual nosso corpo prefere comer demais mesmo tendo que enfrentar aquela sensação horrível de ficar empanturrado. A questão é que o novo ambiente das comidas com AUPs afeta nossa habilidade de autorregulação. E, de fato, enquanto não sabemos exatamente *como* nosso sistema alimentar atual estraga ou supera nossos métodos evoluídos de regulação de peso, um número crescente de estudos mostra que todos os aspectos dos AUPs prejudicam nossa rede de muitos milhões de anos de neurônios e hormônios reguladores.

Os instintos teórico-físicos de Hall o levaram a começar a juntar as ideias. Com outros (como Sadaf Farooqi e Stephen O'Rahilly, em Cambridge), ele transformou diversas ideias e estudos em algo que se aproxima de um grandioso modelo unificado de regulação de peso: o modelo de equilíbrio energético. Em um artigo de 2022, Hall e seus coautores (Hall *et al.*, 2022) começaram a descrever as conexões entre as áreas hedônicas do cérebro e as que detectam nutrientes, em que nossa experiência emocional consciente encontra nossa fisiologia interna.

Talvez essa conexão possa ser mais bem compreendida pela sensação, quase diária para muitos de nós, de incapacidade de parar de comer mesmo que queiramos. Alguma coisa na comida, ou nos sinais no sangue ou no cérebro, está em conflito com outra área. Frequentemente a satisfação física e nutricional não parece adequada para passar por cima do circuito do desejo.

Não é só a comida em si que influencia o processo. Sabemos que todas aquelas sugestões externas para comer — anúncios, vitrines, preço, embalagem, aroma — têm efeitos significativos no nosso cérebro e no nosso corpo. Efeitos que só estamos começando a compreender.

O modelo enfatiza que sinais poderosos dentro e fora do corpo influenciam a ingestão de alimentos e o equilíbrio energético muito, mas muito abaixo do nível consciente, envolvendo ideias relacionadas com saliência, desejo, motivação e recompensa. Colocamos uma camada consciente sobre tudo isso, mas comer é muito menos uma escolha do que aparenta ser.

Essa é uma das muitas razões pelas quais conselhos simples, como "coma menos e se movimente mais!", são ineficientes para uma perda de peso sustentável. É tão loucura quanto dizer "beba menos água!" para quem está com sede.

Nós não ficamos simplesmente com fome e comemos. Somos controlados por sistemas de feedback neuroendócrinos antigos, que evoluíram para garantir que consumamos tudo de que precisamos a fim de passar adiante alguns poucos genes. O sistema é intrincado, complexo e, em alguns sentidos, extraordinariamente robusto. Mas, para muitos de nós, ele é incapaz de lidar com as comidas inéditas apresentadas constantemente de uma maneira inédita. O sistema não evoluiu para manejar as preparações ultraprocessadas que chegaram com a terceira era da alimentação.

E, no entanto, eu ainda tinha algumas dúvidas persistentes sobre se os AUPs seriam realmente a *principal* causa dos crescentes níveis de obesidade. Há outras causas possíveis que muitos de nós passam a aceitar como óbvias, como a responsabilidade individual e nosso estilo de vida cada vez mais sedentário. E, é claro, o açúcar. Sem dúvida, o fato de comermos uma quantidade de açúcar tão maior do que estávamos habituados deve ter alguma coisa a ver com o aumento de peso mundial, não?

# 7

# POR QUE A QUESTÃO NÃO É O AÇÚCAR...

O modo como os AUPs subvertem esse sistema de controle de peso de muitas maneiras será abordado na Parte III. Mas, nos últimos vinte anos, tem havido outro acusado a levar a culpa pelo aumento do número de pessoas com obesidade: o açúcar. Este capítulo analisa por que o açúcar e os carboidratos não devem ser responsabilizados.

Gary Taubes é, provavelmente, o motivo pelo qual você é ciente da ideia de que os carboidratos são o problema. Provavelmente, ele também é a razão pela qual você ouviu falar de dietas keto (com alto teor de gordura, baixo teor de carboidratos) e pode até ter tentado cortar um pouco o açúcar e outros carboidratos (como amidos que se tornam rapidamente açúcar no sangue).

Logo que comecei a ler o trabalho dele, quando era estudante de medicina, Taubes me parecia o Galileu da nutrição — o arquetípico gênio herege. Em um filme sobre sua vida, Taubes poderia interpretar a si mesmo. Agora na casa dos sessenta anos, ele tem o mesmo tipo físico que tinha no time de futebol de Harvard quando fazia graduação em física. Ele foi de lá para Stanford estudar engenharia aeroespacial — literalmente ciência de foguetes — porque queria virar astronauta, mas sua altura e sua autodeclarada dificuldade com autoridade o desviaram para o jornalismo.

Para alguém que se tornou uma das vozes mais influentes da nutrição neste século, ele teve um começo decididamente lento. Em 1997, aos 41 anos de idade, já tinha escrito dois livros bem recebidos sobre a história da ciência, mas ainda trabalhava como freelancer e tinha dificuldades para pagar o aluguel. Então começou a escrever sobre saúde pública. Sua primeira reportagem abordou a relação entre o sal e a pressão sanguínea. Isso canalizou toda a sua gama de traços de personalidade, seu desejo de ir contra a autoridade, até sua obsessão sobre detalhes e dados, e desafiou fortemente um dos pilares da assistência médica convencional — o de que o sal é ruim para a pressão sanguínea. Ele ganhou um prêmio de jornalismo Science in Society pela reportagem. Na época, isso me inspirou a comer quanto sal eu quisesse (mais ou menos), e esse sucesso inspirou Taubes a voltar sua atenção para a gordura dietética.

Ele passou um ano inteiro escrevendo um artigo intitulado "What If It's All Been a Big Fat Lie?" [E se tudo tem sido uma grande e gorda mentira?] para o *New York Times*, que se tornou um dos artigos mais lidos de 2002. Ele chegou na hora em que as pessoas pareciam prontas para uma nova visão sobre o peso. Talvez sempre seja a hora, mas Taubes tinha o carisma e as credenciais para catalisar um movimento. Os níveis de obesidade vinham crescendo ano após ano, e as quatro décadas anteriores de orientações dietéticas mundiais — evitar gordura, sobretudo gordura saturada — não pareciam fazer nenhuma diferença. Durante a década de 1980, o número de crianças estadunidenses com sobrepeso triplicou, e houve um número crescente de relatos de diabetes tipo 2 (relacionado à alimentação) em crianças, sobretudo em comunidades indígenas.

De acordo com Taubes, o establishment acreditava que consumir gordura estava deixando as pessoas gordas. E, embora seja discutível até que ponto isso é verdade,[1] existe algo intuitivamente satisfatório em relação ao argumento. A gordura, para começo de conversa, contém, sim, mais calorias por grama do que a proteína ou o carboidrato. E a dieta de pessoas com obesidade parece mesmo conter grandes quantidades de alimentos gordurosos. No entanto, à medida que a ideia de que a culpa era da gordura se tornou mais amplamente divulgada, durante os anos 1980, e a gordura foi cada vez mais substituída pelo açúcar na dieta das pessoas, a população, ainda assim, continuava engordando. Parecia que a orientação estava toda errada.

Taubes propôs uma alternativa — o que ele ainda chama de hipótese "herética" de baixo teor de carboidrato:[2] Robert Atkins estivera certo o tempo todo.

É possível que você já tenha ouvido falar de Atkins, que publicou *A dieta revolucionária do Dr. Atkins* em 1972, recomendando uma dieta praticamente sem carboidratos.[3]

A hipótese alternativa de Taubes é mais ou menos assim: os estadunidenses (e todas as outras pessoas) estão comendo mais porque estão com mais fome, e estão com mais fome por causa do hormônio insulina. A insulina é secretada no sangue pelo pâncreas e remove o açúcar do sangue, além de permitir que ele entre nas células como combustível. Se você comer carboidratos, o açúcar do seu sangue começa a subir, mas a insulina torna a baixá-lo para o nível normal. Quando a insulina está alta, como depois de uma refeição, ela reduz o apetite e transforma o açúcar em gordura para reserva. Por outro lado, quando a insulina está baixa, como quando você fica um bom tempo sem comer, começa a queimar gordura.

A ideia é que, quando comemos muitos carboidratos, eles causam um pico súbito em nossos níveis de insulina para lidar com o açúcar. O pico não apenas promove o armazenamento de gordura, como também faz os níveis de açúcar despencarem, ficando ainda mais baixos do que estavam antes da refeição. Isso priva nossos músculos de energia, o que significa que também ficamos menos ativos. Ademais, o fato de os músculos sentirem fome manda um sinal para o cérebro para consumir mais comida. E quando ela está alta, a insulina suprime o apetite, mas quando ela despenca, depois do pico, você também sente fome. Taubes sugere que, se você evitar carboidratos, o oposto irá acontecer: nossa insulina não terá picos, armazenaremos menos gordura, nosso gasto energético vai aumentar, e nosso apetite, diminuir. Mas a insulina tem uma gama enorme de outras funções em diversos tecidos corporais, e há muitos outros hormônios na mistura que ajudam a determinar se armazenamos gordura, ou se queimamos gordura, proteína ou carboidratos para obter nosso combustível (Petersen & Shulman, 2018).

Sempre existiram buracos enormes nas evidências de que o açúcar pode ser a única causa de sobrepeso e obesidade. A teoria de Taubes dependia da ideia de que, como uma dieta de baixo teor de gordura tinha sido recomendada, todo mundo vinha comendo não só mais açúcar, mas também menos gordura. Taubes usou iogurtes com baixo teor de gordura como exemplo, porque eles costumam ser adoçados com açúcar e espessados com carboidratos para deixá-los palatáveis.

Ele citou Judith Putnam, economista do Departamento de Agricultura dos Estados Unidos, sobre o crescimento no consumo de carboidratos: entre 1980 e 2000, uma pessoa média tinha aumentado seu consumo anual de grãos em 27 quilos e seu consumo anual de açúcar em cerca de catorze quilos.

No entanto, ainda que fosse verdade que os estadunidenses vinham comendo mais carboidratos refinados, eles não comiam menos gordura. Comiam mais. De acordo com o Departamento de Agricultura dos Estados Unidos, o consumo de gorduras tinha aumentado entre o fim da década de 1970 e a publicação do artigo de Taubes, em 2002. Em um trabalho sobre o artigo de Taubes publicado pelo Center for Science in the Public Interest, Putnam afirmou haver explicado tudo isso para Taubes, mas ele a citara seletivamente (Liebman, 2002).

Taubes apresentou as possíveis causas da obesidade como uma dicotomia: gordura ou carboidratos. Outras explicações possíveis — exercício, o papel da indústria, processamento, qualidade do ar, ou alguma combinação de todas essas coisas — foram deixadas de lado.

Pouco depois, a ideia de que o açúcar era *o* problema dietético se tornara praticamente ortodoxa, e Taubes estava determinado a prová-la. Ele desenvolveu um experimento que passaria a ser um dos mais influentes na história recente da nutrição, ainda que não do modo como esperava. Em 2012, ele se juntou a um carismático médico canadense chamado Peter Attia, e juntos fundaram a NuSI — Nutrition Science Initiative [Iniciativa de ciência nutricional] — e levantaram milhões em financiamento. O plano era resolver o problema da obesidade nos Estados Unidos. Eles conduziriam uma série de experimentos para demonstrar, de uma vez por todas, que as calorias do açúcar promovem ganho de peso mais do que as calorias das gorduras.

Em sua defesa, eles recrutaram cientistas excelentes que eram céticos quanto à hipótese de ambos. Um desses cientistas era Kevin Hall. A abordagem da NuSI era contenciosa, um pouco semelhante a um processo judicial. Os financiadores esperavam resultados diferentes dos cientistas que faziam os experimentos, mas todos concordaram quanto à metodologia para testá-los.

O primeiro experimento de Hall foi um estudo-piloto com dezessete voluntários. Se esse estudo apresentasse um resultado significativo, a NuSI e a equipe de Hall concordariam em dar sequência a um estudo maior. Os voluntários começariam uma dieta de quatro semanas com altos níveis de carboidrato antes de mudar para uma dieta ultrabaixa em nível de carboidratos por outras quatro semanas. O número de calorias seria o mesmo nas duas dietas. Tudo o que dizia respeito ao corpo deles seria monitorado em um ambiente laboratorial altamente controlado. Todos concordaram com as dietas e os protocolos.

A dieta de baixo teor de carboidratos resultou, sim, em uma redução de insulina em todos os voluntários, o que significava que as condições do experimento eram adequadas para testar a hipótese de Taubes de que os níveis de insulina eram importantes. Mas, quando os dados gerais foram analisados, houve uma surpresa: não havia diferença entre os grupos em termos do efeito da gordura ou do açúcar no metabolismo. Uma caloria era uma caloria, independentemente se vinha de carboidrato ou de gordura. Era um estudo pequeno, mas um estudo pequeno conduzido com rigor ainda pode refutar uma hipótese. Hall publicou suas descobertas (Hall *et al.*, 2016) e as revisou no *European Journal of Clinical Nutrition* (Hall, 2017).

Esse artigo era tanto sobre filosofia da ciência quanto sobre nutrição. Hall se valeu de sua base como físico para mostrar os princípios da falsificação, lembrando como, no fim do século XIX, os cientistas tinham proposto que a luz era uma onda em algo chamado "éter luminífero". O modelo fazia sentido intuitivo, mas estava errado, e vários experimentos o provaram.

Hall reiterou que não podemos *provar* definitivamente nenhum modelo científico. Os cientistas conduzem, sim, uma série de experimentos e fazem observações. Apenas se o modelo resistir a esses testes ele se torna amplamente aceito. Só que a parte mais importante de qualquer modelo ou teoria é que eles devem fazer previsões que, se erradas, irão invalidar o modelo. Por mais que todos nós gostemos de estar certos, a ciência de qualidade trata de tentar se provar incorreta. Hall achava que, a NuSI admitisse isso ou não, aspectos importantes do modelo de carboidrato/insulina de Taubes tinham se mostrado incorretos — o modelo era simplista demais.

A NuSI começou a quebrar e, por fim, fechou em 2021. Chamei Gary Taubes para saber seu ponto de vista sobre o que tinha acontecido e o estágio do debate sobre carboidratos. Conversamos uma noite por chamada de vídeo. Era tarde para mim e cedo para ele. Ele estava banhado pelo forte sol da Califórnia em uma sala revestida de madeira e, de algum modo, não era como eu imaginava. Ele é calado, humilde e engraçado. Eu tinha me enrolado com o horário da chamada por causa da diferença de fuso horário e do horário de verão (oito horas), mas ele me tranquilizou: "Não se preocupe. Um grande amigo é professor de matemática em Harvard e, sempre que me liga, calcula mal a diferença de horário".

Minha primeira e duradoura impressão foi acolhedora. As pessoas disseram coisas terríveis sobre Taubes na internet, mas eu o achei decente e sincero. Conversamos por três horas, e ele foi gentil em relação a todo mundo, aparentemente sem esforço. Foi mesmo muito tranquilo.[4]

Perguntei se ele estava cansado de escrever sobre carboidratos. "Minha esposa diz que se eu visse alguém sendo atropelado por um carro ao atravessar a rua, eu daria um jeito de pôr a culpa nos carboidratos", respondeu. "Mas só acho que uma injustiça terrível foi feita. Me sinto como um delator. Centenas de milhões de pessoas estão recebendo orientação errada sobre como se alimentar. É difícil dar as costas para isso."

Entramos em uma longa discussão sobre detalhes experimentais e a discordância dele com Hall. Eles estavam de acordo quanto aos protocolos e às estatísticas, mas, para Taubes, aquele era apenas um estudo-piloto. Só quando os dados chegaram foi que ficou claro, de seu ponto de vista, que o método era falho.

Eu entendo isso. Até que um experimento de fato tenha sido realizado, é impossível enxergar todos os modos como ele pode dar errado. Quando eu era um cientista de laboratório, trabalhava em experimentos com dezenas, até centenas de estágios, todos invisíveis, até no microscópio — moléculas invisíveis modificadas de maneiras invisíveis. Levávamos em consideração a maioria das variáveis que podíamos, mas, às vezes, um resultado negativo simplesmente significava que tínhamos pisado na bola, não necessariamente que nossa hipótese estava errada.

Parte de ser um bom cientista experimental é encontrar o equilíbrio entre estar paranoico o suficiente em cada estágio para pensar em tudo e executar corretamente sem ser paranoico o suficiente a ponto de não poder confiar no seu resultado. A determinada altura, você precisa dizer: "Eu fiz esse experimento. Esse é o resultado. Isso é o que eu acho que ele significa". Então você precisa ser forte o bastante para pedir que outras pessoas acabem com ele, e assim descobrir se elas estão fazendo isso porque você está errado ou porque você acabou de mostrar que o principal trabalho da vida delas está errado.

Mas não foi apenas o estudo-piloto de Hall que pareceu ter contradito partes significativas da hipótese carboidrato/insulina. Não faltam *outras* evidências que também a contradizem. A hipótese foi testada muitas vezes, e o estudo mais longo realizado com pessoas vivendo no mundo real não encontrou diferenças sustentadas em ingestão de calorias entre dietas de baixo e alto teor de carboidratos (Gardner *et al.*, 2018).

Em outro experimento, os voluntários fizeram duas dietas em ordem aleatória — uma com 10% de carboidratos e 75% de gordura, e outra com 75% de carboidratos e 10% de gordura. Diferentemente do que a hipótese carboidrato/insulina previa, descobriu-se que os participantes comeram, na verdade, setecentas calorias *a menos* por dia na dieta com muitos carboidratos, e apenas os que estavam se alimentando com a dieta com muitos carboidratos registraram uma perda de gordura corporal significativa (NIH, 2021; Hall *et al.*, 2021).

No mundo real, as pessoas parecem achar que as dietas de carboidratos reduzidos são bastante difíceis de manter e que não funcionam bem. Já em 2003, houve um estudo dietético de um ano de duração, publicado no *New England Journal of Medicine*, que pôs uma dieta com poucos carboidratos frente a frente com uma dieta com pouca gordura. Os resultados mostraram que, embora o grupo da dieta com poucos carboidratos tivesse perdido mais peso depois de três meses, passados doze meses não havia diferença significativa. Ambas as dietas baixaram a pressão sanguínea e melhoraram as respostas insulínicas à ingestão de açúcar, mas muitas pessoas não mantiveram nenhuma das duas dietas (Foster *et al.*, 2003).

Um estudo da NuSI, realizado por pesquisadores em Harvard e publicado em 2018, parecia, sim, confirmar a hipótese carboidrato/insulina (Ebbeling *et al.*, 2018). No estudo, 164 estudantes de graduação, integrantes do corpo docente e funcionários da universidade que viviam com sobrepeso começaram uma dieta com poucos carboidratos, que teve um efeito benéfico no metabolismo. Kevin Hall foi o primeiro a identificar um problema significativo nos dados da análise: a equipe de Harvard parecia ter analisado um resultado ligeiramente diferente do que eles tinham planejado investigar.

Quando você cria um estudo, precisa decidir o que vai avaliar e como vai relatar isso *antes* de conduzir o estudo. Mudar o objeto que está avaliando seria um pouco como mudar o alvo depois de ter jogado o dardo. Como Hall pontuou educadamente em um comentário: "Reportar resultados de estudos de acordo com planos de análise pré-especificados ajuda a reduzir a parcialidade" (Hall, Guo & Speakman, 2019).

Quando Hall analisou novamente os dados de acordo com o próprio plano original da equipe de Harvard, seus supostos efeitos desapareceram. Na verdade, o estudo parecia sustentar a crença geral de que variar gorduras e carboidratos na dieta não altera de forma significativa o gasto de energia.

Eu mesmo experimentei uma dieta keto. Descobri que poderia comer muitas coisas de que gostava, que poderia me sentir satisfeito, e de fato também perdi peso. Mas eventualmente ansiava por espaguete à bolonhesa, arroz com frango e batata frita com bife, então desisti. Minha experiência é confirmada por vastos estudos de pessoas em dietas ketogênicas para epilepsia (o que parece mesmo reduzir a frequência de convulsões, particularmente em crianças). Você pode imaginar que adultos que seguem uma dieta com poucos carboidratos para reduzir convulsões teriam muito incentivo para manter a dieta. Mas eles têm por volta de cinco vezes mais probabilidade de desistir de estudos se comparados a pessoas em estudos de tratamentos-padrão de medicamentos (Martin-McGill *et al.*, 2020). Deveríamos, no entanto, notar que essas dietas, às vezes, se diferenciam da dieta-padrão de Atkins de maneiras que podem torná-las mais difíceis de manter.

Não pretendo sugerir que dietas com poucos carboidratos não ajudam algumas pessoas a perder peso ou que elas não têm nenhum benefício para a saúde. Também não estou sugerindo que a insulina não é um regulador importante da gordura corporal. Mas estou dizendo que, olhando para todo o espectro de evidências disponíveis, desde que você continue consumindo o mesmo número de calorias, a queda na insulina que resulta do corte de carboidratos não parece fazer armazenar menos gordura ou queimar mais energia.

Na verdade, para pessoas que conseguem segui-las, desconfio que as dietas com poucos carboidratos funcionam[5] — ocorre que os humanos evoluíram para consumir carboidratos como base de nossa dieta, e alimentos sem carboidratos são mais difíceis de ingerir. Proteínas e gorduras o deixam satisfeito antes que você consiga comer muitas calorias. Mas o problema, comum a todas as dietas, é que *não escolhemos realmente o que* comemos. Somos guiados por aquele sistema interno. Você pode evitar carboidratos assim como pode prender a respiração, mas, eventualmente, a maioria das pessoas vai falhar.

No fim, Taubes não era Galileu. Mas parece um pouco o papa Urbano VIII, amigo e patrono de Galileu. Foi Urbano, afinal, que incentivou Galileu a comparar os modelos geocêntrico e heliocêntrico do sistema solar, assim como Taubes convidou Hall a investigar o modelo da obesidade centrado em carboidratos, apenas para descobrir, em ambos os casos, que os resultados não correspondiam aos que eles esperavam encontrar.

Então, parece que o açúcar não acarreta ganho de peso pelo fato de aumentar os níveis de insulina no sangue. Mas como é que ele *figura* na história da saúde humana e nos AUPs?

✽

Há muito tempo os seres humanos consomem quantidades enormes de carboidrato na forma de açúcares e amidos. A dieta nos vincula às pessoas que nos cercam — ou pelo menos deveria —, e esses vínculos, historicamente e pré-historicamente, vêm em geral sendo formados com um pequeno número de plantas ricas em amidos: milho, batata, arroz, painço, trigo. Somos muito bons em comer amido e açúcar (no contexto de frutas, ou cana-de-açúcar, ou mel), e isso parece algo que o corpo humano consegue manejar e desfrutar, mesmo em quantidades razoavelmente grandes (Mintz, 1985; Hardy *et al.*, 2015).

O mel é um exemplo muito interessante, por ser um dos alimentos mais densamente energéticos na natureza. Mas, quimicamente, ele é quase indistinguível do xarope de milho rico em frutose (ambos são misturas de glicose e frutose em proporções variadas) e do açúcar (ambos são pares cristalizados de moléculas de glicose e frutose).[6] Ao longo da pré-história, contudo, os humanos ganharam uma proporção substancial de suas calorias a partir do mel — até 16% em média em algumas comunidades, e, de acordo com um estudo feito com os Mbuti das florestas do Congo, durante a estação chuvosa até 80% das calorias da dieta deles vêm do mel.[7] Não há relatos de sobrepeso difundido nessas comunidades, e muitas sociedades contemporâneas de forrageamento e de caçadores-coletores ainda consomem grandes quantidades de mel (Marlowe *et al.*, 2014).

E então há o fato de que Carlos Monteiro considerou em sua pesquisa que haver um açucareiro na mesa era um sinal de saúde, porque significava que a família cozinhava. Isso, no entanto, não significa que o açúcar seja saudável. Significa simplesmente que nossas dietas são tão terríveis que comprar nosso próprio açúcar para fazer nossas próprias comidas doces é mais saudável do que comprar AUPs industriais pré-fabricados com açúcar adicionado na fonte.

Sei que fica parecendo que eu quero as duas coisas, dizer que o açúcar é tanto sinal de boa saúde *quanto* de saúde debilitada. Mas é assim que enxergo: o açúcar (inclusive o mel) pode ser prejudicial para o corpo, não porque aumenta seus níveis de insulina, mas porque deteriora seus dentes e faz você comer mais.

Testei esta segunda ideia[8] com Lyra e Sasha um dia no café da manhã. Você também pode fazer o teste se tiver uma criança em casa, ou alguém que comerá sem restrições. Você vai precisar de açúcar, leite, uma tigela e alguns Rice Krispies. Primeiro, sirva duas tigelas iguais — digamos, de trinta gramas cada. Então tire uma colherada de cereal de uma tigela e acrescente uma colherada de açúcar no lugar. Por fim, acrescente leite.

Em termos nutricionais, a tigela adoçada com açúcar e a tigela sem açúcar são idênticas. Há a mesma quantidade de carboidratos, gordura e proteínas em cada tigela, e cada tigela terá o mesmo efeito no açúcar do sangue.[9]

No entanto, as meninas responderam de modo muito diferente às duas tigelas: comeram a tigela inteira em que havia açúcar e pediram mais. Não deixaram a tigela não adoçada de lado, mas também não a terminaram. O açúcar fez as meninas comerem mais das calorias da gordura e das proteínas do leite, e mais das calorias do amido do cereal. Açúcar e sal são dois dos maiores aditivos alimentares em termos de impulsionar o apetite, que é o motivo de serem praticamente universais nos AUPs, seja em feijões ou na pizza. Logo, alto teor de açúcar é uma das propriedades dos AUPs que impulsionam o ganho de peso.

O outro problema óbvio com o açúcar é que ele destrói os seus dentes. O esmalte dos dentes fica em algum lugar entre o aço e o titânio em termos de rigidez, mas sua força vem do conteúdo mineral, especialmente do cálcio, e é filado por ácidos. A principal fonte de ácidos dietéticos hoje são os refrigerantes, que também fornecem os açúcares que alimentam as bactérias que vivem na boca. Essas bactérias excretam ácidos diretamente na superfície dos dentes, dissolvendo-os.

Quase todos os sucos e refrigerantes são ácidos o bastante para dissolver um dente. O suco de cranberry tem um pH aproximado de 2,56, enquanto o da Coca-Cola clássica é de 2,37, o da Coca Zero, 2,96, e o da Pepsi, 2,39 (Reddy *et al.*, 2016). Imediatamente depois de uma bebida ácida, a boca está tão ácida que, se você escovar os dentes, está literalmente arrancando uma pasta do esmalte de seus dentes. Você precisa enxaguar a boca inteira, então esperar pelo menos meia hora para o pH se reajustar aos níveis normais.

Todos nós sabemos disso, mas isso continua sendo uma catástrofe de saúde pública. Até no Reino Unido, onde temos uma infraestrutura do sistema de saúde relativamente bem financiada e alertas quanto ao conteúdo de açúcar, as cáries são a razão mais comum para as crianças tomarem anestesia geral (Public Health England, 2022). Deixe essa informação assentar. Na Inglaterra, mais de 10% das crianças de três anos de idade e um quarto das crianças de cinco anos têm cáries. Quase 90% das extrações dentárias em hospitais entre crianças com menos de cinco anos se devem a cáries que podiam ser prevenidas, e a extração dentária é o procedimento hospitalar mais comum em crianças entre seis e dez anos (Public Health England, 2017). A operação mais comum que realizamos em crianças — à frente do conserto de ossos fraturados em pula-pulas, hérnias e remoções de apêndices — é para cuidar de dentes estragados. As estatísticas nos Estados Unidos são ainda piores (Touger-Decker & Van Loveren, 2003).

Essa crise dentária se deve quase inteiramente aos AUPs. O açúcar comum é consumido em pequenas quantidades nas refeições. O açúcar que realmente estraga os dentes vem das coisas que consumimos com ácidos entre as refeições: refrigerantes, doces e assim por diante.[10] Esses produtos com AUPs danificam nossos dentes porque os comemos o tempo todo. São anunciados como petiscos ou lanchinhos. É por causa dos AUPs que as cáries dentárias provocam sofrimento em até 90% das crianças em idade escolar em países industrializados (Adler *et al.*, 2013).

Em lugar algum, em nenhuma lata de refrigerante, em nenhum país do mundo, existe um alerta sobre os riscos de doença oral e de morte prematura. Não consigo pensar em nenhum argumento para que a Nestlé, a Coca-Cola, a Pepsi ou quaisquer outros fabricantes que vendem bebidas adoçadas com açúcar (ou qualquer coisa com uma alta proporção de adição de açúcar) não sejam forçados a inserir um alerta sobre cáries dentárias nas embalagens.

# 8

# ... NEM EXERCÍCIOS

Há uma escada rolante de três degraus no shopping center Oracle, em Reading. Quando era estudante de medicina, eu fazia uma residência lá, e meu chefe na época, um médico com interesse em obesidade, falava o tempo todo sobre aquela escada rolante nas aulas que dava. Era, dizia, "um monumento à crise da obesidade". Ele tinha uma pequena apresentação de slides sobre ela, com uma foto que havia tirado furtivamente de uma pessoa com alta porcentagem de gordura corporal usando o aparelho em uma tentativa "preguiçosa" de evitar as escadas.

É claro, esse tipo de escada rolante existe para tornar os lugares mais acessíveis — não porque as pessoas são preguiçosas. Mas a percepção de que a obesidade se deve à falta de exercícios (e, por extensão, de que as pessoas que vivem com obesidade são preguiçosas) é dominante, mesmo entre médicos que tratam a doença.

De certa forma, isso não surpreende. Parece óbvio que queimamos menos calorias hoje do que fazíamos historicamente — e que a inatividade, portanto, é um enorme impulsionador de ganho de peso. Há um grande número de artigos em periódicos respeitáveis que contradizem a hipótese de que os AUPs contribuem significativamente com a obesidade. Esses artigos alegam mostrar que a inatividade é o primeiro impulsionador de ganho de peso, e que o aumento de ingestão calórica é menos importante (Hill, Wyatt & Peters, 2012, 2013; Webber, 2003; Hill, 2006; Shook *et al.*, 2014; Hand & Blair, 2014; Tudor-Locke *et al.*, 2011; Katzmarzyk *et al.*, 2015; Griffith, Lluberas & Lührmann, 2016; Snowdon, 2014; Ladabaum *et al.*, 2014; Church *et al.*, 2011).

Há alguns poucos autores que aparecem repetidamente nesses artigos, incluindo Steven Blair, Peter Katzmarzyk e James Hill. Um estudo de 2012 de Hill propôs que um aumento de atividade física "reduziria a necessidade de restrição alimentar drástica" (Hill, Wyatt & Peters, 2012) — ótima notícia para pessoas como eu, que amam comer.

Blair foi coautor de um artigo de 2014, "What Is Causing the Worldwide Rise in Body Weight?" [O que está causando o aumento global do peso corporal?], que afirmava que, "embora a maioria da população acredite que [a epidemia de obesidade] se deve ao fato de as pessoas estarem comendo mais, há evidências escassas para sustentar essa hipótese" (Shook *et al.*, 2014). Também se propunha que o aumento da atividade física pode ser mais fácil do que reduzir a ingestão de calorias, e que isso poderia "compensar a ingestão em excesso". Em outras palavras, você pode passar por cima de uma má dieta. Blair fundou um novo instituto para estudar essa teoria: a Global Energy Balance Network [Rede global de balanço energético]. Em um comunicado à imprensa, ele disse que, quando se tratava de culpar fast-food e bebidas açucaradas pelo aumento de peso, não havia "praticamente nenhuma evidência convincente de que isso, de fato, seja a causa".

Katzmarzyk foi coautor de um estudo de 2015 com 6.025 crianças cujos resultados mostraram claramente que a falta de atividade física é o principal previsor de obesidade infantil (Katzmarzyk *et al.*, 2015).

A conclusão de que exercícios são importantes para prevenir e tratar ganho de peso parece inevitável. Afinal, é uma lei pétrea do metabolismo — que não pretendo derrubar — de que se você ingerir mais calorias do que queima, vai ganhar peso. Isso foi demonstrado muitas vezes, usando diferentes métodos, em diferentes laboratórios. Então, logicamente, a inatividade deve contribuir para o ganho de peso, sobretudo porque, em todo o mundo industrializado, estamos fazendo bem menos do que costumávamos fazer.[1]

E, de fato, um grande estudo estadunidense mostrou que a redução no gasto energético entre 1960 e 2006 correspondeu quase perfeitamente ao ganho de peso ao longo do mesmo período (Church *et al.*, 2011). De acordo com um artigo de 2011, trabalhos físicos do tipo que muito mais gente costumava fazer (como mineração de carvão) são cerca de cinco vezes mais extenuantes do que ficar sentado a uma mesa.[2] Não só isso, encontrei outro artigo que sugeria que se deve culpar a inatividade pelo fato de as pessoas no Reino Unido estarem coletivamente comendo menos calorias do que costumavam comer (Snowdon, 2014). Se as pessoas estão comendo menos calorias, mas ainda sim ganhando peso, elas devem estar bem mais inativas do que antes. Esse artigo é de Christopher Snowdon, o jornalista (e "chefe de economia de estilo de vida") no Instituto de Estudos Econômicos — que também ridicularizou a própria ideia de AUPs no capítulo 2. Seu título, quem sabe ecoando Gary Taubes, era "The Fat Lie" [A mentira de peso].

Snowdon assumiu uma posição dura: "Todas as evidências indicam que o consumo per capita de açúcar, sal, gordura e calorias vem caindo na Grã-Bretanha há décadas". Se isso é verdade, e nossa ingestão de calorias realmente vem caindo há décadas, então toda a ideia de que os AUPs — ou qualquer tipo de alimento — são impulsionadores significativos de nosso aumento de peso tem de estar errada.

Continuei lendo. De acordo com Snowdon, o senso convencional de que a epidemia de obesidade na Grã-Bretanha é causada pela maior disponibilidade de alimentos e bebidas altamente calóricos "não tem base em fatos". O artigo alegava que, desde 2002, o peso corporal médio dos adultos ingleses aumentou dois quilos, acrescentando que, durante o mesmo período, houve um declínio de 4,1% no consumo de calorias e de 7,4% no consumo de açúcar. Ele concluiu: "O aumento na obesidade foi primariamente causado por um declínio na atividade física em casa e no trabalho, não por um aumento no consumo de açúcar, gordura ou calorias".

Snowdon usou fontes oficiais do governo do Reino Unido, como o Departamento de Ambiente, Alimentação e Assuntos Rurais, que realizaram pesquisas oficiais sobre a dieta britânica desde 1974 (Department for Environment, Food & Rural Affairs, 2013). Verifiquei os dados deles, que pareciam mesmo mostrar que, por pessoa, o consumo de calorias tinha passado de cerca de 2.500 por dia em 1974 para apenas 1.990 em 1990 — uma queda impressionante de 21%. Os gráficos de ingestão de calorias de Snowdon pareciam quadros da desvalorização de ações durante a quebra da bolsa em Wall Street.[3]

Se estamos comendo menos nos Estados Unidos e no Reino Unido, então precisaria ser o aumento da inatividade o fator a nos deixar mais pesados. Isso se alinha a coisas como aumento no uso de tela, redução do trabalho braçal, crianças passando mais tempo dentro de casa e proliferação de escadas rolantes de três degraus.

Essa explicação teria grandes implicações políticas: se o consumo de calorias vem caindo sem atividade governamental, não haveria justificativa para políticas que visassem a uma redução do consumo. E me pareceu uma surpresa que a indústria alimentícia ainda pudesse ser lucrativa com uma redução de 21% nas calorias.

✽

O artigo de Snowdon teve uma influência enorme e apareceu no *Channel 4 News*, no *Sun* e na BBC Radio 2, entre outros lugares. Allister Heath, hoje editor do *Sunday Telegraph*, escreveu uma matéria em 2016 no *Telegraph* com o título "We Are Far Too Fat, but a Sin Tax on Sugar Would Do Nothing to Help" [Estamos gordos demais, mas um imposto sobre o açúcar não faria nada para ajudar].

Os dados de Snowdon fariam Monteiro e muitas outras pessoas estarem errados. Giles Yeo, por exemplo. Yeo é um geneticista internacionalmente respeitado de Cambridge que estuda obesidade. Eu vinha conversando sem parar com ele sobre peso, mas ele nunca mencionara essa queda na ingestão de calorias. No entanto, eu já tinha perguntado antes como tínhamos certeza de que era o que comíamos que impelia o ganho de peso, e ele me dera duas razões.

Primeiro, disse, há um efeito de dosagem: "Consideremos uma barra de chocolate, que tem por volta de 240 calorias". (Yeo sabe se virar com confeitaria.) "Se eu estiver motivado, o que costuma acontecer, posso devorar uma barra de chocolate em menos de um minuto. Mas sempre vou levar vinte minutos ou meia hora em uma esteira para queimar essas calorias." O consumo de calorias é rápido; a queima de calorias, lenta. É por isso que não precisamos comer o tempo todo. Mas o consumo rápido também abre a possibilidade de comermos mais do que precisamos.

A segunda razão estava relacionada aos nossos genes: "Todas as influências genéticas sobre a obesidade que conhecemos até agora afetam nosso comportamento alimentar". Em outras palavras, se a obesidade fosse decorrente de nos movimentarmos pouco, esperaríamos que os genes descobertos relacionados à obesidade estivessem associados a coisas como "comportamentos de atividade" ou metabolismo, mas eles não estão.

Então examinei de novo os números no artigo de Snowdon e me ocorreu que havia algo estranho em relação a eles. É isto: o gasto calórico médio das pessoas no Reino Unido fica em torno de 2.500 calorias. No entanto, os dados da pesquisa que Snowdon citou sugeriam que estamos comendo menos de duas mil calorias por dia, o que significa uma média de déficit diário de cerca de quinhentas calorias. Estamos ganhando peso quando, de acordo com os dados, nosso consumo de calorias está agora tão baixo que deveríamos estar perdendo peso — ainda que não fizéssemos nada. E realmente quero dizer *nada*.

Eu poderia viver muito tempo com duas mil calorias por dia, mas não sem perder peso. Para consumir tão poucas calorias e manter ou ganhar peso, eu teria de reduzir tanto meus níveis de atividade que nem sequer poderia sair da cama para ir ao banheiro. Na verdade, eu teria não apenas de ficar de cama, mas também cessar algumas funções corporais necessárias para me manter vivo, as quais consomem muita energia, incluindo entregar minhas funções renais para uma máquina de diálise e usar um ventilador para respirar por mim (Harper & Hallsworth, 2016).

Então, o que está acontecendo? Encontrei a resposta no apêndice 10 da National Diet and Nutrition Survey (Lennox *et al.*, [n.d.]), que detalhava uma subamostra de pessoas que também participaram de algo chamado "subestudo de água duplamente marcada".

Essa técnica foi inventada nos anos 1950. Os participantes bebem uma água em que os átomos de hidrogênio e oxigênio foram "rotulados" — os núcleos de átomos têm nêutrons extras, o que significa que os átomos podem ser rastreados. Você pode ter ouvido falar de "água pesada" — é isso. O corpo se livra do oxigênio e do hidrogênio em ritmos diferentes de acordo com o gasto calórico.[4] Embora não seja perfeito, é muito consistente de um ano para o outro e amplamente aceito como a melhor maneira de estimar quanta energia as pessoas estão gastando.

Esses dados de água duplamente marcada mostram as pessoas queimando 2.500 calorias por dia, exatamente como esperado. Nós simplesmente *não podemos* estar ganhando peso como nação se estamos comendo menos de duas mil calorias por dia, mas queimando mais de 2.500. Isso vai contra leis da física com as quais todo mundo concorda.

O que o estudo de água duplamente marcada mostrou é que as pessoas nas pesquisas subestimavam seu consumo de caloria em mais de 30%. Estudos estadunidenses sustentam isso. Uma comparação dos dados de água duplamente marcada da National Health and Nutrition Examination Survey dos Estados Unidos com os dados reais da pesquisa revelou uma subnotificação consistente do quanto as pessoas comem e uma sobrenotificação do quanto as pessoas se movimentam (Church *et al.*, 2011).

O argumento de Snowdon poderia ter sido válido se as pessoas fossem consistentes ao longo do tempo no entendimento do que elas comem. Se sempre tivéssemos subestimado nossa ingestão de calorias, então ainda poderia ser o caso de a inatividade ser o principal problema a levar ao ganho de peso. Mas os experimentos de água duplamente marcada mostram que comemos em uma medida muito maior hoje do que o fazíamos algumas décadas atrás.

Há diversas explicações para essa subnotificação, todas muito bem evidenciadas. Primeiro, estudos mostram que pessoas que vivem com obesidade respondem erroneamente em questionários, e então, se perdem peso, param de responder erroneamente e admitem que suas respostas prévias eram imprecisas (Harper & Hallsworth, 2016). Não é necessária muita empatia para imaginar por que os entrevistados que vivem com obesidade podem oferecer subestimativas ao responder questionários alimentares. As pessoas costumam sub-relatar coisas que acham vergonhosas.[5]

Segundo, estudos têm mostrado que o desejo de perder peso aumenta a subnotificação, e tem acontecido um imenso aumento da consciência alimentar, de dietas e do desejo de perder peso desde a década de 1990. Sabemos, por exemplo, que o número de homens que querem perder peso quase dobrou entre 2003 e 2013 (Health and Social Care Information Centre, 2013).

Terceiro, as pessoas estão comendo mais lanches fora de casa do que faziam anteriormente, e essa comida é fácil de esquecer e mais difícil de registrar. Os lanches desenvolveram uma indústria de quatrocentos bilhões de dólares.[6] Quarto, estamos ficando piores em responder a pesquisas em geral. Os economistas têm se aborrecido com isso, então estudaram a questão (Bee, Meyer & Sullivan, 2012; Office for National Statistics, 2015; Bean, 2016; Barret, Levell & Milligan, 2015; Meyer, Mok & Sullivan, 2015).

Quinto, o tamanho das porções de nossas comidas está maior, e seu valor energético, mais alto do que as bases de dados de referência dizem. A British Heart Foundation [Fundação britânica do coração] descobriu que, nos vinte anos entre 1993 e 2013, as refeições prontas de *shepherd's pie* [torta típica da culinária inglesa, à base de carne moída de carneiro e purê de batata] dobraram de tamanho, enquanto uma porção de batata chips de um pacote tamanho família aumentou em 50% (British Heart Foundation, 2013). Isso significa que, se uma pessoa responde a uma pesquisa dizendo ter comido uma torta de frango pronta ou uma porção de castanhas, os dados de referência podem muito bem subestimar o número de calorias que ela consumiu.

Sexto, as pessoas estão desperdiçando menos comida. Um relatório de 2012 estimou que o desperdício de comida de uma família diminuiu cerca de 20% desde 2007 (Waste and Resources Action Programme, 2013; Dray, 2021). Se o desperdício de comida vem caindo, então as pessoas estão consumindo uma proporção maior da comida que relatam ter comprado.

Sétimo, embora tenha havido uma queda nos números de ingestão de calorias oficiais, dados de uma fonte comercial — o Kantar Worldpanel, um painel de relatórios contínuos de trinta mil famílias britânicas — mostram um aumento na compra de calorias ao longo dos últimos dez anos.[7]

O artigo "Fat Lie", de Snowdon, entendeu os dados de maneira equivocada: o consumo de calorias não está em declínio — vem aumentando há muito tempo. No entanto, os artigos de outros autores que apontam esses erros não receberam nenhuma divulgação, o que é uma vergonha, porque o peso e a dieta (e o sofrimento humano) são afetados por aquilo que a imprensa cobre e pelo que ela escreve.

✽

Então, os estudos de água duplamente marcada (e muitos outros dados) nos dizem que *estamos* comendo mais. Mas, e quanto àquele modelo feito pelo Instituto de Estudos Fiscais que mostrava que a mineração de carvão é (sem surpresa alguma) oito vezes mais extenuante do que trabalho de escritório? Afinal, pode ser que, graças à nossa vida sedentária, estejamos em uma situação de risco duplo: fazendo menos e comendo mais, o que significa que o que comemos é apenas metade da história.

Para entender como os exercícios e as atividades afetam nosso peso corporal, precisamos nos voltar para o trabalho de Herman Pontzer, entre outros. Ele é professor associado de antropologia evolucionária da Universidade Duke, cuja pesquisa tem transformado nossa concepção sobre dieta e metabolismo. Pontzer queria entender a diferença no gasto calórico diário entre caçadores-coletores, fazendeiros e trabalhadores de escritório sedentários. Para fazer isso, passou tempo com os Hadza, uma população de caçadores-coletores que vive numa região de savana no norte da Tanzânia. Os Hadza caçam e coletam a pé com arco e flecha, pequenos machados e varas de cavar. Os homens caçam animais, as mulheres colhem plantas. Alimentos selvagens, incluindo tubérculos, bagas, carne de caça grande e pequena, mel e múcua proporcionam 95% das calorias dos Hadza.

Pontzer estimou o gasto total diário de energia por onze dias em trinta adultos (Pontzer *et al.*, 2012). Sua equipe usou o método de água duplamente marcada e um sistema portátil de respirometria, por meio do qual o participante usa um capuz aparelhado que mede seu consumo de oxigênio e sua produção de dióxido de carbono. A equipe também forneceu para os participantes aparelhos de GPS para reunir dados precisos de deslocamento.

Os resultados foram tão surpreendentes que a equipe os recalculou repetidamente, de muitas maneiras diferentes e controlando fatores distintos, convencida de que tinham de estar errados. Porque, muito ao contrário das expectativas, descobriu-se que o número de calorias que os adultos hadza queimam é muito parecido com o das populações estadunidense e europeia. Até a amamentação ou a gestação não fizeram diferença.

Na verdade, esses resultados são sustentados por outros estudos. Amy Luke e Kara Ebersole, da Universidade Loyola, mostraram que não havia diferença no gasto total de energia entre um grupo de mulheres da zona rural da Nigéria e outro da Chicago suburbana (Ebersole *et al.*, 2008). De fato, esse padrão se mantém verdadeiro para todas as populações humanas já estudadas. E o mesmo foi documentado em primatas não humanos, como macacos e símios: populações desses animais que vivem em cativeiro queimam o mesmo número de calorias que equivalentes na selva (Pontzer *et al.*, 2014, 2016a, 2016b, 2021; Pontzer, 2017, 2018; Kraft *et al.*, 2021; Ferro-Luzzi & Martino, 1996; Luke *et al.*, 2009; Dugas *et al.*, 2011).

Essas descobertas desafiam tudo em relação ao nosso entendimento de como o corpo utiliza calorias. Parece que as pessoas queimam a mesma quantidade de energia todos os dias — se caminham dezesseis quilômetros ou se ficam sentadas diante de uma escrivaninha. Não se pode deixar passar o significado disso: nós *não podemos* perder peso apenas aumentando nossa atividade. A variação na porcentagem de gordura corporal não está relacionada ao nível de atividade física ou de gasto de energia.

Então, como conciliamos isso com aqueles dados que mostravam que a mineração de carvão queima oito vezes mais calorias que o trabalho em escritórios? Bem, acontece que ninguém, na verdade, fez as medições nos mineradores de carvão nesses estudos. Os dados eram todos baseados em pesquisas e suposições sobre o uso do tempo. Quando uma equipe dos Estados Unidos e da Turquia de fato *fez as medições* nos mineiros de carvão com monitores de frequência cardíaca, descobriu que os mineiros queimavam... entre 2.100 e 2.800 calorias por dia — o mesmo que o resto de nós (Bilici *et al.*, 2016).

E, no entanto, parece impossível pensar que eu não queimaria mais calorias se, em vez de ficar sentado diante da minha mesa, trabalhasse duro em uma mina. Como é que isso podia ser assim?

Eu sempre imaginei queimar por volta de duas mil calorias apenas batendo perna por aí, respirando e mantendo as funções celulares básicas, e que qualquer atividade física, fosse correr ou trabalhar numa mina de carvão, era adicionada ao número de calorias que eu queimo em um dia. Mas acontece que, se estamos em atividade, nosso corpo compensa isso usando menos energia em outras coisas, de modo que o gasto total de energia permanece o mesmo.

Isso é especialmente verdade quando observamos ... ecurso mais longo de vários dias ou semanas. No caso dos H... quando eles descansam, descansam *de verdade*. E isso vale pa... tas e qualquer outra pessoa que também seja ativa. Podemos se... ativos por um período, mas reavemos a dívida de energia m... . É essa redução no uso energético de outras maneiras no co... pode explicar por que os exercícios são associados a uma melhor saúde física, mesmo que não levem à perda de peso.

O modelo de Pontzer postula que fazer uma caminhada longa ou correr resulta simplesmente em reduzir processos corporais não essenciais de rotina, diminuindo a quantidade de energia gasta em seus sistemas imunológico, endócrino, reprodutivo e de estresse. Isso pode soar ruim, mas um pouco de inatividade ajuda, na verdade, a restaurar esses sistemas a um nível de funcionamento mais saudável. E faz sentido em termos evolucionários: ao longo da história dos hominídeos, houve períodos significativos durante os quais a comida era escassa. De acordo com o modelo convencional de queima de calorias, isso significaria usar a maior parte delas quando havia menos disponibilidade de comida porque você iria inevitavelmente trabalhar mais duro para caçar ou coletar essas calorias. O modelo de energia fixa significa que esse uso de energia é consistente mesmo se temos de andar mais para conseguir comida. Em uma época de escassez, faz sentido pegar emprestado — por exemplo — do sistema reprodutivo para reduzir a fertilidade.

De acordo com os dados de Pontzer, queimamos por volta de 2.500 calorias por dia quando trabalhamos sentados diante de uma mesa, o mesmo número de calorias do que se estivéssemos caminhando uma longa distância. Como não estamos gastando essa energia caminhando, a gastamos em outra parte, como em ficar estressados. A hipótese diz que os trabalhadores de escritório provavelmente terão níveis mais altos de adrenalina, cortisol e leucócitos, o que nos deixa mais ansiosos e inflamados (Ellison, 2003; Ellison & Lager, 1986). Uma vida sedentária (do tipo que você provavelmente tem se estiver lendo isso — ainda que não necessariamente) leva a níveis mais altos de testosterona e estrogênio, o que pode soar positivo para algumas pessoas, mas pode aumentar os riscos de câncer. Por outro lado, os Hadza — que fazem cerca de duas horas de atividades físicas moderadas e vigorosas todos os dias, muitas vezes mais do que as pessoas comuns no Reino Unido e nos Estados Unidos — têm concentrações de testosterona salivar matutina em torno da metade das observadas em populações ocidentais (Pontzer, 2018).

Isso é uma coisa e pode explicar a razão de os exercícios serem um tratamento importante para muitas condições crônicas e parecerem reduzir a depressão e a ansiedade (Nabkasorn *et al.*, 2006).

Uma vez que você entende a ideia de que não queimaria mais calorias nem se se mudasse para a Tanzânia e se tornasse um caçador-coletor, isso explica por que (e muitos estudos o mostraram) os exercícios não parecem ajudar na perda de peso. O equilíbrio de energia não é algo que podemos alterar conscientemente, e isso faz sentido: não poderíamos deixar algo tão importante aos caprichos do controle consciente mais do que o faríamos com os níveis de oxigênio.

As evidências são claras de que estamos ingerindo mais calorias do que nunca e de que tentar mudar o nosso gasto energético não fará uma diferença significativa no peso. A obesidade é causada pelo aumento de ingestão de comida, não por inatividade, e as melhores evidências (como demonstraram Kevin Hall e Sam Dicken) indicam que, por comida, queremos dizer AUPs.

Mas, por que a bibliografia científica é tão confusa a respeito de uma questão que parece bastante fácil de resolver?

No caso de Christopher Snowdon, ele recebe um salário pago pelo Institute of Economic Affairs [Instituto de estudos econômicos], um *think-tank* de livre mercado. Suas finanças são em grande medida obscuras, mas sabemos que recebe contribuições da gigante do açúcar Tate & Lyle.[8] A indústria do açúcar tem interesse em promover a narrativa de que a inatividade, e não a comida, é o problema. O quanto dessa disposição embasou diretamente Chris Snowdon não está claro, mas sabemos, a partir de pesquisas em outras áreas, que as pessoas costumam não ter consciência do quanto são influenciadas. Os médicos negam o tempo todo que o financiamento de farmacêuticas afete o exercício de sua profissão ou suas pesquisas, mas os dados mostram claramente que afeta.

É óbvio, o artigo de Snowdon teve um impacto, mas não foi publicado em um periódico acadêmico propriamente dito, com revisores especializados e independentes. Mas, e quanto a artigos que foram? Os de autoria dos professores Steven Blair, Peter Katzmarzyk e James Hill, entre outros, que enfatizam o papel da inatividade? Você se lembra de Blair dizendo que não havia "praticamente nenhuma evidência convincente" de que a culpa era de fast-food ou bebidas açucaradas?

Retomei trabalhos desses autores para verificar os conflitos de interesses e encontrei artigos de 2011 e 2012 que declaravam claramente que não havia nenhum rabo preso a ser declarado (Lee *et al.*, 2012; Church *et al.*, 2011; Hill, Wyatt & Peters, 2012). Mas, em 2015, alguns cientistas enviaram pedidos de acesso à informação às universidades que empregavam esses e outros cientistas (Wood, Ruskin & Sacks, 2020). Como resposta, receberam 36.931 páginas de documentos, incluindo e-mails trocados entre os cientistas e Rhona Applebaum, então diretora científica da Coca-Cola. Graças a esses pedidos, e a uma enorme quantidade de pesquisa e trabalho jornalístico posterior, hoje entendemos a profundidade da influência da Coca-Cola no discurso em torno da obesidade e dos exercícios.

A Coca-Cola ajudou Blair a fundar aquele grupo sem fins lucrativos, a Global Energy Balance Network (Serôdio, McKee & Stuckler, 2018), que promoveu a mensagem de que não havia evidências convincentes de vínculos significativos entre bebidas adoçadas com açúcar e obesidade.[9] A Coca-Cola financiou todos aqueles artigos que listei anteriormente, de autoria de Blair, Hill e Katzmarzyk (Wood, Ruskin & Sacks, 2020).[10] A Coca-Cola inclusive financiou todo um programa nacional, executado pelo American College of Sports Medicine [Colégio estadunidense de medicina esportiva], chamado Exercise Is Medicine [Exercício é remédio]. Steven Blair foi vice-presidente e depois presidente do American College of Sports Medicine.

Em 2015, a Coca-Cola publicou uma lista de "transparência" de especialistas e projetos que financiou — uma lista que se destacou pela sua opacidade. Para cada autor que a Coca-Cola divulgou, havia outros quatro que não foram mencionados (Serôdio, McKee & Stuckler, 2018).

Uma equipe de Oxford e da London School of Hygiene & Tropical Medicine [Escola de higiene e medicina tropical de Londres] mapeou o universo do financiamento de pesquisas da Coca-Cola, o qual envolve quase 1.500 pesquisadores (provavelmente nem todos beneficiários diretos de bolsas), correspondendo a 461 publicações financiadas pela marca. O pesquisador que publicou o maior número de artigos (89) com financiamento da Coca-Cola é Steven Blair. Sua instituição de pesquisa recebeu um total de 5,4 milhões de dólares de financiamento de pesquisa para estudar equilíbrio energético em altos níveis de ingestão energética (Serôdio, McKee & Stuckler, 2018).

Existem dois problemas aqui.

A Coca-Cola começou a financiar Blair, Hill e Katzmarzyk e outros em 2010, mas em 2011 e 2012 eles publicavam artigos em que diziam não ter conflitos de interesses (Coca-Cola, 2022). O financiamento da Coca-Cola para pesquisas sobre saúde constitui um claro conflito de interesses, e já foi discutido na bibliografia acadêmica que a não divulgação deveria ser encarada como uma séria má conduta de pesquisa (Botkin, 2018; Anderson *et al.*, 2014).

Mas apenas a divulgação não resolveria tudo. Desde por volta de 2013, muitos artigos divulgaram o financiamento da Coca-Cola, mas a influência da companhia ainda era ampla. Quando o governador da Georgia, Sonny Perdue, assinou uma declaração em 2009 reconhecendo maio como o mês do "exercício é remédio" nesse estado dos Estados Unidos, ele o fez com orgulho: "Especialmente por receber apoio de uma organização da região, a Coca-Cola Company".[11]

Quando qualquer indústria financia pesquisas, as descobertas costumam ser enviesadas em favor do financiador (Flacco *et al.*, 2015; Stamatakis, Weiler & Ioannidis, 2013; Ioannidis, 2016; Fabbri *et al.*, 2018; Lundh *et al.*, 2017; Rasmussen *et al.*, 2018). Isso não ocorre em absolutamente todos os estudos, mas de maneira geral esse padrão é bastante consistente — o que vale até para a indústria farmacêutica, que funciona em um ambiente de pesquisa extraordinariamente regulamentado no qual os agentes públicos têm poder absoluto sobre como os produtos são vendidos e podem inspecionar cada ponto dos dados de qualquer experimento. Comparada à da indústria farmacêutica, a regulamentação de pesquisas de companhias alimentícias, incluindo os estudos e artigos aqui citados, é praticamente inexistente. Os fabricantes de refrigerantes têm tido êxito em explorar essa falta de regulamentação. Uma revisão da relação entre bebidas adoçadas com açúcar (como a Coca-Cola) e ganho de peso revelou que estudos patrocinados pela indústria tinham cinco vezes mais probabilidade de produzir resultados favoráveis às empresas (Bes-Rastrollo *et al.*, 2013).

A Coca-Cola não é uma agência de saúde pública. Ela vende agressivamente bebidas que, quando consumidas em excesso, prejudicam crianças e adultos (ainda que o que constitui "excesso" não esteja escrito na lata nem em qualquer outro lugar que eu tenha sido capaz de encontrar). Não quero fechar a Coca-Cola, mas parece incontroverso sugerir que publicações respeitáveis de saúde não deveriam publicar pesquisas financiadas pela Coca-Cola mais do que deveriam publicar pesquisas de saúde financiadas pela indústria do tabaco (Serôdio,

McKee & Stuckler, 2018).[12] Quaisquer trabalhos financiados por ela deveriam ser desconsiderados. A Coca-Cola não deveria financiar programas de saúde pública nem ter nenhuma influência sobre políticas de saúde pública. A relação entre a Coca-Cola e os elaboradores de políticas públicas deveria ser de oposição — não colaborativa.

Você pode pensar que a controvérsia em torno dessas centenas de artigos financiados pela Coca-Cola resolveu o problema. Porém, em maio de 2021, a corporação financiou o Latin American Nutrition and Health Study [Estudo de nutrição e saúde da América Latina] (Leme *et al.*, 2021), que publicou resultados que mostravam que a inatividade estava associada com o status de peso e nos quais os autores alegavam não possuir conflitos de interesses.

Descobrir a verdade em qualquer área da ciência é como montar um quebra-cabeça. As peças são as observações, os artigos e os dados. Conforme as peças vão sendo encaixadas, o quebra-cabeça vai ficando mais fácil, à medida que a imagem — a verdade — vai surgindo.

No caso da obesidade, o quebra-cabeça completo mostrará que a inatividade não contribui de forma significativa e que a primeira causa são alimentos e bebidas ultraprocessados. Isso é uma ameaça existencial a empresas que dependem da venda desses produtos.

A tática da Coca-Cola e de outras fabricantes de AUPs tem sido criar peças de quebra-cabeça que parecem que vão se encaixar, mas que, na verdade, não são de forma alguma parte do jogo. A caixa do quebra-cabeça fica cheia de milhares de peças, artigos e dados que levam a equívocos, o que o torna quase impossível de montar. Peças demais simplesmente não se encaixam.

Se, como eu, você está surpreso com a ideia de que fazer mais não vai lhe permitir ingerir mais calorias, pode ser porque a ideia contrária — de que você pode queimar calorias em excesso — tem sido promovida por empresas como a Coca-Cola, desde artigos científicos até iniciativas de políticas como a do "exercício é remédio". Levei um tempo para aceitar que, apesar de ter formação em medicina, parte do modo como eu entendia meu corpo e suas necessidades energéticas tinha vindo da Coca-Cola Company.

# 9

# ... NEM FORÇA DE VONTADE

Assim como achamos que podemos modificar conscientemente o gasto energético ao fazer mais exercícios, existe uma ideia quase universal de que você pode conscientemente passar por cima do sistema interno que regula a ingestão de alimentos usando força de vontade. Ela é dominante e atrelada a muito estigma. Por alguma razão, pelo menos na medicina, essa ideia é muito relacionada ao ganho de peso, especificamente. Você nunca a ouve em relação a pessoas com outras enfermidades relacionadas à alimentação, como câncer ou doença cardiovascular.

A ideia de que ganho de peso poderia ser revertido com empenho se conecta a outra ideia desbaratada: a de que pode haver duas categorias de pessoas com obesidade, as que têm uma doença biológica ou genética — e, portanto, não têm culpa disso — e as que simplesmente fizeram escolhas ruins. Essa ideia é rotineiramente promovida na imprensa,[1] então vamos investigá-la.

A obesidade, de certa forma, é herdada. Quase todas as pessoas que vivem com obesidade têm genes que a impulsionam. Existem dois tipos gerais de obesidade genética. Há defeitos raros em genes únicos, que levam a casos em que o ganho de peso é essencialmente inevitável, pouco importando o ambiente.[2] Mas a maioria das pessoas que vive com obesidade tem diversas pequenas diferenças genéticas se comparadas a pessoas com IMC inferior ao delas. A maior parte dessas diferenças reside em genes que atuam no cérebro e que afetam o comportamento alimentar.

Giles Yeo me dissera que os genes afetam o comportamento alimentar, incluindo a velocidade com que as pessoas comem e o tipo de alimento que escolhem. O trabalho que descobriu isso foi feito na UCL por Jane Wardle e Clare Llewellyn, que mostram que a variação genética afeta o comportamento alimentar em crianças e contribui para a obesidade. O fato de os genes poderem afetar o comportamento alimentar cria confusão porque ele parece contraintuitivo — afinal, temos a impressão de que fazemos escolhas conscientes, sujeitas à nossa vontade. E mesmo as pessoas que têm genes que as fazem comer mais ainda terão a experiência de que controlam sua ingestão, o que pode lhes parecer um fracasso de força de vontade. Digo isso como alguém com muitos fatores de risco genéticos para obesidade.

Enquanto quase todos os que vivem com obesidade terão riscos genéticos, algumas pessoas que vivem no suposto "peso saudável"[3] também têm genes para obesidade, o que poderia sugerir que elas estão exercitando a força de vontade sobre seus genes. Só que esse não é o caso. A diferença entre as pessoas com os mesmos genes e pesos diferentes é o ambiente em que vivem, não sua força de vontade. Mais uma vez, sei disso por experiência pessoal.

Meu irmão gêmeo, Xand, também é meu irmão mais velho. Ele é exatamente sete minutos mais velho, mas também pesou até vinte quilos a mais do que eu, a maior diferença de peso em qualquer par de gêmeos já estudado no Reino Unido.

Compartilhamos um código genético, o que significa que temos genes idênticos, e sei — porque fiz um teste com Giles Yeo — que nós dois temos muitos dos principais fatores de risco genéticos para obesidade. Se você é uma pessoa obcecada por comida, é provável que também tenha esses genes independentemente de quanto pesa.

Xand ganhou peso quando se mudou para os Estados Unidos. Ele conseguiu uma bolsa de mestrado por lá. Por volta da mesma época, descobriu que ia ter um filho com uma pessoa que ele não conhecia bem; nesse sentido, a coisa era totalmente não planejada. Hoje em dia, não poderia ser uma situação mais feliz (o filho de Xand, Julian, sua mãe, Tamara, o marido dela, Ken, e o filho deles, Harrison, são uma família muito amada), mas, na época, foi estressante. Xand também morava em Boston, em um "pântano alimentar".

Você pode já ter ouvido falar de "desertos alimentares" — lugares onde as lojas simplesmente não vendem comida fresca e produtos saudáveis, e apenas AUPs estão disponíveis. Existem mais de 6.500 desertos alimentares nos Estados Unidos, de acordo com o Departamento de Agricultura. Eles estão em áreas com maiores níveis de pobreza e porcentagens mais altas de minorias étnicas (Cooksey-Stowers, Schwartz & Brownell, 2017). No Reino Unido, mais de três milhões de pessoas não têm uma loja que vende ingredientes crus a quinze minutos de casa via transporte público (National Food Strategy, 2021). Isso significa que é difícil obter comida de verdade — que dirá cozinhá-la.

Seja como for, pântanos alimentares do tipo em que Xand se viu são parecidos com desertos alimentares. Pode até haver comida fresca, mas ela está submersa em um pântano de lojas de fast-food que vendem AUPs. Quando gravei um documentário para a BBC sobre AUPs, fui para Leicester encontrar um grupo de adolescentes a fim de entender o ambiente alimentar em que viviam. Eles me mostraram exatamente como os pântanos alimentares funcionam. Quando se tratava de comida, eram fervorosos, irritados e animados, muitas vezes ao mesmo tempo.

Eles me levaram para a Torre do Relógio, o monumento central onde todos os jovens se encontram, e indicaram as lojas na vizinhança imediata: McDonald's, Five Guys, Burger King, KFC, Greggs, Tim Hortons, Taco Bell, outro Greggs, Pizza Hut, uma loja de frango, Costa, Awesome Chips — e ainda mais um Greggs ligeiramente fora de vista ao lado de um Subway. O McDonald's tem a localização mais privilegiada, bem ao sopé da Torre do Relógio.

Leicester é um pântano alimentar. Há AUPs por toda parte, mas comida de verdade é mais difícil de se alcançar, tanto geograficamente quanto financeiramente. Há uma correlação clara entre pobreza e densidade de lojas de fast-food, com quase o dobro delas em áreas mais carentes em comparação com as menos carentes. Em uma área carente no noroeste da Inglaterra, há 230 lojas de fast-food para cada 100 mil pessoas, em comparação com uma média de toda a Inglaterra de 96 por 100 mil (National Food Strategy, 2021).

O pântano não é apenas a densidade de restaurantes; é também a imersão total em marketing. Os adolescentes me mostraram suas passagens de ônibus, que também são vouchers para o McDonald's. Seus *feeds* de mídias sociais estão abarrotados de anúncios dessas mesmas marcas, assim como seus jogos. Eles não têm Spotify Premium, então as músicas são intercaladas com anúncios, em grande parte de redes de fast-food. Todas as mídias que consomem são financiadas pela indústria de fast-food. Eles estão mergulhados nos anúncios que nós sabemos como funcionam.

Você ouvirá com frequência os que são a favor da desregulamentação midiática argumentarem que anúncios não promovem alimentação em excesso, que as crianças já estão comprando hambúrgueres e que a publicidade apenas lhes sugere quais elas deveriam comprar. Esse argumento é incorreto, e existem muitos dados que o comprovam.

Um grupo de pesquisa holandês estudou crianças jogando um "*advergame*" — uma nova técnica de propaganda que envolve criar jogos destinados a aumentar o consumo (Folkvord *et al.*, 2015). Um desses jogos é o *Snack! In the Face*, do KFC, desenvolvido para resolver o problema do KFC de baixas vendas e conhecimento de seus petiscos entre os adolescentes australianos.

O jogo ficou em primeiro lugar nas lojas de aplicativos tanto da Apple quanto do Google. Ele toca insistentemente uma contagiante música-tema enquanto você lança bolotas de frango na boca de um coronel Sanders em miniatura e de pernas arqueadas. Se o coronel comer frango o bastante, você ganha vouchers que podem ser convertidos em bolotas de frango reais. Como esperado, jogos como esse são bem-sucedidos em fazer as crianças comerem mais frango, como a equipe holandesa mostrou. Além disso, depois de jogar *advergames* que promovem AUPs, as crianças consumiram mais petiscos pobres em nutrientes e menos frutas e vegetais (Harris *et al.*, 2012). Mesmo que você faça propaganda de frutas no jogo, elas comem mais AUPs. O simples lembrete de comer levará as crianças a comer mais junk food se estiver disponível (Folkvord *et al.*, 2013).

Em um estudo da Universidade Yale, crianças da escola primária assistiram a um desenho que continha anúncios de comida ou anúncios de outros produtos, e receberam um petisco enquanto assistiam. As crianças consumiram 45% mais comida quando expostas ao anúncio de comida (Harris, Bargh & Brownell, 2009).

Talvez uma das evidências mais definitivas que mostram que anunciar comida, e sobretudo junk food, faz as crianças comerem mais venha de um artigo de autoria de Emma Boyland, professora de marketing alimentar e saúde infantil. Boyland fez uma revisão abrangente, encomendada pela Organização Mundial da Saúde, para atualizar o desenvolvimento de recomendações para restringir o marketing de alimentos para crianças. Ela examinou dados de cerca de vinte mil participantes de oitenta estudos diferentes e mostrou, sem margem para dúvidas, que o marketing de alimentos está associado a aumentos muito significativos de escolhas alimentares, ingestão de comida e pedidos de compra de alimentos por parte das crianças (Boyland *et al.*, 2022).

Os únicos produtos anunciados para jovens como os que conheci em Leicester são AUPs. A razão disso é simples: os AUPs são marcas registradas, então seus fabricantes são capazes de gerar muito dinheiro. As pessoas vão pagar muito por um KitKat em relação a seu custo de produção. Ninguém mais produz de fato KitKat, porque a Nestlé possui a receita, a marca registrada e tudo que cria o código de barras único do KitKat que nos faz continuar querendo KitKat.

Por outro lado, para empresas que vendem carne, ou leite, ou pimentões, há um custo de produção imenso, sobretudo para os produtos de ponta, e todos nós tratamos os diferentes tipos disponíveis como praticamente a mesma coisa. É claro, podemos *dizer* que nos importamos com o fato de nossos pimentões serem orgânicos, ou nossa carne bovina ser proveniente de animais alimentados com capim. De fato, as pessoas *vão* dizer isso quando entram em um supermercado. Mas, quando os pesquisadores olharam as sacolas daqueles mesmos consumidores na saída, eles em geral tinham comprado o item mais barato de cada.

Então, é bem mais complicado ganhar muito dinheiro com os grupos 1 a 3 da classificação NOVA, sobretudo em pequena escala. Empresas enormes de alimentos, como a Cargill, podem ganhar dinheiro com carne bovina pelo fato de serem gigantescas, mas elas ainda dependem do fornecimento dessa carne bovina para produtores de AUPs. Não existem start-ups fazendo leite ou carne bovina de qualidade. Há pouco crescimento para acontecer nessas áreas. Crescimento é AUP. E muito desse crescimento vem de propagandas.

Em Leicester, eu vi a que ponto a indústria de fast-food tem poder sobre nossas vidas, especialmente sobre crianças. O McDonald's se tornou um centro de comunidade de fato. Como formulou um adolescente: "É onde a gente fica de bobeira juntos, porque todos os clubes para os jovens foram fechados. Aonde mais a gente iria?".

Christina Adane é uma jovem ativista alimentar que cresceu no sul de Londres e se habilitava para receber refeições gratuitas na escola quando criança. Ela esteve por trás da petição no Reino Unido por refeições escolares gratuitas durante as férias de verão de 2020, apoiada pelo jogador de futebol Marcus Rashford. Nós nos encontramos na chuva em um parque próximo ao local onde ela cresceu, e Adane explicou fervorosamente sua perspectiva sobre a responsabilidade do governo de proteger as crianças e garantir que elas tenham acesso não apenas a comida, mas a comida saudável. Ela indicou o ambiente alimentar à nossa volta, lojas de frango frito margeando a rua do outro lado do parque. "Eu não quero que criança alguma viva em um deserto alimentar", disse-me ela. "Os jovens têm direito de crescer em ambientes onde comida saudável seja a opção-padrão, onde ela seja atrativa, disponível e acessível."

Como os adolescentes que conheci em Leicester, Adane é perfeitamente consciente de quanta influência a indústria alimentícia tem sobre ela e seus amigos: "É muito assustador como as empresas de junk food têm se infiltrado na cultura jovem de forma bem-sucedida. Isso em todo lugar aonde vou. Celebridades fazem encontros em lojas de frango para promover os novos discos, há propaganda de energéticos em todos os eventos que celebram jovens artistas emergentes". Quando perguntei onde ela conseguia ficar com os amigos depois da escola, a história era a mesma de Leicester: empresas de fast-food capitalizaram o fato de os jovens não terem um lugar seguro e coberto para socializar depois das aulas.

"Muitos de nós não se dão conta de que as empresas de fast-food não são nossas amigas", disse Adane. "Estamos vivendo em um mundo onde uma em cada três crianças já aos onze anos tem riscos de doenças relacionadas à alimentação. Uma em cada três! Nós não deveríamos encarar essas empresas como atraentes ou como algo com o qual podemos nos identificar."

Adane e os adolescentes de Leicester me ofereceram um retrato fantástico de seus "ambientes alimentares", os contextos físico, econômico, político, social e cultural que afetam o que eles acabam comprando e comendo — isso inclui todas as propagandas. Os ambientes alimentares determinam o que nós comemos muito mais do que nossa escolha consciente.

Xand e eu temos os mesmos genes para obesidade, mas, morando em Boston, Xand estava muito mais mergulhado nos AUPs do que tinha estado no Reino Unido. Ele também vivia sob estresse, longe de casa e passando por grandes mudanças na vida. O estresse, de qualquer fonte, mas em especial o estresse crônico proveniente da pobreza, tem impactos dramáticos naqueles hormônios que regulam o apetite, aumentando o impulso de comer. Os mecanismos exatos não estão claros, mas, quando estressado, você secreta mais hormônio cortisol; isso parece impulsionar uma maior ingestão de AUPs densamente calóricos por meio de efeitos em muitos dos hormônios envolvidos no sistema de regulação de ingestão energética. O cortisol também pode levar ao acúmulo de gordura ao redor dos órgãos, o que é conhecido como gordura visceral, que está associada com resultados de saúde ainda piores. O estresse crônico em cenários de baixa renda, combinado com o marketing extremo e a disponibilidade dos AUPs, cria um risco duplo (Laraia *et al.*, 2017; Adam & Epel, 2007).

Os vinte quilos de diferença de peso entre mim e Xand não decorriam do meu empenho em fazer exercícios ou controlar o apetite. Deixe qualquer um de nós em um pântano alimentar e ganharemos peso. Mas, porque a ideia de força de vontade é tão difundida, ela não nos deixa olhar para possíveis soluções, como regulamentação, preço dos alimentos etc. Xand não sentia que a culpa era de seus genes nesse novo ambiente rico em AUPs. Em vez disso, ele se sentia um fracassado todos os dias, ainda mais porque eu me preocupava com ele e comecei a atazaná-lo. Xand disse a mesma coisa que muitas pessoas que vivem com obesidade dizem, que sentia que estava comendo "por causa de suas emoções", o estresse da situação, e isso é superficialmente verdade. Mas resolver problemas emocionais com comida, isso é genético.

Clare Llewellyn fez uma descoberta impressionante sobre como os mesmos genes se comportam de maneira distinta em ambientes diferentes, o que ajuda a explicar essa diferença de peso entre mim e Xand. Ela estuda a hereditariedade da obesidade usando gêmeos e lidera o estudo chamado Gemini, um dos maiores do tipo já organizados.

A maior parte do que sabemos acerca da influência variável da natureza sobre a obesidade, e sobre uma ampla gama de traços humanos, foi compreendida em estudos similares com gêmeos.[4] Eles mostraram que a porcentagem de gordura corporal é altamente hereditária — até 90% (Schrempft *et al.*, 2018). Mas, dependendo do grupo que você estuda, a hereditariedade também pode chegar a meros 30%. O que acontece?

Em um estudo de 2018 com 925 pares de gêmeos, Llewellyn demonstrou que a hereditariedade depende do *ambiente alimentar* (Schrempft *et al.*, 2018). Ela e seus colegas descobriram que, em famílias com rendas estáveis e suficientes e altos níveis de segurança alimentar, a hereditariedade do peso corporal ficava por volta da marca de 40%. Mas, em famílias com rendas mais baixas e níveis mais altos de insegurança alimentar, ela saltava para mais de 80%. Os genes que causam a obesidade são encontrados igualmente em famílias de alta e baixa rendas, mas ser de uma família de alta renda é protetivo, enquanto ter nascido em uma família de baixa renda pode dobrar o risco de obesidade. Então, ao remediar (ou, mais adequadamente, "curar") a pobreza, sobretudo a pobreza infantil, poderíamos cortar o risco de obesidade pela metade sem qualquer outra intervenção.

Sabemos que famílias de baixa renda tendem a comer mais AUPs por uma série de razões, com frequência lógicas: são baratos, rápidos de preparar, as crianças costumam comê-los na mesma hora e duram muito tempo. E também tendem a ser a única comida disponível e acessível. Quase um milhão de pessoas no Reino Unido não têm geladeira, quase dois milhões não têm fogão, e quase três milhões não têm congelador. O preço da energia é hoje tão alto que, mesmo que as pessoas possuam os eletrodomésticos, muitas não podem arcar com deixá-los ligados. Isso torna os AUPs indispensáveis, o que significará que, se, como eu, essas pessoas tiverem fatores de risco genéticos para ganho de peso, então esses genes poderão exercer seus efeitos (Baraldi *et al.*, 2018; Leung *et al.*, 2022; Marchese *et al.*, 2022). As descobertas de Llewellyn transferem muito da culpa, com razão, para a causa mais imediata de obesidade: a pobreza.

✽

Mais ou menos na metade da minha dieta, fui almoçar com Rachel Batterham. Estávamos pretensamente comemorando um bem-sucedido pedido de bolsa. Eu tinha sugerido a Rachel o lugar onde deveríamos comer, mas estava claro que ela simplesmente não se importava. Embora eu saiba que a genética influencia o quanto pensamos em comida, ainda acho essa indiferença difícil de entender. Eu planejo o jantar já no café da manhã. Quando estou em um casamento, todo o meu foco está nos canapés. Meus itinerários de viagens são apenas listas de restaurantes e mercados.

Eu me sentia exausto depois de uma noite conturbada — Lyra tinha tido um pesadelo e me acordou, e não consegui voltar a dormir. Talvez eu estivesse me sentindo excepcionalmente embotado quando perguntei a Rachel se ela achava que ser mais magra do que eu e seus pacientes se devia ao fato de ela conseguir exercer mais poder sobre seu desejo de comer. Ela rejeitou a ideia sem hesitar: "Alguns dos meus pacientes perderam o equivalente ao seu peso corporal, Chris, muitas vezes". Ela estava certa de que tamanha perda de peso requer uma força de vontade incrível (e cada vez maior a cada tentativa), mas será que Rachel tem ainda *mais* força de vontade? Ela é, afinal, uma pessoa que conquista muitas coisas.

Rachel também rechaçou essa ideia. "Eu não exerço força de vontade alguma ao não comer um biscoito", explicou ela. "Sou capaz de imaginar que poderia ser bom, mas simplesmente não quero o biscoito." Ela beliscava o almoço, indiferente. "Se você me fizesse comer um biscoito, eu ficaria menos feliz. Comida simplesmente não me motiva. É só a minha genética."

Metade de mim ouvia, metade me perguntava se eu a conhecia bem o suficiente para pedir para terminar a comida no prato dela. Porque minha constituição genética é diferente da de Rachel. É óbvio como os Van Tulleken do Paleolítico sobreviveram, mas o que os Batterham estavam fazendo, não motivados por comida? Recusando bocados de mamute? Quando se trata de comportamentos complexos como a alimentação, influenciados por centenas de genes diferentes, não entendemos a vantagem histórica de um conjunto particular de genes. Com certeza, se um comportamento em particular é vantajoso, isso será muito específico em relação ao contexto, e esse contexto vai incluir a constituição genética daqueles ao seu redor. Se você vive em uma comunidade obcecada por comida, onde seus confrades humanos coletam e caçam comida obsessivamente, consequentemente ser alguém que exerce outras tarefas pode torná-lo mais útil para a comunidade do que se você fosse obcecado demais por comida.

✽

Rachel é, provavelmente, alguém que poderia se mudar para os Estados Unidos ou adotar uma dieta de 80% de AUPs e não ganhar peso (mesmo que ainda estivesse vulnerável aos tantos outros efeitos nocivos dos AUPs), assim como existem pessoas com uma constituição genética que lhes permite fumar vinte cigarros por dia por sessenta anos e não ter câncer. Rachel tem a experiência concreta de não ser motivada por comida, mas eu também queria conversar com uma especialista em obesidade com uma vivência voltada para outra direção. Então, procurei minha amiga Sharon Newson.

Sharon e eu nos conhecemos na gravação de um documentário. Na época, ela pesava 149 quilos, e eu costumava lhe dar conselhos sobre perda de peso de uma maneira da qual hoje me envergonho. Ao longo de nossa amizade, Sharon conseguiu ignorar meus comentários e dicas imprestáveis e começou a trabalhar como personal trainer e a acumular formações. Então, foi discretamente aceita para fazer um doutorado em ciência do esporte. Ela criou uma rede de especialistas em obesidade em torno de si e se tornou uma das minhas fontes mais confiáveis para orientações sobre peso e transformação pessoal. Apesar de sua especialidade, Sharon ainda luta para aceitar que o ganho de peso não foi sua culpa. Racionalmente, ela entende as vulnerabilidades genéticas e ambientais, mas sua experiência, como a de Xand, teima em insistir que ela é a culpada: "Parece que eu sou preguiçosa, que é culpa minha. E é isso que a imprensa me diz todos os dias. Sinto que como muito por causa das minhas emoções".

Embora possa ser superficialmente verdade que muitas pessoas, como Xand e Sharon, resolvem problemas emocionais com comida, o fato de fazerem isso é um "comportamento alimentar" — e Llewellyn (entre outros) mostrou que esses comportamentos são genéticos. Mas saber as coisas racionalmente não ajuda a mudar o que Sharon chama de "décadas de estigma e culpa internalizados". Enquanto sociedade, julgamos e criticamos o tempo todo pessoas que vivem com excesso de peso, e isso é absorvido. "É como ter um colunista de jornal vivendo dentro da minha cabeça."

Ao longo dos anos, Sharon transformou o modo como penso sobre a experiência de pessoas que vivem com peso elevado, sobretudo meu irmão. Assim como eu havia aconselhado Sharon, eu também vinha atazanando Xand por uma década, contribuindo para um ciclo de vergonha, estresse e frustração que acarretava mais ganho de peso. Ele sempre soube que eu o julgava. "Se eu estivesse comendo um hambúrguer do outro lado do mundo, ainda sentia o seu julgamento irradiando, e isso me deixava furioso, então eu comia mais."

Xand ganhou peso, mas eu tomei as dores para mim. Durante uma década, senti que o peso dele era problema meu. Eu ficava constrangido na presença dele, mas aprendi a fantasiar que meu constrangimento era preocupação com o seu bem-estar. E eu estava mesmo igualmente preocupado. Ele tinha tido uma covid bem mais severa do que a minha, por exemplo, provavelmente por causa do peso, e isso afetou seu coração a ponto de ele precisar passar por uma cirurgia.

Eventualmente, para obrigá-lo a perder peso, exigi uma espécie de intervenção: que ele fosse se consultar com Alasdair Cant, um especialista em mudança de comportamento. Cant treina assistentes sociais e policiais para ajudar famílias mais vulneráveis, muitas das quais ameaçadas de ter os filhos mandados para lares adotivos devido a violência e abuso de drogas. Cant queria conversar comigo primeiro. Eu lhe contei tudo sobre como eu queria que Xand perdesse peso e o porquê. "Quando você começa a falar sobre o que você quer para Xand", disse Cant, "isso me faz imaginar o que é que ele pode querer."

Alasdair Cant sugeriu que eu perguntasse a Xand o que ele queria e que tentasse deixar o problema de Xand para lá. Muitas das palavras de Sharon sobre vergonha e estigma ao longo dos anos se encaixaram. Acontece que o problema de Xand era, sobretudo, um problema comigo. Eu estava fazendo com Xand o que o *bullying* on-line, os médicos em seus consultórios, os colunistas e os governos fazem em larga escala quando atazanam as pessoas para perder peso.

Cant tinha terminado em cerca de vinte minutos. Eu parei de perturbar Xand e, não por acaso, as coisas melhoraram muito. Mas não me dei conta de quanto até, especificamente, lhe perguntar a respeito um ano depois. "Eu não tinha mais pavor de te ver", contou-me. Todos os aspectos da nossa relação mudaram para melhor: "Não foi só que você parou de me atormentar; é que eu *sabia* que você tinha parado de fato de se importar. Isso permitiu que eu me apossasse dos meus próprios problemas".

Isso era verdade. Eu não tinha apenas parado de atormentá-lo. Cant me convencera de que eu realmente não devia pensar no meu irmão do jeito que vinha fazendo: como um formato corporal ou um peso. "Quando, por fim, decidi ficar em forma e comer bem, eu não estava perdendo uma discussão com você", disse Xand. "Só estava tocando a minha própria vida."

A diferença no peso das pessoas não tem nada a ver com força de vontade. É simplesmente um acidente de genes e restrições do ambiente alimentar. O teste mais famoso de força de vontade mostrou exatamente isso.

O experimento original, mais conhecido como experimento do marshmallow, foi idealizado por Walter Mischel, de Stanford, na década de 1970. É uma ideia bastante simples: deixe uma criança sozinha em uma sala com um marshmallow por quinze minutos e então lhe diga que, se ela conseguir resistir e não o comer, você voltará com mais um. A criança tem uma escolha: desfrutar da guloseima agora ou postergar a gratificação por uma recompensa dupla. Mischel seguiu noventa dos participantes do teste pelas duas décadas seguintes e descobriu que os que tinham conseguido postergar a gratificação tinham IMCs mais baixos e rendimentos educacionais mais altos (Mischel, Shoda & Rodriguez, 1989; Mischel, Ebbesen & Zeiss, 1972).

Mas o estudo, desde então, foi repetido com um número muito maior de sujeitos — 918 crianças com diversos históricos (Watts, Duncan & Quan, 2018). E essa nova análise parecia mostrar que o maior preditor de uma criança ser ou não capaz de postergar a gratificação era o histórico socioeconômico: as crianças tinham mais probabilidade de pegar a recompensa instantânea se viessem de famílias desfavorecidas.

Há bom senso nisso da perspectiva da criança. Viver na pobreza cria incerteza, então agarrar uma oportunidade quando você a tem pode muito bem ser uma estratégia melhor do que esperar uma recompensa futura que eventualmente não venha. De modo revelador, quando os cientistas compararam crianças de mães sem formação superior, descobriram que não fazia diferença para resultados na vida se as crianças tinham ou não se contido para comer aquele marshmallow; são os históricos sociais e econômicos da criança, não a capacidade delas de resistir a um marshmallow, que determinam o seu êxito de longo prazo. Portanto, o teste do marshmallow pode muito bem não passar de um teste de pobreza.[5]

Muito do que somos é determinado pela estrutura do mundo ao nosso redor. Você não pode exercer força de vontade sobre o sistema de regulação de peso produzido pelo meio bilhão de anos da segunda era da alimentação, assim como não pode exercê-la sobre a sua ingestão de longo prazo de oxigênio ou de água. Mas pode haver um modo de tratar os AUPs que permitirá a algumas pessoas escapar de seu feitiço: é melhor pensar neles como substâncias viciantes.

# 10

# COMO OS AUPS INVADEM NOSSO CÉREBRO

No fim da segunda semana da minha dieta, eu ainda me deliciava com produtos como o All Day Breakfast, da Morrisons: uma refeição congelada clássica, ela vem em uma bandeja de plástico de três compartimentos coberta com papel-filme — 768 calorias de feijão cozido, bolinhos fritos de batata, linguiças de carne suína, omelete e bacon, prontas no forno em vinte minutos. Ela me lembrava da empolgação insuportável dos voos de longa distância para visitar meus primos no Canadá quando eu era criança. Meus irmãos e eu conseguíamos convencer a tripulação a nos dar refeições extras e lambíamos as bandejas. Se eu pudesse, o macarrão com queijo de 1986 da Air Canada seria a minha única refeição.

As primeiras refeições congeladas completas foram, de fato, comidas de companhias aéreas: os "Strato-Plates", da Maxson Food Systems, assim chamados porque foram desenvolvidos para serem aquecidos nos novos aviões de carreira da época: os Boeing Stratocruiser, introduzidos em 1947.

Algumas poucas refeições congeladas foram desenvolvidas durante o fim da década de 1940, mas foi o "TV Dinners", da Swanson, que decolou em 1954. Já nessa época, mais da metade das famílias estadunidenses tinha televisão, e esse era o gancho perfeito. Os jantares custavam 98 centavos e ficavam prontos em 25 minutos. Ao longo das três décadas seguintes, eles se tornariam onipresentes. Uma fotografia de 1981 mostra Ronald e Nancy Reagan na Casa Branca usando macacões vermelhos iguais sobre camisetas brancas iguais, sentados em poltronas vermelhas iguais sobre um tapete vermelho, e comendo "TV Dinners".[1]

No Reino Unido, ficamos para trás tanto na compra de eletrodomésticos — foi só na década de 1960 que as TVs e os congeladores passaram a ser comuns nos lares — quanto no consumo de refeições prontas. Mas agora comemos mais dessas refeições prontas do que qualquer outro país da Europa. De acordo com o *Grocer*, a categoria de refeições prontas do Reino Unido valia aproximadamente 3,9 bilhões de libras em 2019. Quase 90% de nós consumimos regularmente refeições prontas.[2]

Enquanto meu All Day Breakfast estava no forno, Dinah e eu fizemos um pouco de salmão, arroz e brócolis para ela e as crianças. Vinte minutos de preparo contínuo, usando habilidades quase inconscientes que nos foram passadas por nossos pais, bem como facas, três panelas e uma tábua de cortar, resultaram em um jantar, sim, mas também numa grande pilha de louças e mãos cheirando a peixe.

Enquanto comíamos, Dinah leu os ingredientes da minha refeição em voz alta: "Dextrose, estabilizador (difosfatos), tripa de colágeno bovino, extrato de capsicum, ascorbato de sódio, nitrato de sódio, estabilizantes (goma xantana e difosfatos), aromatizantes. Por que você está comendo difosfatos?".

Os estabilizantes de difosfato mantêm tudo unido ao longo do processo de congelamento para fazer com que a água não acabe em cristais na superfície. Eles são apenas um aspecto do que torna o All Day Breakfast um produto tão agradável, com os bolinhos fritos de batata meio crocantes e a quantidade certa de sal e pimenta.

Acima de tudo, é fácil. Enquanto Dinah ainda mastigava sua segunda garfada, eu lambia o recipiente como costumava fazer naqueles voos transatlânticos.[3]

As coisas começaram a mudar durante a terceira semana da minha dieta. Eu trabalhava com Sam Dicken e Rachel Batterham formulando um estudo no Reino Unido para testar se era possível seguir o guia nutricional do país e, ainda assim, comer grandes quantidades de AUPs, e se isso teria quaisquer efeitos mensuráveis. Há uma fase extensa de planejamento antes de um estudo desse tipo: conseguir dinheiro para realizá-lo e resolver os detalhes da formulação da hipótese. Eu vinha falando com dezenas de especialistas no mundo todo, perguntando-lhes sobre os efeitos dos AUPs e as coisas que devíamos avaliar em nossos voluntários.

Eu nunca aprendera tanto sobre uma substância potencialmente nociva enquanto me expunha a ela deliberadamente, e antes da minha dieta eu nunca sequer havia lido uma lista de ingredientes. Os AUPs talvez sejam o tipo de comida que menos inspecionamos enquanto o levamos à boca.

Eu terminava uma ligação com um especialista na França ou no Brasil e então me sentava diante de um banquete de AUPs. Muitas vezes eu comia durante a chamada. Era como ler sobre câncer no pulmão fumando um cigarro, a base para aquele notavelmente bem embasado livro de autoajuda que mencionei na Introdução, *O método fácil de parar de fumar* (Frings *et al.*, 2020; Carr & Dicey, 2020; Keogan, Li & Clancy, 2019) — incluído até no *quitting toolkit* [kit de ferramentas para parar de fumar] da Organização Mundial da Saúde (OMS, 2021). Assim como aconteceu com muitos outros fumantes que tinham usado o método de Allen Carr, minha relação com os AUPs começou a mudar.

Já naquela terceira semana, eu me esforçava para comer AUPs sem pensar nas coisas que os especialistas tinham me dito. Dois comentários em particular sempre me voltavam à mente.

O primeiro foi feito por Nicole Avena. Ela é professora associada do Mount Sinai em Nova York e professora convidada em Princeton. Suas pesquisas se concentram em vício em comida e obesidade. Ela me contou como os AUPs, sobretudo produtos com uma combinação específica de sal, gordura, açúcar e proteína, podem impelir nossos antigos sistemas evoluídos a "querer": "Algumas comidas ultraprocessadas podem ativar o sistema de recompensas do cérebro de um modo similar ao que acontece quando as pessoas usam drogas como álcool, ou até nicotina e morfina".

Essa neurociência é persuasiva, mesmo em seus estágios iniciais (Fletcher & Kenny, 2018). Existe um crescente conjunto de dados de neuroimagens que mostra que comidas hiperpalatáveis e com alta densidade energética (ultraprocessadas, mas provavelmente também algo que um excelente chef de cozinha seja capaz de fazer) podem estimular mudanças em vários dos mesmos circuitos e estruturas cerebrais afetados por drogas que provocam vício (Fletcher & Kenny, 2018).

Temos esse "sistema de recompensa" para garantir que consigamos o necessário do mundo que nos cerca: parceiros, comida, água, amigos. Ele nos faz querer coisas, frequentemente coisas com as quais já tivemos experiências prazerosas. Com muitas experiências positivas de uma comida em específico, em um ambiente em que lembretes daquela comida estão por toda parte, o querer, ou ansiar, pode ser quase constante. Até passamos a associar o querer a coisas que cercam a comida, como a embalagem, o cheiro ou a imagem do lugar onde você pode comprá-la (Polk *et al.*, 2017; Morales & Berridge, 2020).

Mas o aspecto da discussão com Avena que mais me impressionou foi um aparte casual sobre a comida em si. Paul Hart havia me explicado como a maioria dos AUPs é reconstruída do alimento integral que foi reduzido aos seus constituintes moleculares básicos, que então são modificados e depois reunidos novamente em formas e texturas semelhantes às de comidas, e por fim pesadamente salgados, adoçados, coloridos e aromatizados artificialmente. Avena especulou que, sem esses aditivos, esses ingredientes industrializados de base provavelmente não seriam reconhecíveis como comida por nossa língua e nosso cérebro: "Seria quase como comer terra". Não sei se ela falava sério, mas comecei a reparar que muito do que eu comia tinha pouco mais do que um verniz de comida. Isso valia, sobretudo, para os petiscos e cereais produzidos a partir de pastas de matérias-primas, que tinham sido fritas ou assadas ou folheadas.

Por exemplo, eu tinha passado a gostar bastante da barra Carb Killa Chocolate Chip Salted Caramel, da Grenade, como um lanchinho no meio da manhã. Ela parecia um pouco mais saudável do que uma simples barra de chocolate. Eu me submetia ao experimento porque estava curioso, afinal, não porque queria deliberadamente me prejudicar em nome da ciência.

Examinei os ingredientes depois de conversar com Avena. Essas barras, como muitas outras, são construídas a partir de carboidratos bastante modificados (o primeiro ingrediente é algo chamado maltitol, um açúcar modificado, que por sua vez é feito de um amido modificado, que é menos calórico, mas quase tão doce quanto o açúcar comum), proteína isolada de leite e de carne bovina (caseinato de cálcio, soro de leite isolado, gelatina de carne bovina hidrolisada) e gordura de palma industrialmente processada, tudo unido por emulsificantes. Sozinha, como diz Avena, seu gosto seria provavelmente desagradável. Ela é tornada palatável com sal, adoçante (sucralose) e aromatizante.[4] Enquanto eu comia essas barrinhas feitas de tendões de vaca, as palavras dela começaram a ecoar de um jeito que me fez gostar menos desses petiscos.

A especialista que me deixou mais impressionado foi Fernanda Rauber, integrante da equipe de Carlos Monteiro. O trabalho e as ideias dela permeiam todo este livro. Fernanda me falou longamente sobre como o plástico das embalagens de AUPs, sobretudo quando aquecidas, diminui significativamente a fertilidade (e, de acordo com alguns especialistas, pode até provocar encolhimento peniano). Ela também me contou como os conservantes e emulsificantes nos AUPs interferem no microbioma; como o intestino é mais prejudicado pelo processamento que remove as fibras dos alimentos; e como altos níveis de gordura, sal e açúcar causam seus próprios danos específicos. E houve um pequeno comentário que me pegou. Sempre que eu falava da "comida" que estava ingerindo, ela me corrigia: "A maioria dos AUPs não é comida, Chris. É uma substância comestível produzida industrialmente".

Essas palavras começaram a assombrar cada refeição minha durante o experimento. Ecoavam e reforçavam a ideia de Avena de que, sem corante e aromatizante, muito provavelmente aquilo não seria comestível.

Conversei com Rauber pouco antes de uma refeição em família de Turkey Twizzlers, um produto notório que foi banido das refeições escolares no Reino Unido há mais de uma década porque parecia insalubre para ativistas alimentares. A versão original tinha até quarenta ingredientes — apenas um terço de um Twizzler era de fato carne de peru. A nova versão ainda possui menos de dois terços de peru, e os fabricantes conseguiram reduzi-la a meros 37 ingredientes.

A formulação é notavelmente parecida com a da barra Carb Killa. Uma pasta de proteína de peru, carboidratos modificados (amido de ervilha, farinha de arroz e de grão-de-bico, amido de milho, dextrose), óleos industriais (coco e canola) e emulsificantes é combinada a reguladores de acidez, antioxidantes, sal, aromatizantes e açúcar — os Twizzlers são então moldados em hélices. No forno, eles se *destwizzlam* em molas feitas de 63% de peru. Dinah, as crianças e eu nos juntamos para assistir ao espetáculo através da porta do forno: um raro momento de calma em família.

Enquanto eu comia, um conflito se dava em meu cérebro. Eu ainda queria essa comida que, de acordo com Rauber, não era efetivamente comida, mas, ao mesmo tempo, já não estava gostando dela.[5] As refeições adquiriram uma uniformidade: tudo parecia similar, não importava se era doce[6] ou salgado. Eu nunca estava com fome, mas também nunca estava satisfeito. A comida adquiriu um aspecto insólito, como uma boneca que tem o grau errado de realismo e acaba por assumir uma aparência macabra.

Na quarta semana, a derradeira, a dieta também tinha começado a ter efeitos físicos bastante evidentes. Não me pesei, mas tive de folgar o meu cinto em dois buracos. E, à medida que eu ganhava peso, o mesmo acontecia com a minha família. Era impossível impedir as crianças de comer meus Coco Pops, pedaços de pizza, chips assados no forno, lasanha, chocolate. Se eu ia comer escondido, Lyra me caçava e exigia comer o que quer que eu estivesse comendo.

É difícil excluir os efeitos dos AUPs da maneira geral de levar a vida. Eu estava tendo muitos sonhos cheios de ansiedade, normalmente sobre a morte das meninas. Não é como se eu nunca tivesse sonhado com esse tipo de coisa antes, mas eu não me lembrava deles no período de "limpeza", quando eu não estava comendo AUPs.

Eu agora vinha comendo muito mais sal, o que significava tomar mais água e ter de ir muitas vezes ao banheiro. Talvez isso estivesse causando os pesadelos? Eu costumava acordar às três ou quatro da madrugada, ou por causa de algum pesadelo, ou porque precisava ir ao banheiro, ou por ambas as razões. Sem conseguir dormir, ia para a cozinha e beliscava alguma coisa, mais por tédio do que por qualquer outro motivo.

Eu ficava muito constipado porque os AUPs têm poucas fibras e água e muito sal. A constipação levou a hemorroidas e fissuramento anal. A maioria das pessoas passa por isso em função do consumo de AUPs. O esforço com as fezes duras e secas arrasta para fora um pedacinho da parede macia do canal anal e dá a sensação de que você está com um amendoim emperrado no fundilho. O desconforto desembocou em um sono ainda pior, o que aumentou minha ansiedade e diminuiu minha produtividade no trabalho, levando a ainda mais ansiedade — um turbilhão de efeitos físicos e mentais que começou a impactar todos os aspectos de nossa vida em família.

Em apenas algumas poucas semanas, a sensação era de que envelhecera dez anos. Eu estava com dores, exausto, triste e irritado. Ironicamente, a comida costumava parecer a solução em vez do problema.

À medida que minha dieta seguiu em frente, fiquei obcecado com o que é e o que não é AUP. Assim como todo mundo ao meu redor. Amigos começaram a me mandar listas de ingredientes: "Será que 'concentrado de fruta' quer dizer que isso é AUP?". (Sim!)

Em um festival de comida, participei de um debate com Bee Wilson, escritora e jornalista de gastronomia que já escreveu sobre AUPs. Ela me perguntou se eu classificaria feijão cozido enlatado como AUP. Para ela, não eram. "Pode ser uma linha divisória importante para grande parte dos britânicos", afirmou.

Feijão cozido enlatado, que consiste em feijão branco com molho de tomate, é um alimento básico na dieta britânica. Como elaborou Wilson, ainda que não seja a comida mais saudável do mundo, "no contexto de tantas outras coisas que estão na dieta média, há bastante comida de verdade dentro da lata". E, de fato, a maior parte de uma lata de feijão cozido é feita de feijões e tomates.

Wilson tinha ido direto à fonte e perguntado a Carlos Monteiro: "Não acho que ele entendeu de fato o que eu estava perguntando. Eles não têm um equivalente [a feijões enlatados] no Brasil. Mas ele enfatizou fortemente que feijões enlatados em geral são alimentos processados, não ultraprocessados".

Essa pode parecer uma questão menor, mas não é. As comidas próximas das margens dos AUPs são usadas pela indústria dos AUPs para depreciar todo o conceito. Primeiro, se uma comida comum aparentemente inofensiva contém um único aditivo, isso significa que ela tecnicamente corresponde à definição de AUP. Então se argumenta que isso significa que a definição de AUP deve ser besteira, ou que quem acredita que a classificação NOVA é útil quer tratar [o cereal] Special K e feijão cozido como cigarro ou heroína.

No caso específico do feijão cozido da Heinz, ele, na verdade, é NOVA 3 e NOVA 4. Existem variedades diferentes com ingredientes diferentes. Os orgânicos contêm "feijão (52%), tomate (33%), água, açúcar, sal, vinagre de vinho" — não são AUPs. Mas a variedade original é AUP porque também contém *farinha de milho modificada, extratos de condimentos e extratos de ervas*. A diferença em termos nutricionais é zero, mas há razões para pensar que aqueles poucos ingredientes impulsionam consumo em excesso, como veremos.

No entanto, para muitos de nós, feijão cozido ou até algum tipo de amido de milho modificado são um jeito saudável, acessível e fácil de preparar um prato principal. É aqui que encontramos as limitações da NOVA, um sistema concebido para pensar nos padrões dietéticos em vez de avaliar alimentos individuais. É quase certo que há um espectro de AUPs, mas é impossível dizer exatamente como ou se um produto será prejudicial, porque não comemos um único alimento — comemos uma variedade de alimentos. Preso em uma ilha deserta, você viveria mais se comesse uma dieta exclusiva de nuggets de frango do que uma dieta exclusiva de brócolis; nuggets contêm mais proteínas e calorias. Mas você irá viver mais em um padrão dietético que contém brócolis no contexto de uma dieta mediterrânea do que viveria em um padrão dietético baseado em torno de nuggets de frango.

À medida que comecei a me sentir mais indisposto e mais ansioso sobre as consequências do que eu estava comendo, passei a procurar AUPs "mais saudáveis". Mudei de Coca-Cola normal para Coca-Cola diet.[7] Em vez de nuggets de frango melhorados, eu comprava apenas lasanha pronta para assar — pelo menos até que Dinah me chamou a atenção para o fato de que a minha lasanha de carne da Sainsbury, que eu imaginara ser um AUP, continha apenas ingredientes de cozinha normais. Acontece que o mesmo vale para as lasanhas da Tesco, da Co-Op, da M&S e da Waitrose. A versão da Morrisons também é bastante benigna, com apenas corante caramelo simples e concentrado de cebola. Mas os preparos da Asda e da Aldi são menos questionavelmente AUP. A da Asda tem amido de milho modificado e corantes (extrato de páprica, norbixina de anato), enquanto a da Aldi tem lactose, maltodextrina, amido de milho modificado, dextrose, extrato de azeitona e goma xantana.

Liguei para outra das colaboradoras de Monteiro para ver se a lasanha da Sainsbury, a minha favorita, contava como AUP. Maria Laura da Costa Louzada é uma jovem professora assistente de epidemiologia nutricional na Universidade de São Paulo. Ela fala com o otimismo fervoroso e firme de uma revolucionária, e fica confortável em entrar de cabeça na matemática dos dados que ela saca como evidências. Ela estudou no Brasil, onde ajudou a escrever o Guia Alimentar para a População Brasileira, e passou um ano em Harvard antes de voltar para casa.

Perguntei a ela sobre essas lasanhas, o tipo de "quase AUP" de alto nível que é onipresente no Reino Unido. É quase caseiro, mas ainda parece AUP: embalado em plástico e com um número enorme de ingredientes reconhecidamente normais.

Louzada ficou entretida com a pergunta: "A NOVA é um instrumento epidemiológico que nos conta sobre os efeitos de saúde em padrões dietéticos. É um jeito muito bom de entender um sistema alimentar". Mas, para entendermos um alimento individual, precisamos pensar além da NOVA. "Alguns produtos não são tecnicamente AUPs", explicou ela, "mas eles usam os mesmos plásticos, os mesmos marketing e processo de desenvolvimento, e são feitos pelas mesmas empresas que os AUPs. Os aditivos são parte da definição, mas eles não são o único problema com a comida."

Alguns aditivos são inofensivos, enquanto outros causam danos diretos. Em ambos os casos, porém, a presença deles indica que um produto provavelmente possui muitas outras propriedades que causam efeitos nocivos. De acordo com Louzada, a lasanha da Sainsbury não é um AUP se você aplicar a classificação técnica, "mas essas comidas são como uma fantasia. Não são comida caseira".

O argumento em torno do que é e do que não é AUP tem importância quando se trata de intervenções governamentais e classificação. Minha regra básica pessoal é: se estou tendo dificuldades para saber se uma comida é ou não um AUP, então provavelmente é AUP. Por razões que ficarão mais claras quando examinarmos os efeitos no corpo, ela terá sido desenvolvida de uma maneira que promove consumo excessivo mesmo se não tiver os malefícios específicos, digamos, de emulsificantes.

Para o propósito da minha dieta, no entanto, eu me atinha estritamente à classificação NOVA, o que significava mudar para a lasanha da Aldi.

Quando retornei à UCL para os testes ao fim da minha dieta, os resultados foram aterradores. Eu tinha ganhado seis quilos. Se aquele ritmo tivesse perdurado por um ano, eu teria quase dobrado de peso.

Além disso, meus hormônios do apetite estavam totalmente desarranjados. O hormônio que indica saciedade mal respondia a uma grande refeição, enquanto o hormônio da fome ia às alturas apenas alguns instantes depois de eu comer. Houve um aumento de cinco vezes na leptina, o hormônio que vem da gordura, enquanto meus níveis de proteína c-reativa, um indicador que aponta inflamação, haviam dobrado. Eu pegara meus genes de obesidade e os expusera a um ambiente em que podiam ser maximizados, assim como se dera com Xand em Boston.

Mas o resultado mais assustador foi o daquela ressonância magnética, que eu esperava ser um desperdício de tempo e de dinheiro.

Claudia Gandini Wheeler-Kingshott, uma das minhas colaboradoras, conduziu essa parte do experimento. Ela é professora de física de ressonância magnética no Instituto de Neurologia da UCL, onde a encontrei para analisar meus resultados. Seu leve sotaque italiano traz uma receptividade à discussão da imagem por ressonância magnética que, de outro modo, seria seca. A ressonância magnética é notoriamente complexa, mas Claudia tinha experiência em simplificá-la: "Minha mãe de noventa anos na Itália, que não é física, me ligava todos os dias durante meu doutorado querendo que eu explicasse a minha pesquisa".

A partir dos exames, que você há de lembrar que eu acreditava que seriam inúteis, Claudia tinha construído um mapa de como partes diferentes do meu cérebro estavam conectadas umas às outras, bem como suas microestruturas e propriedades fisiológicas. Um dos exames era feito no que chamam de estado de descanso. Eu apenas ficava deitado no aparelho devaneando de leve, e eles faziam cinco mil imagens do meu cérebro a cada poucos segundos, construindo um retrato de quanto oxigênio e fluxo sanguíneo ia para cada parte do cérebro. Áreas do cérebro conectadas estão sincronizadas em termos de consumo de oxigênio, então elas "acendem" juntas, ao mesmo tempo, no exame. "Imagine", explicou Claudia, "gravar ligações telefônicas na cidade toda — você seria capaz de identificar que casas estão conectadas, falando uma com a outra. Você mapeia as localizações e a força de conexão entre elas. Telefonam todos os dias? Ou quem sabe apenas uma vez por mês? Ou nunca?"[8]

Depois da minha dieta, a conectividade entre várias regiões aumentou, sobretudo áreas envolvidas no controle hormonal de ingestão de comida e áreas envolvidas com desejo e recompensa. Interpretar isso não é fácil, mas parecia representar algo da minha experiência, que era um conflito entre as partes do meu cérebro que queriam a comida mais ou menos subconscientemente e as partes que entendiam conscientemente seus malefícios.

À medida que meu conhecimento sobre os malefícios dos AUPs aumentou, eles ficaram menos prazerosos, mas não menos desejáveis. Eu tinha dois pensamentos analíticos conflitantes: o desejo de completar o experimento *vs.* meu conhecimento cada vez maior sobre AUPs e como eles me prejudicavam. Acima de tudo isso, meu corpo recebia recompensas fisiológicas reais com o consumo de toda aquela gordura e todo aquele açúcar. Eu ansiava pelo jantar, mas me esforçava para gostar dele. Claudia elaborou assim: "É como se uma parte do seu cérebro, o cerebelo, a parte que lida com os hábitos e comportamentos automáticos, estivesse dizendo que tudo isso é um erro, mas seu córtex frontal estivesse dizendo que é OK".

As mudanças na minha ressonância magnética eram fisiológicas, não morfológicas — a fiação não mudara, mas a informação que corria pelos fios, sim. Claudia explicou que, com o tempo, alterações desse tipo no fluxo de informações são o que causa mudanças estruturais: "Se o tráfego começa a se deslocar para uma estrada vicinal, ela eventualmente será aumentada para se tornar uma estrada principal. Novas conexões permanentes crescem".

Pressionei Claudia sobre se tudo isso poderia ser um ruído do experimento — sou, afinal, o único paciente. Quem sabe eu estivesse mais estressado no trabalho ou tivesse dormido menos antes do segundo exame. Ela foi clara: "Não, você não vê essas grandes mudanças a não ser que faça algo significativo com a fisiologia cerebral. Não é aleatório". Claudia também fez algo chamado espectroscopia cerebral, voltada à decomposição dos produtos dos neurotransmissores, e esses dados foram todos condizentes com as mesmas mudanças observadas na ressonância magnética.

Enquanto eu assimilava essas descobertas, comecei a pensar em Lyra e Sasha. O impacto em crianças e adolescentes é uma verdadeira preocupação. Elas vão comer AUPs na dose que eu estava comendo, só que farão isso por anos, e enquanto o cérebro ainda estiver em desenvolvimento. Não fazemos ideia do que isso significa. Sabemos que confundir os caminhos de recompensa não é uma boa ideia — é isso que todas as drogas que provocam vício fazem, afinal. Claudia descreveu a questão como a pergunta que não quer calar: "Será que os AUPs vão afetar o QI, o desempenho social delas? Simplesmente não sabemos o que acontece com o cérebro das crianças".

Claudia, porém, era otimista quanto a abrir mão dos AUPs, o que foi bom e um pouco reconfortante, sugerindo que poderia ser o caso de que, se pudéssemos fazer esses exames em pessoas que vivem com sobrepeso enquanto elas abriam mão dos AUPs, veríamos eventualmente mudanças benéficas no cérebro delas. "As pessoas acham que vão perder gordura", disse ela, "mas isso, na verdade, pode modificar o cérebro delas de uma maneira muito positiva, que afeta outras áreas da vida. Desconfio que podemos ver a concentração e a memória das pessoas melhorarem, embora ainda precisemos provar isso." Achei útil imaginar que os alimentos saudáveis podem reajustar o cérebro de maneira positiva.

Depois do exame, a dieta tinha acabado, e eu parei de comer AUPs, imediata e completamente.

A conversa com Rauber tinha virado alguma chave em mim, e fui capaz de parar de vez. Uso a linguagem do vício por um motivo. Eu tinha chegado a pensar que estivera, de algum modo, viciado em AUPs antes, e que meu irmão, Xand, com certeza estava. Dentro de 48 horas, eu estava dormindo à noite, meu intestino começou a funcionar e o trabalho ficou mais fácil. É claro, a vida tem seus próprios fluxos e refluxos, só que mais nada parecia ter mudado além do fim da dieta.

Existiam muitos AUPs que nunca tinham me tentado, mas também certos tipos — em especial os condimentados, fritos, apimentados e cheios de glutamato monossódico (MSG) — que eu comia ocasionalmente a ponto de vomitar. Isso nunca me pareceu tão disfuncional quanto prático: facilitava uma boa noite de sono se, depois de ter me empanturrado, eu não estivesse com a barriga explodindo de comida. Disfunção ou não, ao fim da minha dieta todas essas coisas — que antes eu tinha lutado para parar de comer — se tornaram intragáveis.

O vício em comida é, cientificamente, bastante obsoleto, e por uma ótima razão. Há dois problemas. Para começar, uma vez que a comida contém tamanha variedade de moléculas, como é que qualquer combinação única poderia ser identificada como viciante? E um experimento mental breve sobre macronutrientes individuais, como gordura pura ou açúcar puro, mostra a você que eles não são viciantes.[9] Mas o problema maior em considerar os alimentos uma substância viciante é que, logicamente, isso leva a uma estratégia de abstinência, quando, é claro, você não pode se abster de alimentos. E os adictos não conseguem ser moderados com substâncias viciantes. A comida simplesmente não pode causar vício.

Então, como solução, alguns cientistas propuseram que o vício em comida é "comportamental" (Hebebrand *et al.*, 2014). Essa é uma das duas grandes categorias de vício. Existe o vício em drogas — definido como uma "doença neuropsiquiátrica caracterizada por um desejo recorrente de consumir uma droga, apesar das consequências nocivas" — que abarca tabaco, álcool, cocaína e assim por diante. E existe o vício comportamental ou de não substância, que abarca coisas como comer, jogar patologicamente, vício em internet e vício em telefones celulares.

A explicação comportamental simplesmente não me soa verdadeira. Assim como os fumantes têm um vício em cigarro, eu, junto com muitas outras pessoas, me senti fortemente viciado na comida em si — ou, mais especificamente, em tipos particulares de AUPs. Já experimentei diversas substâncias que tradicionalmente provocam vício — cigarros durante alguns anos estranhos no Exército, álcool em bebedeiras imensas quando era estudante de medicina, heroína, também conhecida como diamorfina, depois de uma cirurgia no testículo direito —, mas nada nunca me atraiu tanto quanto a comida de que gosto, as coisas que realmente comicham aquelas antigas partes do meu cérebro, os centros de recompensa que motivam tanto o comportamento, o bom e o mau.

Esse impasse entre realidade e ciência é, em parte, responsável pelo modo confuso como imaginamos a obesidade: tendemos a localizar o problema no indivíduo, não na comida, apesar das evidências crescentes de que a comida em si é o problema para a obesidade e talvez para tantos outros transtornos alimentares. Junto com Xand, repassei o texto dos critérios que definem vício na versão mais recente do *Diagnostic and Statistical Manual of Mental Disorders* [Manual diagnóstico e estatístico de transtornos mentais], a bíblia do psiquiatra nos Estados Unidos, que classifica o uso problemático de uma substância intoxicante como brando, moderado ou severo por meio de onze critérios de diagnóstico. Se você corresponder a mais de seis dos critérios, tem um problema severo. Nós dois fizemos sólidos nove pontos para as comidas de que gostamos (todas elas AUPs).

As questões se concentravam em coisas como "a substância ser consumida em quantidades cada vez maiores" (sim!), quaisquer "esforços para controlar o uso sem sucesso" (sim!), "muito tempo e esforço gastos para conseguir a substância" (sim!) e "a experiência de ansiar" (sim!, sim!, sim!).

O xis da questão é o nono critério: "O uso da substância é continuado apesar do conhecimento de possuir um problema físico ou psicológico persistente ou recorrente que provavelmente foi causado ou exacerbado pela substância". Os efeitos psicológicos do estigma, da vergonha, do fracasso e da culpa associados a esse comer em excesso são exaustivamente documentados na bibliografia, mesmo antes de chegarmos às bibliotecas de dados que catalogam os danos físicos, e tanto Xand quanto eu continuamos comendo, apesar de cientes de tudo isso.

Então, como conciliamos a impossibilidade de classificar a comida como uma substância que provoca vício com o fato de, para algumas pessoas, a comida parecer ser mesmo viciante? Adotando a ideia de Rauber de que AUP não é comida, como uma banana ou um pedaço de carne de frango, mas, sim, uma categoria separada de substâncias comestíveis viciantes. Em geral, não é a comida que vicia — mas os AUPs. E uma quantidade crescente de dados científicos sustenta esse conceito.

Se você conhece alguém que luta contra o abuso de drogas, pode parecer ofensivo comparar isso com o consumo excessivo de comida, mas há uma bibliografia crescente que sugere que essa é uma comparação válida. Ashley Gearhardt é professora associada de psicologia na Universidade do Michigan e uma das principais cientistas que acreditam que considerar paralelos entre AUPs e substâncias que provocam vício pode ser elucidativo. Ela esquematizou as evidências em uma série de artigos (Polk *et al.*, 2017; Gearhardt & Schulte, 2021; Schulte, Sonneville & Gearhardt, 2019).

Primeiro, AUPs são consistentemente associados a pontuações mais altas em escalas de vício alimentar se comparados a comida de verdade. É sempre com AUPs que as pessoas relatam ter problemas. Nem todos os AUPs, é óbvio — para alguns serão donuts, para outros, sorvete. Para mim, era comida barata para viagem. Mas, quando se trata de perda de controle alimentar e compulsão, quase sempre estamos falando de produtos enquadrados como AUPs (Schulte, Avena & Gearhardt, 2015; Allison & Timmerman, 2007; Tanofsky-Kraff *et al.*, 2009). Nem todos os AUPs são viciantes para todo mundo, e aqueles que acreditam estar viciados provavelmente o estarão em uma gama específica de produtos. Sharon Newson e eu comparávamos listas de comidas contra as quais lutávamos. Eram *todas* AUPs, mas não estávamos nos empanturrando com os mesmos alimentos ultraprocessados.

Segundo, AUPs parecem ser mais viciantes para as pessoas do que diversas drogas. É claro, muitas pessoas são capazes de consumir AUPs com moderação, mas isso também vale para cocaína, álcool e cigarro (Grant *et al.*, 2015). Compare os números. A transição entre experimentar AUPs e ser incapaz de parar de consumi-los é extremamente alta: 40% da população estadunidense vive com obesidade, e sabemos que a maioria dessas pessoas tentará perder peso em algum momento (Martin *et al.*, 2018). As taxas de interrupção são tão baixas que inexistem. Não há outra droga que, depois de experimentada, 40% das pessoas sigam usando regularmente, apesar das consequências negativas para a saúde (uma definição de vício). Por exemplo, mais de 90% das pessoas nos Estados Unidos consomem álcool, mas só 14% delas desenvolvem alcoolismo (Grant *et al.*, 2015). Mesmo com drogas ilícitas, como a cocaína, apenas um subconjunto relativamente reduzido de usuários (20%) evolui para se tornar adicto (Lopez-Quintero *et al.*, 2011).

Terceiro, drogas e AUPs compartilham algumas propriedades biológicas. Ambos são modificados a partir de estados naturais, de modo que haja entrega rápida da substância recompensadora. A velocidade da entrega está fortemente ligada ao potencial aditivo — cigarros, cocaína inalada, doses de bebida alcoólica. Desacelerar a entrega transforma os efeitos. A metanfetamina, por exemplo, vira um tratamento para crianças que não conseguem se concentrar. Os adesivos de nicotina são muito menos viciantes do que os cigarros. Como veremos, maciez e velocidade de consumo são características marcantes dos AUPs na comparação com comida de verdade.

Quarto, o vício em drogas e o vício em comida compartilham fatores de risco como histórico familiar de adição, trauma e depressão, o que indica que os AUPs podem estar desempenhando a mesma função que as drogas nessas pessoas.

Quinto, as pessoas relatam sintomas de adição similares com AUPs e outras substâncias viciantes, incluindo desejo, repetidas tentativas malsucedidas de interrupção e uso contínuo apesar das consequências negativas. E essas consequências negativas são severas: para muitas pessoas, uma dieta deficiente pode ter efeitos até piores do que fumar em excesso.

Sexto e último, a neuroimagem já mostrou padrões similares de disfunção em caminhos de recompensa tanto para a adição por comida quanto para o abuso de substâncias. Essas comidas também parecem acionar regiões do cérebro relacionadas a recompensa e motivação de modo similar ao de drogas viciantes (Volkow *et al.*, 2008, 2012).

Você pode achar difícil considerar AUPs equivalentes a cigarros, mas uma dieta deficiente — rica em AUPs — está ligada a mais mortes no mundo todo do que tabaco, pressão alta ou qualquer outro risco para a saúde: 22% de todas as mortes (Afshin *et al.*, 2019). Como os riscos são tão altos, há vantagens em considerar os AUPs substâncias viciantes.[10] Isso pode ajudar a reduzir um pouco do estigma e da culpa que cercam a obesidade e o excesso de consumo, assim como foi feito com o fumo décadas atrás. Isso permite que a pessoa acometida se concentre externamente na indústria causadora do malefício (algo que sabemos ser útil em caso de adição), e não internamente no fracasso pessoal. E isso destaca algumas políticas paralelas úteis. O controle do tabaco, por exemplo, oferece um modelo para a regulamentação de substâncias viciantes nocivas. Um comportamento de vício é problema meu, difícil de regular ou do qual me proteger. Uma substância viciante ser anunciada no comércio, tendo como brinde um macaco para minha filha de três anos, é uma falha regulatória.

Mas, acima de tudo, considerar os AUPs substâncias viciantes resolve o problema da abstinência. É impossível abrir mão de comida, mas, pelo menos em teoria, é possível abrir mão de AUPs. Não vai ser fácil, é claro — o Reino Unido contemporâneo é para os AUPs o que a década de 1950 foi para os cigarros.

Depois dessa revelação, senti que tinha de fazer meu irmão, Xand, vivendo no limite inferior da obesidade clínica na época, também abrir mão dos AUPs. Fui falar com ele com todo o evangelismo do recém-

-convertido, que era provavelmente bastante detestável. Mas agora que eu já não o perturbava (depois de conversar com Alasdair Cant), propus que ele experimentasse a minha dieta de 80% de AUPs por um tempo, e ele concordou. Não para perder peso, mas como um experimento (não científico). Seria divertido. Nós o registraríamos para um podcast da BBC (*Addicted to Food* [Viciado em comida]) e veríamos o que aconteceria. Concordamos em uma semana de 80% de AUPs, e o fiz conversar com Kevin Hall, Fernanda Rauber, Nicole Avena e alguns outros especialistas para ver se suas palavras teriam sobre Xand o mesmo efeito que tiveram sobre mim.

Nesse meio-tempo, eu estava convencido, a partir das evidências e da minha experiência, de que os AUPs eram nocivos. Agora eu queria saber o que exatamente eles estavam fazendo com o meu corpo — e como.

# III

## Ah, então é por isso que estou tão ansioso e com dor de estômago!

# 11

# ULTRAPROCESSADOS SÃO PRÉ-MASTIGADOS

Anthony Fardet pode não ter sido a primeira pessoa a considerar o que ele chama de "matriz" alimentar, a estrutura física da comida, mas deve ter pensado mais a respeito, e de maneira mais aprofundada, do que qualquer outra pessoa viva. Ele é sério, tem cabelo espesso e está ficando grisalho. Eu estimaria que tem por volta da minha idade. É cientista da Unidade de Nutrição Humana da Université Clermont Auvergne, na França. Tudo o que Fardet diz parece profundo e importante, em parte por usar muitas palavras compridas, e em parte porque seu inglês perfeito vem com um sotaque de estrela de cinema francês: "Comemos comida, não nutrientes. Então, de um ponto de vista filosófico, o melhor é combinar holismo com reducionismo. Eu sou um empirista e um indutivista".

Eu tinha a impressão de que também era um indutivista empírico, mas não estava de todo certo e resolvi deixar a questão para mais tarde. Eu estava ligando para ele para saber como o ultraprocessamento afeta a estrutura física da comida e como isso, por sua vez, afeta nosso corpo. O princípio da matriz é bastante direto: a comida não é meramente a soma de suas partes integrantes. Fardet explicou que o propósito do sistema digestivo é destruir a matriz alimentar. Usou maçãs como exemplo. A fibra que dá crocância e solidez a uma maçã constitui apenas 2,5% do peso da maçã. Os outros 97,5% são suco. O modo como as fibras se organizam ao redor das células e do fluido — essa é a matriz.

Com isso em mente, um pequeno grupo de cientistas em 1977 alimentou dez pessoas com maçãs em três formas diferentes: suco de maçã sem qualquer polpa (sem fibras), um smoothie [batido] de uma maçã inteira crua e pedaços de uma maçã inteira. Eles fizeram os participantes comerem tudo à mesma velocidade e então mediram sua satisfação (saciedade), seu açúcar no sangue e sua insulina em resposta aos três preparos diferentes de maçã (Haber *et al.*, 1977).

O que eles descobriram foi que tanto o suco quanto o smoothie faziam os níveis de açúcar no sangue e de insulina terem um pico maior do que a maçã inteira, antes de despencar para um nível mais baixo do que estavam no início. Como resultado do colapso de açúcar, todos os participantes ainda estavam com fome. Enquanto isso, a maçã inteira fez o açúcar no sangue subir devagar, antes de voltar para o nível inicial — nada de colapso, e a satisfação a partir da maçã inteira durou horas. Parecia que nosso corpo tinha evoluído para lidar exatamente com a carga de açúcar de uma maçã inteira, mas o suco de fruta é uma invenção relativamente nova.[1]

O suco de maçã, que tem tipicamente por volta de 15% de açúcar, comporta-se muito como qualquer refrigerante. E o smoothie de maçã também, ainda que contenha todos os constituintes da maçã, incluindo as fibras, e tenha sido feito pouco antes do consumo. As fibras são importantes, mas a matriz, a estrutura da maçã, é essencial.

Vejamos o Coco Pops. Eles são comercializados como sendo crocantes, e alguns permanecem mesmo crocantes — pelo menos por um tempo. Mas cada bocado é predominantemente uma mancha de bolotas úmidas cheias de amido. O Coco Pops e o leite formam um líquido texturizado. Que é macio. A maciez é uma das características que Kevin Hall identificou como uma qualidade quase universal dos AUPS.[2] A maciez decorre do método de construção — componentes vegetais industrialmente modificados e carnes mecanicamente recuperadas são pulverizados, moídos, triturados e extrusados até que todas as texturas fibrosas de tendões, celulose e ligninas sejam destruídas. O que sobra pode então ser remontado em formato de dinossauros ou letras do alfabeto, ou nos paraboloides hiperbólicos das batatas Pringles.

O marketing nos prepara para registrar a crocância inicial de uma massa, o som de um salgadinho de arroz, o estalo de batatas chips de pó convertido, mas tudo isso sucumbe à mais leve mordida. As comidas são engenhosamente texturizadas — um recheio gelatinoso com um entorno esponjoso, ou pedaços de vegetais de verdade na sopa — para disfarçar o fato de que, dali a segundos, estaremos comendo papa.

Um hambúrguer do McDonald's (ou do Burger King, ou de qualquer outro fornecedor de AUPs) é outro exemplo perfeito da ilusão. A primeira mordida lhe recompensa com uma sequência de experiências de texturas: o pão doce tem uma crosta sequinha sobre uma matriz cremosa e esponjosa, o hambúrguer é borrachudo e parece salgado como água do mar, os picles e a cebola proporcionam uma crocância, a mostarda atiça seu nervo trigêmeo e a acidez do ketchup dá a liga em toda a experiência. "Esponjoso", "borrachudo", "crocante" — mas, na verdade, tudo é macio como plumas. Como resultado, posso engolir um hambúrguer em menos de um minuto. E então comerei outro porque ainda estarei com fome.[3]

Por quê? Pela mesma razão que Lyra ainda estava com fome depois de uma tigela de Coco Pops: os sinais que lhe dizem para "parar de comer" não evoluíram para lidar com comidas tão macias e facilmente digeríveis, tão macias que são essencialmente pré-mastigadas. Em vez de serem digeridos lentamente ao longo da extensão do intestino de um modo que estimule a liberação de hormônios da saciedade, pode ser que os AUPs sejam absorvidos tão rapidamente que não alcancem as partes das entranhas que mandam o sinal de "pare de comer" para o cérebro.

Enquanto estava na minha dieta de AUPs, comecei a reparar mais fortemente na maciez do pão. Como a Real Bread Campaign [Campanha do pão de verdade] (conduzida pela Sustain, uma aliança sem fins lucrativos em prol de alimentos e cultivos melhores) apontou por muito tempo, pão de verdade é difícil de encontrar e muito caro no Reino Unido. Padarias artesanais constituem até 5% do mercado de padarias, e em muitos lugares nenhum pão que não seja AUP estará disponível. Pão *sourdough* deve ter apenas água, sal, fermento natural e farinha de trigo como ingredientes, mas até os produtos que alegam ser *sourdough* nos supermercados costumam, na verdade, ser *sourfaux*, com até cinquenta ingredientes, incluindo óleo de palma e fermento comercial.[4]

Se você conseguir encontrar e arcar com algum, então vale a pena comparar o pão de centeio ou *sourdough* de verdade com um pão de forma de supermercado. Durante anos, comprei Hovis Multigrain

Seed Sensations. Estes são os ingredientes: "farinha de trigo, água, mix de sementes (13%), proteína de trigo, fermento, sal, farinha de soja, farinha de cevada maltada, açúcar granulado, farinha de cevada, conservante: propionato de cálcio E282, emulsificante: E472e (ésteres de ácido mono- e diacetil-tartárico de mono- e diglicerídeos de ácidos graxos), açúcar caramelizado, fibra de cevada, agente de tratamento de farinha: ácido ascórbico".

Muitos pães como esse usam farinha com baixo teor de proteína e, posteriormente, acrescentam proteína de trigo separada, porque isso dá aos fabricantes um controle enorme sobre a consistência do produto. Muitos desses ingredientes poupam custos — ao limar tempo, padeiros etc. —, e muito dessa economia nos é repassada. Um pão *sourdough* genuíno custa de três a cinco libras. Na época em que escrevi este livro, o pão mais barato no Sainsbury's custava 36 centavos, e o Hovis, 95 centavos.

Mas os vários processos e agentes de tratamento significam que eu posso comer uma fatia do Hovis ainda mais rápido, grama por grama, do que eu conseguiria devorar aquele hambúrguer ultraprocessado. O pão se desintegra em um bolo alimentar gosmento que é facilmente manipulado garganta abaixo. Uma fatia de Dusty Knuckle Potato Sourdough (5,99 libras em mais de um fornecedor) leva bem mais de um minuto para comer, e minha mandíbula fica cansada.

Ou seja, você não vai ficar com fadiga na mandíbula com pão ultraprocessado, e o fato de ele exigir tão pouca mastigação pode explicar vários dos problemas dentários contemporâneos. No Reino Unido e nos Estados Unidos, cerca de um terço das crianças de doze anos tem sobremordida — uma mandíbula pequena demais para o rosto —, razão pela qual tantas crianças precisam hoje de tratamento ortodôntico. Tive meu dente do siso inferior direito removido pelo mesmo motivo. Repassando artigos sobre AUPs, me dei conta de que esse é um problema comum da vida moderna. Evidências de crânios mostram que lavradores pré-industriais que comiam altos níveis de carboidrato têm muitas cáries e abscessos dentários, mas menos de 5% têm o dente do siso impactado, em comparação com 70% das populações modernas (Dodson & Susarla, 2014; Corruccini, 1999).

A razão para isso é que nosso rosto moderno, sobretudo nossa mandíbula, é muito menor do que o de nossos ancestrais. Essa mudança se deu de repente: povos aborígenes australianos, muitos dos quais tinham feito uma transição abrupta para uma dieta moderna na década de 1950, têm mandíbula bem menor do que predecessores de apenas cem anos antes (Lieberman, 2011 [2015]; Corruccini, 1990, 1984). A mandíbula de finlandeses modernos é 6% menor do que a de seus antigos (e extremamente similares geneticamente) ancestrais (Lieberman *et al.*, 2004).

O motivo desse encolhimento facial é o mesmo do de jogadores de tênis que têm muito mais densidade óssea no braço com que seguram a raquete. Isso explica por que arqueiros que morreram no naufrágio do *Mary Rose* puderam ser identificados a partir do tamanho e da densidade de seus ossos.[5] Ossos não são pedras: são tecidos vivos constantemente remodelados, quebrados e consolidados de acordo com a tensão aplicada neles. Os ossos do rosto e da mandíbula não são exceção: se você mastigar, eles vão crescer.

De fato, um estudo fez um grupo de crianças gregas mascar um chiclete duro e resinoso durante duas horas por dia, só para observar o efeito. Ao fim do estudo, descobriu-se não apenas que as crianças que mascaram o chiclete conseguiam produzir mais força com as mordidas, como também tinham mandíbulas e maçãs do rosto significativamente mais longas (Ingervall & Bitsanis, 1987).

Li tudo isso e fui olhar a mandibulazinha e os dentes de Lyra. Seus incisivos superiores se projetavam muito além dos inferiores. Isso era normal? Será que um dentista inglês do século XXI fazia ideia da aparência que a dentição humana deveria ter? Eu já estava atrasado demais? Será que ela realmente tinha *mastigado* alguma coisa na vida? Resolvi mostrar ao dentista dela um artigo científico de um professor de Harvard chamado Daniel Lieberman, "Effects of Food Processing on Masticatory Strain and Craniofacial Growth in a Retrognathic Face" [Efeitos do processamento alimentar sobre a tensão mastigatória e o crescimento craniofacial em um rosto retrognático], e comprei algumas cenouras para ela comer como lanche.

Há muita ciência que sugere que essa maciez também pode ser um problema quando se trata de ingestão de calorias. No teste de Kevin Hall de comida não processada *vs.* AUPs, os participantes relataram que os AUPs não tinham um "apelo sensorial" anormalmente alto: as duas dietas eram igualmente deliciosas e saciadoras. No entanto, eles comeram, em média, quinhentas calorias a mais por dia quando tiveram que se alimentar de AUPs.

A principal diferença nos efeitos das duas dietas que Hall observou foi que as pessoas comeram os AUPs muito mais rápido. E, assim como é macia, a maioria dos AUPs é seca, o que significa que é densamente calórica. A água dilui tudo, incluindo energia. Carne, fruta e vegetais têm, tipicamente, um índice de água muito alto.

Essa secura é crucial para os AUPs. É uma das principais maneiras de impedir que micróbios se desenvolvam neles, contribuindo para os prazos de validade absurdamente longos que ajudam a tornar os AUPs tão rentáveis. A coisa não se decompõe. Há muitas matérias de jornal sobre pessoas que guardaram hambúrgueres do McDonald's e eles demoraram anos para apodrecer. O McDonald's do Canadá quebrou a primeira regra de todos os escândalos quando decidiu contar o lado deles de uma dessas histórias: "A realidade é que os hambúrgueres, batatas fritas e frangos do McDonald's são como todas as comidas, e apodrecem, sim, se mantidos em determinadas condições".[6]

A insistência desesperada de que a comida apodrecerá foi um caso raro de marketing corporativo fazendo meu trabalho por mim. Mas a alegação é correta: a ausência de apodrecimento tem muito mais a ver com a secura dos AUPs do que com o fardo químico de conservantes.

No experimento de Hall, a maciez acrescentada à densidade calórica fez com que os participantes consumissem uma média de dezessete calorias por minuto a mais comendo AUPs na comparação com a dieta não processada.[7] Esses resultados são condizentes com a pesquisa de Barbara Rolls, que mostrou que a densidade energética da comida tem um papel determinante em moderar a ingestão energética diária (Rolls, 2009; Bell *et al.*, 1998; Rolls, Cunningham & Diktas, 2020, p. 109).

Através de dezenas de experimentos com controle cuidadoso, Rolls e seus colegas demonstraram que alimentos e dietas com maior densidade energética promovem maior ingestão energética e aumento de peso corporal. Esse efeito parece ser independente de palatabilidade ou conteúdo nutricional, e vale para homens e mulheres, pessoas com sobrepeso e pessoas com peso saudável, crianças e adultos, e em curto e longo prazos. É um dos fatos mais solidamente demonstrados sobre nutrição (Bell *et al.*, 1998; Rolls, Cunningham & Diktas,

2020). E, talvez mais importante, não parece importar se a energia da comida vem de gordura ou carboidratos — é a densidade energética o determinante mais importante de ingestão calórica.

Existe também um grande conjunto de pesquisas mostrando que comer mais rápido aumenta o risco de comer mais, ganhar peso e ter doenças metabólicas (Ohkuma *et al.*, 2015). A velocidade com que você come tem relação, em parte, com o que você come: alimentos que levam mais tempo para serem processados na boca fazem você sentir mais saciedade (De Graaf, 2012; Wee *et al.*, 2018; Zhu, Hsu & Hollis, 2013). Mas, em parte, isso também é determinado pela genética. O estudo "Growing Up in Singapore Towards Healthier Outcomes" (GUSTO) [Crescer em Singapura rumo a resultados mais saudáveis] revelou que as crianças que comiam mais rápido e por mais tempo possuíam mais tendência a ter obesidade. Os pesquisadores descreveram isso como um "estilo alimentar obesogênico" (Fogel *et al.*, 2017). Clare Llewellyn, cientista que estuda gêmeos na UCL, mostrou que esse estilo de alimentação é genético e associado a um IMC mais alto (Llewellyn *et al.*, 2008). Os genes para "comer rápido" têm probabilidade de tornar algumas pessoas especialmente vulneráveis à maciez dos AUPs.

Outro estudo comparou voluntários que beberam dois milk-shakes de chocolate, um espesso e viscoso, o outro ralo. Ambos os milk-shakes eram nutricionalmente idênticos, com as mesmas densidade energética e palatabilidade. Os voluntários podiam consumir o quanto quisessem, e o milk-shake de líquido mais ralo foi associado a uma ingestão total 47% mais alta do que o espesso. No entanto, se os voluntários eram forçados a beber no mesmo ritmo, acabavam ingerindo a mesma quantidade de cada um dos milk-shakes no total (De Wijk *et al.*, 2008).

O número de mastigações por item tem um efeito direto em desacelerar e reduzir a ingestão de comida. Mastigar cada bocado pode parecer um bom jeito de reduzir a ingestão calórica, mas, é claro, isso é confundir causa e efeito. Lembre-se de que nosso índice de consumo é determinado pela comida e por nossa genética — não é uma decisão consciente. Qualquer um que já tenha tentado acompanhar o ritmo de alguém que come devagar ou rápido sabe como isso é difícil.

Então, há muitas evidências de que a taxa de consumo de AUPs está relacionada a seus efeitos na saúde, mas o que me preocupa é que algumas pessoas encaram isso como uma oportunidade para criar um tipo diferente de AUP — com texturas que desacelerariam a taxa de consumo. Uma revisão de 2020 analisou os dados de cinco estudos publicados que mediam as taxas de ingestão energética em 327 alimentos no Reino Unido, em Singapura, na Suíça e na Holanda (Forde, Mars & Graaf, 2020). Os pesquisadores mostraram que passar de alimentos não processados para comida processada e daí para AUPs aumentava o número de calorias consumidas por minuto de 36 para 54 e para 69. Os pesquisadores concluíram:

> O processo industrial de alimentos fornece uma oportunidade importante de aplicar mudanças maciças nas formas e texturas encontradas no ambiente alimentar e, em conjunto com a reformulação para reduzir a densidade energética, pode ser usado para produzir melhorias generalizadas nas taxas de ingestão energética, na palatabilidade e nas densidades nutricionais nas ofertas de alimentos [...]. O desafio futuro para os processadores de alimentos é desenvolver produtos que sustentem o apelo ao consumo com satisfação ideal por quilocaloria consumida, ao mesmo tempo que reduzam seu potencial de promover o consumo excessivo de energia.

Não gostei disso. Parecia meio errado. Depois de estabelecer as muitas maneiras pelas quais as tecnologias de processamento de alimentos tornam a comida mais densamente energética e mais rápida de comer, e tendo estabelecido que esses dois aspectos de qualquer alimento parecem centrais para impulsionar a obesidade, em vez de propor uma mudança rumo a alimentos integrais, a proposta é processar mais. Esse "hiperprocessamento" parece uma solução improvável para os problemas do ultraprocessamento.

E é estranho sugerir que isso é um "desafio futuro", quando a indústria alimentícia já sabe a respeito dos dados que vinculam velocidade de ingestão a um maior consumo de calorias desde estudos conduzidos na década de 1990 (Bell *et al.*, 1998).

Também fiquei preocupado com o fato de que, embora o artigo afirmasse muito claramente que não havia "nenhum conflito de interesses", um dos autores, Ciarán Forde, integrava o conselho de assessoramento científico do Kerry Group PLC (um fabricante multibilionário de AUPs), e outro, Kees de Graaf, estava no conselho da Sensus (uma empresa que produz os ingredientes alimentares inulina e oligofrutose), e de que todos os três autores tenham recebido reembolso por falar em encontros patrocinados por empresas que fabricam alimentos e produtos nutricionais. Ser assessor científico de uma empresa de AUPs e escrever sobre processamento de alimentos constitui um conflito de interesses (a não ser que alguém faça parte daquele grupo de assessoramento de graça).

Em um artigo do ano seguinte em que Ciarán Forde também constava como autor, há uma afirmação que diz que "os autores declaram não haver conflitos de interesses", mas, à época, ele não só era do conselho de assessoria da Kerry como (de acordo com o mesmo artigo!) fazia parte de um consórcio acadêmico que recebeu financiamento para pesquisa da Abbott Nutrition, da Nestec (uma subsidiária da Nestlé) e da Danone.

Mas, em especial, parece-me improvável que tornar os AUPs mais difíceis de comer vá funcionar. Os fabricantes de cigarro tentaram muito ao longo dos anos processar seus cigarros para torná-los menos perigosos. Acrescentaram pequenos orifícios de ventilação, de modo que os fumantes ingerissem menos fumaça, mas os fumantes simplesmente tragaram com mais intensidade. Consumimos produtos aditivos pelo efeito sensorial e sabemos que aumentar a velocidade da liberação de qualquer droga no corpo é um aspecto crucial para tornar uma substância viciante (Gearhardt & Schulte, 2021). Se você interferisse na taxa de consumo, minha aposta é que você perderia um pouco desse efeito e que o produto não venderia tão bem. Os AUPs não são macios por acaso, mas porque é assim que vendem em maior quantidade.

Como veremos, classificar os AUPs não vai ser trivial por causa da oposição por parte da indústria alimentícia. Mas as classificações que alertam sobre maciez e densidade energética seriam muito bem embasadas.

# 12

# ULTRAPROCESSADOS TÊM CHEIRO ESQUISITO

Podemos pensar no sabor como uma frivolidade, mas há uma escola de pensamento que diz que a aromatização artificial é o problema quando se trata de obesidade e consumo excessivo. Desde que fiz minha dieta, "aromatização" é a palavra que evito mais do que qualquer outra na comida. Aromatizantes indicam que algo é AUP, e a necessidade de aromatizar nos diz muito sobre o modo como os AUPs nos fazem mal.

A bibliografia científica a respeito do olfato é apartada dos artigos sobre saúde e obesidade, confinada amplamente em seus próprios periódicos. Os artigos são escritos por psicólogos, com a frequente colaboração de filósofos e chefs de cozinha. Barry Smith, um grande colaborador desse conjunto de trabalhos, é diretor do Centre for the Study of the Senses [Centro de estudo dos sentidos], bem como filósofo, especialista em vinhos, apresentador e cientista de alimentos.

Eu o encontrei um dia em seu escritório, com vista para dois enormes leões de calcário que flanqueiam a entrada dos fundos do British Museum. Assim que entrei, Smith começou a desafiar meus sentidos com uma pintura hiper-realista de Veneza na parede. O quadro é de Paul Hughes. Enquanto eu passava por ele, conseguia ver as bordas dos prédios e os canais, que saltavam da tela em pirâmides. É uma ilusão perturbadora — as partes da imagem fisicamente mais próximas de quem vê parecem estar mais distantes (e se mover quando nos movemos).

Chama-se "reverspectiva", explicou Smith. "Não sabemos por que funciona." Ele então me contou sobre olhar convergente, ângulos visuais subentendidos, paralaxe e a tensão entre a informação cerebral sobre a percepção de profundidade e o que calha de estar perto ou distante. A pintura é uma boa representação de sua especialidade — quão pouco da nossa experiência consciente do mundo tem relação com a realidade física objetiva. O próprio Barry Smith está o tempo todo criando ilusões: fofoca sem fofocar, brinca quando está sério, faz você entender coisas que não consegue entender. E costumava ajudar empresas a criar AUPs. Ele era um especialista em ultraprocessamento que assessorava a indústria alimentícia sobre a melhor maneira de explorar as relações entre nossos sentidos (que não são todos tão distintos quanto imaginávamos antigamente) e como os utilizamos para desfrutar daquilo que comemos.

Cercado por vinho e chocolates (materiais para experimentos), ele explicou que a audição influencia o paladar. A baunilha, tecnicamente uma molécula de que você sente o cheiro, quando acrescentada ao sorvete o faz parecer mais doce, mesmo sem adicionar mais açúcar. "O olfato influencia até o tato", explicou. "Xampu com aroma de maçã dá a impressão de que seu cabelo está mais brilhante do que outros xampus."

O fato de o paladar, o cheiro e o sabor estarem misturados em nossa mente e em nosso cérebro é usado pelas empresas para fazer nossa comida. Smith deu exemplos do ramo do vinho.

Em um artigo de 2001, "The Color of Odors" [A cor dos odores] (Morrot, Brochet & Dubourdieu, 2001), uma equipe da Faculdade de Enologia da Universidade de Bordeaux descreveu um experimento realizado com 54 especialistas em vinhos. A cada um deles foram servidas duas taças de vinho — um tinto, um branco —, com o pedido de que os descrevessem. Os especialistas consideraram que o vinho branco tinha notas de mel, limão siciliano, lichia, pêssego branco e cítricos, enquanto sobre o tinto disseram haver groselha preta, carvão, chocolate, canela, groselha vermelha, alcatrão, framboesa, ameixa e cereja.

Então lhes apresentaram outro par de vinhos tinto e branco. Mas o que nenhum dos especialistas identificou foi que o vinho branco era o mesmo *tinto* que eles tinham acabado de experimentar. A única diferença era o acréscimo de um corante sem odor. Eles descreveram os sabores em termos de cor: substâncias carmesins, pretas e marrons para o tinto, e substâncias pálidas e amarelas para o branco. Qualquer pessoa que bebe vinho estaria segura de poder diferenciar branco de tinto, mas até os especialistas caíram nessa ilusão porque a cor exerce uma influência dominante sobre como percebemos o cheiro e o gosto do vinho. Isso acontece porque nossos sentidos interagem. Esse estudo sugere que a cor parece desempenhar um papel mais forte do que o odor na determinação do gosto que imaginamos sentir.[1]

Se os especialistas em vinho podem ser iludidos, sob condições cuidadosamente planejadas, então você e eu também podemos. Barry Smith me contou sobre um de seus truques sensoriais favoritos envolvendo sorvetes: "Se você vai ao congelador pegar um picolé, quando rasgar a embalagem não vai sentir cheiro de nada, porque ele está gelado demais. Então várias empresas acrescentam aroma de caramelo nas nervuras da embalagem que rasgamos para abrir".

O aroma permite que nosso sistema de recompensa de dopamina responda à deixa sensorial da abertura do pacote, o que desencadeia um desejo. Ele também nos leva a sentir o chocolate e o caramelo no picolé com mais intensidade. Smith acredita que não há problema com esse tipo de truque. "Existe uma diferença importante entre orientar e desorientar", disse ele. "No caso do picolé congelado, o aroma está *orientando* você a esperar o caramelo e o chocolate de verdade. Mas há experiências sensoriais *desorientadoras*: aromas de carne em produtos vegetais, sabores artificiais, gomas que substituem gorduras — todos prometendo ingredientes que não estão presentes. É aqui que começamos a ver o problema."

Ele passou a revelar algumas das mentiras sensoriais que os AUPs nos contam. Mas, para entender essas mentiras, eu primeiro precisava que ele me guiasse pela ciência do olfato, do paladar e do sabor, porque a linguagem, assim como os próprios sentidos, é emaranhada. As palavras "gosto" e "sabor" são usadas de maneira intercambiável para descrever a experiência perceptual unificada de um alimento. Porém, em termos científicos, sabor é tanto gosto quanto cheiro, e as moléculas de sabor são detectadas por receptores no nariz assim como pelos receptores de gosto na boca e na garganta. Portanto, cientificamente falando, dois doces feitos com a mesma quantidade de açúcar, mas de "sabores" diferentes, podem ter *gosto* idêntico (doce), mas *cheiros* distintos.[2] Confuso? Não se preocupe.

Comecemos pelo sabor. A questão de por que o sabor existe tem de começar por *onde* ele existe. O sabor aparece quando o cérebro combina entrada de dados de paladar, olfato e tato. Quando comemos, usamos informações de nossos olhos, nariz, ouvidos, língua e lábios para construir uma impressão de sabor. Os ossos e os músculos do nosso rosto detectam vibrações de trituração e resistência de mastigação. Os receptores na boca detectam mudanças químicas na saliva e alterações no atrito de óleos e pós. E, é claro, misturamos tudo isso com nossas expectativas e nossas memórias (tanto conscientes quanto inconscientes) da última vez que comemos o alimento ou do anúncio que vimos dele no dia anterior.

Esse sistema sensorial integrado é produto daquela corrida armamentista de bilhões de anos para extrair energia de nosso ecossistema.

O olfato tem tudo a ver com selecionar alimentos seguros e nutritivos, e, ao mesmo tempo, evitar alimentos tóxicos e não seguros. É um dos primeiros sistemas de alerta para saber se algo é seguro para comer. Afinal, pode ser tarde demais quando você puder sentir o gosto de alguma coisa, mas existe a rede de segurança dos receptores de amargor no fundo da boca, ao qual logo chegaremos. Graças às redes de abastecimento globais dos supermercados modernos, muitos de nós estamos acostumados com frutas prontas para comer e maduras o ano inteiro, mas, em uma floresta tropical, esse não é o caso. Os níveis de toxina variam, e uma fruta pode ficar comestível por um período curto, tipicamente determinado pelo momento em que a planta quer que os animais a comam e dispersem suas sementes. O cheiro nos poupa de pôr algo venenoso na boca — ainda que ocasionalmente, como aponta Barry Smith, aconteça de só nos darmos conta de que algo está estranho ao começar a mastigar.

Um conjunto típico de moléculas voláteis evapora de quase toda substância no mundo. O olfato envolve a detecção dessas moléculas usando receptores no nariz. E ele é fantasticamente preciso.[3] Frequentemente se diz que somos capazes de detectar dez mil cheiros diferentes, mas isso está errado — esse número é baixo demais. Um estudo de 2014 (Bushdid *et al.*, 2014; McGann, 2017) testou pessoas usando uma matriz de diferentes cheiros e estimou que somos capazes de distinguir entre mais de um trilhão de potenciais compostos, o que significa que você poderia pegar quaisquer dois desse trilhão e ser capaz de afirmar: "Sim, eles são diferentes".[4]

Essa precisão exige muita informação genética: a família gênica de receptores olfativos é a maior no genoma de mamíferos e maior do que qualquer outra família gênica em qualquer outra espécie. Parte da razão de termos tantos genes se deve a um problema básico da química. As moléculas de cheiro são todas muito diferentes e têm propriedades muito distintas. Existem alguns poucos tipos de receptores de gosto porque cada um detecta propriedades similares de moléculas similares. Nosso lendário sentido olfativo pobre é exatamente isso — uma lenda.

Parece que trocamos alguma resolução de cheiro por uma visão melhorada, mas ainda superamos outros mamíferos em alguns testes. Enquanto é quase certo que os cães são melhores em detectar urina canina em postes (apesar de os humanos não terem sido testados), experimentos mostraram que somos melhores na distinção de frutas e vegetais.[5]

Essa precisão olfatória significa que somos capazes de tolerar moléculas similares em queijos e meias.[6] Na verdade, fezes, leite materno, cadáveres em decomposição, queijo e carne maturada compartilham assinaturas moleculares, mas nosso sistema olfativo se desenvolveu para conseguir distinguir entre elas.

Não há (provavelmente) algo como um cheiro bom ou um cheiro ruim.[7] O cheiro, em vez disso, funciona como um código de barras, que, sem esforço, vinculamos a experiências prévias de comer um alimento. É um modo bastante preciso de classificar alguma coisa a fim de podermos buscá-la, ou evitá-la, da próxima vez.

Os humanos e os animais aprenderão a adorar quase qualquer sabor com um código de barras olfativo que seja associado a recompensas nutricionais (Sclafani, 2004; Araujo *et al.*, 2013; E. W. Holman, 1975; G. L. Holman, 1969). Isso foi demonstrado na década de 1970 em experimentos nos quais ratos bebiam líquidos doces saborizados, com zero caloria, ao mesmo tempo que recebiam açúcar ou água infundidos diretamente no estômago. Eles aprenderam a adorar os sabores que bebiam enquanto recebiam o açúcar, mas não os que eram pareados com a água. De modo geral, se da última vez que você comeu uma combinação específica de sabor-gosto teve uma grande recompensa nutricional e não sentiu náusea, vai querer mais dessa comida no futuro. Tudo isso acontece quase integralmente sob a experiência consciente, e é como aprendemos a adorar uma comida específica. Batata frita tem um cheiro "bom" porque o corpo e o cérebro vincularam o cheiro à enorme carga nutricional de gordura e carboidratos que a acompanha. Essas associações que aprendemos entre cheiro e gosto, odores e nutrientes, são poderosas e, é claro, facilmente pirateadas.

As assinaturas de sabor de cheiros e gostos em especial nos permitem identificar comidas de nossas culturas — historicamente, comidas que saberíamos que são seguras.[8] Esse processo de aprendizagem começa antes do nascimento. Julie Mennella, do Monell Chemical Senses Centre, fez um experimento examinando como as escolhas alimentares durante a gravidez influenciam a futura escolha de sabor (Mennella, Jagnow & Beauchamp, 2001). Durante o último trimestre de gestação, as participantes beberam grandes copos ou de suco de cenoura, ou de água, durante quatro dias por semana, durante três semanas. Fizeram o mesmo enquanto amamentavam. Então, quando a introdução de alimentos sólidos começou, Mennella observou as respostas dos bebês a uma mistura de suco de cenoura e cereal na comparação com água e cereal. Os bebês cujas mães tinham bebido suco de cenoura durante a gestação e a amamentação gostaram mais da mistura com suco de cenoura. Resultados parecidos tinham sido relatados com sabores de alho e anis-estrelado. Essas primeiras experiências de sabor forneceram uma cadeia contínua de conhecimento alimentar por um milênio, mas a cadeia foi quebrada quando, para muitas pessoas, a única comida disponível durante a gestação se tornou os AUPs.

A habilidade do corpo de vincular calorias a um código de barras de cheiro ou sabor específico é explorável por fabricantes de AUPs. Eles podem usar perfis complexos e inteiramente secretos de sabor e pareá-los com uma recompensa nutricional significativa na forma de gorduras e açúcares refinados, para dar fidelidade à marca. Assim como desenvolvemos um sistema para detectar mudanças infinitesimalmente pequenas nas variáveis das frutas que ocorrem com o amadurecimento, também podemos detectar a diferença entre diferentes tipos de refrigerante de cola. Se um fabricante de AUP pode convencer os pais a oferecer precocemente a uma criança seu refrigerante de cola, a criança pode fazer uma ligação entre o açúcar, a excitação da cafeína e o código de barras de sabor preciso daquele produto específico, e eles terão aquela criança como consumidora a vida inteira. Todos os outros refrigerantes de cola terão um gosto meio "errado". O uso de aromatizantes dá absoluto controle ao fabricante. Eu como as mesmas marcas de barra de chocolate, iogurte e ketchup que comia quando era criança. A comida deve variar — frutas e alimentos integrais mudam todos os dias, e as safras têm gosto diferente de acordo com a estação e o clima. Há lotes bons, lotes ruins, texturas e sabores estranhos e diferenças. Não é o caso com os AUPs. Acrescentar sabores (gostos e cheiros) em quantidades precisas permite consistência completa.

Para Mark Schatzker, o uso de aromatizantes é um dos principais problemas com os AUPs. Ele escreveu um livro tão extraordinário sobre sabor, *The Dorito Effect* [O efeito Dorito], que acabou se juntando a um grupo de pesquisa em nutrição de Yale e agora publica artigos científicos com eles. Kevin Hall o mencionou especificamente como um jornalista que fez avanços no campo ao pensar de maneira criativa e especular proveitosamente além das evidências.

A ideia de Schatzker é de que, ao longo da última metade do século XX ou mais, a pecuária e a agricultura industriais têm se concentrado em tamanho e aparência, de modo que o sabor foi eliminado nas seleções de carnes, tomates, morangos, brócolis, trigo, milho — praticamente tudo o que comemos.[9] Parte da razão por estarmos consumindo tanto é a busca por gostos e sabores ausentes, o que também indica nutrição ausente.

Schatzker argumenta que, além de ser um simples código de barras, o sabor é um sinal de nutrientes específicos, que é o que nos lança em busca desses sabores. Ele cita pesquisas que demonstram que muitas moléculas de sabor em tomate são precursoras de ácidos graxos e vitaminas essenciais. Tomates, por exemplo, têm uma "nota de rosa" — um cheiro muito popular encontrado em comidas, bebidas, cigarros, perfumes e sabonetes. Essa nota de rosa é criada a partir de uma molécula chamada fenilalanina, que é um aminoácido essencial (ou seja, uma molécula de que o corpo precisa, mas não pode produzir). Outro grupo de sabores do tomate é formado de carotenoides, como a vitamina A. Na verdade, parecemos particularmente sensíveis aos sabores formados a partir de carotenoides: a damascenona, encontrada em tomates, frutas vermelhas, maçãs e uvas, pode ser detectada em concentrações tão baixas quanto duas partes por trilhão.

As evidências para isso ainda estão sendo trabalhadas, e há algumas lacunas. O tomate tem muitos cheiros que vêm de pequenas quantidades de ácidos graxos essenciais, mas você não precisa comer por volta de dois quilos de tomates todos os dias para suprir sua necessidade mínima.[10] Por outro lado, uma fonte muito boa desses ácidos graxos — peixes oleosos — não cheira maravilhosamente bem para todo mundo. E muitos alimentos que contêm todos os aminoácidos, ácidos graxos, minerais e vitaminas de que você precisa para sobreviver, como carne e leite, não têm cheiros particularmente fortes se comparados, por exemplo, com muitas frutas e vegetais.

Mas a ideia central de Schatzker, de que estamos caçando sabores em busca de nutrição ausente, é cada vez mais bem embasada. Um artigo do húngaro-americano Albert-László Barabási, físico e professor de ciência das redes na Northeastern University, tentou mapear a complexidade química da dieta (Barabási, Menichetti & Loscalzo, 2020). O estudo aponta que o Departamento de Agricultura dos Estados Unidos quantifica 67 componentes nutricionais no alho, que, apesar de parecerem muitos, não passam de uma fração dos mais de dois mil componentes químicos distintos que sabidamente o alho contém.

Barabási usou a base de dados FooDB (uma iniciativa canadense que mantém dados de composição química de alimentos comuns e não processados) para estimar que há mais de 26 mil substâncias químicas em alguns alimentos integrais. São essas as moléculas eliminadas pelo ultraprocessamento. Lembremos que, como apontaram Nicole Avena e Paul Hart, os materiais de construção básicos dos AUPs são carboidratos, gorduras e proteínas industrialmente modificados, e os processos pelos quais eles passam removem quase toda a complexidade química. A intensidade do ultraprocessamento significa que as vitaminas são destruídas (ou deliberadamente removidas no caso de branqueamento), as fibras, reduzidas, e há perda de moléculas funcionais como polifenóis. O resultado são muitas calorias, mas bem pouco de outro tipo de nutrição.

Por lei, exige-se dos fabricantes que seus produtos sejam suplementados com algumas vitaminas e minerais para que não desenvolvamos doenças decorrentes de deficiência. Mas isso não resolve todo o problema. Alimentos integrais contêm milhares de moléculas a mais do que os fabricantes acrescentam de volta, e são os efeitos de saúde mais sutis dessas moléculas que poderiam ser responsáveis pelos benefícios consolidados de comer alimentos integrais — proteção contra cânceres, doenças cardíacas, demência e morte prematura.

Essas milhares de substâncias químicas proporcionam benefícios para a saúde, mas também sabor. E assim, quando elas são eliminadas, o sabor deve ser acrescentado de volta. Mas esse sabor adicionado não contém nenhum dos nutrientes perdidos cuja presença ele deveria sinalizar.

Comer mais em busca de nutrição foi, sem dúvida, observado em animais. O cirurgião veterinário Richard "Doc" Holliday ofereceu um bom exemplo (Holliday & Helfter, 2014). Doc cuidava de algumas vacas no Missouri, mas a chuva tardia fez com que o estoque de alimento para o inverno carecesse de nutrição, deixando as vacas doentes e fazendo com que dessem à luz bezerros natimortos. Parecia que as vacas tinham deficiência de nutrientes, apesar do fato de terem começado a comer quantidades enormes — até um quilo por dia cada — de seus suplementos nutricionais, uma mistura de vários minerais. Para descobrir o que se passava, Doc e os fazendeiros decidiram deixar as vacas escolherem a partir de cochos de minerais individuais. Quando um dos fazendeiros atravessava o estábulo carregando uma saca de zinco para encher um desses cochos, ele foi atacado pelas vacas.

Holliday conta a história em seu livro: "De repente, muitas das vacas em geral dóceis o cercaram, arrancaram a saca de mineral de seus braços, a abriram com os dentes e consumiram vorazmente cada bocado do mineral, a saca e até um pouco da lama e do esterco onde o mineral tinha caído".

Nos dias que se seguiram, as vacas ignoraram todos os outros minerais exceto o zinco, antes de se voltarem gradualmente também para outras forragens. Acontece que as vacas tinham entrado em um círculo vicioso. A comida delas carecia de zinco, então elas começaram a comer cada vez mais daquela forragem misturada, que *continha* um pouco de zinco, mas também de cálcio. O cálcio interfere na absorção do zinco, logo, quanto mais as vacas comiam, menos elas de fato obtinham.[11]

A proposta de Schatzker é que, assim como as vacas de Doc Holliday, podemos estar consumindo mais comida para compensar o fato de ela ter se tornado cada vez mais deficiente em micronutrientes. O ultraprocessamento reduz os micronutrientes a ponto de as dietas modernas levarem à má nutrição mesmo quando causam obesidade (Scrinis, 2020a; 2020b; Elizabeth *et al.*, 2020; Reardon *et al.*, 2021). Para grupos vulneráveis, como bebês e crianças vivendo à base de dietas de qualidade marginal, AUPs e bebidas ultraprocessadas podem causar tanto obesidade *quanto* atraso de crescimento (Swinburn *et al.*, 2019).[12]

Isso não se limita a países de baixa renda. Crianças de cinco anos de idade no Reino Unido não apenas têm uma das taxas de obesidade mais altas da Europa, como também estão entre as de menor estatura, em um nível bem significativo — mais de cinco centímetros mais baixas do que as crianças dinamarquesas e holandesas da mesma idade, as quais, a propósito, também têm algumas das taxas mais reduzidas de obesidade (National Food Strategy, 2021; OECD iLibrary, 2018). No século XVIII, os homens estadunidenses eram de cinco a oito centímetros mais altos do que os da Holanda. Hoje, a partir de dois anos de idade, os holandeses são consistentemente mais altos. Na idade adulta, a média do homem holandês é de 182,5 centímetros, e a média da mulher holandesa, de 168,7 centímetros. Seus equivalentes estadunidenses medem 5,1 e 5,2 centímetros a menos, respectivamente.[13]

Há também evidências de que concentrações de diferentes antioxidantes, vitaminas e minerais afetam diretamente o peso ao alterar os níveis do hormônio leptina, que por sua vez afeta o apetite e a regulação do peso corporal. Quando crianças que anteriormente tiveram obesidade e possuíam deficiência em vitamina D perdiam peso, seus níveis de vitamina D melhoravam. Em contrapartida, o crescimento da ingestão de cálcio parece reduzir o ganho de peso — esse foi um estudo bastante específico, então não vá tomar uma superdose de cálcio: ele não é um medicamento para perda de peso e você vai acabar com deficiência de outras coisas, assim como aquelas vacas (García, Long & Rosado, 2009).

Também não podemos escapar do problema através de suplementos. Os micronutrientes são muito mais benéficos e eficientes quando integrados na matriz alimentar do que na forma de suplemento. Independentemente de estarmos falando de fitoquímicos, vitamina E ou A, ou outras vitaminas solúveis em gordura, ferro heme ou metilfolato, eles estão todos mais disponíveis em sua forma natural. Lembra o artigo que tanto influenciou Carlos Monteiro, de autoria de Jacobs e Tapsell? Ele indicava que, ainda que os padrões dietéticos tenham benefícios para a saúde, ninguém conseguiu extrair as moléculas que conferem esses benefícios. Peixes fazem bem — cápsulas de óleo de peixe nem tanto.

Os aromatizantes, ou as moléculas que afetam o gosto e o cheiro dos alimentos, são um indicador de baixo conteúdo de micronutrientes. Esse pode ser um dos motivos pelos quais AUPs levam à obesidade e a tantos daqueles outros efeitos de saúde que têm sido vistos nos dados epidemiológicos. E, importante, se os aromatizantes são "naturais" ou não, é irrelevante.

Se Mark Schatzker tiver razão, os sabores fora de contexto podem estar confundindo a habilidade do corpo de fazer as associações corretas entre um nutriente e um alimento. Para isso acontecer, os sabores têm de ser honestos e vir da própria comida.

# 13

# ULTRAPROCESSADOS TÊM GOSTO ESTRANHO

Enquanto os sabores são, na verdade, cheiros — moléculas detectadas no nariz —, os intensificadores de sabor são, na verdade, gostos; são detectados na boca e incluem sal, açúcar e moléculas como o glutamato monossódico.

Fui comer Pringles na casa de Xand com um amigo chamado Andrea Sella para tentar entender tudo isso. Sella é um professor italiano de química da UCL. É alto, erudito, engraçado e excêntrico do jeito que pessoas inteligentes costumam ser. Eu queria que ele explicasse por que havia intensificadores de sabor — glutamato, guanilato e inosinato — na Pringles.

Não dá para apressar Sella, e você também não vai querer fazer isso. A resposta dele começou com os defeitos do risoto feito com caldo de legumes antes de passar sem interrupção para a história da química da cozinha começando no século XVIII, eventualmente voltando para a receita de risoto da mãe dele: "Se você usar ossos e tendões de carne bovina, faz um risoto num nível completamente diferente do que se usar caldo de legumes. O caldo de legumes não tem...", Sella procurou enojado a palavra certa, "... não tem corpo."

Essa falta de corpo se deve ao fato de, no caldo de legumes, faltarem tipicamente algumas daquelas moléculas que reparei na Pringles: glutamato, guanilato e inosinato, também registradas como ribonucleotídeos em diversas listas de ingredientes.

Os humanos desenvolveram um sistema de detecção muito sofisticado na boca para essas moléculas porque elas significam proteína digerível — não a proteína da carne crua, mas proteína de carne perfeitamente maturada e cozida. Elas são a marca de peixes e vegetais fermentados, caldos de carne ricos, queijos maturados. É por isso que as comidas com essas moléculas têm um gosto tão bom. Uma dessas comidas é o risoto da mãe de Sella. As moléculas estimulam os receptores na sua boca e indicam que há nutrição de verdade a caminho. Quando você engole um pouco do risoto, seu intestino é preparado para manejar alguma delícia rica em carne, aminoácidos livres. Com a Pringles, a história é diferente.

Andrea Sella encerrou a palestra sobre o risoto e pousou uma de suas Pringles teatralmente sobre a língua. Para entendermos o que está prestes a acontecer com ele e a batata, e por que ele vai achar difícil parar de comer, precisamos entender direito o paladar. Ele começa com a língua.

A superfície da Lua é mapeada com mais precisão do que a superfície da boca e tem uma geografia menos confusa.

Examine a sua língua e você verá pequenas papilas. Elas não são botões gustativos. São papilas gustativas. Os botões gustativos são pequenos demais para serem vistos a olho nu e não são salientes (estão mais para encovados), sendo encontrados nas papilas gustativas — centenas deles por papila. Dentro de cada botão gustativo, há cerca de cem células especializadas que têm em si receptores especializados para detectar moléculas na sua comida, transformar essas moléculas em um sinal e mandá-lo para o cérebro. Você sente gosto na boca toda e um pouco no fundo da garganta, e, ao contrário do que popularmente se acredita, não parece haver áreas específicas para cada gosto (Chandrashekar *et al.*, 2010; Breslin, 2013; Keast & Breslin, 2003; Henquin, 2012).

Na verdade, os receptores gustativos são encontrados por todo o corpo na laringe, nos testículos e nas vísceras. Há receptores de amargo nos pulmões e receptores de doce no cérebro, no coração, nos rins e na bexiga.[1]

Exatamente quantos gostos existem é questão de debate. Quando os fisiologistas falam sobre gosto, eles realmente querem dizer: "Existe um receptor específico para detectar uma molécula específica?". Estamos bem certos de possuir, pelo menos, cinco tipos de receptores para cinco gostos distintos na boca: doce, umami, azedo, salgado e amargo.[2] Também podemos ter gostos específicos para água, amido, maltodextrinas, cálcio, vários outros metais e ácidos graxos, mas é notavelmente difícil ter certeza se estamos detectando de verdade o gosto. A boca também estima a resistência da mordida, a pastosidade, a viscosidade, a gelatinosidade e assim por diante. O gosto gorduroso pode ser, de fato, a alteração da fricção da língua contra a boca e o dente: o óleo é escorregadio de um modo diferente da saliva.

O gosto doce é estimulado por todas as moléculas de açúcar simples que podemos usar para energia. O carboidrato mais doce que ocorre naturalmente é a frutose — quase desagradável de tão doce. A glicose é uma experiência muito mais amena. Também somos capazes de detectar os açúcares da quebra de amidos que são semelhantes à maltodextrina. Não sentimos o gosto deles exatamente como doce, mas eles parecem ativar áreas do cérebro associadas a recompensa.

O gosto salgado vem de sais de sódio e alguns outros poucos componentes. Produtos com "baixo teor de sal", usados com frequência por pessoas com pressão alta, são feitos de cloreto de potássio, que têm uma salinidade, mas seu gosto não parece exatamente certo. Temos agora razoável certeza de que existe um canal de sódio específico na pele da boca que detecta o sal. Esses canais de sódio são encontrados nos tecidos parecidos com pele por todo o corpo, fazendo os íons de sódio circular, ainda que não esteja claro como eles detectam a concentração de sal e enviam essa informação para sua consciência (Chandrashekar *et al.*, 2010; Breslin, 2013).

O sabor umami vem daquelas três moléculas conhecidas das listas de ingredientes de AUPs: inosinato, guanilato e glutamato. O glutamato é encontrado no leite materno, em algas marinhas, tomates, vieiras, anchovas, queijo, molho de soja, presunto curado e muitos outros alimentos. O inosinato é encontrado, sobretudo, em peixes — bonito e sardinha desidratados. Ele começa a se formar assim que o peixe morre, chegando ao nível máximo por volta de dez horas depois. O guanilato é encontrado, especialmente, no shiitake e em outros cogumelos desidratados, formado a partir da quebra do DNA em células que estão morrendo.

O gosto azedo vem de ácidos. Foram propostos muitos receptores para esse gosto, mas, basicamente, ninguém sabe como sentimos o gosto do vinagre ou do ácido ascórbico (vitamina C). Quase todos os outros animais têm aversão a gostos azedos — experimentos feitos em outros primatas mostram que eles o cospem (Breslin, 2013). Mas, para os humanos, o gosto pode ser útil. A acidez é, afinal, um sinal de fermentação em vez de putrefação. Quando as bactérias fermentam um alimento, elas produzem ácidos que o preservam. Os lactobacilos no leite digerem a lactose em ácido lático fazendo o iogurte, que aguenta até dez vezes mais sem estragar. É provável que a vitamina C seja a razão original para que tenhamos nos aferrado à detecção do azedo, porque ela é mesmo o único sabor azedo importante nutricionalmente. Ao contrário de muitos animais, nós não sintetizamos vitamina C nem comemos coisas cruas frescas o bastante para garantir que obteremos o suficiente sem especificamente ir atrás disso. A combinação de doce e azedo reflete frutas maduras, cheias de vitamina C — deve ser por isso que somos atraídos para tal combinação.

É provável que esses quatro gostos — doce, salgado, azedo e umami — sejam manejados por basicamente quatro receptores. Mas o amargo é outra história. O amargo indica "potencialmente tóxico", e há um número enorme de estruturas químicas diferentes que têm gosto amargo. Precisamos de 25 genes diferentes para detectar o amargor, o que nos dá a habilidade de detectar toxinas. Mas podemos aprender a adorar o amargor também. Café amargo fará uma criança ter engulho e ânsia de vômito, mas você pode aprender a associar o sabor amargo com a euforia da cafeína, de modo que ele se torne essencial para tornar a vida adulta tolerável. Plantas comestíveis contêm toxinas inextricavelmente ligadas a nutrientes. Essas toxinas tendem a ser destruídas pelo fígado, que maneja todo o sangue que vem das vísceras. Mas até um alimento que contenha uma pequena dose de múltiplos componentes amargos será experimentado como intensamente amargo — nossa boca faz um grande trabalho de contabilizar a dose total de cada toxina e se o fígado é capaz de manejar todas elas (Breslin, 2013).

O gosto é importante para animais onívoros, enquanto os que comem mais restritamente perderam a capacidade de sentir gostos. Os gatos perderam o receptor do gosto doce; os pandas, o receptor de umami. Os leões-marinhos parecem sentir poucos gostos como um todo — muitas de suas presas são engolidas inteiras —, mas eles ainda têm olfato. Enquanto isso, baleias e golfinhos parecem ter perdido totalmente o olfato. Os animais se livram de coisas que já não lhes são evolutivamente úteis. O fato de termos mantido órgãos sensoriais tão elaborados, e o tecido neurológico para processar a informação, significa que o paladar e o olfato são muito importantes para os humanos.[3]

Todos os gostos se afetam mutuamente também. Se você preparar e beber um coquetel de sacarose, glutamato monossódico, cloreto de sódio, ácido cítrico e sulfato de quinina, vai experimentar esse coquetel simultaneamente doce, umami, salgado, azedo e amargo. Você consegue pescar os componentes individuais, mas o quanto gosta de cada um é afetado pelos outros. Gostamos do umami, mas apenas no contexto de sal ou açúcar — o glutamato monossódico em si não é agradável. Os gorilas toleram taninos vegetais amargos se o conteúdo de açúcar for alto. O mesmo vale para crianças humanas e quase qualquer comida. Do mesmo modo, a quinina é, por excelência, amarga, ainda que associada com o açúcar ela se torne agradável na água tônica.

A importância disso é que os fabricantes de AUPs podem sequestrar essas interações de sabores para nos levar a consumir seus produtos. Eles o fazem de várias maneiras. Primeiro, usam um truque do qual grandes cozinheiros lançam mão há séculos: intensificação de sabor. Em concentrações e combinações específicas, doce, azedo, salgado e umami "intensificam" sabor, tornando a comida mais deliciosa. As melhores comidas tradicionais de muitas culturas vão usar vinagre azedo, açúcar ou mel doce, sabores de umami e muito sal. Pense num prato italiano de massa: ácido do tomate e do vinagre, açúcar dos tomates, sal acrescentado e parmesão ralado rico em glutamato. É o mesmo princípio, mas as empresas de AUPs levam isso a outro nível.

Vamos usar a Coca-Cola como exemplo, porque ela é o refrigerante de cola mais popular, ainda que qualquer outro do tipo funcione. Quando foi inventada, o objetivo era criar uma bebida para animar as pessoas, e a fórmula original continha extrato de folhas de coca — provavelmente uma pequena quantidade de cocaína, ainda que seja difícil ter certeza[4] — e cafeína. A cocaína e a cafeína são ambas extremamente amargas, então a empresa acrescentou muito açúcar para disfarçar isso. Mas aquele amargor inicial foi, na verdade, uma vantagem. Foi aquele amargor extremo que *permitiu* a adição de mais açúcar à bebida — o que não teria sido possível de outro modo.

Não teria sido possível porque temos uma aversão natural a açúcar em excesso. Não conseguimos comer mel às colheradas ou punhados de açúcar comum. Eles são literalmente enjoativos de tão doces.

A razão para isso é provavelmente bem simples: o corpo não quer absorver açúcar numa taxa que exceda sua capacidade de removê-lo do sangue. Sangue com alto teor de açúcar é nocivo de muitas maneiras. O açúcar é alimento para bactérias, para começo de conversa, e ter muito açúcar no sangue também provoca grandes passagens de água das células para o sangue. Isso aumenta o volume sanguíneo e faz os rins produzirem urina, o que resulta em desidratação. Daí que urinar demais seja um dos primeiros sintomas de diabetes.

A Coca-Cola moderna ainda tem o amargor do café, impulsionado por uma acidez que vem do ácido fosfórico. Juntos, eles permitem que uma quantidade enorme de açúcar passe despercebida pela língua.[5] Mas não fazem isso sozinhos. A efervescência da bebida também contribui, assim como a sugestão de que ela seja servida bem gelada. Por razões que não estão inteiramente claras, você pode suprimir o dulçor se deixar algo gelado e gasoso. Um experimento caseiro demonstra isso: Coca-Cola pura e em temperatura ambiente, apesar do amargor e da acidez, é tão doce que é quase impossível de tomar.

Os bons cozinheiros intensificam sabores e gostos ao combiná-los, mas entendo que os AUPs são o equivalente nutricional do *speedballing*. No mundo das drogas ilegais, *speedballs* são tipicamente uma mistura de um sedativo, como a heroína, com um estimulante, como o crack. Um faz dormir (overdoses de opioides causam morte ao interromper a respiração), enquanto o outro faz acordar (as overdoses de crack levam à morte ao aumentar tanto a pressão sanguínea que os pacientes têm derrames). Ao misturar os dois, os usuários conseguem ingerir mais de ambos. As pessoas também fazem isso de modo menos prejudicial (mas, ainda assim, frequentemente, com consequências fatais) com cafeína e álcool: um espresso martíni ou vodca com Red Bull são *speedballs* de nível básico — a cafeína estimulante contrabalançando os efeitos sedativos do álcool. Essa abordagem do uso de drogas como um parque de diversões é um tema ao gosto dos AUPs.

Quando ingerida de acordo com as instruções, eu gostaria que pensássemos na Coca-Cola como se estivéssemos aproveitando esses gostos diferentes de uma maneira que cria uma confusão sensorial parecida com o *speedballing*. Os aspectos ácido, amargo, gelado e gaseificado permitem que as corporações multinacionais de bebidas façam muito mais açúcar passar despercebido pelo palato da criançada do que seria possível de outro modo: afinal, uma lata tem nove colheres de chá de açúcar. Servi Coca-Cola pura e em temperatura ambiente para Lyra, que só conseguiu tomar alguns goles (e ela comeria açúcar *às colheradas* direto do açucareiro se tivesse a chance).

Mas *por que* a Coca-Cola Company quer nos fazer beber todo esse açúcar? Você se lembra daqueles estudos com ratos aprendendo a gostar de sabores alinhados a calorias? Bem, o mesmo vale para os seres humanos. Dana Small, neurocientista de Yale, fez uma série de experimentos em humanos que demonstraram que aprender ou não a querer um sabor específico parece depender de quanto nossa glicose no sangue varia quando o consumimos (Veldhuizen *et al.*, 2017). A equipe deu aos voluntários bebidas aleatoriamente saborizadas e, depois de algumas exposições, eles aprenderam a querer os sabores que tinham sido alinhados a um carboidrato sem sabor, a maltodextrina. Quanto mais o açúcar no sangue subia, mais eles queriam o sabor. Então pode ser que, ao usarem gás, gelo, ácido e cafeína para dar às pessoas doses enormes de açúcar — e, com elas, uma carga calórica imensa e um pico de glicose sanguínea —, os fabricantes de refrigerantes de cola estejam fazendo você desejar os seus produtos cada vez mais.

Isso pode explicar um fenômeno bizarro de precificação notado pela primeira vez na América Central, mas comum em países de baixa renda no mundo todo. Bebidas doces gaseificadas são quase tão baratas ou mais baratas do que água engarrafada. Obviamente, é mais caro produzir refrigerante de cola, mas, uma vez que as pessoas compram um, elas vão comprar mais. É mais barato produzir água, só que é mais difícil fazer com que as pessoas bebam muito dela. Em San Cristóbal, no México, residentes acusaram a Coca-Cola de provocar falta de água em seu ímpeto de produção, tudo enquanto as vendas aumentavam. A empresa argumentou que tinha sido injustamente difamada, declarando ao *New York Times* que, embora estivesse usando centenas de milhares de litros de água por dia, isso tinha pouco impacto no abastecimento de água da cidade, pois os poços causados pela empresa eram bem mais profundos do que as fontes superficiais que abastecem os residentes da região, e apontando outros fatores, como a rápida urbanização e a falta de investimento do governo.[6]

Ao fazer *speedball* com diferentes gostos e sensações, os AUPs conseguem forçar muito mais calorias para dentro de nós do que seríamos capazes de manejar de outra forma, criando recompensas neurológicas enormes que nos fazem continuar voltando para mais. Isso é ruim, mas está longe de ser o único problema. Também há adoçantes artificiais de zero caloria com os quais se preocupar. O que acontece quando o sabor em nossa boca não bate absolutamente com as calorias?

✽

Em 14 de outubro de 2012, Donald Trump, futuro presidente dos Estados Unidos, tuitou uma observação sobre a Coca-Cola diet: "Nunca vi uma pessoa magra tomando Coca-Cola diet". No dia seguinte, ele seguiu com o que parecia ser uma pergunta: "Quanto mais Coca-Cola diet, Pepsi diet etc. você bebe, mais peso você ganha?". Em 16 de outubro, Trump parecia resoluto em sua perspectiva da questão: "A Coca-Cola Company não está contente comigo — tudo bem, eu vou continuar bebendo aquele lixo".

Então, passada uma semana, depois de ter feito algum tipo de experimento pessoal, ele chegou a uma conclusão sobre o efeito psicológico da bebida: "As pessoas estão enlouquecendo com os meus comentários sobre a Coca-Cola diet (refrigerante). Vamos encarar — esse negócio simplesmente não funciona. Faz você ficar com fome".

Muita pesquisa com adoçantes de baixas calorias foi feita desde o tuíte final, mas uma década depois ele ainda é um pequeno resumo do estado da ciência. Trump havia compreendido algo que muitos médicos e cientistas nutricionais não conseguiram captar: o gosto doce na boca afeta o corpo de outras maneiras além de provocar um pouco de prazer.

Pode parecer óbvio que adoçantes artificiais, por não conterem calorias, não podem provocar obesidade. Mas, se você consegue entender como uma bebida com zero caloria pode levar a ganho de peso e doença metabólica, terá entendido uma das maneiras mais decisivas por meio das quais os AUPs parecem causar problemas de saúde.

Se a comida contém um adoçante artificial, ela é, por definição, AUP. Esses adoçantes costumavam se limitar a pequenos sachês e refrigerantes diet. Agora estão em tudo: pães, cereais, barras de cereais, iogurtes "light", sorvete sem adição de açúcar, leite saborizado. São acrescentados a condimentos como ketchup com teor reduzido de açúcar, geleias sem açúcar e xaropes para panqueca sem açúcar. Encontram-se até em medicamentos, multivitamínicos e produtos de higiene como pasta de dente e enxaguante bucal. Os mais comumente consumidos são o ciclamato e a sacarina — o mais barato e mais antigo —, e o mercado global vale por volta de 2,2 bilhões de dólares por ano.

O que exatamente os adoçantes artificiais fazem com a sua saúde não está claro, mas não parece nada bom. Existem estudos financiados por instituições como o Medical Research Council [Conselho de pesquisa médica] e o National Institutes of Health [Institutos nacionais de saúde], relativamente livres de conflitos de interesses corporativos, que mostram que os adoçantes artificiais estão associados a ganho de peso e diabetes (Imamura *et al.*, 2015; Fowler *et al.*, 2008; Fowler, 2016; Nettleton *et al.*, 2009). Enquanto também há estudos que sugerem que os adoçantes não acarretam nenhum efeito significativo à saúde, ou que podem ser benéficos, autores de muitos desses estudos declararam relações com empresas de alimentos como a Abbott, a Danone e a Kellogg's (Gallagher *et al.*, 2021; Tate *et al.*, 2012).

Uma grande análise dos dados (Miller & Perez, 2014) publicada no *American Journal of Clinical Nutrition*, que não encontrou relação entre adoçantes de baixa caloria e peso corporal, incluiu a seguinte afirmação sobre conflitos de interesse: "Agradecemos ao International Life Sciences Institute Low-Calorie Sweetener Committee [Comitê de adoçantes de baixa caloria do instituto internacional de ciências da vida] por oferecer feedback e revisar o protocolo do estudo e o manuscrito". O que o artigo não mencionava era que esse comitê tinha sido fundado pela Pepsi, pela Coca-Cola e por muitas outras das principais empresas alimentícias.[7]

Quando até uma análise estatística executada pela indústria não consegue encontrar um benefício significativo para adoçantes de baixo teor calórico, isso deve ser motivo de alarme. Minha leitura pessoal dos dados é que as bebidas que contêm adoçantes de baixo teor calórico estão ligeiramente mais ligadas à obesidade e ao diabetes tipo 2 do que seus equivalentes açucarados, mas não se esqueça de que as bebidas adoçadas com açúcar estão muito fortemente ligadas a essas coisas — ser apenas tão ruim quanto uma bebida açucarada é terrível.

Mas qual é o problema quando remover o açúcar da comida não melhora a saúde? Allison Sylvetsky, professora associada do Instituto Milken de Saúde Pública, fez um estudo com crianças estadunidenses e descobriu que beber refrigerantes com baixo teor calórico ou refrigerantes adoçados com açúcar, ou ambos, estava associado a um aumento no consumo total de calorias e açúcar na comparação com beber água: refrigerantes de baixo teor calórico podem promover um consumo excessivo geral (Sylvetsky *et al.*, 2019).

Em outras palavras, Trump estava certo (não que isso se tenha traduzido em algum tipo de regulamentação quando ele se tornou presidente). Quando os adoçantes são consumidos com até uma pequena quantidade de açúcar, os níveis de insulina parecem aumentar de forma significativa. Isso causará uma queda no açúcar no sangue e pode até dar fome, levando a uma maior ingestão de comida (mais uma vez, ver os tuítes de Trump). Essa é uma das incongruências dos AUPs, uma das mentiras explicadas por Barry Smith. O gosto de doce na boca prepara o corpo para o açúcar. Se ele nunca chega, isso é um problema.

Pode ser até um problema maior quando o açúcar é misturado com adoçantes artificiais. Dana Small fez outra série de estudos em que ofereceu aos voluntários bebidas de dulçor variado (usando diferentes doses de sucralose) e calorias variadas (usando maltodextrina sem sabor). Algumas bebidas tinham muitas calorias, mas nenhum dulçor; outras eram doces, mas não tinham calorias. Os artigos dela não são os mais fáceis de ler — "começar a comer" é formulado como "iniciação de atos consumatórios" —, e as conclusões no laboratório são difíceis de trazer para o mundo real. Mas, ainda assim, suas descobertas são intrigantes. Ela mostrou que o grau em que as pessoas aprendem a desejar um sabor era afetado não apenas pelas calorias da bebida, mas pela correspondência entre o dulçor e as calorias (Dalenberg *et al.*, 2020).

Tão alarmante quanto outro estudo — em que Small deu a voluntários saudáveis bebidas que continham quantidades variadas de sucralose, açúcar ou ambos — que parece demonstrar que uma mistura de adoçante com açúcar diminui a resposta do corpo à insulina de um modo semelhante ao do diabetes tipo 2.[8]

Tudo isso sugere que quando o açúcar é consumido com adoçantes artificiais, como acontece no mundo real, ele produz efeitos nocivos à saúde metabólica. Mesmo que a Pepsi e a Coca-Cola não misturem diretamente açúcar e adoçantes, seus consumidores podem muito bem estar comendo outros AUPs enquanto tomam esses refrigerantes.

Além dos efeitos no metabolismo do açúcar e na insulina e do potencial aditivo, também há evidências de que tomar adoçantes aumenta a preferência por outros alimentos doces (Onaolapo & Onaolapo, 2018; Bartolotto, 2015). Um pequeno estudo mostrou que o desejo por açúcar era reduzido depois de uma pausa de duas semanas de todos os adoçantes artificiais. Um adoçante artificial em particular — Splenda, que contém sucralose e maltodextrina — também parece alterar a atividade cerebral em ratos em áreas que controlam ingestão de comida, obesidade e gestão energética, bem como tem efeitos no próprio intestino (Rodríguez-Palacios *et al.*, 2018; De-La-Cruz *et al.*, 2018).

Os adoçantes artificiais também podem perturbar o microbioma, a população de bactérias que vive sobre e dentro de nós, formando uma parte vital de nossos sistemas digestivo e imunológico. Esse efeito foi amplamente reportado por causa de um artigo muito proeminente na *Nature* (Suez *et al.*, 2014). Evidências de estudos com animais mostraram que a sucralose perturba o microbioma do intestino, mesmo em níveis aprovados pelas agências reguladoras, e com certeza em níveis que os humanos consomem com frequência.[9]

Então, pode ser que adoçantes artificiais de baixo teor calórico estejam contribuindo para o aumento de doenças metabólicas como diabetes tipo 2 pelo mundo. Isso segue sem provas, mas a pesquisa nos dá, sim, uma ideia de que há, pelo menos, um mecanismo plausível.

Tudo isso é preocupante porque substituir o açúcar por adoçantes de baixo teor calórico é um alicerce tanto de políticas governamentais do Reino Unido quanto da indústria de refrigerantes — que almeja poder alegar que está beneficiando a saúde pública.

Espero que, a essa altura, você se dê conta de que os quatro semáforos verdes na lateral de uma lata de bebida diet são inapropriados.

Muitos governos nacionais propuseram impostos sobre o açúcar. Essas propostas parecem sensatas e reduzem a ingestão de açúcar, mas também convidam à reformulação com adoçantes de baixo teor calórico. O Reino Unido impôs uma tributação sobre o açúcar em 2018[10] porque seus adolescentes consumiam aproximadamente uma banheira cheia de refrigerante por ano.[11] O imposto levou a uma redução dramática de 44,3% nas vendas de bebidas açucaradas, uma queda de mais de quarenta mil toneladas de açúcar consumidos entre 2015 e

2019. Isso pareceria justificar o imposto. Mas mesmo com as pessoas consumindo 10% menos açúcar por família, o volume de refrigerantes consumido não mudou (Pell *et al.*, 2021). Em vez disso, as pessoas começaram a tomar mais bebidas adoçadas artificialmente.

A instituição filantrópica First Steps Nutrition descobriu que 65% das crianças que estão começando a andar consomem uma média de uma lata de bebida artificialmente adoçada por dia (Sibson & Crawley, 2019). É mesmo muito difícil encarar isso como um triunfo da saúde pública, especialmente porque as regulamentações atuais do Reino Unido proíbem a adição de adoçantes artificiais a alimentos especialmente comercializados para bebês e crianças. E enquanto os adoçantes artificiais não estragam diretamente os dentes, muitas bebidas diet ainda são bastante ácidas e podem danificar significativamente o esmalte dentário das crianças.

A adição de adoçantes tem permitido as alegações de saúde feitas a respeito de uma série de produtos ultraprocessados, e muitos agora têm um logotipo de aprovação do Good Choice Change4Life. Change4Life é uma campanha de marketing social da Public Health England que, entre outros objetivos, busca aumentar a consciência sobre os níveis de açúcar nos alimentos e incentiva os consumidores a mudar para alternativas com baixo teor de açúcar. Isso é extraordinário diante da ausência total de qualquer evidência de que melhorem a saúde e das preocupações muito reais sobre seus malefícios.[12]

Apesar dos dados preocupantes que mostram os possíveis males e os poucos benefícios, o consumo de bebidas adoçadas artificialmente continua.[13] Nos círculos governamentais e políticos, existe uma percepção de que qualquer mudança regulatória em direção a coisas que são saudáveis é um triunfo, já que é tão difícil fazer isso. Não estou necessariamente convencido a esse respeito, mas não tenho de tentar fazer políticas. Pessoalmente, penso que, se a ideia é evitar que as crianças desenvolvam doenças relacionadas à alimentação, introduzir políticas que incentivem crianças de dois anos a beber, em média, uma lata inteira de refrigerante gaseificado artificialmente adoçado *todos os dias* não parece um bom jeito de chegar lá. Isso manda a mensagem de que essas bebidas são saudáveis, e isenta de responsabilidade a indústria que as vende.

Enquanto eu lia os artigos de Dana Small, ocorreu-me que aquelas dissonâncias entre gostos e nutrição são encontradas em todos os

AUPs. As gomas e pastas de que Paul Hart tinha me falado criam uma sensação de gordura na boca. Quando elas fazem isso no contexto de um iogurte com teor zero de gordura ou de uma maionese com baixo teor de gordura, quais são os efeitos em nossa fisiologia interna? Ninguém sabe. E ninguém sabe o que os intensificadores de sabor fazem naquela batata Pringles que Andrea pousou sobre a língua.

Mas aqui está o que eu desconfio que aconteça — e minhas desconfianças são sustentadas por uma série de dados (Breslin, 2013).

O formato de sela da Pringles, devidamente conhecido como um paraboloide hiperbólico, é quase exatamente congruente com a curvatura da língua, o que significa que cada botão gustativo da boca de Andrea Sella estava em contato com a batata. Assim, quando ele mastigava, a dupla curvatura do formato fazia a batata quebrar de maneira irregular, algo que os engenheiros chamam de falha catastrófica. Enquanto mastigava ruidosamente, Sella começou a explicar como seus receptores de umami deveriam estar preparando sua fisiologia interna para alguma coisa como o risoto de sua mãe. "Mas", engoliu ele, "tudo o que chegará é uma triste bolinha de fécula de batata."

E então, com uma confusão fisiológica que mal chega à superfície de nossa experiência consciente, nós nos vemos buscando outra Pringles — procurando aquela nutrição que nunca chegou. É fácil ver a Pringles como um pedaço de genialidade técnica malévola, como um produto deliberadamente concebido para engendrar obesidade. Mas ela foi criada na década de 1960, e não acho que alguém pretendia torná-la viciante.[14] Na corrida armamentista de produtos disponíveis em nossos mercados, contudo, são aqueles com propriedades viciantes que sobrevivem.

Então, ao usar aditivos que afetam o sabor e combinar experiências sensoriais, os AUPs passam sorrateiramente mais recompensas (como açúcar) por nossas línguas do que de outro modo toleraríamos. Isso nos faz ansiar por AUPs mais do que jamais ansiaríamos por comida caseira. E, ao criar discrepâncias entre as sensações na boca e a nutrição no intestino, as empresas chegaram (mesmo que acidentalmente) a um método para impelir um consumo maior.

Mas, e quanto a todos os outros aditivos — milhares deles — que você pode usar para identificar AUPs? Será que eles têm algum efeito específico na nossa saúde?

# 14
## ANSIEDADE ADITIVA

Todo mundo no meu hospital come Pret.* Das janelas hospitalares é possível avistar as lojas da rede, e há mais duas no raio de uma caminhada de cinco minutos. E com certeza isso é uma coisa boa, certo? A marca Pret é implacavelmente natural, ética e saudável.

É por isso que fui lá um dia na última semana da minha dieta — para um descanso dos AUPs. Comprei um pouco de sopa tailandesa vermelha, mas, na mesma hora, identifiquei um sabor marcante conhecido. Dei uma olhada na lista de 49 (!) ingredientes e localizei maltodextrina e extratos de especiarias. Verifiquei os ingredientes do pão do meu sanduíche, algo que, em anos comendo Pret, eu nunca tinha feito: estéreis de ácido mono- e diacetil-tartárico de mono- e diglicerídeos de ácidos graxos.

Esses ingredientes estavam em discordância com a marca que eu achava que conhecia. Veja a afirmação feita on-line pela Pret em 2016: "A Pret foi inaugurada em Londres em 1986 [...] e faz sanduíches adequados, evitando substâncias químicas, aditivos e conservantes obscuros comuns a tantas das comidas 'prontas' e 'rápidas' no mercado".

O site usava as palavras "natural" ou "naturalmente" outras seis vezes.

A Real Bread Campaign escreveu à empresa para verificar essas alegações e descobriu que os produtos da Pret continham um "coquetel de aditivos", incluindo aqueles que mencionei anteriormente, assim como E920 (hidrocloridato de l-cisteína), E472e (estéres de ácidos tartárico de mono- e diglicerídeos), E471 (mono- e diglicerídeos de

* Pret A Manger é uma rede britânica de fast food que se apresenta como saudável. [N.E.]

ácidos graxos), E422 (glicerol), E330 (ácido cítrico) e E300 (ácido ascórbico). A Real Bread Campaign questionou Clive Schlee, então CEO da Pret, se a empresa pararia de acrescentar os aditivos ou de fazer as alegações de "natural" em suas campanhas de marketing. Schlee refutou ambas as alternativas. Então, a Real Bread escreveu para a Advertising Standards Agency, o comitê de autorregulação sobre publicidade no Reino Unido, que disse à Pret para parar de fazer as alegações de "produzido pela natureza". Um porta-voz da Pret tentou manejar a história: "Realmente gostaríamos de encontrar uma solução, e nossa equipe de alimentos tem trabalhado duro testando receitas que não levam emulsificantes. Eles ainda não encontraram uma que atenda aos padrões que nossos consumidores esperam".[1]

É possível que nossas expectativas fossem diferentes se pães não emulsificados e sem aditivos estivessem mais amplamente disponíveis. Mas considere isso da perspectiva dos proprietários da Pret, a JAB Holding Company. Trata-se de um conglomerado privado estabelecido em Luxemburgo, com um valor total de mais de 120 bilhões de dólares em 2020.[2] Fazer pão sem esses aditivos seria muito mais dispendioso, e os consumidores, no momento, não parecem sequer muito cientes de que a Pret os utiliza.

Mas será que deveríamos efetivamente nos preocupar com isso? Com certeza esses aditivos passaram por uma burocracia regulatória que exige muitos testes de segurança, os quais, por fim, concluíram que eles são OK, certo? Eu antes presumia que "aditivos", que abarcam todas aquelas substâncias acrescentadas à comida para propósitos tecnológicos específicos, eram simplesmente indicadores de AUPs, um sinal de todos os outros processamentos que fazem mesmo mal, mas que, em si, são seguros e necessários. E eu relutava em me deixar levar por qualquer "ansiedade aditiva", que costuma ser encontrada no âmbito de uma agenda anticiência mais ampla.

A ansiedade aditiva surgiu pela primeira vez, previsivelmente, nos anos 1970, na Califórnia, quando um pediatra, Ben Feingold, sugeriu que os aromatizantes e corantes artificiais podem causar transtorno de déficit de atenção com hiperatividade (TDAH). Ele foi desacreditado pela comunidade médica, e creio que eu também o teria desconsiderado na época. A comida, afinal, é feita de substâncias químicas. *Nós* somos feitos de substâncias químicas. E se substâncias químicas sintéticas podem ser tóxicas, as produzidas naturalmente também podem.

Contudo, à medida que eu falava com especialistas em AUPs, ficava claro que esses aditivos podem estar causando um efeito mais significativo em nosso corpo do que eu tinha imaginado. Comecei a pensar em como os adoçantes e intensificadores de sabor provocam um descompasso entre gosto e nutrição passível de ser prejudicial. E então encontrei um estudo publicado em 2007, 25 anos depois da morte de Feingold.

Ele foi financiado pela UK Food Standards Agency [Agência de normas alimentares do Reino Unido] e incluiu por volta de trezentas crianças (McCann *et al.*, 2007). Elas receberam seis corantes e um conservante, ou um placebo. As crianças que tomaram as bebidas intensificadas com aditivos tiveram pontuação mais alta de hiperatividade do que as que consumiram placebos. O estudo foi publicado na revista *Lancet*, e alimentos e bebidas que contenham quaisquer desses seis corantes artificiais devem agora levar um aviso na embalagem no Reino Unido: "Pode ter um efeito adverso na atividade e na atenção em crianças".[3] Se isso vale para os corantes, há boas razões para ficarmos realmente preocupados também em relação a outros aditivos alimentares?

Não está claro que quantidade ou até quantos aditivos nós ingerimos. Na União Europeia, mais de dois mil deles são autorizados. Nos Estados Unidos, o número é (apavorantemente) desconhecido, mas acredita-se que seja superior a dez mil (Neltner *et al.*, 2011). Como a produção se tornou inteiramente automatizada, com robôs controlados por computador cortando legumes, moendo carne, misturando massa, expulsando massa e embalando o produto final, muitos aditivos são necessários para que a comida consiga resistir ao processo. Se as cores e os sabores se perdem quando a comida é sujeita a essa malhação robótica, então, como temos visto, eles podem simplesmente ser substituídos quimicamente.

Existem tantos milhares desses aditivos que eu não seria nem capaz de mencionar as principais categorias. Há sabores, intensificadores de sabor, corantes, emulsificantes, adoçantes artificiais, espessantes, umectantes, estabilizantes, reguladores de acidez, conservantes, antioxidantes, agentes espumantes, agentes antiespumantes, agentes de massa, agentes carbonatadores, agentes de revestimento, agentes quelantes, agentes branqueadores, agentes levedantes, agentes clarificadores etc.

Vou me concentrar em apenas um punhado, como modo de entender como eles afetam nosso corpo e como eles são (ou não) regulamentados.

Uma grande categoria de aditivos é a dos emulsificantes, encontrados nos pães. Na verdade, eles são quase universais nos AUPs.

Quase tanto quanto o DNA, os emulsificantes são as moléculas da vida.[4] Os emulsificantes são constituídos de uma parte que adora gordura e de outra que adora água, o que significa que eles podem ser uma cola para unir essas duas substâncias imiscíveis. O corpo humano é cheio desses emulsificantes, e eles são encontrados por toda a natureza, bem como na comida tradicional. A gema de ovo na maionese ou a mostarda no molho de salada estão lá, em parte, como emulsificantes, permitindo que o vinagre aguado ou os óleos gordurosos se misturem.

Um dos emulsificantes mais comuns que você vai notar em listas de ingredientes é a lecitina, que pode ser derivada de ovos, de soja ou de outras fontes. As lecitinas são classificadas como naturais, mas costumam ser constituídas de misturas bastante não naturais de substâncias químicas que ocorrem naturalmente, uma vez que passam por processos de modificação. Você também vai notar polisorbato 80, carboximetilcelulose e o tipo que você vai encontrar em tantos pães no Reino Unido: estéreis de ácido mono- e diacetil-tartárico de mono- e diglicerídeos — também conhecido como E472e, ou DATEM.

O DATEM é produzido por meio do processamento de gorduras animais ou vegetais (triglicerídeos). Eles não ocorrem naturalmente, mas, como as lecitinas, são parecidos com moléculas biológicas, e essa similaridade pode ser perigosa. Em experimentos em células feitos em laboratório, o DATEM parece capaz de se introduzir nas membranas celulares, o que pode explicar alguns dos resultados que você está prestes a ler sobre como prejudicam os intestinos (Naimi *et al.*, 2021; Levine *et al.*, 2022). Não se sabe exatamente como o DATEM funciona na comida. Ele fortalece, abranda e muda as interações entre as proteínas, a água e os carboidratos do pão, e contribui para a viscosidade úmida e o longo prazo de validade de muitos pães ultraprocessados comerciais.

A companhia química estadunidense DuPont produz uma variedade de emulsificantes. O DATEM leva a marca Panodan.[5] Eles têm também outro emulsificante que adiciona mais cremosidade a produtos com baixo teor de gordura, que é amplamente usado em chicletes e PVC, e outro que pode melhorar o desempenho da massa de bolo e da estrutura de migalhas — enquanto também funciona bem em plásticos como um agente "antiembaçante".

Mas a substância semelhante a emulsificantes mais famosa com que a DuPont já trabalhou é o ácido perfluorooctanoico ou PFOA. Ele costumava ser usado para impedir que revestimentos de Teflon se aglutinassem durante a produção. É uma daquelas "substâncias químicas eternas" que se acumulam em qualquer organismo que calhar de ingeri-las. De acordo com um relatório de 2016 feito pela Agência de Proteção Ambiental dos Estados Unidos, ele está associado a colesterol alto, enzimas hepáticas elevadas, resposta vacinal reduzida, defeitos congênitos, hipertensão gestacional e câncer de testículos e renal (Environmental Protection Agency, 2016).

Ao longo de várias décadas depois que a DuPont começou a usar PFOA, nos anos 1950, a empresa descartou centenas de milhares de quilos no Rio Ohio e em "tanques de digestão", a partir dos quais ele entrou no lençol freático local e, portanto, na água potável de mais de cem mil pessoas perto da fábrica da Washington Works na Virginia Ocidental.[6] Enquanto fazia o descarte da substância, simultaneamente a companhia conduzia estudos médicos sobre os seus potenciais malefícios. Descobriu que o PFOA causava cânceres e defeitos congênitos em animais. Então, descobriu defeitos congênitos nos filhos de alguns de seus funcionários. De acordo com Rob Bilott, o advogado ambiental que atuou no processo coletivo contra a empresa, "a DuPont havia tentado, por décadas, acobertar ativamente suas ações. Ela sabia que essa coisa era nociva e a descartou na água de qualquer jeito. Eram fatos ruins".[7]

Fatos deveras ruins. De acordo com seus próprios padrões internos, o limite máximo seguro de PFOA na água potável era de uma parte por bilhão. A água potável da região continha três vezes esse nível, mas a DuPont não tornou público esse fato. Até agora, as ações judiciais contra a DuPont chegaram a acordos antes dos julgamentos, com um total de quatrocentos milhões de dólares de custos para companhia.[8] Os casos ainda estão em litígio, mas a DuPont que fez tudo isso, em alguns sentidos, já não existe.

A *NBC News* reportou em 2020 que a empresa havia liquidado suas obrigações compensatórias e de limpeza para empresas menores que não têm dinheiro algum para arcar com elas. A DuPont nega ter criado subsidiárias para transferir as responsabilidades para longe de si, mas uma das empresas que a DuPont reitera não ter sido criada com esse propósito agora a processa, argumentando que a DuPont escondeu intencionalmente o escopo de suas responsabilidades quando as liquidou.[9]

O PFOA não é um emulsificante alimentar, e ele é nocivo de maneiras muito diferentes e em doses muito diferentes do que os emulsificantes usados em alguns AUPs. Mas penso que falar sobre o PFOA é uma informação útil por duas razões.

Primeiro, você pode tender a fazer compras como um ativista e evitar empresas que podem ter causado danos ambientais significativos. (Ainda que, reconhecidamente, a cadeia produtiva emaranhada dos AUPs signifique que é quase impossível saber os nomes ou até a quantidade das diferentes empresas envolvidas na construção de um único produto. É praticamente impossível descobrir qual empresa produziu o DATEM usado para fazer o seu pão.)

Segundo, quando chegarmos aos aspectos reguladores dos aditivos alimentares, você verá que o sistema atual espera que você confie que empresas como a DuPont se autocertifiquem e se autorregulamentem. A história sobre o PFOA pode influenciar o grau de confiança que você tem nelas.

Além de serem produzidos por empresas com históricos legais controversos, no entanto, existem evidências de que os emulsificantes nos AUPs são nocivos? Bem, sim. E a maior parte do mal parece decorrer das mudanças provocadas no nosso microbioma.

✽

A equação que descreve um donut e as equações que descrevem você e eu são essencialmente as mesmas: somos todos cilindros com uma parede dupla. O tubo no meio são seus intestinos, com ramificações para seus ouvidos, pulmões e alguns outros lugares, todos revestidos de muco, uma mistura complexa de água, proteínas, glicoproteínas. Ele não é gorduroso nem gelatinoso, mas, curiosamente, fibroso e extremamente variável. É uma camada viva cheia de anticorpos e células de imunidade que ajudam a manter a paz com os outros residentes dos intestinos: o microbioma ou microbiota.

Uma enorme produção tem sido escrita sobre o microbioma, mas nosso conhecimento dele ainda é relativamente pequeno. Porém, estamos começando a conseguir um ponto de apoio em parte da ciência básica, ainda que não tenhamos certeza das implicações.

Durante o nascimento, e nos dias e semanas que se seguem, um novo humano é colonizado por entre dez trilhões e cem trilhões de micróbios.[10] Durante os primeiros meses de vida, o sistema imunológico do bebê e seu novo microbioma se testam e se moldam em uma dança complexa e parcamente compreendida. O bebê que é amamentado recebe o microbioma da mãe, e anticorpos específicos do leite favorecem o desenvolvimento de bactérias úteis. Há um envolvimento frenético durante os primeiros anos de vida, até que a criança e algumas centenas de espécies decidam se assentar juntas e que o microbioma se torne um dos maiores órgãos imunológicos do corpo. Fornecemos aos micróbios um abrigo de muco úmido e quente cheio de nutrição, e eles formam biofilmes, películas de lodo que limitam a habilidade de vírus e bactérias nocivos de fazer mal a eles ou a nós. Eles são um consórcio, uma coalizão, que serve de baluarte contra supostos invasores ou colonizadores.

Para cada uma de suas células existem, segundo algumas estimativas, cem outros organismos vivos que fazem parte de você: vírus, fagos, bactérias, protozoários, arqueobactérias, fungos e até alguns animais como vermes e ácaros. Você tem vinte mil genes humanos, mas muitos milhões de genes bacterianos.[11] O maior número de organismos se encontra nas vísceras e no fim do intestino delgado (onde a comida é digerida) e ao longo do intestino grosso, ou cólon, onde a água é absorvida e as fibras são fermentadas. O cólon humano possui a maior densidade de bactérias entre quaisquer ambientes na Terra, incluindo o solo de florestas tropicais. Todavia, mais importante do que o número de fato é a diversidade: entre quinhentas e mil espécies só de bactérias existem sobre e dentro de você. Cada um de nós tem um conjunto único de espécies, que mudam ao longo do tempo. O motivo exato não é conhecido, mas cuidar da comunidade de criaturas que compõem nosso corpo está intimamente ligado a uma boa saúde — e isso significa ter uma boa dieta.[12]

Os micróbios nos seus intestinos são um motor digestível adaptável: produzem vitaminas e transformam alimentos não digeríveis em moléculas que têm efeitos benéficos para o coração e o cérebro. É por isso que as fibras nos fazem bem. A fibra é, grosso modo, qualquer carboidrato cujas enzimas para digerir nós não temos. Possuímos um número muito reduzido de enzimas que digerem carboidratos codificadas em nosso próprio genoma, mas nossas bactérias nos fornecem muitas outras. As bactérias no cólon fermentam as fibras para produzir energia para si mesmas, o que cria moléculas de resíduos chamadas ácidos graxos voláteis de cadeia curta. Usamos esses ácidos graxos para obter energia e para todo tipo de outros propósitos — eles ajudam a diminuir a inflamação, regulam o sistema imunológico e são combustíveis especializados para o coração e o cérebro. Resumindo, como as vacas de Eddie Rixon, nós vivemos parcialmente com resíduos de bactérias em nossas entranhas.

Só que o relacionamento com nosso microbioma é de limites rigidamente impostos. Precisamos manter os micróbios do cólon no cólon. Se organismos amistosos forem parar no lugar errado, podem rapidamente se tornar hostis. A maioria das infecções do trato urinário, por exemplo, é causada por bactérias fecais indo parar no sistema urinário, que não consegue lidar com elas.

Quando o revestimento do intestino é danificado por comida, antibióticos ou invasores, a população do microbioma muda: recebemos novas espécies com as quais não assinamos um tratado de paz. Elas não se desenvolveram com uma obrigação de cuidar de nosso intestino: para elas, somos simplesmente um nicho a ser explorado. E, como todo novo colonizador, elas destroem a cultura e o ecossistema locais tanto deliberadamente quanto acidentalmente. Isso se chama disbiose. Estamos cada vez mais certos de que a disbiose está ligada à doença inflamatória intestinal (ou seja, doença de Crohn e colite ulcerativa), enterocolite necrosante em bebês prematuros (uma condição que costuma ser fatal, em que o intestino se extingue), condições inflamatórias severas (como artrite reumatoide), doenças autoimunes (como esclerose múltipla ou diabetes tipo 1), doenças alérgicas (dermatite atópica e asma) e transtornos metabólicos (obesidade e diabetes tipo 2), bem como câncer e até transtornos mentais sérios (Nickerson *et al.*, 2014; Bäckhed *et al.*, 2012; Dinan *et al.*, 2015; Gilbert *et al.*, 2018).[13] A comunicação entre o intestino e o cérebro não é bem entendida, mas a comunidade diversa de protozoários, fungos, arqueobactérias e bactérias não está lá apenas por benesse — elas parecem ter voz de voto no que mandamos para dentro e como levamos nossa vida. Está cada vez mais claro que elas influenciam nossos pensamentos, emoções e decisões.

Não está claro se a disbiose causa ou é causada por essas condições e muitas outras, mas é possível que todas elas tenham suas origens patogênicas em uma maior reatividade do sistema imunológico ao microbioma.

Isso pode acontecer se nossa dieta induzir uma mudança na população de vírus e bactérias que prejudicam a barreira intestinal. Essa barreira é feita de ligações estreitas entre células, mucos e células de imunidade, que trabalham juntos para manter o microbioma em rédea curta. Quando está prejudicado, o intestino começa a vazar micróbios e seus produtos residuais para o resto do corpo. Muitas coisas em nossa dieta podem mudar a população do microbioma e a integridade da parede intestinal, incluindo gordura, fibras e — notavelmente — emulsificantes.

Dois dos emulsificantes mais onipresentes e, portanto, mais estudados são a carboximetilcelulose e o polisorbato 80. O polisorbato 80, também conhecido como monooleato de polioxietileno sorbitano ou E433, é um emulsificante inteiramente sintético. É encontrado em muitos picles kosher, sorvetes, aerossóis de chantili, pastas de dente, cremes hidratantes, xampus e tinturas para cabelo. A carboximetilcelulose — também conhecida popularmente como goma de celulose ou E466 — foi inventada durante a Primeira Guerra Mundial. É um polímero feito de açúcares vegetais alcalinizados com um processo químico que usa ácido cloroacético. Você vai encontrá-la em muitos produtos com AUPs espessos e grudentos — ela os impede de se separar. Coisas como o Brownie Flavour Milk da Tesco, o Caramel Latte da Costa e a massa para cookies sabor milk-shake da Müller. Ela também está em uma marca de desodorante roll-on chamada Rexona, em colírios e até em uma marca de microenema chamada Norgalax. Mas você pode comprá-la on-line em grandes pacotes se curtir gastronomia molecular ou diarreia.

Então, vou acrescentar uma nova ideia: se você estiver se perguntando se algo é AUP, uma boa regra geral provavelmente é que, se qualquer um dos ingredientes também puder ser encontrado no seu desodorante ou enema, então provavelmente é.

Em 2015, uma equipe dos Estados Unidos e de Israel publicou uma série refinada de experimentos sobre carboximetilcelulose e polisorbato 80 no prestigioso periódico *Nature* (Chassaing *et al.*, 2015). (Isso não quer dizer que os artigos da *Nature* nunca estão errados, mas esse foi o primeiro de um número crescente deles que mostraram todos a mesma coisa.) Os pesquisadores testaram o polisorbato 80 e CMC em ratos em concentrações mais baixas do que todos nós comemos com muita regularidade.[14]

Depois de apenas doze semanas, as mudanças foram dramáticas. A barreira de muco estava bastante prejudicada. Em ratos saudáveis, as bactérias dos intestinos estão suspensas em uma camada de lodo longe das células que revestem os intestinos, mas, nos ratos tratados com emulsificantes, as bactérias estavam praticamente encostando nessas células. Em última instância, os intestinos começaram a vazar tanto que os componentes bacterianos podiam ser detectados na corrente sanguínea dos ratos. Os tipos de vírus e bactérias do microbioma também foram afetados, com níveis reduzidos de Bacteroidales — bactérias tipicamente associadas à saúde — e níveis maiores de bactérias que quebram o muco e causam inflamação. Bactérias como a *Helicobacter pylori*, conhecida por provocar câncer e úlcera em humanos, começaram a se proliferar. Em geral, houve uma redução na diversidade do microbioma, que é uma das características definidoras da saúde.

Sob o microscópio, os intestinos dos ratos estavam tão inflamados que parecia que tinham desenvolvido colite. Essa inflamação se espalhou por todo o corpo dos ratos, e eles começaram a comer mais e a ganhar peso. À medida que os emulsificantes interrompiam sua habilidade de lidar com a glicose, alguns avançaram em direção ao diabetes tipo 2 relacionado à alimentação.

Para conferir que esses efeitos eram mediados através do microbioma, a equipe repetiu o experimento em ratos estéreis (nascidos e criados sem qualquer bactéria nos intestinos) e não descobriram nenhum dos efeitos. Então transplantaram fezes dos ratos tratados com emulsificantes e as introduziram no cólon dos ratos estéreis, e todos desenvolveram os mesmos problemas. Como um todo, esse estudo ofereceu evidências robustas de que, no caso desses dois emulsificantes comuns, os efeitos nocivos se devem aos danos causados no microbioma.[15]

A conclusão do artigo da *Nature* propôs que os emulsificantes alimentares "podem ter contribuído para o aumento, depois de meados do século XX, de doença inflamatória intestinal, síndrome metabólica e talvez outras doenças inflamatórias crônicas".

Comer em excesso pode ser impulsionado por aditivos alimentares que alteram o microbioma e promovem a inflamação intestinal. É claro, ratos não são pessoas, mas os efeitos de diferentes componentes de AUPs no revestimento delicado dos intestinos e o efeito resultante em nosso cérebro estão cada vez mais evidentes.

✽

Só que os emulsificantes não são os únicos aditivos de AUPs que afetam nosso microbioma. Maltodextrinas[16] são cadeias sintéticas de moléculas de açúcar que costumam ser encontradas em AUPs. Elas acrescentam textura e estendem o prazo de validade, parecendo aumentar aquela recompensa que tiramos da comida, apesar de quase não ter gosto nenhum. (Lembre-se de que elas foram usadas nos estudos de Dana Small sobre como aprendemos a desejar comida.)

À primeira vista, as maltodextrinas parecem razoavelmente inofensivas, mas, em experimentos, parecem causar tensão celular, danos aos delicados revestimentos mucosos, inflamação intestinal e resposta imunológica reduzida contra bactérias. Elas também podem estar ligadas ao aumento de doenças inflamatórias crônicas, como a doença de Crohn e o diabetes tipo 2. Estudos em ratos mostraram que as maltodextrinas incentivam a *Salmonella* e a *E. coli* a começar a formar filmes de lodo e a penetrar no muco do corpo (Nickerson *et al.*, 2014; Nickerson & McDonald, 2012; Arnold & Chassaing, 2019; Hofman, Van Buul & Brouns, 2016). Evidências revelam não que os emulsificantes provocam inflamação em todas as pessoas, mas sim que, se você tiver um risco genético de doença inflamatória intestinal, o que pode ser totalmente desconhecido para você, a maltodextrina ou os emulsificantes podem expô-lo.

Então há todas aquelas gomas. A goma xantana é uma que consumimos constantemente. É um exopolissacarídeo: um lodo açucarado secretado pela bactéria *Xanthomonas campestris*, que forma podridão negra em vegetais.

A goma é usada como espessante, mas tem uma propriedade notável: quando sacudida ou esguichada, torna-se temporariamente mais fina, então verte com mais facilidade. Quando está mais uma vez em repouso, ela é espessa e gruda. É usada em pasta de dente, em bebidas para pessoas que têm dificuldade para engolir e para espessar lama de perfuração da indústria petrolífera, já que ela mantém os sólidos suspensos na lama (e no molho para salada), de modo que podem ser extraídos mais facilmente de um óleo.

Eu tinha presumido que a goma xantana era inofensiva — embora nojenta. Mas um pesquisador chamado Matthew Ostrowski, no Departamento de Microbiologia e Imunologia da Universidade de Michigan, observou mais detidamente o que a goma xantana faz no corpo (Ostrowski *et al.*, 2021). Ostrowski descobriu que a goma xantana, na verdade, é um alimento para uma nova espécie bacteriana. Examinando os dados da população, parece que a goma impeliu a colonização de bilhões de pessoas por essa bactéria, que está completamente ausente de populações que não ingerem goma xantana — as quais Ostrowski só conseguiu encontrar em grupos remotos de caçadores-coletores. Ademais, se você tem essa espécie bacteriana, então também pode ter outra espécie novata que se alimenta dos produtos de quebras feitas pela primeira. Os efeitos dessas bactérias ainda não foram compreendidos, mas está claro que a goma xantana cria uma cadeia de alimentos nos intestinos humanos e, como os vírus e bactérias que ela alimenta podem colonizar bebês muito novos, ela pode acarretar efeitos significativos no desenvolvimento do sistema imunológico.

Artigos sobre o efeito de diferentes aditivos no microbioma não param de se acumular. A trealose, um açúcar aditivo que foi considerado seguro nos Estados Unidos em 2000, tem sido atrelada a surtos da superbactéria *Clostridium difficile*. Muitos dos emulsificantes comumente usados, incluindo o estearato de glicerol, o monoestearato de sorbitano e carrageninas, demonstraram alterar os níveis gerais de bactérias benéficas na microbiota dos intestinos quando examinadas em estudos humanos (Rodríguez-Palacios *et al.*, 2018; Naimi *et al.*, 2021; Nickerson *et al.*, 2014; Chassaing *et al.*, 2015; Nickerson & McDonald, 2012; Arnold & Chassaing, 2019; Nair *et al.*, 2021; Roberts *et al.*, 2010).

À luz disso, você poderia esperar que as empresas alimentícias não usassem essas substâncias.

Mas, se elas são tão ruins, como entraram em nossos alimentos para começo de conversa?

# IV

## Mas eu já paguei por isso!

# 15
# ÓRGÃOS DESREGULADORES

Em junho de 2017, uma empresa sediada em Iowa, nos Estados Unidos a Corn Oil ONE — então chamada CoPack Strategies —, notificou voluntariamente a Food and Drugs Administration [Administração de alimentos e drogas] (FDA) de que pretendia comercializar um produto chamado "COZ corn oil" [óleo de milho COZ].[1]

A FDA é o regulamentador de aditivos alimentares e fármacos nos Estados Unidos, então era a agência certa a ser contatada. Qualquer fármaco que você já tenha tomado foi licenciado por, pelo menos, um entre os poucos e supostamente "rigorosos" regulamentadores de fármacos como a FDA. Obter uma licença para fármacos envolve submeter uma grande quantidade de dados de testes em animais e humanos, bem como dar acesso livre a todos os locais de pesquisa e produção à agência e a seus especialistas. É por isso que é tão caro conseguir uma licença para fármacos — a testagem adequada pode chegar a centenas de milhões de dólares.[2]

Imaginei que os aditivos alimentares nos Estados Unidos teriam de passar por um processo similar, porque são regulamentados pelo mesmo órgão federal. E imaginei também que, por estar familiarizado com o tédio reconfortante da burocracia regulatória farmacêutica, eu seria capaz de entender os aspectos práticos do processo. Contudo, quando entrei no site da FDA e comecei a ler, descobri que não conseguia entender absolutamente nenhuma das exigências sobre testagem e submissão de dados. Eu não conseguia sequer entender a definição de um aditivo. Isso parecia um sinal de que a FDA vinha adotando uma abordagem complexa e detalhada. Mas achei que deveria pedir que alguns especialistas em regulamentação de aditivos alimentares explicassem, só para garantir.

Maricel Maffini e Tom Neltner são dois dos autores de um artigo de 27 páginas publicado em 2011 com o título de "Navigating the U.S. Food Additive Regulatory Program" [Navegando o programa regulador de aditivos alimentares dos Estados Unidos] (Neltner *et al.*, 2011). O nome deles apareceu consistentemente em periódicos de prestígio no alto de artigos que abordam (alerta de *spoiler*) as lacunas significativas no sistema regulador de alimentos dos Estados Unidos (Maffini, Neltner & Vogel, 2017; Neltner *et al.*, 2013a). Falei com os dois separadamente, mas eles formam uma dupla muito mais dinâmica. Maffini é bioquímico e fisiologista, enquanto Neltner é engenheiro químico e advogado.

Eles usaram o exemplo do óleo de milho COZ para me explicar o processo de regulamentação de aditivos alimentares.

Você pode estar se perguntando, como eu me perguntei, por que a empresa consultara a FDA sobre algo tão benigno quanto óleo de milho. Esse é um óleo popular nos Estados Unidos, obtido de grãos de milho. Mas o óleo de milho em questão era feito de um jeito novo.

Era extraído da "polpa" do milho, usada para produzir biocombustível etanol para carros. A polpa contém antibióticos e outros aditivos, e o "óleo de milho dos destiladores" que poderia ser extraído dela só havia sido permitido anteriormente em forragem para gado. A empresa queria processar mais esse óleo e torná-lo alimento para humanos para acrescentar valor ao resultado final dos negócios.

O processamento adicional e o fato de que agora ele seria comida humana significavam que deveria ser considerado um novo aditivo alimentar. A empresa tinha três opções de como apresentá-lo ao mercado.

Primeiro, e mais rigorosamente, eles podiam fazer um requerimento à FDA para uma revisão completa do novo óleo de milho e tê-lo formalmente registrado como um aditivo alimentar. Isso não significaria o mesmo escrutínio que para um novo fármaco, mas implicaria submeter um grande volume de dados à FDA. O processo pode levar muitos anos.

As exigências para que novos ingredientes fossem formalmente aprovados como aditivos alimentares foram estabelecidas na década de 1950, a partir das crescentes preocupações do Congresso com a segurança de centenas de substâncias químicas novas e produzidas industrialmente que estavam transformando o modo como os estadunidenses cultivavam, embalavam, processavam e transportavam a comida. Um relatório da época estimou que mais de setecentas substâncias químicas eram então usadas na comida, das quais apenas cerca de quatrocentas eram sabidamente seguras. O relatório dizia: "Eminentes farmacologistas, toxicologistas, fisiologistas e nutricionistas expressaram receio de que muitas das substâncias químicas adicionadas à comida hoje não foram testadas o suficiente para estabelecer sua não toxicidade e adequação para o uso em alimentos" (Delaney, 1951).

Poderia ter sido escrito ontem. Os cientistas da década de 1950 não estavam tão preocupados com coisas que são obviamente tóxicas, já que isso é relativamente fácil de ser testado. A preocupação era com "substâncias que podem produzir efeitos nocivos apenas depois de meses ou anos de uso".

Temos testes razoavelmente bons para saber se moléculas provocam câncer, defeitos congênitos ou toxicidade imediata, só que males mais sutis e de longo prazo eram — e ainda são — muito mais difíceis de avaliar. É difícil discernir se um aditivo provoca questões que são detectáveis apenas depois de muitos anos de exposição — depressão, aumento de suicídio entre adolescentes, ganho de peso no início da vida adulta, fertilidade reduzida, doenças inflamatórias ou doenças metabólicas como diabetes tipo 2.

Nos anos 1950, o Congresso reconheceu as possíveis conexões entre essas doenças e aditivos alimentares e o desafio de comprová-las. Em especial, direcionaram a FDA para considerar "os efeitos cumulativos" dessas substâncias químicas. "Cumulativo" é uma palavra importante aqui.

Tomemos a função da tireoide como exemplo. Sabemos que doses baixas de muitas substâncias químicas que são acrescentadas à nossa comida ou que acabam em nossa comida vindas de pesticidas ou embalagens podem afetar a tireoide. Éteres de difenila polibromados, perclorato, pesticidas organofosforados, substâncias per- e polifluoralquiladas (PFAS), bisfenol A, nitratos e ortoftalatos podem interferir em vários aspectos do sistema hormonal da tireoide. Uma baixa dose de qualquer um deles pode ser inofensiva. Mas, e quando todos eles estão presentes em baixas doses nas comidas que são consumidas por períodos prolongados?

Essas preocupações levaram à Food Additives Amendment [Emenda de aditivos alimentares], de 1958, que daria à FDA o poder de regular por completo os aditivos alimentares e exigir ampla testagem para garantir que eram seguros. Ela buscava proteger aqueles que poderiam estar vulneráveis, ou seja, todos nós que costumamos comer ou já comemos nos Estados Unidos, mas, em especial, as crianças, que são singularmente suscetíveis à presença de substâncias tóxicas em suas dietas — em parte porque elas ainda estão se desenvolvendo, em parte porque é provável que elas tenham mais tempo de exposição do que os adultos que são expostos pela primeira vez quando já estão na metade da vida, e em parte porque elas comem e bebem mais, proporcionalmente ao seu tamanho, na comparação com os adultos.

Mas — e esse é um "mas" importante — a emenda permitiu uma exceção ao termo "aditivo alimentar". Algumas substâncias deviam ser consideradas "*generally recognized as safe*" [reconhecidas de modo geral como seguras], ou GRAS, uma designação que pretendia permitir aos fabricantes de ingredientes comuns, como vinagre e sal de mesa, contornar o longo processo de revisão de segurança da FDA quando seus produtos fossem adicionados a comidas processadas.

Quase de imediato, no entanto, essa brecha passou a ser uma forma de as empresas contornarem completamente a FDA. Centenas de substâncias químicas foram acrescentadas de imediato à lista de GRAS. Não fica claro exatamente como algumas entraram na lista, já que muitos dos documentos são mantidos pelas empresas que fizeram originalmente a solicitação, enquanto a documentação e os dados que foram submetidos ao regulador não foram divulgados.

O registro de um novo aditivo como GRAS é a segunda opção oferecida pela FDA e o caminho que a Corn Oil ONE tomou. Se você não quer maiores aborrecimentos que asfixiem a inovação com muitas exigências de dados, então pode se candidatar voluntariamente para uma notificação GRAS e enviar alguns dados para a FDA, e (com sorte) eles mandarão uma carta de volta dizendo que não têm mais perguntas. Ufa!

Neltner me mandou a candidatura de oitenta páginas da Corn Oil ONE para a FDA ([s.d.]), que alegava que o óleo de milho era seguro baseado em dois estudos não publicados e na opinião de quatro especialistas convocados pela empresa. Fiz uma inspeção e reparei em um diagrama da estrutura molecular do óleo de milho. Essa era uma inclusão esquisita por diversas razões, mas, sobretudo, porque o óleo de milho não tem uma estrutura molecular — é feito de muitas moléculas diferentes.

Além disso, o diagrama parecia estranhamente familiar. Desenterrei um manual de farmacologia. Em vez da estrutura de um óleo, a empresa tinha inserido a fórmula molecular de um remédio para HIV chamado Lopinavir. Presumivelmente por equívoco. Mas incluir a estrutura molecular errada é uma pista de que essa pode não ser uma empresa com o tipo de abordagem minuciosa e detalhada que esperaríamos quando estão determinando a segurança dos aditivos em nossa comida.

A FDA também estava preocupada e identificou outras deficiências graves na determinação de GRAS da empresa. Que, por exemplo, usava um auxiliar de processamento feito pela DuPont chamado FermaSure XL (dióxido de cloro), o qual, de acordo com o blog de Tom Neltner e uma apresentação on-line da DuPont, eles comercializam como GRAS, ainda que a FDA tenha recusado um requerimento de GRAS em 2011.[3]

Você pode pensar que a FDA podia, a essa altura, pedir para inspecionar um local de produção, um pouco como pode fazer com uma farmacêutica, mas, na prática, ela não pode fazer isso se a empresa escolher a terceira opção oferecida, que é pedir que a FDA interrompa a avaliação do aditivo. Foi isso que a Corn Oil ONE fez quando a FDA questionou a evidência oferecida. No entanto, ainda que a empresa tenha pedido à FDA para interromper a avaliação do óleo, isso não significava que ela tinha de abandonar sua ideia de incluí-lo em alimentos graças a uma reinterpretação da lei original de GRAS por uma série de empresas.

Um grande número de pedidos de GRAS se acumulou nas décadas de 1960, 1970 e 1980, e assim as empresas decidiram tomar suas próprias decisões de segurança em segredo, sem contar à FDA. Em 1997, a FDA propôs que essa interpretação da emenda estava absolutamente OK e, em 2016, finalizou a regra, o que significa que ela está legalmente correta (Neltner *et al.*, 2011; Maffini, Neltner & Vogel, 2017).[4] Isso é conhecido como autodeterminação. Soa tão afirmativo e positivo, certo? Você pode simplesmente decidir se acha que seu produto é seguro e enfiá-lo na comida.

Como isso está muito longe de como os fármacos são regulamentados, tive de pedir a Maffini e Neltner que explicassem algumas vezes. Se a empresa que vai ganhar dinheiro com um ingrediente discorda das preocupações da FDA e acredita que seu produto é GRAS, então pode desistir da solicitação à FDA e pôr a molécula na comida de qualquer modo.

Não se sabe se o óleo de milho COZ jamais chegará a ser adicionado em alimentos, mas não há nada que impeça a Corn Oil ONE de comercializar o COZ como seguro desde que os cientistas de lá (os mesmos que confundiram a estrutura molecular do óleo de milho com a de um medicamento para HIV) acreditem que ele é. De acordo com Neltner, a FDA poderia ir à instalação ou à sede da empresa para investigar, mas não há evidência de que fará isso. O óleo de milho no balcão da sua cozinha, ou listado como um ingrediente em seu almoço, pode muito bem ter sido produzido usando uma tecnologia que o deixa cheio de aditivos e antibióticos sem licença. Mas tudo o que constará no rótulo será "óleo de milho".

Você pode estar se perguntando se não se trata de um exemplo muito extremo. Eu me perguntei a mesma coisa, e perguntei a Neltner com que frequência as empresas usam essa brecha. Não se sabe a quantidade de moléculas que foram autodeterminadas como sendo GRAS, porque as empresas que fazem isso não precisam informar a FDA. Desde 2000, houve apenas dez solicitações à FDA para aprovação completa de uma nova substância. Foram acrescentadas 766 novas substâncias químicas alimentares à provisão de alimentos desde então, o que significa que as outras 756 (ou 98,7%) foram autodeterminadas pelas empresas que as produzem (Backhaus & Benesh, 2022).

Maffini e Neltner repassaram essas solicitações e descobriram que apenas uma considerou os efeitos cumulativos dos aditivos de modo relevante. Menos de um quarto delas realizou o estudo de alimentação de um mês recomendado em animais, e menos de 7% fizeram testes para os efeitos no desenvolvimento ou na reprodução (Neltner *et al.*, 2013b). No contexto da fertilidade decrescente em países de alta renda, onde o consumo de aditivos é mais alto, esse é um déficit de informação impressionante.[5]

Neltner estima que há um universo de cerca de dez mil substâncias acrescentadas à comida nos Estados Unidos. Mas, como as empresas têm permissão para se autodeterminar, mesmo a FDA não tem uma lista completa, e estima-se que cerca de mil dessas substâncias foram autodeterminadas às escondidas.

O que Maffini e Neltner me disseram — que não existe regulamentação funcional de aditivos alimentares nos Estados Unidos capaz de garantir que a comida é segura — parecia tão bizarro que imaginei que estivessem exagerando. Liguei para Emily Broad Leib para ter certeza. Ela é professora em Harvard e diretora fundadora da Harvard Law School Food Law and Policy Clinic. Ela me disse exatamente a mesma coisa: que o processo todo é, agora, essencialmente voluntário.

Como professora de direito, ela encara que a brecha "frustra a vontade do Congresso", que, evidentemente, exigia que a FDA regulasse os produtos. Broad Leib utiliza o exemplo das gorduras trans para ilustrar por que a autodeterminação é um problema. As gorduras trans são produzidas quando a hidrogenação é usada para transformar óleos vegetais líquidos em gorduras sólidas mais úteis. A FDA reconheceu que essas gorduras provocavam centenas de milhares de ataques cardíacos e dezenas de milhares de mortes a cada ano. Levou décadas para tirá-las do suprimento alimentar dos Estados Unidos (ainda que os primeiros alertas tenham sido publicados na década de 1950!), mas, nesse caso, pelo menos sabíamos o que elas eram. Como Broad Leib apontou: "Se as gorduras trans tivessem sido autoaprovadas,[6] elas nunca teriam estado no radar de ninguém. Ninguém teria sido capaz de ligá-las ao aumento de ataques cardíacos e de mortes".[7]

✽

Os sabores são um problema à parte. A Flavor and Extract Manufacturers Association [Associação dos produtores de sabores e extratos] (FEMA) é uma organização comercial que congrega aproximadamente 120 empresas. Possui o próprio processo de determinação de GRAS, independente da FDA. As empresas submetem solicitações de GRAS ao painel de especialistas da organização, e a FEMA determinou mais de 2.600 substâncias aromatizantes como GRAS. A indústria de sabores está literalmente se autorregulamentando. Isso é um problema.

Tomemos o caso do isoeugenol, uma substância química que pode ser extraída do cravo, do manjericão e de gardênias, comumente adicionada como sabor a bebidas, chicletes e produtos de panificação. Foi certificado como GRAS pela FEMA. O Programa Nacional de Toxicologia dos Estados Unidos realizou um estudo porque ele possui uma estrutura semelhante à de algumas outras moléculas cancerígenas (US National Toxicology Program, 2010). Esse estudo encontrou evidências "claras" de que o isoeugenol provocou câncer de fígado em ratos — 80% dos ratos machos tratados tinham tumores no fígado.

Ainda assim, a FEMA declarou o isoeugenol como GRAS porque era um "fenômeno de altas doses sem qualquer relevância para avaliar o potencial risco de câncer do isoeugenol como ingrediente aromatizante de alimentos". A FEMA estimou a ingestão diária per capita do isoeugenol nos Estados Unidos como duas mil vezes menor do que a estimativa da Organização Mundial da Saúde — a qual ainda era menor do que a que foi estudada nos camundongos, mas os experimentos com esses animais estabeleceram um efeito dose-dependente (Nicole, 2013).

Se como consumidor ou como cidadão você está preocupado com isso, suas opções são limitadas. Você poderia processar uma empresa de ingredientes, mas vai ser difícil mostrar a conexão, ainda que saiba que um ingrediente está presente — e talvez você não saiba. A fala de Neltner foi desanimadora: "É quase impossível imaginar um cenário em que um consumidor poderia responsabilizar alguém sem um dano imediato e demonstrável. E digo isso como advogado".

Em resposta a um dos estudos de Maffini e Neltner que mostrava que faltavam dados sobre a ingestão máxima segura e a toxicidade reprodutiva da maioria dos aditivos, John Endres, diretor científico da AIBMR Life Sciences, que ajuda empresas a interagir com a FDA, argumentou que eles não podiam fornecer nenhuma evidência de dano. "Onde estão os corpos?", perguntou.[8]

Os corpos, é claro, podem estar à nossa volta. Imaginemos que o coquetel de dez mil substâncias químicas presentes nos alimentos nos Estados Unidos tenha efeitos adversos, mas que esses efeitos se manifestam de maneira indireta ao longo de vários anos — ao causar, por exemplo, redução da fertilidade, ganho de peso, ansiedade, depressão ou doenças metabólicas. Todas essas coisas cresceram com a nossa ingestão dessas substâncias químicas, mas é quase impossível provar ou refutar a causalidade quando os dados são tão limitados e a exposição é tão universal.

Apesar de que, como Broad Leib apontou, não estamos todos expostos no mesmo grau. Os aditivos exacerbam as desigualdades. Afinal, as pessoas que não têm muito dinheiro para botar comida na mesa costumam comer as marcas mais baratas, o que tende a significar produtos de empresas menores com uma probabilidade maior de utilizar aditivos autodeterminados. E os AUPs carregados de aditivos são o único alimento acessível para muitas comunidades que têm o conhecimento e o desejo de comer melhor, mas que simplesmente não têm os meios.

"É um exemplo enorme de injustiça", disse ela, "sobretudo quando você pensa em quem está se beneficiando do sistema alimentar: um pequeno número de indivíduos abastados que lucra à custa de um grande número de indivíduos marginalizados — populações de baixa renda, comunidades indígenas, pessoas não brancas."

A situação na Europa é ligeiramente melhor. A União Europeia lança mão de uma abordagem preventiva, mantém uma base de dados, divulga tudo e revisa os aditivos periódica e proativamente, mas ainda existem diversas lacunas nos testes. De fato, é difícil testar os efeitos crônicos mediados através do microbioma, então esses testes não são realizados. As palavras "obesidade", "disbiose" e "microbioma" estão praticamente ausentes dos relatórios da Autoridade Europeia para a Segurança dos Alimentos.

Há também uma questão ética aqui. Gastamos por volta de dois bilhões de dólares em estudos toxicológicos no mundo todo a cada ano e matamos cerca de cem milhões de animais de laboratório (Hartung, 2009). Um único teste de duas gerações de segurança reprodutiva pode usar mais de mil animais. Não acho que muitos de nós acreditem que corante alimentar é uma boa razão para matar esse número de animais, mas você não lê na embalagem o número de animais mortos para determinar a possível segurança dos aditivos.

Ademais, não somos ratos de setenta quilos: absorvemos e metabolizamos as substâncias de modo muito diferente. Existem diversos estudos que mostram que os testes em animais não se traduzem bem para os humanos.

Reconheço que estou feliz em utilizar dados de camundongos e ratos para sustentar meu próprio ponto de vista, mas existe uma diferença: estou tentando reduzir o risco à vida, enquanto os fabricantes de corantes alimentares estão tentando vender corantes alimentares. É justo dizer que um problema em um camundongo pode indicar um possível problema em um ser humano. Mas a ausência de um problema em um camundongo não torna um aditivo seguro.

É estranhamente ilógico que não façamos mais testes de aditivos em humanos e simplesmente acreditemos nas empresas que nos garantem que tais aditivos são seguros. Ou os comitês de ética estão recusando essas propostas, ou elas não estão sendo financiadas. Talvez não haja voluntários suficientes dispostos a beber uma solução de 1% de polisorbato durante um ano. Ou talvez o problema mais significativo seja encontrar pessoas que já não estejam fazendo isso como parte da dieta normal.

Temos um número ínfimo de acadêmicos e ativistas fazendo o que deveria ser trabalho do governo e tentando proteger os mais vulneráveis. Uma advogada como Emily Broad Leib poderia ganhar muito mais dinheiro trabalhando para a indústria alimentícia. Perguntei a ela se considerava mudar de lado: "Eu não conseguiria imaginar ter um emprego em que só estivesse ganhando dinheiro e tornando as coisas piores...". Ela deixou a frase morrer e franziu o rosto, como se nunca tivesse pensado nisso antes. "É difícil vislumbrar como eu poderia fazer isso. Como usar um diploma de direito melhor do que encontrando essas injustiças e tentando consertá-las?"

Fiz a mesma pergunta a Neltner, que disse que não perde muito tempo pensando em quanto dinheiro isso já lhe custou em termos de ganhos perdidos: "Estamos comprometidos com essa questão. Maricel e eu trabalhamos em equipe há doze anos — não vamos largar isso. Somos como um buldogue. Não! Somos mais como uma tartaruga mordedora. Elas nunca largam!".

A mim parece óbvio que tanto na Europa quanto nos Estados Unidos deveríamos adotar uma abordagem muito mais cautelosa em relação às moléculas que colocamos nos produtos comestíveis. O ônus da prova deveria estar com as empresas que fabricam e usam aditivos para demonstrar segurança no longo prazo. E precisamos de um volume muito maior de pesquisas independentes sobre como essas moléculas afetam nossa saúde de formas sutis no longo prazo.

Por que são os grupos da sociedade civil, ativistas e acadêmicos que devem provar que o acréscimo de milhares de novas moléculas inteiramente sintéticas à nossa dieta pode ser prejudicial? Com certeza esse não é o jeito certo de proceder. O fato de os ativistas terem de gastar tempo e dinheiro tentando resolver um problema criado pela indústria é só uma das maneiras pelas quais pagamos muitas vezes pelos AUPs — como eu estava prestes a descobrir em uma viagem para o Brasil.

# 16

# ULTRAPROCESSADOS DESTROEM DIETAS TRADICIONAIS

No início de 2020, fui para o Brasil. Eu trabalhava em uma investigação (ainda em andamento) a respeito da indústria de fórmulas infantis para o *British Medical Journal* e a BBC. Uma parte do projeto era examinar os efeitos da estratégia de marketing de alimentos industriais mais ambiciosa da história, empreendida pela Nestlé.

A Nestlé é uma multinacional suíça e a maior empresa de processamento alimentar do mundo.* Sua receita em 2021 foi de pouco mais de 95 bilhões de dólares — maior do que o PIB da maioria das nações. A Nestlé controla mais de duas mil marcas, desde ícones mundiais até favoritos regionais, e comercializa seus produtos em 186 países. Em 2016, a empresa realizou mais de 40% de suas vendas em mercados emergentes como o Brasil. Como Mark Schneider, presidente da companhia, disse aos investidores naquele ano: "Numa época em que [...] o crescimento está mais subjugado em economias estabelecidas, acredito que uma postura forte de mercados emergentes será uma posição vitoriosa".[1]

A maioria dos produtos da Nestlé é AUP. Mas a empresa também fabrica ração para animais de estimação (um tipo de AUP), alguns alimentos médicos (também AUPs) e água mineral, que minha esposa, Dinah, insiste em dizer que se trata do AUP supremo — pode não ter nenhum aditivo modernoso, mas pega o ingrediente mais barato do

* Em 2022, segundo o ranking elaborado anualmente pela Bloomberg, a JBS ultrapassou a Nestlé em termos de faturamento. [N.E.]

mundo e o comercializa agressivamente por nenhuma outra razão além de ganho financeiro.

Uma cultura alimentar tradicional forte é um desafio que as empresas alimentícias modernas têm de superar.

Ao longo da última década, o Brasil se tornou um foco para a Nestlé, impulsionado pelos mercados saturados na Europa e na América do Norte, e também por um crescente retrocesso na saúde pública. Para acessar as pessoas mais vulneráveis do Brasil, a Nestlé foi precursora na utilização de técnicas de marketing inéditas, sobretudo as "vendas diretas". Isso envolve equipes de vendas de porta em porta, vestidas em uniformes corporativos, empurrando carrinhos com sobremesas lácteas, biscoitos e alimentos embalados em favelas onde a infraestrutura normal de distribuição é escassa.

Na esteira de uma reportagem do *New York Times* sobre essa prática, em 2017,[2] o site usado pela empresa para propagandeá-la foi tirado do ar. Mas páginas arquivadas[3] mostram que a Nestlé descreveu o que fazia como dar "valor à sociedade",[4] com uma rede de duzentos microdistribuidores e sete mil vendedoras que comercializavam produtos fortificados da Nestlé para cerca de setecentos mil consumidores de baixa renda a cada mês. Na opinião da empresa, isso significava que "essas áreas estão se beneficiando não apenas de uma nova renda, como também de produtos enriquecidos com vitamina A, ferro e zinco — as três maiores deficiências nutricionais no Brasil".

A Nestlé também tinha planos para uma expansão mais ampla. De acordo com Felipe Barbosa, um dos supervisores do projeto, "a essência do nosso programa é alcançar os pobres. O que o faz funcionar é a conexão pessoal entre o vendedor e o cliente".

Essa é a ponta de entrega de um sistema que afeta todo o Brasil. Os agricultores são incentivados a abandonar lavouras de subsistência em prol do cultivo de matérias-primas necessárias para os AUPs, como milho, soja e açúcar, e então há lobby em favor de políticas que favorecem as empresas de AUPs.

A Nestlé argumenta que alguns dos produtos levados de porta em porta são saudáveis. Mas, mesmo se aceitarmos ao pé da letra a definição que a própria empresa oferece de alimentos saudáveis, segundo os vendedores de porta em porta, os clientes só estavam interessados em produtos doces: KitKats ou produtos lácteos que contêm quase a quantidade diária máxima recomendada de açúcar em uma única porção.

Enquanto estive no Brasil, fiquei curioso a respeito de um boato que ouvi. Tratava-se de um esforço de marketing espetacular anunciado pela Nestlé em 2010. Consegui encontrar um antigo comunicado de imprensa que descrevia a iniciativa.[5]

O Nestlé até Você a Bordo era um enorme supermercado flutuante com onze funcionários, que saía de Belém, a cidade em que eu estava trabalhando, e percorria centenas de quilômetros rio acima, atendendo oitocentas mil pessoas em comunidades remotas da Amazônia. De acordo com o comunicado de imprensa, "a Nestlé visa desenvolver outro canal comercial que ofereça às comunidades remotas da região Norte acesso a nutrição, saúde e bem-estar".

No dia em que o comunicado de imprensa foi divulgado, o site da Nestlé alegava: "Nosso objetivo central é melhorar a qualidade de vida dos consumidores todos os dias, em todos os lugares, oferecendo opções de alimentos e bebidas mais saborosos e saudáveis, e incentivando um estilo de vida saudável".

✿

Fundada em 1616, Belém é a segunda maior cidade do Norte do Brasil e foi a última porção que Portugal arrancou dos franceses. Fica em uma baía bem próxima ao vasto delta do Amazonas — uma localização acidental. O plano era que ela ficasse no principal canal do Amazonas para fazer o controle das excursões comerciais. Mas, de acordo com a lenda regional, a vastidão do rio naquele ponto era tamanha que ela foi construída no lugar errado. A cidade fica às margens de um rio menor — "menor" nesse contexto é uma palavra relativa: de ambas as margens, o rio tem a aparência de um grande mar marrom.

Belém é lar do Ver-o-Peso, um dos maiores mercados a céu aberto do mundo.[6] Carlos Monteiro recomendara que eu conhecesse esse último posto avançado da dieta tradicional brasileira. Ele fica à beira da água, um quilômetro quadrado de barracas de feira, cobertas por um mar de tendas de lona decadentes. Há açaí roxo e gorduroso, cupuaçu, pupunha, camarão seco, peixe salgado, mandioca, castanhas ainda na casca — todos produtos amazônicos. Do outro lado da água fica uma margem verde forrada do que parece ser mata selvagem.

Num dia de folga, fui com um guia local atrás do supermercado flutuante da Nestlé nos estaleiros da costa sul da cidade. Descemos por um caminho de terra entre dois grandes armazéns, em direção a um cais de madeira bamba sobre estacas, e lá estava ele — o *Terra Grande*. Estava mais para uma barcaça do que um barco: dois andares na popa, com o passadiço voltado para o "supermercado", uma construção branca com telhado corrugado. Um deque recém-repintado se estendia ao redor da coisa toda.

Parecia ser possível simplesmente embarcar. Por que não? Subimos e avançamos sobre troncos, docas quebradas e barcos meio afundados, e empurramos um barquinho a remo abandonado em direção ao *Terra Grande*. Quase na mesma hora, sirenes dispararam e cachorros começaram a latir furiosos. Rindo de pavor, pulamos de volta no barco a remo e retornamos ao cais. Uma pequena aventura, ainda que perturbadora. Quem vigiava o barco? Por que ele tinha alarme e era cercado por cachorros? Eu ainda não tenho respostas para essas perguntas.

No dia seguinte, tomei um barco rio acima rumo a alguns dos lugares aonde o supermercado flutuante tinha levado pela primeira vez seus produtos, mais de uma década antes. Partimos de Belém no meio da manhã com um sol escaldante, o rio ocre, as árvores na margem de um verde-luminoso. Por algumas horas, atravessamos a baía e seguimos entre ilhas cobertas de árvores, antes de entrar no canal principal do Rio Pará.

Na mesma hora fomos rodeados por navios porta-contêineres oceânicos e navios-tanque. Esses são alguns dos maiores navios do tipo no mundo, tão grandes que é difícil descrevê-los em termos relativos sem separá-los em partes. Os passadiços na popa são do tamanho de catedrais, de oito andares de altura e torreões e campanários cobertos por antenas e mastros. Os corpos dos navios pareciam arranha-céus sem janelas enferrujados tombados na horizontal. Havia vinte ou mais desses navios sendo carregados com enormes guindastes transportadores que saíam do terminal de grãos da Ponta da Montanha, na cidade de Barcarena, um dos principais portos de onde é exportada a soja amazônica.

Esse é um local importante para os AUPs no mundo todo. Em fevereiro de 2022, a Archer-Daniels-Midland, uma multinacional estadunidense de processamento alimentar e comércio de commodities, anunciou um recorde em Barcarena para o maior carregamento de soja da história: 84.802 toneladas em um único navio.[7] Isso equivale a cinquenta piscinas olímpicas cheias de soja,[8] todas carregadas no *MV Harvest Frost* — que tem 237 metros de comprimento e quarenta metros de largura —, que foram então enviadas para Roterdã, na Holanda.

O Brasil é o maior exportador de soja do mundo, a maior parte da qual é usada como forragem animal na China, na Europa e nos Estados Unidos. No Reino Unido, grande parte do nosso frango é alimentado com soja brasileira. A ampla escala do cultivo de soja significa que ela é barata. Portanto, é uma ótima base para fabricar AUPs. Estimativas sugerem que mais de 60% de toda a comida processada no Reino Unido contém soja,[9] tudo, desde cereais matinais e barras de cereais a biscoitos, cremes de queijo, itens de confeitaria, bolos, pudins, molhos, macarrão, sopas, condimentos e muito mais. A única vez que você verá um grão de soja inteiro é na forma de edamame (vagens de soja colhidas antes de estarem completamente maduras e depois fervidas dentro da casca). O edamame tem um teor relativamente alto de açúcar e aminoácidos livres, o que lhe confere um sabor umami adocicado.

A não ser que você coma edamame ou tofu, qualquer soja que consumir é ultraprocessada através de diversas etapas físicas e químicas: ela é triturada, separada e refinada em suas diferentes partes, e pode aparecer em rótulos de alimentos como farinha de soja, proteína vegetal hidrolisada, proteína de soja isolada, proteína concentrada, proteína vegetal texturizada, óleo vegetal (simples, total ou parcialmente hidrogenado), fitoesteróis ou o emulsificante lecitina. Sua diversidade de aparências dá uma pista de seu valor para os fabricantes.

Muito da soja de Barcarena vem de fazendas a centenas de quilômetros ao sul, no estado do Mato Grosso.[10] Você já deve ter visto fotos do desmatamento no Mato Grosso: floresta tropical virgem em uma metade do quadro e depois uma linha reta onde começam os campos de soja. Em uma declaração sobre o transporte recordista de soja da Archer-Daniels-Midland, o diretor de logística da empresa na América do Sul, Vitor Vinuesa, disse entusiasmado: "Isso é, sem dúvida, algo que vamos fazer de novo com mais frequência".

Enquanto cruzávamos o Rio Pará, nuvens de tempestade foram surgindo e se fechando até o rio e o céu parecerem se fundir. O escuro se condensou na margem oposta, e quando chegamos a Muaná a chuva estava tão forte que o ar parecia mais líquido do que gasoso. Torrentes de água encharcaram tudo. Havíamos levado cinco horas para chegar lá. Muaná é a sexta parada na rota de três semanas do barco-supermercado da Nestlé.

Enquanto desembarcávamos, era difícil não pensar no desenvolvimento e na exploração que o rio tinha levado para as comunidades que vivem às suas margens. Muaná é uma bela bagunça de casebres, palmeiras, antenas de rádio e construções de tijolos. É o lar de alguns milhares de pessoas e o centro para os aproximadamente quarenta mil habitantes da municipalidade. Entrevistei crianças e responsáveis locais, dos quais dois me chamaram a atenção por suas descrições dos problemas que a Nestlé tinha desencadeado.

Paula Costa Ferreira é a diretora da escola local e tem aquela agitação e autoridade comuns a todos os grandes professores. Ela se lembrava muito bem do barco da Nestlé: "Ele vinha toda semana; era como um shopping na cidade. Era novo e ficava aberto até tarde. Os jovens iam lá se encontrar. A primeira coisa que aconteceu foi que eles baixaram os preços até ficarem inferiores aos do mercado local".

Na complexa teia de alegações sobre o benefício econômico proposto, esse não foi um efeito que a Nestlé discutiu em comunicados de imprensa ou em comentários para a mídia. A empresa propiciou, sim, emprego para algumas pessoas, mas não para todos os habitantes de Muaná. Nesse meio-tempo, os preços baixos dificultaram a vida dos comerciantes locais de alimentos integrais. A loja do barco passou de luxo a serviço essencial.

Em seguida, Paula me contou sobre diversas crianças do lugar com diabetes tipo 2 (relacionado à alimentação). Pensei que o tradutor tinha entendido errado, porque a presença de *qualquer* criança com diabetes tipo 2 em uma comunidade assim tão pequena teria sido surpreendente. Não deveria haver nenhum caso. E *não havia* nenhum caso lá até pouco tempo antes. Isso é algo que as estatísticas sobre obesidade infantil ocultam. A proporção de crianças que correspondem à definição de obesidade aumentou centenas de vezes em muitos locais, mas a taxa de elevação nos lugares afetados com mais gravidade é basicamente infinita. Não encontrei nenhuma evidência de que houvesse crianças com diabetes relacionado à alimentação nessas regiões do Brasil até a chegada de empreendimentos como o barco da Nestlé.

Fui a um pequeno supermercado da cidade, a Fruteira Pomar, que tinha uma quantidade enorme de comida tradicional — arroz, feijão, inhame, mamão, tomate, cebola —, mas também uma série de AUPs. O comerciante me disse que nunca tinha ouvido falar dos produtos da Nestlé até o barco aparecer. Agora ele se sente obrigado a ter um estoque dos produtos porque os clientes começaram a procurá-los. Se essa foi ou não a intenção, as coisas estão funcionando bem para a Nestlé: as menores lojas da cidade dispõem agora de um estoque do chão ao teto de produtos da marca, assim como de AUPs de outros fabricantes.

ONGs de igrejas começaram a tentar lidar com a crise de saúde pública. Lizete Novaes, da Pastoral da Criança, me levou a um vilarejo nos arredores de Muaná que era composto de uma longa fileira de casebres de madeira sobre palafitas em uma floresta alagada. Do ponto de vista da saúde pública, era uma catástrofe. Os caminhos eram estrados de madeira que se estendiam alguns metros acima da lama, para a qual as latrinas das casas tinham vazão direta. Havia pouca água corrente. As pessoas que viviam lá trabalhavam, sobretudo, para uma produtora de palmitos, contou-me Lizete enigmaticamente. "Elas moram aqui porque não têm outro lugar para onde ir."

Ela me levou para conversar com um menino chamado Léo, que morava com a mãe em uma minúscula casa dividida em três cômodos ainda menores. Léo tinha doze anos e sérias dificuldades de aprendizagem. Seu IMC estava em torno de 45, o que o enquadraria entre o 1% das crianças mais pesadas da sua idade no Reino Unido.

Caminhamos instáveis sobre as tábuas até a loja do lugar, com Léo, que estava animado e sorridente. Levamos cerca de dois minutos para chegar lá. No calor, era fácil ver a vantagem para a loja em vender AUPs — nenhuma refrigeração é necessária. Muitos dos produtos tinham sido fabricados pela Nestlé. A mãe de Léo disse achar impossível proibi-lo de ir à loja: "Às vezes digo para ele não comer, mas ele me engana e vem para a loja do mesmo jeito. Ele come legumes, mas não gosta. Não sei por quê — ele só gosta de porcaria".

Léo esquadrinhou a loja e empilhou um monte de coisas no balcão: biscoitos de chocolate, biscoitos de morango, leite em pó, salgadinhos. Eu paguei tudo.

Colonos, missionários, exércitos: todos usaram o desenvolvimento como justificativa para a violência nesta parte do mundo. A "Big Food" chegando a um lugar como Muaná também comete violência, como comete em todo o mundo no que diz respeito aos danos operados no corpo das pessoas e no meio ambiente. Em casa, em Londres, a violência parece, para mim, estar menos em primeiro plano — talvez porque esteja normalizada há muito tempo. No Brasil foi possível ver o mecanismo, a mudança em operação. Foi a realidade viva do que Monteiro enxergara em seus dados — o momento em que o barco da Nestlé fez a primeira parada. Como disse Lizete Novaes: "Os novos produtos que vieram no barco eram muito gostosos, e aí todo mundo começou a fazer esse tipo de refeição".

Todo mundo, dos comerciantes e da mãe de Léo aos professores e às pessoas que trabalham em ONGs, concorda: tudo começou com o barco. E quase todo mundo que conhecemos — Paula Costa Ferreira, Lizete Novaes, a mãe de Léo e Léo — estavam vivendo com obesidade.

✽

As empresas que produzem AUPs suplantam as dietas tradicionais, como estão fazendo no Brasil, ou as absorvem e as recriam com novos ingredientes. Comecei a perceber isso bem no início da minha dieta.

Um dia depois de Emily Broad Leib, a professora de direito alimentar de Harvard, me contar sobre as desigualdades que os AUPs geram, eu me sentei para tentar degustar umas Hot Wings [asas de frango fritas] do KFC. Essa era uma das refeições pelas quais eu mais ansiava na minha dieta de AUPs. Era uma das minhas favoritas na infância. Xand e eu pegávamos o ônibus para ir da escola para casa às quartas-feiras, depois de praticar esportes. Incentivamos minha mãe a acreditar que o treino costumava passar da hora para que pudéssemos chegar tarde em casa sem ninguém questionar. E então, toda semana, passávamos no KFC.

Mesmo naquela época, sabíamos que aquelas Hot Wings eram um produto especial. O revestimento da massa era uma crosta sequinha, quase uma casca. Quebrá-lo liberava uma explosão dos sucos do frango molhadinho e macio no interior. Elas eram apimentadas na medida para me deixar ofegante. Eram tão desejáveis quanto qualquer droga e, ponto crucial, absolutamente proibidas. Não faço ideia de como nunca fomos pegos voltando para casa cobertos de gordura, sem conseguir comer no jantar.

As Hot Wings continuaram a ser um dos petiscos que eu adorava no início da minha vida adulta, mas a certa altura, no final da casa dos trinta anos, a combinação de uma esposa e uma barriga que crescia reduziu meu consumo a zero. Não dava a impressão de ser uma decisão minha, mas algo que me era imposto por discursos da saúde pública, pelo fato de ser médico e apresentador de televisão infantil, por causa de preocupações ambientais e pelo fato de que minha esposa odiava que eu as comesse.

Mas agora eu estava liberado. Eu *tinha* de comer Hot Wings. Era uma pesquisa científica. Então, sentei-me com algumas numa noite, por fim capaz de degustá-las plenamente. Eram exatamente como eu lembrava, talvez ainda melhores: mais apimentadas, com a massa mais crocante e o frango ainda mais úmido e macio. Só que a minha interpretação da informação sensorial foi totalmente diferente. As Hot Wings, como tantos outros produtos, tinham se tornado muito desagradáveis.

Os ingredientes das Hot Wings no Reino Unido não estão disponíveis on-line, mas consegui encontrar os das canadenses enquanto comia. Incluíam glutamato monossódico, amido de milho modificado, óleo de soja parcialmente hidrogenado e alguma coisa chamada dimetilpolissiloxano.

O dimetilpolissiloxano, ou aditivo alimentar E900, foi avaliado pela primeira vez pela Food Standards Agency [Agência de normas alimentares] em 1969. É utilizado como agente antiespumante no óleo para fritura a fim de garantir a segurança de quem lida com ele (EFSA Panel on Food Additives and Flavourings, 2020). Também é utilizado como tratamento contra pulgas, condicionador capilar e lubrificante de preservativos. Experimentos extensivos em ratos indicam que quase nada dele é absorvido quando ingerido e que é eliminado inalterado nas fezes. O dimetilpolissiloxano pode muito bem ser seguro. Ou pode ser sutilmente nocivo durante um longo período através de algum mecanismo ainda não descoberto. Seja como for, ele não existe em nenhum lugar na natureza. O que quer que faça ou não faça ao corpo, nunca deparamos com ele antes, e a evolução do nosso organismo não teve tempo para acomodá-lo.

Mais preocupante para mim do que o dimetilpolissiloxano eram as ilustrações na embalagem, sobre as quais eu nunca tinha pensado quando era adolescente. Eu estava comendo KFC alguns meses depois que o policial de Minneapolis Derek Chauvin assassinou George Floyd. A história da escravidão nos Estados Unidos e na Inglaterra era discutida por toda parte, e alguém que tinha a aparência de um coronel confederado parecia estar na caixinha do meu frango (Hall, Huff & Kuriwaki, 2019; Eskridge, 2011).[11]

Eu me lembrei de uma matéria do *Guardian* que acabara de reavivar a conversa sobre raça e frango frito no Reino Unido: "Sempre amei frango frito. Mas o racismo que o rodeia me envergonha".[12] Foi o que escreveu Melissa Thompson, chef, jornalista e historiadora dos alimentos. Seu último livro, *Motherland* [Terra natal], traça a história da comida jamaicana.

Na matéria do *Guardian*, Thompson entrelaça suas próprias experiências de racismo com a história do frango frito:

> Historicamente, as galinhas tinham uma importância especial para os negros escravizados estadunidenses, sendo a única criação que podiam manter. Trabalhadoras domésticas negras preparavam frango frito para seus senhores e, mais tarde, para seus patrões. E então, depois da emancipação, as mulheres conhecidas como "vendedoras ambulantes de vagões" vendiam bandejas de frango frito e biscoitos a viajantes através das janelas abertas enquanto os trens paravam nas estações.
>
> Mas, ainda que essas cozinheiras e donas de casa negras tenham de fato inventado o que passaria a ser conhecido como "comida do Sul", sua contribuição foi apagada. Os brancos receberam o crédito pela criação, enquanto os negros foram escarnecidos e parodiados meramente como vorazes consumidores. Trata-se de um dos exemplos mais ultrajantes de apropriação cultural.

Entrei em contato com Thompson e lhe perguntei sobre a embalagem do KFC. Ela enfatizou que a culinária do Sul dos Estados Unidos — comida do Sul, *soul food* — foi estabelecida por cozinheiras negras em ambientes domésticos: "O KFC é uma empresa que se baseia na inventividade negra, mas, ainda assim, não alude à negritude nem a celebra".

Há uma história do "Coronel" no site do KFC. Nascido em 1890, ele saiu de casa aos treze anos atrás de fortuna e, em 1930, assumiu uma estação de serviço para oferecer a viajantes exaustos o mesmo frango frito que comia quando era criança. Não fica claro quem cozinhava para ele quando criança — talvez sua mãe, talvez uma empregada doméstica. De todo modo, é provável que ele não tenha sido o verdadeiro criador da refeição que eu tinha diante de mim: é difícil acreditar que a receita original levava óleo vegetal parcialmente hidrogenado, amido de milho modificado, extratos de especiarias ou glutamato monossódico.

Thompson também falou sobre a relação mais ampla entre as redes de fast-food que vendem AUPs e a comunidade negra no Reino Unido. Examinamos alguns anúncios juntos. Em julho de 2021, o McDonald's lançou um vídeo curto no Twitter que apresentava seis garotos negros comendo em um parque e se divertindo bastante. Eu não tinha certeza de como reagir. Ele dava a impressão de ser inclusivo, mas, ao mesmo tempo, problemático. "Os anúncios de fast-food neste país são definitivamente inclusivos", disse Thompson, "e você quer de verdade poder celebrar isso. Mas a exata razão pela qual eles são inclusivos é porque estão tentando comercializar comida que não é saudável para pessoas que já são marginalizadas. Nesse sentido, eles são predatórios."

Campanhas de marketing sofisticadas visam grupos minoritários, de modo que a identidade racial é inextricavelmente vinculada às marcas. A crítica a essas marcas se torna então uma crítica à cultura, à paternidade, à aparente escolha. Comidas que antigamente eram uma porção de orgulho de determinada identidade cultural foram dominadas por empresas transnacionais e estão agora inevitavelmente associadas a uma saúde debilitada. Mas o frango frito tradicional feito em casa vai interagir com o apetite humano de um modo bem diferente do frango frito ultraprocessado disponível aos montes pelas ruas de todo o Reino Unido.

✽

Essa é uma tendência global. Existem unidades do KFC em quase todos os países do mundo, com mais de 850 apenas na África Subsaariana, inclusive em Angola, Tanzânia, Nigéria, Uganda, Quênia, Gana e outros países. As autoridades de saúde pública argumentam que comidas como as do KFC estão fazendo a prevalência da obesidade crescer em Gana, onde passou de menos de 2% em 1980 para 13,6%.[13] Charles Agyemang, professor ganense da Universidade de Amsterdã, disse ao *New York Times* que comer alimentos regionais em algumas partes de Gana é malvisto: "As pessoas encaram o tipo europeu como civilizado".

Ashok Mohinani, cuja empresa detém todas as franquias do KFC em Gana, disse ao jornal: "Queremos que isso evolua para a ideia de ela se tornar uma marca familiar". Quando questionado se fazia mal à saúde das pessoas comer frango frito com tanta frequência, uma porta-voz do KFC deu a seguinte resposta: "No KFC, temos orgulho do nosso frango frito conhecido no mundo todo e preparado na hora nas lojas, e acreditamos que ele pode ser degustado como parte de uma dieta equilibrada e de um estilo de vida saudável". Em uma entrevista à CNN, Greg Creed, ex-presidente-executivo da YUM! (empresa matriz do KFC), levou o argumento mais adiante, alegando que é "muito mais seguro comer em um KFC em Gana, claro, do que praticamente em qualquer outro lugar".

Gana não está sozinha ao observar um aumento maciço no peso corporal de sua população. Em 2017, havia mais pessoas no mundo todo com obesidade do que abaixo do peso. E, ainda que os números absolutos de pessoas com obesidade nos Estados Unidos, na Austrália e no Reino Unido sejam chocantes, a taxa de crescimento da obesidade em outros países é muito mais alta. Entre 1980 e 2015, as taxas de obesidade nos Estados Unidos e no Reino Unido pouco mais que dobraram. Na China, subiram 800%. No Mali, 1.550%.[14]

Pelas evidências no Brasil e em outros países, fica claro que o crescimento do fast-food ocidental (quase inteiramente de AUPs, é óbvio) aumenta os riscos de diabetes, doenças cardíacas e morte (Odegaard *et al.*, 2012). E em países de baixa e média rendas, as infraestruturas de assistência médica são muito menos capazes de manejar a necessidade crescente de medicamentos para diabetes ou pressão arterial alta. Isso pode valer especialmente em regiões remotas ou rurais como a Amazônia. Mas parece preocupar pouco as empresas de AUPs — os países em desenvolvimento são uma fonte importante de receita e crescimento, afinal. No mundo todo, dietas tradicionais são substituídas por AUPs como parte de uma transição nutricional global, e a cartilha sobre a melhor forma de fazer isso foi desenvolvida em lugares como Muaná.

✽

Quando voltamos para Belém depois de visitar Muaná, nosso guia conseguiu encontrar o gerente do barco-supermercado da Nestlé, um homem chamado Graciliano Silva Ramos. Seguimos lado a lado pelo deque junto do *Terra Grande*, na escuridão que ia se formando — era minha última noite na cidade. Ele falou sobre quando conseguiu o emprego e como tinha ficado "encantado" ao deparar com a proposta da Nestlé de montar o único supermercado flutuante do mundo.

"Este rio foi minha casa por sete anos", disse-me. "Eu tinha tanto orgulho do meu trabalho e do que fiz pelo projeto e pela população, uma população necessitada que precisava de muita ajuda na época, sobretudo de comida de qualidade. Mas", continuou, "nem toda comida que levamos para as pessoas era nutritiva."

O barco comercializava centenas de produtos diferentes, porém, de acordo com Ramos (e todo mundo dos vilarejos), os KitKats eram os que mais vendiam. Ele disse que tinham de levar um estoque muito grande para atender a população de ribeirinhos.

Ramos ficou bastante aborrecido quando a Nestlé cancelou o serviço de barco. Ele construíra uma vida levando uma animação enorme às comunidades ribeirinhas, vendo coisas que nenhum outro brasileiro urbano comum veria. Nunca tinha enxergado o lado ruim da coisa: as crianças engordando e ficando com cáries. Mas agora ele tinha outra opinião: "Este era o grande problema, e permanece o grande problema, a má alimentação. As pessoas comiam mal, não comiam alimentos saudáveis. E então tinham cáries e doenças no estômago".

Quando contou tudo isso, já estava quase escuro. O barco era um cavalo de Troia. O objetivo dele não era fornecer alimentos, mas criar um mercado. Uma vez que você começava a tomar sorvete e comer KitKats, não conseguia voltar atrás.

# 17

# O VERDADEIRO CUSTO DA PRINGLES

Quando estávamos comendo Pringles com Andrea Sella, Xand se lembrou de uma coisa enquanto esvaziava a embalagem: "Não teve um processo judicial em que alguém tentou provar que a Pringles contém tão pouca batata que, legalmente, não é batata chips? Vai ver que é só uma lenda urbana".

Acontece que não era absolutamente uma lenda urbana. Se você pesquisar nos arquivos do British and Irish Legal Information Institute [Instituto irlandês e britânico de informação jurídica] (e por que você não pesquisaria?), vai descobrir que o caso é totalmente real. O que lhe emprestou o sabor de mito, talvez, tenha sido este detalhe: foram os fabricantes da Pringles, a Procter & Gamble (P&G), que estavam tentando provar que elas não continham batatas o bastante para serem chamadas de batata chips.

Quase todos os casos judiciais bizarros relacionados a alimentos no Reino Unido que viraram notícia giram em torno de nosso sistema tributário, internacionalmente encarado como um dos mais complexos do mundo. No Reino Unido, o imposto sobre valor agregado (VAT, na sigla em inglês) é acrescentado a muitos produtos alimentícios, mas não a coisas consideradas "essenciais".[1] A legislação fiscal no Reino Unido diz que "comida" não está sujeita ao VAT, mas existe uma lista de exceções, que são taxadas, e então existem as exceções às exceções, que não são taxadas.

O resultado disso é uma rixa constante entre fabricantes de alimentos, que querem espremer seus produtos nas categorias de VAT zero e manter o dinheiro das taxas como lucro, e His Majesty's Revenue and Customs, a Receita Federal britânica, que quer a taxa extra. O caso recente mais memorável girou em torno de se um produto chamado Jaffa Cake, da McVitie's, era um bolo ou um biscoito.

A parte sobre bolo/biscoito da lei pode ser mais bem resumida da seguinte forma: paga-se VAT sobre produtos de confeitaria, exceto bolos e biscoitos, que são de primeira necessidade, com exceção de biscoitos com cobertura de chocolate, que são luxos, com exceção de biscoitos de gengibre de forma humana com cobertura de chocolate, supondo-se que eles não tenham mais do que alguns pingos de chocolate como olhos, que são básicos. Biscoitos de gengibre em forma humana com botões ou cintos de chocolate, no entanto, são, aos olhos da lei, um luxo. Ademais, quando o chocolate nos biscoitos está em uma camada de recheio entre duas metades de biscoito, como em bolachas recheadas, não se paga VAT. O mesmo vale para biscoitos de chocolate em formato de cesta.

Nenhum dos advogados tributaristas com quem conversei conseguiu explicar por que bolos com cobertura de chocolate são um luxo, mas, quando se trata dos impostos, eles não são.

Isso quer dizer duas coisas. A primeira é que os advogados das empresas de biscoitos têm opiniões fortes em relação à cor dos olhos e às vestimentas de biscoitos de gengibre de forma humana. A segunda é que, se o Jaffa Cake fosse, de fato, um biscoito com cobertura de chocolate, ele estaria sujeito ao VAT, mas, se fosse um bolo com cobertura de chocolate, seria isento. No fim, a McVitie's foi dispensada do imposto.

No caso da Pringles, a parte relevante da lei é que se paga o imposto sobre batatas chips, mas não sobre a maioria dos petiscos. Na época em que ela foi redigida, em 1969, a intenção do governo era tributar alimentos que não eram comprados primeiramente com o propósito de nutrição: batatas chips e castanhas eram os únicos petiscos salgados de verdade na época. Mas, quando o caso da Pringles teve início, em 2004, muitos dos competidores da Pringles (como o Doritos) não tinham batata na composição e não eram tributados.

A P&G estava determinada a não ter seus produtos categorizados como "batata chips" para que não fossem sujeitos ao VAT. Sua abordagem era explorar uma brecha na lei: se um produto exige mais preparo, ele irá se furtar do imposto — uma exceção que, presumivelmente, existe para que batatas fatiadas (não um luxo) não sejam encaixadas na categoria tributável. Assim começou a longa batalha legal.

Em 2004, a P&G lançou um novo produto chamado Pringles Dippers (Macnab, 2007). Elas tinham um formato de concha e eram ligeiramente mais espessas para permitir mergulhá-las em uma variedade de molhos. A P&G imediatamente levou seu novo produto para um tribunal tributário, alegando que essas conchas constituíam "mais preparo". O tribunal concordou, decidindo a favor da P&G e acrescentando que as Pringles Dippers não eram batatas chips, porque não tinham nem "similaridade nem conteúdo de batata necessário". Foi essa sentença que estabeleceu as bases para os casos posteriores da P&G, que correram de 2007 a 2009 (Macnab, 2007; British and Irish Legal Information Institute Tribunal, 2007, 2009).

O advogado contratado pela P&G era Roderick Cordara, que se formou com distinção em direito em Cambridge e cujo site apresenta endossos que incluem, muito oportunamente, "com fome de vitória". Cordara afirmou que a combinação de baixa composição de batata (por volta de 40%) e o processo de fabricação fazia da Pringles algo mais como um bolo. Bolos são, de acordo com a lei, um alimento "essencial", e isentos de VAT.

Foi assim que o julgamento resumiu o que Cordara alegou ser uma das "características fundamentais" da Pringles. É provavelmente um dos relatos mais honestos de processamento industrial de alimentos que você lerá na vida: "Diferentemente de uma batata chips, uma Pringles não é feita fatiando e fritando uma batata. É produzida a partir de uma massa, como um bolo ou um biscoito. A massa é apertada contra um molde de metal padronizado e então passa por um processo de cozimento em uma esteira rolante [...], o que lhe proporciona uniformidade de forma, cor e textura".

Há mais detalhes no julgamento: "A característica única da Pringles comum é que o processo de fabricação faz com que o óleo entre nos espaços por toda a textura do produto, substituindo o conteúdo de água removido durante a fritura. Isso proporciona a sensação de 'derretimento na boca' quando a comemos, diferentemente das batatas chips, cuja maior parte da gordura fica na superfície".

A P&G seguiu com o caso por dois recursos. O julgamento de 2008 decidiu que a Pringles regular deveria ser isenta de VAT — uma baita vitória para a empresa. Mas o HMRC recorreu da decisão em 2009, e o juiz responsável, lorde Jacob, decidiu que essa não era uma questão que "alegasse ou justificasse análise legal excessivamente elaborada, quase monótona".

Ainda assim o julgamento se arrasta por quinze páginas e mostra por que os dois lados investem tantos esforços nele. Ele começa com um tom shakespeariano: "É a Pringles 'similar a batatas chips e feita a partir de batatas'? Eis a questão. Nesta [decisão] jaz a pergunta de muito dinheiro — até cem milhões de libras em impostos no passado e por volta de duzentos milhões de libras por ano no futuro".

A P&G alegou que o produto deveria ter uma composição suficiente de batatas para lhe dar a qualidade de "batataridade". Mas Jacob não podia imaginar que o governo, quando criou a lei, pretendia exigir que algo tivesse essa qualidade: "É uma questão aristotélica: o produto tem uma 'essência de batata'".

Depois de citar textos legais que remontavam a 1921, Jacob propôs que a questão de se a Pringles era feita de batatas seria mais bem respondida por uma criança do que por um cientista de alimentos ou um pedante gastronômico: "Creio que a maioria das crianças, se questionadas se gelatinas de framboesa são 'feitas de' gelatina, teria o bom senso de dizer 'sim', apesar da framboesa".

Passados anos de rixa legal, a P&G perdeu o último recurso. A Pringles, decidiu o tribunal, *é* feita de batata. O VAT ainda se aplica a ela. A questão de saber se mergulhar uma batata em algum molho constituía "mais preparo" foi resolvida em 2005 na United Biscuits *vs.* HMRC em relação aos Dips da McCoy's, quando um tribunal sentenciou que obviamente não constituía, em nenhum sentido normal da língua inglesa. Em um julgamento mordaz, foi dito que "não se requer que o comprador dos produtos [da United Biscuits] faça nada além de abrir um pacote de batatas chips e um pote de molho. Ele pode, ou não, mergulhar as batatas no pote. O processo de levar a batata à boca, se ele se detém ou não no pote, é, do nosso ponto de vista, comum e corretamente descrito como comer; não é preparo".

Já as Pringles Dippers não estão mais disponíveis. No entanto, não consigo deixar de me perguntar se a estratégia legal foi tão sofisticada e tão ampla que a empresa lançou toda uma gama de produtos pela única razão de criar o precedente legal usado em seus tantos casos.

Com certeza, os 3,5 milhões de libras em marketing gastos com as Pringles Dippers seriam rapidamente reavidos se eles tivessem conseguido cortar aquele VAT. E, ainda que indubitavelmente custe menos ao HMRC lutar contra esses casos do que ceder a eles, é notável que tenha de lutar contra eles para começo de conversa.

Digite o nome de qualquer uma das cerca de doze empresas que fabricam a maioria de nossos AUPs na base de dados legal e você encontrará centenas desses casos, cada um mais divertido que o outro. E o HMRC (que representa você e eu) costuma perder: Doritos, Twiglets, Deltas, Skips, Cheeselets, Mignon Morceaux, Ripplins e Wheat Crunchies receberam todos o benefício da taxa zero.

Parece que você e eu estamos agora essencialmente subsidiando esses petiscos. E não temos um retorno na forma de poder comprar esses produtos mais baratos — se você olhar os preços nessa gama de petiscos, eles não refletem se são tributados ou não. Quando uma empresa não paga o VAT, ela está, de certa forma, privatizando um bem público.[2] Mesmo se você não comer esses petiscos, parece pagar por eles duas vezes: paga os subsídios quando eles não são tributados e paga os advogados quando o HMRC precisa contratá-los para lutar contra advogados experientes como Cordara.

Esses processos ocorrem o tempo todo, uma corrida armamentista sempre com advogados cada vez mais caros e argumentos de complexidade crescente.

Há pouco tempo, a Kellogg's processou o governo do Reino Unido, contestando a legalidade da nova legislação que significaria que muitos dos produtos da Kellogg's não poderiam ser promovidos ou expostos nas prateleiras mais proeminentes dos supermercados. O argumento da empresa era o de que, como costumamos comer cereal com leite, o conteúdo de açúcar de seus cereais deveria ser julgado com o leite, o que, é óbvio, por causa do peso, o reduziria de forma significativa.[3] Eles perderam, mas isso custou a todos muito dinheiro. Chris Silcock, diretor administrativo da Kellogg's no Reino Unido, disse que eles estavam decepcionados com o resultado e que pode ser que a empresa "cobre preços mais altos".

Talvez você acabe pagando mais por cereais para cobrir os advogados da Kellogg's e um pouco mais de impostos para cobrir os advogados do HMRC.

Enxergo a evasão de impostos como parte do ultraprocessamento, como definido pela classificação NOVA e por Monteiro. As equipes jurídicas envolvidas na redução das obrigações tributárias para aumentar o lucro são um estágio necessário no processamento de alimentos. Todas as empresas de alimentos as têm. E não se trata sempre de impostos. Existem diversos outros custos externalizados de AUPs, ligados à definição original de Monteiro de que o propósito do ultraprocessamento é criar produtos altamente lucrativos. Quero me concentrar nos três mais significativos: destruição ambiental (incluindo mudanças climáticas e uso da terra), resistência a antibióticos e poluição plástica.

Primeiro: o clima.

Os humanos provocaram efeitos significativos no clima da Terra por muito tempo, mas nosso sistema alimentar atual, impelido pela demanda de AUPs, vem destruindo o capital ecológico muito mais rápido do que ele é capaz de se regenerar.[4]

O impacto do sistema alimentar atual não é sustentável para as próximas décadas — que dirá para os próximos milênios. O custo ambiental é tão imenso que, mesmo se suspendermos todas as emissões de combustíveis fósseis, só as emissões do sistema alimentar mundial já nos levariam para além do aumento fatal de 1,5 °C na temperatura global em 2100 (Clark *et al.*, 2020). E, embora sempre vá haver algum impacto ambiental na produção e no processamento de alimentos para oito bilhões de pessoas, os AUPs são impulsionadores específicos de emissões de carbono e de destruição ambiental.

Se as tendências dietéticas se mantiverem, estima-se que as emissões de gases de efeito estufa per capita de calorias vazias (calorias sem valor nutricional adicional significativo) quase dobrarão em 2050. Na Austrália, por exemplo, já se estima que o consumo de AUPs contribua para mais do que um terço do total de efeitos ambientais relacionados à alimentação.[5]

Fui encontrar Rob Percival, chefe de política alimentar da Soil Association, para entender os efeitos ambientais dos AUPs. Ele fala como um especialista em políticas com formação em filosofia (o que ele de fato é e tem), enquanto seu cabelo comprido, cavanhaque e blusa tricotada exageradamente grande lhe dão ares de surfista. Nós nos encontramos em um pub no leste de Londres para comer um curry vegano. Eu queria entender quanto dano ambiental decorre especificamente de AUPs na comparação com a produção simples de alimentos em geral.

"A pergunta importante", disse ele, "não é 'qual é a pegada de carbono de um produto em particular?', mas 'que alimentos encontraríamos em um sistema alimentar que ajudasse a resolver as crises climáticas e ambientais?'"

De acordo com Percival, há questões ambientais colocadas pelos AUPs, mas o problema é bem mais profundo. A prevalência dos AUPs em nossas dietas é sintomática de um sistema alimentar doente: "Hoje, o sistema alimentar global é fundamentalmente orientado para a produção do máximo de comida possível".

Como somos muitos, e tanta gente passa fome, isso parece um ponto notavelmente sensível. Mas, como explicou Percival, isso levou a desfechos perversos. Buscando produzir essa quantidade de comida, o agronegócio investiu em um punhado de lavouras e produtos de alto rendimento,[6] tipicamente cultivados ou produzidos em terras que deveriam ser florestas tropicais, usando agrotóxicos — fertilizantes, pesticidas, herbicidas e muito, muito combustível fóssil, é claro. Apoiada por subsídios governamentais, essa abordagem levou a um excesso mundial de produção de lavouras de commodities e a um declínio da diversidade alimentar.

Para essas lavouras de commodities serem lucrativas, precisavam ser transformadas em alguma coisa, e havia duas opções (ou três, se incluirmos biocombustível): "Você pode empurrar as colheitas para a criação industrial de animais para produzir carne ou processá-las em um AUP comercializado agressivamente".

Cultivar alimentos específicos para comunidades específicas é um transtorno. É muito mais lucrativo cultivar um pequeno número de coisas com eficiência máxima e então colori-las, saborizá-las e comercializá-las como alimentos diversos. Como vimos, tudo, de nuggets a sorvetes, pode ser feito a partir dos mesmos líquidos e pós de base.

"Criação industrial e AUPs são dois lados da mesma moeda dos alimentos industrializados", disse Percival. "E então, claro, muito daquela carne de pecuária industrial (ainda que não toda) é posteriormente transformada em AUPs."

O resultado disso é que, das milhares de linhagens diferentes de plantas e raças de animais que foram cultivados desde a aurora da agricultura e da pecuária, apenas doze plantas e cinco animais constituem hoje até 75% de toda a comida consumida ou descartada na Terra (National Food Strategy, 2021; Fardet & Rock, 2018).[7]

E enquanto o açúcar costuma levar a culpa pelos efeitos de saúde, uma parte significativa da carga calórica dos AUPs vem de óleos vegetais refinados. Os óleos vegetais passaram de uma fonte muito pequena de calorias para o combustível dominante da dieta global. O óleo de palma é hoje o que mais consumimos, e ele é cada vez mais conhecido por seus impactos ambientais.

Desde 1970, mais da metade de toda a floresta tropical virgem da Indonésia foi destruída para o cultivo de palma (Wilson, 2022; Edwards *et al.*, 2020). Apenas entre 2015 e 2018, 130 mil hectares foram devastados no país com essa finalidade.[8] É uma área mais ou menos do tamanho da Grande Londres. Mesmo se você a sobrevoasse em um avião comercial, ela se estenderia de horizonte a horizonte em todas as direções. Você literalmente não consegue vê-la por inteiro sem ir para o espaço. Ela foi conquistada com motosserras, técnicas de desmatamento e queimadas. O solo da floresta é uma turfa inflamável. É difícil compreender a escala de carbono liberada. Em diversos dias isolados, os incêndios de 2015 emitiram mais dióxido de carbono do que toda a economia dos Estados Unidos (Edwards *et al.*, 2020).

Por volta de três quartos do óleo de palma produzido no mundo é usado em AUPs. O restante vai em sabonetes, espuma para barbear, pasta de dente, batom e uma miríade de outros produtos domésticos.[9] Do meu ponto de vista, se um produto contém óleo de palma, ele é um AUP, e o mesmo argumento pode ser aplicado para todos os óleos RBD (lembremos: refinados, branqueados e desodorizados). Isso mostra como nosso sistema alimentar se tornou corrompido, porque esses óleos altamente processados ainda contam como um ingrediente de cozinha simples, ou do grupo 2 da NOVA. Existe uma discussão distinta sobre seus efeitos na saúde humana, na qual não entrarei aqui.

Mesmo se você não aceitar isso, é difícil achar um produto que contenha óleo de palma que não seja AUP. Enquanto o óleo de palma virgem é usado na cozinha de casa em muitos países, ele está muito longe da substância altamente modificada que é utilizada para fazer algo como a pasta de chocolate Nutella.

Um boicote em larga escala significaria substituir os óleos nos AUPs por outra coisa, e isso permite que as empresas lancem um argumento de eficiência. Elas alegam que as plantações de palma são a forma mais eficiente de produção de caloria, pois extrair a mesma quantidade de óleo de coqueiros, por exemplo, exigiria dez vezes mais terra, o que significa que precisaríamos desmatar dez vezes mais floresta tropical.

É claro, esse argumento é equivocado de diversas formas. Por exemplo, podemos cultivar outras fontes de gordura, como girassóis, em climas temperados não tropicais. Isso exigirá mais terra, mas terá bem menos impacto nas emissões de carbono. A terra em climas temperados armazena muito menos carbono do que, por exemplo, uma turfa de um pântano em Bornéu, e ela já foi cultivada por séculos, às vezes milênios; portanto, é uma contribuição significativamente menor para as mudanças climáticas do que o desmatamento de uma floresta tropical virgem para plantar palma.

A outra alegação que costuma ser feita pela indústria é de que existe óleo de palma sustentável. Mas nada sobre o modo como produzimos AUPs é sustentável. A palavra "sustentável" não tem significado formal junto a nenhum órgão independente. Critérios de sustentabilidade são amplamente estabelecidos pela indústria, e, em geral, a designação só significa que uma fazenda que a cultiva não pode cortar novas áreas de floresta. Porém, se já cortou áreas de floresta um ano antes de solicitar a designação, sem problemas.

E por que consumimos óleo de palma da Indonésia? Muitos AUPs não são estritamente necessários; logo, cultivar os ingredientes usados para fabricá-los é um desperdício de terra. Nenhum dos petiscos e dos produtos discricionários com AUPs são necessários para a dieta humana, o que quer dizer que muitos dos impactos ambientais poderiam ser evitados.

Ademais, o sistema alimentar atual não é eficiente, como foi discutido por uma equipe de engenheiros de alimentos da Universidade Wageningen em um artigo de 2016 (Van der Goot *et al.*, 2016). Os autores pensam nesse problema de dois modos sofisticados. Primeiro, apontam que existe muito menos energia em nossa comida do que o necessário para produzi-la. O povo neolítico não sobreviveria se eles mesmos tivessem de realizar esse nível de processamento a mão. A mecanização traz uma ilusão de eficiência energética, mas na verdade trata-se apenas de eficiência rentável possibilitada por enormes quantidades de combustível fóssil barato. Óleo é barato pela mesma razão que os AUPs são baratos: porque, de acordo com o Fundo Monetário Internacional e muitas outras pessoas, todos nós os subsidiamos ao pagar o equivalente a cerca de seis trilhões de dólares (sim, trilhões) de custos externos, como aumento de gastos com saúde devido à poluição do ar e com um clima em transformação.[10]

A segunda ineficiência que eles relatam é que as plantas produzem uma enorme quantidade de proteínas potencialmente nutritivas, mas nós quase não as comemos. Em vez disso, alimentamos os animais com elas (Van der Goot *et al.*, 2016). Até bem recentemente, os animais eram uma forma de transformar proteínas vegetais de qualidade muito baixa (capim, folhas, resíduos de alimentos e forragem) em proteína comestível de alta qualidade. Mas as demandas da pecuária intensiva, que exigem que os animais sejam criados rapidamente, significam que eles agora são alimentados com plantas razoavelmente nutritivas que os humanos poderiam comer.

É de amplo conhecimento que, como fonte de alimentos, a carne tem menos eficiência em relação ao carbono do que os vegetais. A produção de cem gramas de proteína de carne bovina emite pelo menos 25 quilos de dióxido de carbono, em média. O frango produz bem menos, de quatro a cinco quilos de dióxido de carbono a cada cem gramas, mas comemos muito mais frango do que carne bovina. A cada cem gramas, o tofu produz 1,6 quilo de dióxido de carbono, o feijão, 1,65 quilo, e a ervilha, 0,3 quilo. Algumas castanhas são negativas em carbono mesmo depois do transporte, porque esses frutos estão substituindo lavouras e tirando o carbono do ar (National Food Strategy, 2021).

Existem maneiras de criar gado e frango que podem até ajudar a sequestrar carbono, e muitos sistemas agroecológicos que não lançam mão de insumos químicos e nos quais os animais pastam e comem folhagens ajudam a constituir um solo saudável e um capital natural de um modo que sustenta os ecossistemas regionais e global. Mas é improvável que esses métodos sejam capazes de produzir carne o suficiente para dar conta do nosso apetite atual e crescente.[11] Se continuarmos comendo mais carne, isso exigirá a destruição de mais florestas tropicais, que por sua vez irão impulsionar doenças pandêmicas e mudanças climáticas.

Como a maior parte do que comemos são AUPs, a maior parte da carne que comemos está *nos* AUPs. A carne de AUPs (nuggets, hambúrgueres reformulados e assim por diante) corresponde a 7% da dieta média do Reino Unido, enquanto carne fresca ou minimamente processada corresponde a apenas 5% (Monteiro *et al.*, 2018).

E a natureza dos AUPs significa que o processo de fabricação em geral não dá margem para preocupação com o meio ambiente ou com altos padrões de cuidado animal. Ela incentiva o consumo de comida em excesso e reduz o nosso conhecimento sobre suas origens. Se você compra carne bovina ou de frango fresca, na embalagem, com frequência aparece escrito "alimentado com pasto" ou "alimentado com milho". As pessoas costumam querer saber de que fazenda ela procede. Mas um número reduzido de pessoas questiona com o que o frango em seus sanduíches de AUPs pré-embalados é alimentado, ainda que essa, ao que parece, seja uma pergunta importante a se fazer.

Tomemos a soja, uma das plantas mais antigas cultivadas no mundo. Tradicionalmente, ela não tem sido utilizada amplamente como lavoura para alimentação porque tem um gosto ruim e é difícil de digerir. Você pode fermentá-la e extrair boas proteínas na forma de tofu (ou colher mais cedo para obter edamame), mas ela nunca foi uma fonte significativa de calorias para a maioria das pessoas até pouco tempo.

Porém, com cerca de 42% de proteínas, a soja é muito eficiente para alimentar animais massivamente se ela for processada usando uma enorme quantidade de combustíveis fósseis. As vagens são primeiro sacudidas, para remover talos e terra, desidratadas em aquecedores enormes, debulhadas mecanicamente e então trituradas por rolos enormes até virarem partículas, antes de serem reidratadas e laminadas em flocos. O óleo é extraído usando um solvente inflamável (hexano) e é possível alimentar animais com os flocos ou eles podem ainda ser aquecidos, resfriados, moídos finamente, dissolvidos a um determinado pH e então precipitados novamente em outro pH para produzir "proteína isolada", que pode então ser adicionada a qualquer AUP para obter espessura, sensação na boca ou para que o produto possa ser comercializado como tendo alto teor de proteínas. A soja é um bom exemplo da codependência da agricultura intensiva e das indústrias de AUPs. Aproximadamente 75% da soja vai para alimentação animal, mas o mercado de óleo de soja também é altamente lucrativo — o óleo de soja vai parar em todos os tipos de AUPs.[12]

Esse *não* é um modo eficiente de produzir alimentos a partir de plantas (na comparação, digamos, com comer a planta), mas é barato, tão barato que grande parte da proteína da soja é utilizada para alimentar frangos (bem como porcos e vacas leiteiras), que então são usados para produzir AUPs.[13]

A carne de frango é a mais popular. Por volta de um bilhão de frangos são criados por ano no Reino Unido (quinze para cada adulto e criança — o dobro da média mundial), e 95% deles são de raças de crescimento acelerado criadas de maneira intensiva em confinamento. Quase nenhum deles vaga por galinheiros. E com a gripe aviária sinalizando que os bandos devem ficar confinados, "caipira" pode ser algo que ficou no passado.

A melhor maneira de ganhar dinheiro com um frango é passar o mínimo de tempo possível cuidando dele. Se você mantiver uma galinha como animal doméstico, ela vai viver por volta de seis anos. Porém, o tempo de vida de 95% das galinhas que comemos é de apenas seis semanas — menos de 2% de sua expectativa de vida natural. Frangos caipiras vivem por volta de oito semanas, e frangos caipiras orgânicos cerca de doze semanas (por isso são mais caros). Em uma frente apenas comercial, a criação industrial se provou exitosa: o preço do frango é hoje quase três vezes menor do que na década de 1960 em termos reais (National Food Strategy, 2021).

Esses frangos são alimentados com uma dieta de alto teor de proteína com um pouco de farinha de peixe e muita soja.

A cada ano, três milhões de toneladas de soja são importadas para o Reino Unido, e a maior parte disso vem causando uma destruição ambiental que já afeta o clima global.[14]

A soja é tão dominante como ração de animais criados industrialmente que o cidadão médio no Reino Unido ou na Europa consome aproximadamente 61 quilos de soja por ano na forma de produtos de origem animal, como frango, carne suína, salmão, queijo, leite e ovos.[15] Apenas de 20% a 30% da soja importada tem "certificado de sustentabilidade" (já discutimos como isso quer dizer pouca coisa). Portanto, se você mora no Reino Unido, existe o equivalente a uma quadra de tênis de terra nos trópicos produzindo soja apenas para você, e a maior parte dela vem de lugares como o Brasil e a Argentina, onde ecossistemas que afetam o clima mundial estão sendo destruídos.[16]

No ritmo atual, a produção de carne global está fadada a quase duplicar nos próximos trinta anos, e precisaremos de uma área do tamanho da Europa para produzir soja e milho para alimentar animais.

Não se trata apenas de destruição de habitat. Os agrotóxicos usados na produção de soja nas Américas estão associados a defeitos congênitos e taxas de câncer mais elevadas entre as populações regionais. Na Argentina, desde 1990, a produção de soja quadruplicou, enquanto o uso de agrotóxicos cresceu onze vezes. Nessas áreas, houve um aumento de abortos e defeitos congênitos. Na Argentina como um todo, cerca de 20% das mortes são causadas por câncer, mas, nessas áreas, a taxa é de mais de 30%.[17]

Se esses efeitos parecem remotos, então os efeitos no clima global não devem parecer. A segurança alimentar de que tantos de nós desfrutamos é produto de um sistema de produção que manteve os preços baixos ao destruir terras selvagens e não pagar os custos das emissões de carbono na atmosfera. Essas abordagens vão, ironicamente, criar uma enorme insegurança alimentar. Isso já está acontecendo pelo mundo, mas em nenhum lugar mais diretamente do que nas áreas da Amazônia que foram desmatadas para plantar soja.

Chuvas continentais demandam árvores. Nuvens de chuva por si só não conseguem viajar mais do que quatrocentos quilômetros a partir do mar, de modo que a chuva no centro de um continente — a própria chuva que cria a floresta central da Amazônia, por exemplo — requer uma floresta contínua até a costa. Cerca de metade da chuva que cai na Amazônia vem de suas árvores. Como todo aluno de geografia na escola sabe, a água evapora do mar, depois se precipita na forma de chuva nas matas costeiras. Essas árvores "exalam" vapor de água, que cria nuvens que viajam mais para o interior nos ditos "rios voadores".

Crucialmente, é assim que a água alcança as plantações de soja e de milho no Centro-Oeste do Brasil. Uma vez que se destrói a floresta, há menos chuva. Um estudo de 2019 mostrou que a estação chuvosa no Mato Grosso tinha ficado um mês mais curta em uma década (Leite-Filho, Costa & Fu, 2020; Butt, Oliveira & Costa, 2011), e muitas das maiores fazendas de soja no Brasil agora sofrem com a seca que elas mesmas causaram.

Não será possível desviar rios, porque a água dos rios vem da chuva.[18] Temperaturas mais elevadas e secas significam que o sudeste amazônico se tornou uma fonte de dióxido de carbono em vez de uma reserva de carbono, e, de acordo com algumas estimativas, a Amazônia produz hoje mais carbono do que armazena (Gatti *et al.*, 2021).[19]

Então, a única grande ameaça ao agronegócio brasileiro é... o agronegócio brasileiro.

Por que não nos importamos com isso? Em parte porque nenhuma dessas informações apocalípticas é mencionada nas embalagens dos alimentos. Pode ser simplesmente que seja difícil se perguntar sobre cada um dos ingredientes de uma lista de trinta. A embalagem e o processamento criam uma distância entre o consumidor e o meio ambiente.[20]

Confiamos que o fabricante terá feito um bom trabalho na aquisição de seus frangos. Esse é o poder de uma marca. No entanto, se você acha que gastar mais em uma marca mais chique significa que eles são mais cuidadosos com o tipo de frango que vai no AUP, então está enganado.

Na primavera de 2022, *Salmonella* foi detectada na fábrica de processamento de alimentos da Cranswick, em Hull, durante uma "inspeção interna de rotina". Cranswick se anuncia como um produtor de 160 toneladas diárias de frango cozido gourmet para sanduíches e refeições. *Salmonella* se anuncia como um agente bacteriano que causa diarreia, febre e cólicas estomacais, e mata cerca de cinquenta pessoas por ano no Reino Unido.

Mais de cem marcas foram recolhidas de estabelecimentos conhecidos por vender mais barato. Mas houve também alguns recolhimentos de lugares que cobram mais caro. Todo o espectro do varejo de alimentos do Reino Unido estava representado nesse recolhimento: Aldi, Tesco, Starbucks, Amazon, Waitrose, Sainsbury's, Jamie Oliver Deli by Shell, Co-Op, M&S, Leon e Pret.

Se você é uma empresa que produz sanduíches de frango, estaria louco se gastasse mais do que o mínimo possível no frango. Frango é frango. Quase ninguém pensa na carne de seus AUPs, em como ela é tratada ou em como ela afeta o planeta.

O processamento em si é intensivo na utilização de energia. Para os AUPs, pode haver muitos estágios de aquecimento, moagem, corte e recombinação, com transporte entre cada um deles. Existem argumentos em relação a se a produção em massa de fornadas é eficiente. É verdade que um milhão de pessoas fervendo cada uma em seu fogão de casa uma batata é menos eficiente do que uma fábrica fervendo um milhão de uma única vez. Mas não é mais eficiente quando a fábrica tem de moê-las, desidratá-las, embalá-las, e então todo mundo acrescenta água fervente em casa de qualquer maneira para voltar a hidratá-las.

Muitos AUPs contêm ingredientes provenientes de quatro ou cinco continentes. A lasanha ou o sorvete que você compra no supermercado podem ter óleo de palma da Ásia, cacau da África, soja da América do Sul, trigo dos Estados Unidos, aromatizante da Europa e assim por diante. Diversos desses ingredientes serão despachados mais de uma vez — de uma fazenda na América do Sul para uma fábrica de processamento na Europa, depois para uma segunda fábrica de processamento e embalagem em outra parte da Europa, então para os consumidores, que podem estar na América do Sul bem ao lado da fazenda.

Você se lembra das barcaças de soja sendo carregadas em Barcarena com destino à Europa? É quase certo que parte dessa soja foi parar de volta em Muaná. Isso não é exatamente um argumento de eficiência energética.

Poderíamos ao menos imaginar um sistema organizado em torno do cultivo e da criação agroecológicos, e do consumo de uma gama de alimentos integrais frescos e minimamente processados.[21] Tal sistema promoveria biodiversidade e teria a capacidade de produzir comida saudável o bastante para uma população crescente, com uma pegada de carbono menor e com imensos benefícios climáticos. Precisaríamos comer significativamente menos carne, mas o modelo mostra que isso é possível (Poux & Aubert, 2018; Aubert, Schwoob & Poux, 2019; Poux, Schiavo & Aubert, 2021; Röös *et al.*, 2022; Muller *et al.*, 2017).[22] Com esse novo sistema de agricultura orgânico, alimentos integrais frescos e minimamente processados seriam mais abundantes e, possivelmente, mais baratos. Mas um sistema desse tipo não favoreceria as monoculturas que os AUPs requerem e que causam tantos danos. Ao consertar o sistema agrícola para que ele se torne sustentável, os custos de produção de alimentos integrais cairiam (sem a exigência de agrotóxicos baseados em combustível fóssil) — e os dos AUPs aumentariam. Os AUPs demandam o modo destrutivo de cultivo e criação atual, e são o único resultado possível desse sistema. Com abordagens agroecológicas, poderíamos aumentar a qualidade e a diversidade dos alimentos e, ao mesmo tempo, reduzir todos aqueles custos externos de problemas de saúde e mudanças climáticas. Pode ser uma fantasia supor que isso resolveria todos os problemas, e é quase certo que implicaria novos desafios, mas eles não seriam nada se comparados às consequências de não desafiar o sistema alimentar.

Outra ameaça existencial para a vida humana causada pelos AUPs, mas não mencionada nas embalagens, é a resistência a antibióticos.

Suzi Shingler dirige quase sozinha a Alliance to Save Our Antibiotics [Aliança para salvar nossos antibióticos], uma ONG que tenta garantir que, quando você tem uma infecção do trato urinário ou de pele, você não morra porque é impossível tratá-las com os antibióticos existentes. Tratar até infecções menores nos hospitais do Reino Unido (meu trabalho diário) é cada vez mais difícil porque as bactérias de hoje estão muito resistentes a antibióticos.[23]

Isso acontece porque os antibióticos passaram a ser uma parte rotineira do cuidado animal, e os micróbios nos intestinos dos animais se tornaram resistentes a eles. Há muito tempo temos nos preocupado com médicos da família "prescrevendo demais", ou dando antibióticos para infecções virais (quando eles são necessários apenas para as bacterianas). Mas isso representa uma quantidade trivialmente pequena do uso de antibióticos. O lugar em que mais os utilizamos são as criações industriais, em geral para compensar deficiências crônicas no bem-estar animal.

Não existe maneira "biossegura" de criar animais que mantenha as bactérias resistentes afastadas de suas fezes e longe de nós. No sul dos Estados Unidos, criadouros intensivos de porcos drenam a matéria fecal para "tanques de porcos". Eles são frequentemente aerossolizados por tornados ou transbordam para o abastecimento de água depois de tempestades. Moscas[24] carregam micróbios para os criadouros e para fora deles, e os micróbios são encontrados na nossa carne.

O uso difundido de antibióticos em criadouros significa que podemos voltar a uma era em que não existam antibióticos efetivos. Se seu filho quebrar o braço em um pula-pula e precisar de um parafuso no osso, isso vai se tornar quase impossível. Você não vai poder fazer quimioterapia contra um câncer causado pelo consumo de AUPs porque quimioterapia com frequência requer antibióticos, já que suprime o sistema imunológico (Fiolet *et al.*, 2018; Chen *et al.*, 2020, p. 86; Dicken & Batterham, 2021, p. 23). Uma simples infecção do trato urinário poderia se espalhar pelos rins e causar dano permanente. E isso já vem ocorrendo. O Public Health England reportou mais de sessenta mil infecções severas com resistência a antibióticos em 2018.

Como resultado, no Reino Unido e na Europa implementamos diversas políticas limitando o uso de antibióticos. Isso parece bom, mas, ainda que a maior parte dos supermercados do Reino Unido tenha boas práticas de limitação do uso de antibióticos nos produtos que comercializa, essas políticas em geral só se aplicam às marcas próprias e oriundas do Reino Unido. Portanto, se você comprar um pedaço de frango ou de carne bovina em um supermercado britânico, ele provavelmente teve exposição muito limitada a antibióticos medicinalmente importantes. Mas, quando se trata de carne importada e carne processada em AUPs, a história é diferente, com regulamentações bem mais frouxas. Na época em que eu escrevia este livro, apenas o M&S e o Iceland aplicavam suas políticas de antibióticos a todos os seus fornecedores. Assim, enquanto os consumidores exigem — e até certo ponto obtêm — um conjunto de padrões para alimentos integrais, os AUPs são, mais uma vez, uma enorme exceção.

O terceiro custo externo que quero abordar é como os AUPs prejudicam o meio ambiente através da produção e do uso de plástico. Em 2020, a Coca-Cola, a PepsiCo e a Nestlé foram designadas como os maiores poluidores de plástico pelo terceiro ano seguido pela auditoria anual da Break Free From Plastic [Liberte-se do plástico], realizada por quinze mil voluntários no mundo todo.[25] As garrafas de Coca-Cola eram o plástico descartado encontrado com mais frequência em praias, rios, parques e outros lugares com lixo em 51 dos 55 países pesquisados. Em 2022, ela foi a garrafa descartada com mais frequência em 37 dos 51 países pesquisados.[26]

Um relatório de 2020 feito pela Tearfund descobriu que essas três empresas e a Unilever continuam vendendo bilhões de produtos em garrafas, sachês e pacotes de uso único em países em desenvolvimento, "e elas fazem isso apesar de saber que o lixo não é apropriadamente manejado nesses contextos; suas embalagens, portanto, tornam-se poluição; e tal poluição provoca sérios danos ao meio ambiente e à saúde das pessoas". A Tearfund analisou uma amostra de seis países (China, Índia, Filipinas, Brasil, México e Nigéria) e concluiu que a Coca-Cola gera duzentas mil toneladas de lixo plástico — ou cerca de oito bilhões de garrafas — que é queimado ou abandonado a cada ano só nesses países, o suficiente para cobrir 33 campos de futebol todos os dias. A cada ano, no mundo todo, a Coca-Cola produz três milhões de toneladas de lixo plástico, e sabemos que quase nada disso é reciclado.[27] Espantosos 91% de todos os resíduos plásticos já produzidos não foram reciclados e acabaram ou queimados, ou despejados em aterros sanitários, ou apenas estão no meio ambiente (Geyer, Jambeck & Law, 2017).

Em declarações institucionais, todas as empresas afirmam seu comprometimento com a sustentabilidade e o meio ambiente.

O mais estranho é que, se você olhar os websites corporativos, é capaz de acreditar que essas empresas não são absolutamente do ramo alimentício, mas sim instituições filantrópicas comprometidas em melhorar o meio ambiente. É isto que se lia na homepage da Coca-Cola em julho de 2022: "Criar um mundo sem lixo: os desafios globais interconectados dos resíduos provenientes de embalagens e das mudanças climáticas fizeram disso um foco para o nosso negócio, e estamos realizando uma boa revisão das embalagens que usamos e de como podemos provocar mudanças".

# V

# Mas o que é que eu faço, então?

# 18

# ULTRAPROCESSADOS SÃO CONCEBIDOS PARA CONSUMO EM EXCESSO

Então, cá estamos. Esta é a ciência por trás de como os AUPs afetam o corpo humano:

- A destruição da matriz alimentar por meio de processamentos físicos e químicos faz com que os AUPs sejam, em geral, suaves. Isso significa que você os consome rápido, ou seja, que você ingere muito mais calorias por minuto e não se sente completamente satisfeito até bem depois de ter terminado. Isso também reduz potencialmente o tamanho dos ossos e a densidade óssea do rosto, levando a problemas dentários.
- Os AUPs costumam ter uma densidade calórica muito alta porque são secos e têm elevado teor de gordura e açúcar e poucas fibras, de modo que você consome mais calorias por bocado.
- Eles suplantam a diversidade de alimentos integrais da dieta, especialmente entre grupos de baixa renda. E os AUPs, em si, costumam ser deficientes em micronutrientes, o que também pode contribuir para o consumo em excesso.
- A incompatibilidade entre os sinais de gosto que partem da boca e o conteúdo nutricional de alguns AUPs altera o metabolismo e o apetite de formas que apenas começamos a entender, mas que parecem impulsionar o consumo em excesso.
- Os AUPs são viciantes, o que quer dizer que, para algumas pessoas, o empanturramento é inevitável.

- Emulsificantes, conservantes, amidos modificados e outros aditivos prejudicam o microbioma, o que pode permitir que bactérias inflamatórias floresçam e provoquem vazamentos no intestino.
- A conveniência, o preço e o marketing dos AUPs incitam a comer constantemente e sem pensar, o que leva a mais petiscos, menos mastigação, alimentação mais rápida, aumento de consumo e cáries dentárias.
- Os aditivos e os processamentos físicos significam que os AUPs afetam diretamente nosso sistema de saciedade. Outros aditivos podem afetar as funções cerebrais e endócrinas, e o plástico das embalagens pode afetar a fertilidade.
- Os métodos de produção usados para fabricar AUPs exigem subsídios dispendiosos e impelem a destruição ambiental, as emissões de carbono e a poluição plástica, que prejudicam todos nós.

Esses argumentos científicos são importantes e permitem que as pessoas que têm interesse em saúde pública defendam que os AUPs são um problema, e que tantas evidências precisam ser levadas em consideração. Mas me preocupa que esses argumentos não sejam capazes de ocasionar mudanças de verdade, porque a resposta da indústria às pesquisas tem sido ainda mais processamento.

É uma reação típica: se os emulsificantes prejudicam o microbioma, vamos adicionar mais probióticos. Se a comida é suave demais, vamos adicionar mais goma. Se é energeticamente muito densa, adicionemos adoçantes artificiais. A "solução" para o ultraprocessamento é o hiperprocessamento, também conhecido como reformulação.

Essa é uma estratégia bastante útil para a indústria porque ela protela a decisão sobre alertas nas embalagens de AUPs. Mas a reformulação não traz efeitos positivos, por duas razões.

Em primeiro lugar, muitos produtos ultraprocessados que atualmente provocam doenças relacionadas à dieta no mundo já foram reformulados. Estamos reformulando AUPs há quatro décadas. Quarenta anos atrás, a substituição de gordura por açúcar coincidiu com o aumento mais incisivo de obesidade. Há vinte anos, a expansão do movimento anticarboidratos não teve impacto nas crescentes taxas de obesidade. Os adoçantes artificiais são uma reformulação. Todas aquelas gomas para substituir a gordura — isso é reformulação.

Quase tudo o que você come já foi reformulado, mas os planos só crescem. A Archer-Daniels-Midland Company (também conhecida como ADM, com faturamento de 85 bilhões de dólares) produz ingredientes ligados a danos no microbioma (emulsificantes, estabilizantes e amidos modificados), assim como enzimas, prebióticos, probióticos, pós-bióticos, e ainda vendem serviços de microbioma personalizados. A ADM prevê que o mercado de suplementos para melhorar a saúde de nossos microbiomas irá alcançar 9,1 bilhões de dólares em 2026. Por que qualquer empresa eliminaria os emulsificantes quando você pode acrescentar probióticos em pó e um emulsificante?

Mas a principal razão que me faz pensar que não podemos reformular AUPs para torná-los melhores para nós é que eles foram concebidos para serem comprados e consumidos nas maiores quantidades possíveis. E uma comida que é menos consumida nunca venderá tão bem quanto uma comida que é mais consumida.[1]

Há muitos especialistas em saúde pública, pediatras e nutricionistas que entendemos e concordamos com isso, mas nós estamos fora da indústria. Por essa razão, fui ouvir pessoas de dentro da indústria.

Muitos dos artigos acadêmicos que eu lia não falavam sobre uma cadeia de suprimentos alimentares, mas sim sobre uma cadeia de suprimento de valor ou uma cadeia de valor alimentar. E eu começava a ver que, assim como há uma série de etapas para que os AUPs cheguem até mim, existe também um fluxo do meu próprio dinheiro seguindo na direção oposta. Ele corre através das empresas de ingredientes e das empresas de processamento, assim como os elétrons correm pelas proteínas na mitocôndria. Cada camada de processamento está lá para extrair um pouco mais de dinheiro daquelas lavouras de baixa qualidade e, com frequência, subsidiadas.

Por exemplo, o mercado humano para espigas de milho é muito pequeno; você pode conseguir mais dinheiro ao transformar o milho em xarope de milho com alto teor de frutose, o ingrediente-base para a maior parte do mercado de bebidas saborizadas e um aditivo para quase todos os produtos, de molho barbecue a torta de maçã congelada. O milho corre em uma direção ao longo da cadeia de processamento, enquanto o dinheiro vai na direção oposta. Essas camadas de processamento aumentam a gama de possíveis produtos nos quais o milho pode se transformar. Elas estendem o prazo de validade, modificam perfis de sabores e reformulam o milho para que tenha apelo a um leque bem maior de consumidores do que o esquisitão comendo uma espiga no jantar. Depois do ultraprocessamento, o milho pode ser consumido a qualquer hora do dia ou da noite por atletas, crianças, gestantes, pessoas ocupadas indo ou voltando do trabalho ou necessitadas de uma guloseima.

O leite tem menos valor agregado do que qualquer papinha de bebê, iogurte ou sorvete. As pessoas só conseguem comer uns tantos tomates, mas os transforme em ketchup ou molho para pizza e macarrão, e o mercado se torna imenso.

Existe uma ilusão de fornecimento de alimentos, mas se trata, em primeiro lugar, de um fluxo de dinheiro que impulsiona a complexidade sempre crescente do processamento.

Eu queria seguir esse fluxo de dinheiro e tentar entender os incentivos ao longo do caminho. As empresas estavam fazendo comida para ser consumida em excesso? E, mais importante, as empresas poderiam optar por mudar o modo como operavam?

Comecei pela última pessoa a receber qualquer dinheiro quando um AUP é vendido: o fazendeiro. Eddie Rixon estava alimentando suas vacas mais uma vez quando conversamos, em um dia frio e com vento, com pipas vermelhas no céu. Ser um fazendeiro como Rixon não é uma ótima maneira de ganhar dinheiro, mesmo que ele ainda seja um dos sortudos que são donos da própria terra. Quando o dinheiro chegar até Rixon, não vai haver muito sobrando. Os fazendeiros recebem, em média, 27% do gasto dos consumidores em alimentos consumidos em casa e uma porcentagem bem menor de alimentos consumidos fora de casa (Yi *et al.*, 2021).

Produzir carne bovina não é como fazer um produto de marca. Se você tem uma marca, as pessoas aderem a ela, e você pode cobrar muito mais. Rixon está produzindo uma commodity, tanto que seu produto é comercializável com o produto da pessoa seguinte. "O preço é determinado pelo mercado", disse ele. "Se eu pedir mais dinheiro porque meus custos aumentaram, os supermercados podem simplesmente conseguir carne bovina de outro lugar. Não tem como deixar de ser abusado."

Eddie Rixon tem uma visão especial porque já trabalhou em todos os estágios da cadeia de alimentos. Antes de ser fazendeiro, foi comprador da Waitrose e trabalhou na Kellogg's como jovem representante de vendas bem na época em que a empresa levava um novo petisco ao mercado: a barra Nutri-Grain. Ele viajou por aí vendendo essas novas barras para supermercados no sul da Inglaterra e ganhava um bônus se batesse determinadas metas.

Procurei os ingredientes de uma barra Nutri-Grain enquanto Eddie carregava sacas com mistura mineral na traseira de seu Land Rover. Elas contêm xarope de glicose, glicerol, ácido cítrico, xarope de açúcar invertido, óleo de palma, dextrose, frutose, metilcelulose (uma molécula parecida com a carboximetilcelulose, que fez os intestinos dos roedores sangrarem naqueles estudos de microbioma) e lecitina de soja. Há também um pouco de purê de maçã, concentrado de frutas e farinha.

Será que Rixon achava que elas eram saudáveis? "Disseram-nos que aquelas barras eram mais saudáveis se comparadas com outras opções para o café da manhã em uma loja de conveniência, como uma barra Mars. Era o que dizíamos para as pessoas nos supermercados para convencê-las a comprar", explicou. "Em que eu acreditava era irrelevante."

Então, ele vendia as barras para o supermercado. E quanto mais barras o supermercado comprava, menor o preço — eles eram incentivados a comprar e, portanto, a vender mais. Uma vez que os supermercados compravam as barras, eles estavam no vermelho em relação àquele dinheiro e tinham de vendê-las energicamente para os consumidores. O chefe de Rixon, enquanto isso, confiava em suas equipes para vender o máximo possível. Todo mundo dentro da simples cadeia de valor da Nutri-Grain era incentivado por uma única coisa — vender o máximo possível de barras. Ninguém no sistema, das pessoas que desenvolviam a barra até as pessoas que a vendiam, poderia se questionar sobre vender menos barras. E importaria se pudessem? A Kellogg's se encontra em uma corrida armamentista com outras empresas vendendo novas barras com alegações de saúde parecidas, todas competindo por aquele espaço nas lojas que maximiza as vendas. Se a Kellogg's decidisse se reposicionar, o espaço seria instantaneamente preenchido por outro produto de outra empresa.

Paul Hart me disse a mesma coisa sobre sua época no departamento de sorvetes da Unilever. O projeto, compreensivelmente, era sorvete, não saúde pública. O trabalho de sua equipe era melhorar as experiências sensoriais e de sabor, e havia também uma pressão implacável para diminuir os custos. Ele me contou sobre a experiência de trabalhar ao lado de alguns dos maiores inovadores no ramo de sorvetes. Gary Binley era um especialista em pontas e aeração, inventando constantemente novos métodos para extrudar espumas congeladas em formatos e camadas diferentes. "Sorvetes não são novidade ou marca registrada", explicou Hart. "Se você quer continuar competitivo, a corrida armamentista do sorvete exige evolução constante."

Ele claramente idolatrava alguns desses cientistas, e eu podia ver o porquê com base na lista de patentes de ponta de Gary Binley.[2] Essa era a equipe que produzira alguns dos sorvetes marcantes da minha geração, incluindo o Viennetta e os Twisters. "O Twister é uma extrusão helicoidal particularmente complexa", disse Hart com admiração. "E a equipe só pensava nos produtos."[3] A genialidade assume muitas formas.

Ele me contou sobre os painéis de degustação que usavam para desenvolver suas comidas. Existiam dois tipos. Primeiro, havia os painéis de especialistas. Hart esteve em um painel de degustação de especialistas para pastas de baixo teor de gordura por muitos anos. Conhecia todas essas pastas e como elas se comportavam. Esse painel tratava menos de preferências pessoais do que de descrição objetiva — usando a boca humana como um aparelho de análise para todas as diferentes variáveis. "Você criava diagramas em formato de estrela com todas as diferentes variáveis para um produto: granularidade, salinidade, crocância, qualidade de malte, notas queimadas, viscosidade e assim por diante", disse ele. A partir daí, os produtos iam então para painéis de consumidores, em que a questão era mais o desfrute e as quantidades consumidas. Toda essa informação voltava depois ao laboratório para o passo seguinte no desenvolvimento do produto.

A mobilização contra empresas alimentícias "perniciosas" começa a parecer menos sã quando você vê as coisas da perspectiva de Eddie Rixon e Paul Hart.

Segui o dinheiro na contracorrente até chegar a Robert Plowman, que trabalha no Citigroup, um banco de investimentos multinacional estadunidense, onde é chefe de bens de consumo na Europa, no

Oriente Médio e na África. Ele ajuda as empresas a concretizar suas ambições estratégicas ao aumentar o capital e comprar e vender mutuamente, "em especial com foco na cadeia de valores de alimentos e ingredientes".

Quando você começa a entender que o ultraprocessamento é sobre adicionar valor, percebe que não se trata apenas de adicionar emulsificantes. Advogados, consultores e banqueiros como Plowman também extraem valor do dinheiro que pagamos pelos AUPs. Plowman fala com tamanha fluência que, em mais de uma hora de conversa, não aparece um único "hum". Ele também se veste como alguém que não diz "hum".

Eu lhe pedi que explicasse a indústria alimentícia. "Não existe uma indústria alimentícia bem definida do mesmo modo como existe uma indústria de fabricação de aeronaves, com um pequeno número de grandes atores", disse ele. "A indústria alimentícia é um ecossistema vasto e complicado — com centenas de milhares de produtores de alimentos de todos os portes. Algumas partes da indústria, como a do chocolate, são mais consolidadas, mas, em geral, existem muitos atores diferentes no mundo todo."

Porém, há camadas na indústria. Os fazendeiros, tanto os de grandes negócios de criação e plantio quanto donos de pequenos sítios, vendem suas safras e animais diretamente para os produtores de alimentos ou — com mais frequência — a uma indústria de processamento primário. Nessa camada estão grandes empresas agrícolas de que você provavelmente nunca ouviu falar: a já mencionada ADM, a Bunge Limited (43 bilhões de dólares), a Cargill Corporation (114 bilhões de dólares) e a Louis Dreyfus Company BV (36 bilhões de dólares). Essas quatro empresas (conhecidas como ABCD) dos Estados Unidos e da Europa manejam a maior parte do comércio mundial de grãos.

Outros grandes players, como a Olam International (50 bilhões de dólares) e a Wilmar International Limited (50 bilhões de dólares), têm sede na Ásia. Alguns deles são especialistas em trigo, arroz, óleos vegetais, chocolate, açúcar, café e carne, enquanto outros produzem alimentos (fécula modificada, ração para animais, xarope de glicose), comercializam, compram e distribuem commodities (como óleo de palma), criam seu próprio gado e têm até braços de serviços financeiros. Essas são as empresas que pegam aquelas dezessete plantas e animais e os transformam em pastas, pós e óleos usados como materiais de base para a construção de AUPs.

A próxima camada é o universo de empresas de ingredientes de valor agregado, que produzem aditivos para texturas, sabores e assim por diante. Elas produzem muitos dos aditivos que integram AUPs, os quais tornam possíveis alegações como "baixo teor calórico", "baixo teor de gordura" ou "baixo teor de açúcar" e ajudam a comida a durar mais, ter um gosto melhor e ser mais fácil de comer.

Do ponto de vista de Robert Plowman, o que ele chama de "megatendências" — que vêm impulsionando a indústria alimentícia por muitas décadas — têm sido exigências dos consumidores por produtos alimentares que têm gosto agradável, são convenientes e têm bom valor monetário. "Além de tudo isso, queremos alguns produtos que são mais saudáveis e alguns que são indulgentes", disse ele. "E, é claro, cada vez mais consumidores estão preocupados com fontes éticas e sustentáveis. Logo, a indústria está muito focada em atender a todas essas necessidades."

As empresas da camada seguinte compram materiais das processadoras primárias e das empresas de ingredientes e os ultraprocessam em AUPs. Então essas multinacionais, empresas de porte médio e start-ups finalmente vendem para os varejistas que você conhece.

Plowman foi franco quanto aos incentivos: "Cada empresa está tentando fazer a coisa certa em relação ao meio ambiente e à sustentabilidade, mas também está no negócio para ganhar dinheiro. O mercado financeiro e os grandes investidores valorizam crescimento, margens, fluxo de dinheiro e dividendos. Os CEOs das empresas listadas são julgados pelos resultados que entregam e o preço das ações".

Resultados como metas ambientais e de sustentabilidade? "Os investidores de fato julgam as empresas quanto aos princípios ambientais, sociais e de governança (ESG, na sigla em inglês), e o pagamento de diretores está cada vez mais atrelado a metas de ESG", disse Plowman. Mas o mercado está mais focado nos resultados financeiros: "Coisas como crescimento de vendas, desenvolvimento de margens e crescimento de ganhos. E, aliás, isso não é diferente de nenhuma outra indústria".

Isso, claro, é verdade e dá às empresas de alimentos duas opções. Elas podem "premiumificar" e vender o mesmo número de unidades por muito mais dinheiro; ou vender mais unidades para mais pessoas com mais frequência. Na corrida armamentista corporativa por dinheiro, cada empresa faz todas essas coisas ao mesmo tempo o mais rápido que pode.

Perguntei a Plowman se os AUPs são formulados para serem comprados e consumidos o máximo possível. "Todas essas empresas constantemente lançam e melhoram produtos e, é claro, esperam que eles vendam mais", respondeu. A exigência de crescimento corporativo é cumprida de diferentes formas: crescimento populacional, entrada em novos mercados, tomada de fatias de mercados de terceiros "e, sim, a partir de consumidores já existentes gastando mais. Muitas pessoas da indústria alimentícia são incentivadas com metas de vendas, e elas estão na maioria dos negócios".

Plowman acredita que é complicado para as empresas resolverem sozinhas a questão da saúde pública. "Seria muito difícil uma empresa dizer: 'Vamos assumir isso'", explicou ele. "Nenhuma empresa isoladamente é tão grande assim. Custaria demais para ela e, no fim das contas, não faria diferença. As normas têm de ser estipuladas pelos governos. E, no fim, os negócios são muito bons em reagir a isso. Lembre-se de que o imposto sobre o açúcar foi introduzido no Reino Unido em 2018 para a indústria de refrigerantes — isso resultou em uma enorme redução do açúcar consumido nos refrigerantes."

Todas as pessoas em todos os níveis da indústria alimentícia com quem conversei concordaram: a regulamentação deve vir de fora. E ela não precisa prejudicar a economia. Muitos apontaram que os setores mais regulamentados, como o farmacêutico e o do tabaco, são os mais lucrativos.

Plowman sugeriu que eu falasse com um consultor em gestão especializado em comida. Ele não quis ser identificado porque estas são suas opiniões pessoais e ele queria falar à vontade. Falou animado, oferecendo informações perfeitamente organizadas e simples o bastante para que eu entendesse.

Eu lhe perguntei se é provável que os fabricantes de alimentos desenvolvam produtos que geram consumo em excesso porque querem ganhar mais dinheiro — por exemplo, se uma empresa testa duas formulações de cereal matinal e descobre que as pessoas comem 5% a mais de uma delas durante os testes de degustação, é essa que vai para o mercado?

“Bem…”, o consultor hesitou, como um professor que, depois de garantir à classe que não existe “tal coisa como uma pergunta idiota”, ouve a pergunta mais idiota possível, “… se você é uma empresa que vende cereal matinal, então vender mais cereal matinal é bom. Sem dúvida.”

Em seguida, Plowman arranjou para que eu conversasse com Ibrahim Najafi, CEO da segunda maior empresa de sorvetes do Reino Unido, a Froneri, uma *joint venture* entre a Nestlé e uma empresa de capital privado francesa chamada PAI. Eu estava me aproximando da nascente do rio de dinheiro, muito longe do fiozinho d'água que chega até Eddie Rixon. Najafi tem doutorado em engenharia e cresceu no Iraque. Você não vai conhecer ninguém mais apaixonado pelo que faz. “Meu trabalho é fazer sorrisos se abrirem no rosto das pessoas. Temos muita sorte: produzimos sorvete, vendemos sorvete, comemos sorvete e somos pagos por isso. E, sabe, chamamos isso de trabalho.”

Soava mesmo divertido, mas eu queria entender seus incentivos. “Nós temos donos”, disse ele, “mas os outros acionistas — ainda que não sejam acionistas financeiros — são os nossos consumidores, porque eles de fato votam com o bolso. Eles precisam estar felizes.” Essa necessidade de satisfazer o consumidor foi salientada por todos dentro da indústria. Enquanto a perspectiva da saúde pública é a de que a indústria empurra os produtos para as pessoas, para quem olha de dentro parece muito mais que a indústria produz por demanda.

Najafi me contou sobre sua infância no Iraque e sua mãe fazendo sorvete em casa: “Ela usava ovos, açúcar, nata de verdade, baunilha de verdade. Nós fazemos a mesma coisa, mas em uma escala maior”. Essa alegação está no cerne da definição de AUP, que claramente separaria o sorvete da mãe de Najafi de todos os outros sorvetes comercialmente disponíveis. Perguntei-lhe sobre os produtos com o maior número de aditivos, incluindo emulsificantes, estabilizantes e aromatizantes. Não sem alguma razão, Najafi destaca que a Froneri faz, sim, uma variedade de produtos: “Veja o nosso sorvete Kelly's e o compare com um que você faria em casa; eles são muito parecidos”. A lista começava com “leite integral da Cornualha, creme de nata, açúcar”, mas também incluía emulsificantes e estabilizantes. “Nós os utilizamos porque lidar com ovos é difícil e caro, e é muito importante chegar à faixa de preço certa.” Um surto de *Salmonella* recente no Reino Unido reforça esse ponto.

Discutimos a proliferação dos AUPs. Percebo que, de certo modo, o sorvete é algo de cujos efeitos o público tem, pode-se dizer, uma visão razoavelmente precisa. Najafi estava notavelmente confortável com minhas ideias sobre relação e classificação, e tinha visões progressistas a respeito de instrução sobre saúde pública, sobretudo para quem tem baixa renda, e populações migrantes. "Precisamos de instrução, começando desde muito cedo, e o governo tem de se responsabilizar por isso."

Fiquei bem convencido de que Najafi tem uma preocupação sincera com seus consumidores e a qualidade de seus produtos. Mas o propósito do sorvete Kelly's é fundamentalmente diferente do que o que a mãe dele fazia? Isso é difícil de testar. Ambos são guloseimas doces concebidas para trazer alegria. Mas me parece que há um propósito financeiro adicional, talvez uma obrigação, no sorvete Kelly's. A mãe de Najafi podia optar por limitar o fornecimento; porém, quando se trata de vender menos, o próprio Najafi pode estar com as mãos tão atadas quanto Eddie Rixon na época em que trabalhava para a Kellogg's. Se quiser impor obstáculos ao crescimento das vendas, Najafi é responsabilizado por seu conselho, que por sua vez é responsabilizado pelos acionistas.

Esse é o mesmo problema que qualquer empresa que quer vender menos AUPs enfrenta: elas são responsabilizadas por seus proprietários. A maioria das principais indústrias alimentícias é de capital aberto — qualquer um pode comprar uma parte. E isso quer dizer que uma porção significativa de cada empresa é de propriedade de alguns poucos fundos muito grandes, como BlackRock, Vanguard ou Fidelity. Somando os três, essas empresas têm mais de vinte trilhões de dólares sob gestão. Liguei para um investidor sênior em uma grande gestora de ativos de empresas alimentícias transnacionais. "Essas empresas não estão realmente no controle de seu modelo de negócio", disse-me ele, usando a Danone como exemplo.

Investidores institucionais detêm uma porcentagem significativa da Danone. "Se alguém da Danone propuser que ela venda menos comida por razões ambientais ou de saúde pública", disse o investidor, "esse sujeito não vai chegar muito longe em comparação à pessoa que descobrir um jeito de vender mais comida, o que em linhas gerais equivale a mais dinheiro." Ele explicou que havia maneiras de vender menos comida por mais dinheiro, mas em grandes empresas todas essas opções já foram exploradas. Os preços são os mais altos que o mercado irá suportar, e a eficiência de produção está no limite máximo. "Você tem de vender volumes enormes para um imenso número de pessoas", continuou ele. "É por isso que países de baixa e média rendas são tão importantes, porque nos Estados Unidos e no Reino Unido nós estamos praticamente saturados."

Isso pode parecer óbvio para muitas pessoas, mas não para Emmanuel Faber, ex-CEO da Danone. Faber era um CEO-propaganda de metas ESG (ou seja, ambientais, sociais e de governança). Foi elogiado pelo ex-diretor do Bank of England Mark Carney durante sua palestra na série Reith Lecture, da BBC, sobre empresas que criam valor não monetário. Faber conduziu uma revolução dentro da Danone, fazendo dela a primeira empresa a liquidar legalmente a primazia dos acionistas no lugar de outros objetivos relacionados à proteção do meio ambiente, de seus empregados e fornecedores. Ele declarou haver "tombado a estátua de Milton Friedman", o finado economista vencedor do Nobel, que, em 1970, escreveu um ensaio seminal intitulado "The Social Responsibility of Business Is to Increase Its Profits" [A responsabilidade social da empresa é aumentar seus lucros].[4] Só que o conselho diretor discordou do que Faber fazia. Uma campanha pública foi lançada pela Bluebell Capital, e Faber perdeu o emprego em março de 2021.

Outros esforços de investimento ativista que foram recebidos com amplo entusiasmo público emperraram quando ficou claro que eles custariam o dinheiro dos investidores de fato. A BlackRock chegou a defender o investimento sustentável, mas posteriormente recuou da decisão de exigir que as firmas divulgassem propostas quanto ao clima.[5] A razão era simples: entre os clientes da BlackRock, incluem-se planos de aposentadoria públicos e privados, governos, seguradoras, dotações, universidades, instituições filantrópicas e, no fim, você e eu, quer sejamos investidores individuais, quer tenhamos parte de nossa aposentadoria em seus fundos. A BlackRock tem o dever de oferecer uma performance financeira durável e de longo prazo. De determinada perspectiva, todos nós demandamos o crescimento das empresas alimentícias, que exige que elas desmatem a Amazônia — pelo menos aqueles entre nós com aposentadoria, porque os fundos de aposentadoria se baseiam na ideia de crescimento. Existem propostas para desinvestir em empresas alimentícias, mas é improvável que isso funcione. O desinvestimento não costuma afetar significativamente o preço das ações,[6] porque há sempre alguém disposto a comprar uma ação que irá pagar um dividendo. Cortar o abastecimento de renda é a única maneira real de mudar o comportamento corporativo.

Questionei o animado consultor de gestão a esse respeito. "Em 250 anos, o feito em termos de prover comida suficiente é incrível e foi impelido pela busca de lucro", explicou. "Então, isso é capaz de criar coisas fantásticas." Mas ele acha que todos esses custos externos são um problema: "Os incentivos no sistema são diretamente para produzir e vender mais. É o governo que deve tomar a frente e estabelecer regras para fornecer regulamentações apropriadas de mercados que não se acertam por si só. É improvável que a autorregulamentação tenha maior impacto. Os negócios são fundamentalmente organizações comerciais. Os incentivos são para pensar muito em relação aos próximos seis e doze meses".

Isso significa reduzir a demanda por AUPs, e significa implementar políticas como a redução de promoções de comida processada e junk food: "As promoções impelem o consumo excessivo; então, se o seu objetivo é reduzir a obesidade, no meu ponto de vista é óbvio seguir em frente com essas coisas".

Dias depois que conversamos, o governo do Reino Unido deu para trás na regulamentação das promoções sobre as quais o consultor de gestão falava: ofertas de "leve dois pague um" de produtos com alto teor de gordura, sal e açúcar.

Todas as pessoas com quem conversei na indústria alimentícia se sentiam presas entre forças antagônicas muito poderosas. Os consumidores podem dizer que querem coisas saudáveis, mas ainda compram AUPs. Os supermercados — e, é claro, os acionistas — ditam o que vender.

A ideia de que as empresas existem para ganhar dinheiro e apenas para ganhar dinheiro parece tão óbvia para alguns que é desnecessário dizer. Mas existe uma confusão genuína dentro das empresas, e vinda de pessoas como Mark Carney, que achava mesmo que a Danone poderia realizar um conjunto de escolhas diferentes.

Em um discurso, Ahmet Bozer, ex-presidente da Coca-Cola Corporation, foi claro sobre o propósito de sua empresa. Ele discorreu sobre como gerar ainda mais crescimento para uma marca que parecia ter conquistado o mundo: "Devido ao fato de que metade da população mundial não tomou uma Coca-Cola nos últimos trinta dias e de que existem seiscentos milhões de adolescentes que não tomaram uma Coca-Cola na semana passada, acreditamos que existe aí uma oportunidade brilhante".

Adoro a franqueza entusiasmada dessa declaração. Até que todo mundo esteja tomando pelo menos uma Coca-Cola por dia, vai haver uma oportunidade de crescimento — e então uma Coca-Cola ainda não será suficiente. Qualquer crítica moral a Bozer ou à Coca-Cola falha em compreender as obrigações da empresa: é isso que eles devem fazer até que a lei exija que eles façam algo diferente.

Soluções realistas virão apenas da compreensão de que não importa o que qualquer empresa diga, ela tem um único propósito — um propósito que irá exceder todos os outros. Todas as principais empresas que produzem a sua comida têm parcelas muito significativas de seus sites dedicados a projetos sociais e ambientais — que são verdadeiros e ótimos para a reputação. Mas nenhum desses projetos pode ser um obstáculo para criar valor para os acionistas.

Esse propósito singular dá sentido a muitas das contradições que as empresas cometem, vendendo soluções para os problemas que causam. Por exemplo, em 2006 a Nestlé entrou no mercado de controle de peso (ou melhor, no *outro* lado do mercado de controle de peso) ao comprar[7] a marca de perda de peso Jenny Craig.[8] Peter Brabeck-Letmathe, então presidente e CEO da Nestlé, disse que esse era um passo importante na transformação da Nestlé rumo a uma "empresa de nutrição, saúde e bem-estar que vê o controle do peso como uma competência essencial".[9]

Como parte disso, a Nestlé produz uma gama de AUPs chamada Lean Cuisine. Esta é a lista de ingredientes do frango grelhado com vegetais da Lean Cuisine: "Macarrão rigatoni cozido (água, semolina de trigo duro, glúten de trigo), água, frango temperado e cozido (carne branca de frango, água, proteína isolada de soja, amidos de milho e tapioca modificados, maltodextrina de milho, sal, fosfato de sódio, tempero), tomate em suco (contém ácido cítrico [acidulante], cloreto de cálcio), abobrinha amarela, brócolis, cenoura, queijos parmesão e pecorino (de leite), fécula de milho modificada, cebola, vinagre de sidra, pasta de tomate, sal, açúcar, purê de alho, óleo de soja, azeite de oliva, açúcar mascavo, extrato de levedura, manjericão, orégano, cloreto de potássio, condimentos, especiarias".

Pessoalmente, acho forçado acreditar que uma empresa que lucra com ciclos de ganho e de perda de peso poderia fabricar um produto que elimine o problema.

Além de soluções de perda de peso, a Nestlé vem desenvolvendo um interesse por fármacos para tratar doenças relacionadas à alimentação. A Nutrition Science Partners Limited é uma *joint venture* com partes iguais pertencentes à Nestlé Health Science e a um grupo farmacêutico e de serviços de saúde chamado Chi-Med. A Nutrition Science Partners se concentra em saúde gastrointestinal e pode no futuro expandir para as áreas de doenças metabólicas e de saúde cerebral.[10] Em 2011, a Nestlé também trouxe o Prometheus Laboratories, especializado em diagnósticos e em medicamentos em gastroenterologia. O Prometheus Laboratories pode já estar ajudando a diagnosticar e tratar alguns dos problemas de saúde provocados pelo sistema alimentar de que faz parte.

Enquanto escrevo, a Nestlé está aparentemente considerando comprar a Haleon, a divisão de saúde do consumidor da gigante farmacêutica GSK,[11] cujo site diz: "Nossos produtos de saúde digestiva trazem um conforto tranquilizador para milhões de pessoas no mundo todo. Temos um portfólio de marcas confiáveis e líderes de mercado, incluindo a Eno e a Tums, com uma forte herança no tratamento de azia, indigestão ácida e desconforto gástrico".

A Danone, enquanto isso, tem centenas de subsidiárias,[12] incluindo ao menos duas que parecem ser empresas farmacêuticas.[13]

Não é difícil imaginar que, olhando de dentro dessas empresas, esses projetos — inaladores contra asma, agricultura comunitária e assim por diante — parecem fazer o bem, mesmo quando outras partes da mesma entidade podem estar contribuindo para doenças e a destruição do meio ambiente. Talvez a Nestlé tenha achado que fazia o bem quando foi para a Amazônia. Em uma matéria de 2017 para o *New York Times*, Sean Westcott, então presidente de pesquisa e desenvolvimento alimentar da Nestlé, é citado dizendo que a obesidade foi um efeito colateral inesperado de tornar comida barata amplamente disponível: "Não sabíamos qual seria o impacto".

Mas é surpreendente que uma empresa que se anuncia como uma organização com profunda expertise nutricional não fosse capaz de prever que, por exemplo, mandar um barco cheio de AUPs para comunidades remotas sem uma infraestrutura de saúde pública pudesse resultar em obesidade e cáries dentárias.

Há seções inteiras da Nestlé dedicadas a vender produtos nos lugares mais pobres da Terra. Por exemplo, existe uma divisão chamada Nestlé Central and West Africa Region, que vende produtos em Angola, Benim, Burkina Faso, Camarões, Cabo Verde, República Centro-Africana, Chade, República do Congo, Costa do Marfim, República Democrática do Congo, Guiné Equatorial, Gabão, Gâmbia, Gana, Guiné Bissau, Guiné, Libéria, Mali, Mauritânia, Níger, Nigéria, São Tomé e Príncipe, Senegal, Serra Leoa e Togo.

Todas as principais empresas alimentícias vendem produtos nessas regiões e estão expandindo seu crescimento. É uma fonte de constante espanto para médicos de saúde pública o fato de você poder comprar facilmente uma Coca-Cola gelada em quase qualquer lugar do planeta, mas ser um problema enorme manter uma vacina sob refrigeração adequada no trajeto desde a fábrica até uma criança.

As empresas que produzem a nossa comida não têm escolha sobre a comida que produzem e o modo como a produzem. Muitos de nós não têm escolha quanto a comprá-la ou não. Mas existem dois grupos que podem fazer escolhas ligeiramente diferentes para criar uma solução melhor: governos e profissionais de saúde — médicos, enfermeiras, cientistas que estudam saúde pública, nutricionistas e qualquer outra pessoa que tenha concordado com um único propósito: cuidar de pessoas.

Com esses dois grupos, encontramos algumas soluções no capítulo seguinte.

# 19

# O QUE PODEMOS PEDIR QUE OS GOVERNOS FAÇAM

Carlos Monteiro me contou uma história sobre a época em que cursava medicina, em meados da década de 1970. Sua esposa também era estudante de medicina, e eles frequentavam juntos aulas sobre alimentação de bebês. Ela estava grávida da primeira filha deles; portanto, as informações talvez parecessem mais memoráveis para o casal do que para mim quando eu tive aulas similares vinte anos depois. Monteiro se lembrava até do nome do professor. "Ele se chamava Oswaldo Ballarin."

Assim como a esposa de Carlos, havia diversas outras estudantes e jovens médicas do departamento que estavam grávidas, e a cada mês todas recebiam um pacote com suprimentos: fraldas e fórmula infantil. Quando a filha nasceu, a mãe a amamentou brevemente, e depois passou a alimentá-la com a fórmula que eles tinham recebido. Monteiro me disse que isso era normal: "Mesmo nos vales mais remotos onde eu estudava má nutrição, as mulheres se inscreviam para receber fórmula dos centros de alimentação".

Alguns anos depois, ele foi estudar em Nova York. Conheceu um casal britânico, Derrick e Patrice Jelliffe, pediatras que estudavam má nutrição em bebês. Em uma série de artigos, eles tinham documentado meticulosamente práticas agressivas de marketing por parte da indústria de fórmulas em cenários de baixa renda, com foco específico na Nestlé. Representantes de venda sem qualquer certificação ou treinamento se fantasiavam de "enfermeiras especializadas em maternidade", informavam mães recentes sobre os benefícios da fórmula e a promoviam de um modo que, desde então, foi ligado a milhares de mortes evitáveis (Muller, 1974).

A Nestlé e algumas outras empresas de fórmula estavam provocando um risco quádruplo.

Primeiro, até a fórmula feita com a água mais limpa está associada a um risco elevado de infecção fatal (Quigley & Carson, 2016; Stoltz *et al.*, 2021; Lucas & Cole, 1990; Johns Hopkins Medical Institutions, 2011), provavelmente por causa dos efeitos no microbioma dos bebês. Segundo, a Nestlé fazia marketing de fórmula em comunidades onde a possibilidade de produzir um alimento não contaminado era quase zero (Jelliffe, 1972). Nesses cenários de baixa renda, os pais, com níveis reduzidos de alfabetização, tipicamente tinham apenas uma mamadeira e nenhuma maneira de limpá-la, precisando usar água de rio ou de poço contaminada com esgoto, o que significava muita dificuldade para preparar corretamente o produto.

Terceiro, enquanto amostras iniciais eram oferecidas a preços baixos, ou até de graça, uma vez que a mãe tinha parado de lactar, o preço subia, criando ainda mais pobreza e deixando a criança e seus irmãos em risco. No leste da África, por exemplo, alimentar adequadamente um bebê exigiria mais de um terço do salário de um trabalhador braçal.

Por fim, parecia que, para economizar dinheiro, as mães diluíam a fórmula, de modo que os bebês, que já costumavam sofrer de diarreia, ficavam então subnutridos: "Nessas circunstâncias, quantidades quase homeopáticas de leite são administradas com grandes quantidades de bactérias, e o resultado é inanição e diarreia, com muita frequência levando à morte" (Jelliffe, 1972; Muller, 1974).

Os Jelliffe catalogaram casos de marketing de fórmulas infantis por parte das companhias que vendiam a amamentação como "antiquada e insuficiente", e, em 1972, cunharam o termo "má nutrição comerciogênica" — má nutrição causada por empresas (Jelliffe, 1972). A obesidade moderna também é uma doença comerciogênica.

Sucederam-se reportagens na imprensa. A capa da edição de agosto da revista *New Internationalist* de 1973 mostrava uma fotografia da sepultura de um bebê da Zâmbia. A mãe tinha colocado uma mamadeira e uma lata vazia de leite em pó em cima do túmulo.[1]

Em 1977, a Nestlé, maior fabricante de fórmulas, foi alvo de um boicote global por parte de ONGs. Isso inspirou o senador Ted Kennedy, presidente do subcomitê de saúde do Senado, a exigir que representantes das principais empresas de fórmulas infantis depusessem diante do Congresso.

Monteiro acompanhou essas audiências com os Jelliffe. Um dos primeiros a depor foi o presidente das operações da Nestlé no Brasil, Oswaldo Ballarin — o mesmo médico que ministrara aulas para Monteiro e sua esposa. "As embalagens de fórmula que nós recebemos eram da Nestlé", disse Monteiro. "Graças a Ballarin, eles tinham os nomes e os dados de todos os estudantes e residentes de medicina."

As audiências foram catastróficas para a Nestlé. Ballarin argumentou que, embora fosse uma decisão infeliz comercializar produtos em regiões com baixos níveis de alfabetização e sem acesso confiável à água encanada, estava além da responsabilidade da Nestlé lidar com essas questões ou com as mortes que se seguiram. Sobre o boicote, ele disse que se tratava de um ataque ao sistema econômico do mundo livre. Kennedy ressaltou que Ballarin tinha entendido incorretamente o significado de "livre mercado". Um boicote, claro, é um instrumento importante e reconhecido de qualquer sistema de livre mercado.

O escândalo levou a um documento político conhecido como O Código. Escrito por ativistas e pela Assembleia Mundial de Saúde, expunha as diretrizes sobre o marketing de fórmulas para bebês.

Era uma abordagem inteligente. Políticas como tributar ou proibir fórmulas teriam sido muito prejudiciais. Fórmulas para bebês são AUPs, mas elas são únicas entre os AUPs no sentido de que são um alimento essencial — apesar de que alguns outros tipos de AUPs podem se tornar essenciais em contextos nos quais são as únicas fontes de calorias acessíveis e disponíveis. As pessoas têm o direito de lançar mão delas e devem ter liberdade para fazê-lo. Isso significa que as fórmulas devem ser baratas, de alta qualidade e amplamente disponíveis. As pessoas também têm direito a informações precisas sobre os benefícios e os males dos diferentes modos de alimentar uma criança, o que inclui o direito de não serem expostas a alegações enganosas.

A Nestlé reabilitou sua reputação a ponto do ator George Clooney achar que podia arriscar a dele ao fazer propaganda para o café Nespresso. Mas marketing perigoso do tipo que os Jelliffe descreveram no início da década de 1970 ainda acontece hoje.

A verba de marketing da indústria de fórmulas é quase incompreensivelmente alta — entre três bilhões e cinco bilhões de dólares por ano, aproximadamente, comparável a todo o orçamento operacional de um ano da Organização Mundial da Saúde. Esse gasto por parte da indústria significa que o mercado de fórmula infantil e leites subsequentes cresce oito vezes mais rápido do que a população mundial. Em 1998, o mercado valia menos de quinze bilhões de dólares. Hoje vale bem mais de 55 bilhões de dólares.[2] O resultado é que mais de 60% dos bebês de menos de seis meses de idade em cenários de baixa renda são alimentados com fórmula.[3] Isso tem efeitos catastróficos nas taxas de pneumonia e diarreia — as duas maiores infecções que matam crianças no mundo todo.

Um relatório da *Lancet* estimou que mais de oitocentas mil mortes infantis poderiam ser prevenidas em países de baixa e média rendas se a amamentação fosse universalizada (Quigley & Carson, 2016). Isso equivale a cerca de 15% de todas as mortes de bebês nesses países. Na China, na Índia, na Indonésia, no México e na Nigéria, o uso de fórmulas tem sido associado a mais de 236 mil mortes de crianças por ano (Lamberti *et al.*, 2013).[4] Limitar o marketing de fórmulas seria a intervenção mais efetiva para a prevenção de mortes de crianças com menos de cinco anos de idade (Quigley & Carson, 2016).

Uma das estatísticas mais preocupantes é de que o mercado não está crescendo só porque mais crianças são alimentadas com fórmula; esse aumento nas vendas se deve ao fato de cada criança estar tomando uma maior quantidade de fórmula. Em 2008, uma criança tomava uma média de 5,5 quilos por ano, mas agora elas tomam quase oito quilos, um crescimento de mais de 40% (Baker *et al.*, 2016). Isso se deve ou ao marketing ou a novos ingredientes que tornam as fórmulas hiperpalatáveis.

Uma equipe de Cambridge descobriu que muitos pais alimentavam seus bebês com uma quantidade de fórmula bem maior do que o necessário. Leite, é claro, resolve todos os problemas — choro, dentição e assim por diante — e, desse modo, os bebês consumiam centenas de calorias a mais por dia do que o recomendado pela OMS. O excesso era tamanho que alguns chegavam a tomar até um litro de fórmula por dia. Esses bebês eram levados ao médico por causa de sintomas como choro, manha e vômito, e então acabavam diagnosticados com alergia ou refluxo antes de receber prescrições de fórmulas especializadas e caras. Mas, quando os pais reduziam a quantidade de fórmula que vinham oferecendo para os níveis recomendados, esses sintomas se resolviam no caso de muitos bebês (Forsyth, McCarthy & Leventhal, 1985; Polack, Kahn & Maisels, 1999; Lakshman, Ogilvie & Ong, 2009; Lakshman, [s.d.]).

Ninguém joga fora fórmula em pó; por isso, dispor de uma bastante palatável que é consumida rapidamente é um grande negócio. O resultado é que bebês alimentados com fórmula ganham peso numa velocidade bem maior do que bebês que são amamentados. Como pai, sei como isso pode dar uma sensação de satisfação, mas não é saudável.

Existe outro marketing mais sutil. Bob Boyle é um pediatra especializado em alergias do Imperial College London. Ele estuda alergias em crianças e, paralelamente, investiga alegações feitas em embalagens. De acordo com a agência de normas alimentares do Reino Unido,[5] a Sociedade Japonesa de Alergologia (Ebisawa, Ito & Fujisawa, 2017), a Diretriz Australasiana (Joshi, 2019) e a Academia Estadunidense de Pediatria (Greer *et al.*, 2019), não existem evidências de que fórmulas especializadas previnam alergias, e ainda assim a Danone Nutricia usou um dos estudos de Boyle para alegar que era "clinicamente provado" que sua fórmula suplementada com prebióticos reduzia eczemas em mais de 50% de bebês com histórico familiar de alergia, apesar de o estudo dele ter descoberto exatamente o contrário.

Essas alegações são prejudiciais porque incentivam o consumo de fórmulas caras por bebês que não precisam delas.

Realizei uma investigação sobre a indústria de fórmulas em 2018 (Van Tulleken, 2018), a qual expôs o marketing por trás de diagnósticos de alergia a leite de vaca até em bebês que eram exclusivamente amamentados. Os sintomas para diagnóstico da alergia eram tão amplos (assaduras, irritabilidade, diarreia, cólica etc.) que era essencialmente impossível não diagnosticar todas as crianças, e as mães que amamentavam foram incentivadas a excluir laticínios da dieta dos filhos. Isso acrescenta uma barreira a uma tarefa já difícil e torna as coisas mais complicadas para mulheres que desejam amamentar.

O estudo também revelou quanto a área médica foi sequestrada pela indústria. A indústria de fórmulas financia pesquisas básicas, financia autores de diretrizes nacionais de alimentação, financia associações profissionais (até recentemente, inclusive, o Royal College of Paediatrics and Child Health [Colégio real de pediatria e saúde infantil]) e financia instituições filantrópicas e sites que fornecem informações a pacientes. Quando entrevistei a então presidente do Royal College of Paediatrics and Child Health, ela estava prestes a assumir um cargo no conselho científico da Nestlé.

Esse é um problema enorme. Se uma família decide livremente e com as melhores informações utilizar fórmula, então essa é uma boa escolha em um país como o Reino Unido. Mas, no Reino Unido, a influência da indústria sobre cada aspecto da alimentação de bebês significa que, para mulheres que desejam amamentar, existem barreiras e falta de apoio. Por diversas gerações, o Reino Unido teve algumas das taxas mais baixas de amamentação do mundo. Amy Brown é professora de saúde pública em Swansea. Ela explicou que, se nenhuma das irmãs, mães, médicas, parteiras ou enfermeiras comunitárias das mulheres tiverem elas mesmas amamentado, isso cria um ambiente em que dificilmente a amamentação ocorre — ainda mais quando toda a instrução que elas têm foi patrocinada pela indústria das fórmulas.

Mas a forma como um bebê é alimentado tem implicações mais amplas do que efeitos na saúde. Brown explicou que amamentar pode ser importante para as mulheres por muitas razões que não são corrigidas com o uso de uma mamadeira, como proteger a própria saúde, a religião ou a maneira preferencial de cuidar de seus bebês. "Quando elas não podem, isso é capaz de aumentar os riscos de depressão pós-parto, que são bem menores em mulheres que conseguem amamentar." Mulheres que interrompem a lactação antes de sua própria vontade têm níveis muito mais altos de depressão pós-parto do que mulheres que alimentam os filhos do modo que desejam. Quando conversaram com Brown, elas usaram a linguagem do trauma e da perda (Brown, 2019).

O ambiente atual no Reino Unido é estigmatizante para todas as mães, e o marketing prejudica todas, sobretudo aquelas que estão experimentando alimentação mista ou com fórmula, que podem pensar que precisam gastar dinheiro em produtos mais caros sem eficácia para os problemas que alegam resolver.

Você pode ter notado que este não é um livro que celebra as maravilhas da comida de verdade, e da mesma forma não é um capítulo sobre os benefícios de uma determinada maneira de alimentar uma criança.[6] Eu fui um bebê alimentado com fórmula, como a maioria dos bebês nascidos em Londres em 1978. Minha mãe tomou a decisão certa para a nossa família. Ela teve gêmeos e tinha uma carreira; então, voltou a trabalhar rapidamente e criou a segurança financeira que possibilitou tanta liberdade na minha família. Portanto, eu não me importo com a maneira como pessoas zelosas alimentam seus filhos para além do fato de que sejam alimentados de forma segura. Muitos ganhadores de medalhas de ouro olímpicas e vencedores do prêmio Nobel foram bebês alimentados com fórmula.

Mas as discussões na esteira das mortes de crianças no mundo todo nas décadas de 1960 e 1970 devido a essas técnicas de marketing oferecem um modelo de como pensar sobre políticas públicas relacionadas a AUPs em geral. Fórmula para bebês é o AUP mais desafiador a ser levado em conta e, portanto, um bom tópico para começar.

Existem duas ideias principais sobre elaboração de políticas públicas que saíram da história do marketing de fórmulas e que esclarecem como devemos considerar a regulamentação de alimentos do grupo 4 da NOVA.

Primeiro, as pessoas que trabalham na formulação de — ou informam as — políticas não devem aceitar dinheiro, direta ou indiretamente, da indústria de alimentos. Segundo, a melhor maneira de expandir direitos e liberdades é restringir o marketing.

Vamos examinar primeiro o papel da indústria na criação de políticas públicas. Está claro que, quando se trata de influenciar políticas de alimentação infantil, a indústria de fórmulas para bebês tem um conflito de interesses. Existem alguns interesses coincidentes (como fabricar um bom produto que é seguro), mas o propósito das empresas é ganhar dinheiro com as fórmulas, e esse é um conflito com as necessidades de bebês no mundo todo, independentemente de eles serem amamentados ou alimentados com fórmula.

Eliminar essa influência é o passo mais importante. É muito fácil inventar uma lista de iniciativas políticas que irão promover saúde, mas isso não pode ser feito em colaboração com a indústria. Elaboradores de políticas públicas, e isso inclui médicos e cientistas, precisam se enxergar como regulamentadores.

A obesidade e todas as doenças relacionadas à dieta são comerciogênicas — assim como as doenças causadas por marketing inapropriado de fórmulas para bebês no mundo todo. Isso significa que aqueles que buscam limitar os males dessas companhias devem ter uma relação antagônica com elas.

Isso não quer dizer que a indústria alimentícia é intrinsecamente imoral ou que os elaboradores de políticas não devem conversar com a indústria. Mas significa, sim, que ninguém deveria aceitar dinheiro desse setor. Isso está muito longe de ser o caso nos Estados Unidos e no Reino Unido no momento. No Reino Unido, a indústria de AUPs está profundamente envolvida com a política alimentar. É por isso que nenhuma dessas seiscentas propostas de políticas que mencionei na introdução funcionou.

Helen Crawley enfatizou isso para mim. Ela é uma figura modesta, mas imensamente influente em política nutricional, que passou quase quarenta anos incentivando melhores padrões alimentares para grupos vulneráveis por todo o Reino Unido e lutando contra conflitos de interesses. A instituição filantrópica que fundou, First Steps Nutrition Trust, vem incentivando evitar AUPs nas dietas de gestantes, bebês e crianças há muitos anos. "Você pode pensar em política como algo escrito por políticos", explicou Crawley, "mas as especificidades costumam ser elaboradas por grupos de interesses — especificamente instituições filantrópicas, ONGs e entidades que representam profissionais de saúde."

Uma série dessas organizações é ouvida pelo governo, inclusive a British Nutrition Foundation [Fundação britânica de nutrição]. A British Nutrition Foundation é uma "instituição filantrópica aberta ao público que existe para dar às pessoas, aos educadores e às organizações acesso a informações confiáveis sobre nutrição". Ela se descreve como um "conselho sólido de desenvolvimento de políticas"[7] e firmou contratos com diversos departamentos de governos, com foco em políticas de nutrição, comunicação e educação alimentar escolar. Seus membros se reúnem em grupos consultivos governamentais. A British Nutrition Foundation é financiada por quase todas as empresas de alimentos que você pode pensar, incluindo Coca-Cola, Nestlé, Mondelēz, PepsiCo, Mars, Danone, Kerry e Cargill.[8]

Uma situação parecida existe nos Estados Unidos, onde a Academy of Nutrition and Dietetics [Academia de nutrição e dietética], que forma nutricionistas e ajuda a configurar a política alimentar nacional, foi fundada para ter relações extensivas com a indústria alimentícia.

Um relatório no periódico revisado por pares *Public Health Nutrition* mostrou que a organização aceitou mais de quatro milhões de dólares de empresas de alimentos e associações industriais, incluindo Coca-Cola, PepsiCo, Nestlé, Hershey, Kellogg's e Conagra (Carriedo *et al.*, 2022). E isso foi apenas entre 2011 e 2017. Além disso, eles tinham significativo capital próprio em empresas de AUPs, incluindo mais de um milhão de dólares de ações da PepsiCo, da Nestlé e da J.M. Smucker.[9]

Enquanto isso, a Diabetes UK lista a Boots, a Tesco e a Abbott como parceiros corporativos. A Cancer Research UK [Pesquisa de câncer do reino unido] é financiada por Compass, Roadchef, Slimming World, Tesco e Warburtons. A British Heart Foundation recebe dinheiro da Tesco. A British Dietetic Association [Associação britânica de dietética] tem a Abbott, a Danone e a Quorn como seus parceiros estratégicos atuais, com outras empresas de alimentos como apoiadoras.[10]

O Centre for Social Justice [Centro de justiça social] produziu um relatório sobre política de obesidade que falava que atividades físicas e esportes eram "de importância fundamental para combater a nossa crise de obesidade" e que "a indústria de alimentos e bebidas deve trabalhar com o governo e a sociedade civil para acabar com a obesidade na infância". Esse relatório não estava totalmente errado, mas era acolhedor e colaborativo — o que talvez não seja de surpreender, dado que foi patrocinado pela Danone e pela ASDA. Um dos autores confidenciou que os patrocinadores tinham solicitado que o vocabulário em torno de promoções fosse diluído.

É tão, mas *tão* normal trabalhar com a indústria e aceitar financiamento dela que muitos desses grupos podem não estar plenamente cientes de que trabalhar com empresas que produzem AUPs dá margem para a marca parecer mais saudável do que de fato é. Trata-se de uma grande oportunidade para as empresas conseguirem publicidade por promessas fracas e táticas dilatórias enquanto lutam por medidas "voluntárias" para desafiar o que fazem. Organizações que recebem dinheiro, por exemplo, da Coca-Cola, e alegam combater a obesidade são simplesmente extensões do departamento de marketing da Coca-Cola.

No Reino Unido, os limites entre ativismo alimentar e a indústria de AUPs também são muito turvos.

Jamie Oliver tem sido um dos principais ativistas alimentares do Reino Unido há quase vinte anos, fazendo campanha em prol de refeições escolares de maior qualidade, melhor educação alimentar e, mais recentemente, pelo fim de promoções do tipo "leve dois pague um" envolvendo junk food.

Ele faz campanha para que o número de crianças obesas caia pela metade até 2030 e, atualmente, integra um consórcio de financiadores que estão investindo em uma instituição filantrópica chamada Bite Back 2030, que visa empoderar jovens para que desafiem o marketing alimentar inapropriado e se envolvam com a política de obesidade do Reino Unido.

Conheci Jamie Oliver e trabalhei com diversas pessoas da Bite Back 2030. Não tenho dúvidas de que a intenção deles é melhorar a saúde infantil, e muitas pessoas que conheceram e trabalharam com Oliver confirmarão o seu comprometimento nesse sentido.[11] Mas fiquei preocupado com o que vi em uma reunião da cúpula jovem da Bite Back 2030 em outubro de 2021.

Oliver estava lá com um painel de jovens ativistas, muitos dos quais tive a oportunidade de conhecer e passei a respeitar. Junto dos jovens ativistas estavam Paula MacKenzie, então diretora-geral do KFC do Reino Unido; Alessandra Bellini, diretora de gestão de clientes da Tesco; o CEO da Deliveroo; e muitos outros figurões da indústria de alimentos.

A conversa durante a cúpula foi uma mistura de compromissos entusiasmados, mas vagos, com um sentido de equidade de propósito de todos os que estavam lá. Os jovens disseram algumas coisas fortes, mas me pareceu que a indústria tirou maior proveito do evento. Não havia a percepção de que os interesses, por exemplo, do KFC e daqueles que fazem campanha contra a obesidade não estão — e não podem estar — alinhados. O KFC defendeu persuasivamente que se importa, e eu tenho certeza de que sim, mas seus proprietários exigem que a empresa venda muitos AUPs. Portanto, o KFC não pode ser um parceiro na luta contra a obesidade.

A Bite Back 2030 também lançou algo chamado "acelerador de sistemas alimentares", que se associou com KFC, Tesco, Costa Coffee, Danone, Deliveroo, Innocent, Jamie Oliver Group e Compass Group/Chartwells UK. Jovens ativistas se alinharam a cada uma das empresas para ajudar os executivos seniores a entender melhor o que os consumidores de fato querem de seus produtos.

James Toop, presidente da Bite Back 2030, disse: "Todas as crianças têm direito a alimentos nutritivos e acessíveis, então fico satisfeito por essas oito organizações estarem se apresentando e se comprometendo a liderar a mudança. Coletivamente, elas representam os hábitos de compra e de alimentação do país. Portanto, é bastante animador que os jovens e tenazes ativistas da Bite Back estejam trabalhando com elas de forma colaborativa para formatar os sistemas alimentares do futuro".

Esse é um endosso entusiástico de algumas empresas que, eu diria, não serão capazes de fazer nada significativo, pelas razões elencadas por Robert Plowman e Eddie Rixon.

A cúpula de jovens em si foi apresentada pela Tortoise Media, que trabalha estreitamente com parceiros corporativos como McDonald's e Unilever, e que acabou de lançar o Better Food Index [Índice dos melhores alimentos]. O índice utiliza dados de um conjunto de fontes para determinar 106 indicadores diferentes de quão bem as empresas "fazem o que é exigido e falam para impressionar" em áreas como meio ambiente, viabilidade, nutrição e sustentabilidade financeira. A Tortoise diz que o Better Food Index visa "ter poder para responsabilizar" e "lançar luz sobre algumas das melhores e piores práticas dentro da indústria alimentícia".

Bastante surpreendente para muitos de nós do mundo da alimentação infantil é o fato de a Nestlé ficar em primeiro lugar no índice. A Unilever aparece em terceiro (e já esteve em primeiro) no Responsibility 100 Index [Índice de responsabilidade 100] da Tortoise, que examina as empresas que se saem melhor em métricas cruciais de sustentabilidade, sociais e éticas.

É realmente difícil comparar esses rankings com algumas das alegações contra as empresas em termos de saúde e meio ambiente. Por exemplo, um relatório de 2019 do Greenpeace alegou que, dos trinta grupos de produtores mais ligados a incêndios na Indonésia, a Nestlé adquiriu 28 deles, e a Unilever, 27.[12] Para outros exemplos, veja os dezoito capítulos anteriores deste livro.

O próprio Oliver é, em grande medida, uma parte da indústria alimentícia. Sua empresa produz AUPs (itens bastante marginais, mas ainda assim, AUPs, devido à presença de aromatizantes) e ganha dinheiro a partir de produtores e varejistas de AUPs, Tesco e Shell, nas quais as ofertas de sua linha de refeições incluem bebidas como Cherry Coke, Dr Pepper e Fanta e petiscos como as batatinhas Max Kentucky com sabor de frango frito da Walkers.

Essa clara noção de que a indústria pode ser um parceiro na redução da obesidade infantil e de que a indústria pode ajudar a financiar o ativismo sem que o ativismo seja adulterado não parece ser questionada em lugar nenhum.

Ninguém acha que a Philip Morris deve financiar os médicos que realizam pesquisas sobre fumo. Ninguém acha que a legislação acerca do cigarro deve ser redigida por instituições filantrópicas financiadas pela British American Tobacco. Por que questões de saúde relacionadas a políticas alimentares deveriam ser diferentes?

Tirar a indústria da mesa exigirá uma mudança cultural antes de qualquer mudança na legislação. Gradualmente vai se tornar vergonhoso para os ativistas trabalhar com a indústria de AUPs à medida que se difundir a compreensão de que as empresas são tão responsáveis por doenças relacionadas à alimentação quanto a indústria do tabaco por doenças relacionadas ao fumo. É claro, você não pode conceber uma política alimentar sem conversar com a indústria. Mas pode garantir que nenhuma das pessoas que redigem e desenvolvem essa política receba dinheiro da indústria que buscam regular. A relação não pode ser de parceria.

Além de tirar a indústria da sala, existem algumas políticas específicas que valem a pena ser consideradas.

O Chile tem uma das taxas mais elevadas de obesidade do mundo, com três quartos dos adultos com sobrepeso ou obesidade. As autoridades chilenas têm estado particularmente alarmadas com as taxas de obesidade na infância, que estão entre as mais altas do mundo, com mais da metade das crianças de seis anos com sobrepeso ou obesidade.

Em 2016, o Chile implementou um conjunto de políticas que impuseram restrições de marketing e selos pretos octogonais obrigatórios em alimentos e bebidas com alto teor de calorias, açúcar, sódio e gordura saturada. Esses alimentos também foram proibidos nas escolas e altamente tributados (Taillie *et al.*, 2020).

Essas políticas proibiram brinquedos nos Kinder Ovo Surpresa e removeram personagens animais das embalagens, incluindo o Tigre Tony do Sucrilhos e o Chester Cheetah do Cheetos. A PepsiCo, fabricante do Cheetos, e a Kellogg's, fabricante do Sucrilhos, foram à justiça, argumentando que as regulamentações violam suas propriedades intelectuais. Mas, enquanto escrevo, Tony e Chester não estão mais nas embalagens comercializadas no Chile.[13]

Foi uma aula magna sobre o lado técnico da elaboração de políticas públicas, desenvolvidas em parceria com a sociedade civil e então testadas e postas à prova. Todos os participantes em reuniões de grupos de leigos queriam uma classificação clara.

A classificação teve um enorme impacto, com queda na compra de alimentos ultraprocessados e, talvez o mais significativo, pesquisas mostrando que a regulamentação fez crianças pedirem aos pais para não comprar os produtos (Reyes *et al.*, 2019).

Isso bate com a minha própria experiência com crianças — elas são espertas. É claro, são vulneráveis ao marketing, mas não totalmente motivadas pela ocasião. Elas se importam com a própria saúde e a saúde dos pais.

Se essas políticas irão mudar os indicadores de obesidade ou até suportar a contínua pressão da indústria, não está claro, mas elas oferecem, sim, um modelo para abordar o problema. Quando as pessoas estão aptas a fazer boas escolhas, elas fazem.

Em relação aos detalhes, pessoalmente não acho que o objetivo das políticas públicas deva ser que as pessoas comam menos AUPs. Esse não é o negócio dos políticos. Não quero que me digam o que fazer mais do que Xand queria.

Honestamente, não tenho uma opinião moral sobre comer AUPs. Nenhum dos meus amigos acredita nisso, mas é verdade. Não me importa como você se alimenta ou como alimenta seu filho. O objetivo deveria ser que você viva em um mundo no qual tenha escolhas reais e a liberdade para fazê-las.

O sistema de classificação NOVA não é o modo perfeito para avaliar as comidas que provocam doenças relacionadas à alimentação e à destruição ambiental porque não existe classificação perfeita. Na minha experiência, porém, a NOVA engloba todos os alimentos específicos que tantos de nós temos dificuldade de parar de comer, enquanto, pelo menos para aqueles que dispõem desses recursos, expande o horizonte de refeições possíveis. Depois de decidir experimentar uma dieta com 80% de AUPs para ver se ela o faria parar de comer AUPs, foi isto o que aconteceu com Xand.

✽

Xand me ligou do Costa Coffee no primeiro dia de sua dieta. Ele estava comprando um enroladinho de salsicha. Um dos chiques: "Quero saber se posso comer. Carbonato de cálcio é AUP?".

Agora recebo ligações desse tipo o tempo todo de amigos. Não é realmente uma surpresa. Muitos dos petiscos populares na Grã-Bretanha moderna têm "rótulos clean" — como aquelas lasanhas a respeito das quais perguntei a Maria Laura da Costa Louzada. E eu disse a Xand que não, carbonato de cálcio não tornava seu enroladinho de salsicha um AUP. Ele não conta como um ingrediente "modernoso" porque é adicionado, por lei, à maior parte das farinhas de trigo brancas. É calcário.

Mas ele leu o restante dos ingredientes mesmo assim: "Carne suína, farinha de trigo (carbonato de cálcio incorporado, ferro, niacina, tiamina), manteiga sem sal, cebola, batata, ovos pasteurizados, sal, vinagre de vinho branco, óleo de canola, temperos moídos (pimenta-do-reino preta, pimenta-do-reino branca, noz-moscada), coentro, salsinha, sálvia, tomilho desidratado, fermento, pimenta-do-reino preta partida. Tudo bem, não?".

Eu conseguia ouvir as pessoas atrás dele ficando irritadas enquanto ele me perguntava sobre ovos pasteurizados: "Eu não tenho *isso* na minha cozinha". Para ser justo com Xand, eu me pego tendo essas mesmas discussões internamente o tempo todo. A classificação NOVA me obrigou a considerar o *propósito* da comida o tempo todo: ela foi criada em um ambiente indiferente à minha saúde? Ela está dentro de um sistema alimentar que provoca mudanças climáticas e obesidade? Xand conhecia o processo de elaboração do enroladinho de salsicha? Foi produzido usando um sistema que favoreceria comidas que são consumidas em quantidades maiores? Ele era macio? Com densidade calórica?

Comecei a lhe falar sobre suavidade e densidade calórica, e Xand leu em voz alta as calorias. Continha 294 calorias a cada cem gramas —

um pouco mais do que um Big Mac, grosso modo o mesmo que as batatas fritas do McDonald's. Ele é macio? Não havia aferição no pacote, mas ele sentia que era.

Eu chutaria que o enroladinho de salsicha da M&S Best Ever (vendido no Costa Coffee) é um alimento que vai subverter o sistema interno que regula o consumo energético. Na minha opinião, ele deve fazer isso um pouco menos do que outros enroladinhos de salsicha com mais ingredientes. A Greggs descreve seus rolinhos de salsicha como "os preferidos do país": "Este clássico britânico é feito de salsicha de carne temperada envolta em camadas de massa folhada crocante e dourada, bem como um grande bocado de afeto. E é só isso. Nenhuma distorção espertinha. Nenhum ingrediente secreto".

Há cerca de quarenta ingredientes nos enroladinhos de salsicha da Greggs vendidos no Iceland, incluindo estéreis de ácido mono- e diacetil-tartárico de mono- e diglicerídeos de ácidos graxos e carboximetilcelulose.

É difícil pensar no experimento científico que você poderia fazer para comparar esses dois produtos. Demandaria um número enorme de voluntários e a diferença pode ser muito sutil.

Xand decidiu ir a outro lugar comprar um enroladinho de salsicha que fosse definitivamente AUP.

E então, no terceiro dia, Xand parou de comer AUPs e não olhou para trás.

# 20

# O QUE VOCÊ PODE FAZER SE QUISER PARAR DE COMER ULTRAPROCESSADOS

Se você pessoalmente quer parar de comer AUPs, pode experimentar o que Xand e eu tentamos: uma dieta com 80% de AUPs por alguns dias. Você não precisa fazer as quatro semanas completas. Vá e os procure. Lute corpo a corpo com eles. Você se verá diante de um empadão de carne moída ou de uma lasanha no limiar da definição do grupo 4 da NOVA, talvez apenas com um pequeno extrato de especiarias ou um pouco de dextrose, e tentará descobrir — é AUP? E entenderá o que Maria Laura da Costa Louzada quis dizer com "comidas-fantasia". Você dará uma mordida em um chocolate barato ou em uns chips picantes e ouvirá Fernanda Rauber ao seu ouvido: "Isso não é comida. É uma substância comestível produzida industrialmente".

Se você identificar que pode ter uma relação de vício com essas substâncias comestíveis, pode procurar on-line o teste de Food Addiction Scale [Escala de vício em comida] de Yale. Se achar que está viciado, consiga alguma ajuda — ou de um amigo, ou de um parente, ou de um profissional.

Você pode desejar adotar uma abordagem segundo a qual comerá um pouco de AUPs, mas evitará os produtos problemáticos. Você pode identificar momentos e comidas sensíveis, de modo que comer um sanduíche de AUP no almoço com um amigo não vai causar um empanturramento, enquanto talvez seja mais provável que você se sinta empanturrado ao comer batatas fritas em casa sozinho quando estiver faminto.

Você pode achar a abstinência muito mais fácil. Xand e eu achamos essa a melhor abordagem. Nossa relação com os AUPs era de vício, e para nós a abstinência é a única solução. Xand abriu mão dos AUPs e perdeu por volta de vinte quilos em alguns meses. Ele está completamente abstinente. Nenhuma exceção, nunca.

E lembre-se de que os AUPs são apenas uma substância por meio da qual outros problemas são percebidos. Costuma haver razões para os comermos — e costumam ser as mesmas que explicam por que tantos de nós lutamos contra o vício em outras substâncias. Você pode ter de solucionar alguns desses problemas antes de enfrentar os AUPs. É possível que você saiba quais são eles. Mais uma vez, procure ajuda.

Se você de fato parar de comer AUPs, precisará comer alguma coisa, e isso vai lhe custar mais tempo e dinheiro. Há muitos livros de receita para aqueles com orçamento restrito, mas há duas autoras que eu particularmente recomendo: Allegra McEvedy e Jack Monroe. Suas receitas são baratas, fáceis e deliciosas. Cozinhar as refeições será um problema, mas isso o conectará com uma longa cadeia de seres humanos com problemas de tempo que sobreviveram tempo o bastante para criar você.

Você pode não perder uma grande quantidade de peso. Eu disse no início que este não era um livro sobre perda de peso. Barry Smith, depois de termos trabalhado juntos no podcast que precedeu este livro ("Addicted to Food"), parou de comer AUPs. Seus alunos começaram a chamá-lo de paleo Barry, um reflexo de como nosso sistema de saúde está corrompido, já que simplesmente consumir comida normal o torna uma espécie de aberração de dieta esquisita. Seja como for, ele achou que por ter deixado os AUPs para trás podia comer a quantidade que quisesse de queijo, manteiga e pão de verdade. Mas homens da idade em que Barry Smith e eu estamos têm a capacidade de ganhar peso desde muito antes da invenção da maltodextrina. Ele logo descobriu que precisava moderar seu consumo de queijo.

Somos gente ultraprocessada não apenas por causa da comida que consumimos. Muitos dos outros produtos que compramos são desenvolvidos para impulsionar o consumo em excesso: nossos telefones e aplicativos, nossas roupas, nossas mídias sociais, nossos jogos e nossas TVs. Às vezes, pode parecer que essas coisas tomam muito mais do que oferecem. A exigência de crescimento e os males que elas fazem ao nosso corpo e ao nosso planeta são parte tão integral da trama do nosso mundo que são quase invisíveis. Você pode achar que a abstinência de algum desses outros produtos também será útil.

Por fim, garanta que, como Xand, você assumirá o que quer fazer. E, aconteça o que acontecer, não se martirize, mas entre em contato e me conte como a coisa está caminhando.

# POSFÁCIO

## O que aconteceu em seguida... E algumas perguntas frequentes

Nos cinco meses seguintes à publicação de *Gente ultraprocessada* no Reino Unido, quase toda semana surgiam reportagens na imprensa sobre os males e o potencial aditivo dos AUPs. O livro chegou em um momento de frustração nacional em torno da obesidade e de doenças ligadas à alimentação, e o público parecia pronto para absorver a ciência que descrevia claramente a categoria de alimentos que está fazendo todos nós adoecermos.

Então, em 27 de setembro de 2023, manchetes diferentes apareceram em todos os principais jornais britânicos. Você pode ter lido algumas delas. "Alimentos ultraprocessados fazem mal para você?", perguntou o *Times*. "Nem sempre, dizem os cientistas".[1] O *Independent* estampou "Dez alimentos ultraprocessados que na verdade fazem bem para você",[2] e houve uma chamada parecida no *Telegraph*[3] e em outros jornais. A revista *New Scientist* publicou um artigo intitulado "Alimentos ultraprocessados não fazem sempre mal para a saúde, dizem autoridades alimentares do Reino Unido",[4] que começava assim: "Autoridades do Reino Unido descartaram preocupações recentes de que alimentos altamente processados, também conhecidos como alimentos ultraprocessados (AUPs), sejam automaticamente prejudiciais para a saúde devido ao modo como são produzidos ou aos seus ingredientes artificiais". Amigos, colegas e estranhos nas mídias sociais me mandaram esses artigos, com a pergunta implícita — ou às vezes direta: você está errado?

Os artigos sucederam uma entrevista coletiva que acontecera no dia anterior, em que cinco cientistas se pronunciaram dizendo que a ciência em torno dos AUPs "não pode demonstrar causa e efeito" e que alguns itens classificados como AUPs eram alimentos cujo consumo deveria ser incentivado, como pão integral, cereais matinais integrais e iogurtes. Apenas o *Guardian* publicou um artigo[5] que parece explicar a postura bastante surpreendente desses cientistas: dos cinco que se pronunciaram, quatro possuíam vínculos significativos com empresas que fabricam AUPs, embora não haja indícios de que isso tenha sido ocultado, e declarações de potenciais conflitos de interesse parecem ter sido realizadas na entrevista coletiva.

A professora Janet Cade, da Universidade de Leeds, é presidente do comitê consultivo da British Nutrition Foundation, cujos membros corporativos incluem McDonald's, British Sugar e Mars, e que recebe financiamento de empresas como Nestlé, Mondelēz e Coca-Cola. Também estava lá o professor Pete Wilde, do Quadram Institute em Norwich, que já recebeu apoio à pesquisa da Unilever, da Mondelēz e da Nestlé.

O professor Ciarán Forde também se pronunciou. Você se lembra dele do capítulo 3, quando eu disse que ele não declarou vínculos financeiros com a Nestlé em um artigo científico (ainda que mais tarde tenha publicado uma correção)? E também do capítulo 11, quando alegou não ter "conflitos de interesses" em outro artigo, apesar de também declarar que estava no conselho consultivo científico do Kerry Group (um fabricante multibilionário de AUPs)? Mais uma vez, ele publicou posteriormente uma correção em relação aos conflitos. O *Guardian* noticiou que ele também recebeu financiamento de pesquisa de outras empresas, incluindo a PepsiCo e a General Mills. Forde disse na entrevista coletiva que o conselho de evitar AUPs "pode criar o risco de demonizar alimentos que são nutricionalmente benéficos".

Como presidente do Scientific Advisory Committee on Nutrition [Comitê consultivo científico sobre nutrição] (SACN) do governo (mais sobre isso adiante), o professor Ian Young pareceu dar alguma credibilidade ao evento, ainda que anteriormente tenha aceitado pesquisas financiadas pela Unilever e o Sugar Bureau (uma organização financiada pela indústria do açúcar).[6] Esses vínculos não foram noticiados no *Guardian* mas chegaram às manchetes há alguns anos, quando sua potencial influência no desenvolvimento de diretrizes sobre o açúcar foi questionada.[7] Ele disse ao *Grocer* que "não era influenciado por essas empresas da indústria de alimentos" e que houvera "procedimentos em vigor para assegurar transparência e integridade".[8]

Nenhuma das outras publicações apontava qualquer desses conflitos,[9] e mesmo o *Guardian* não mencionou uma outra camada: ainda que dois dos cinco cientistas trabalhem para o governo do Reino Unido, essa não foi uma entrevista coletiva organizada por uma agência governamental — ela foi organizada por algo chamado Science Media Centre [Centro de mídia científica] (SMC), uma assessoria de imprensa que afirma oferecer informações precisas sobre ciência ao público e a elaboradores de políticas por meio da mídia. Muitas, talvez até a maioria, das matérias que você lê sobre ciência na imprensa têm citações retiradas do site do SMC, ou lançam mão de colaboradores do SMC. É difícil superestimar a influência do SMC sobre o discurso público no que diz respeito à ciência no Reino Unido: trata-se da referência a que todos os jornalistas recorrem no ramo da ciência.

O SMC afirma ser "totalmente independente tanto em nossa governança quanto em nosso financiamento". Você já deve ter percebido para onde isso está rumando, mas vamos seguir mesmo assim. Mas então quem financia de fato o SMC? O *British Medical Journal* investigou a questão nas semanas seguintes à entrevista coletiva e publicou uma matéria que logo se tornou a mais lida de seu site: "Polêmica a respeito de painel sobre alimentos ultraprocessados destaca conflitos de interesse no cerne da cobertura científica no Reino Unido" (Coombes, 2023). Essa matéria revelou que o SMC é financiado por muitas empresas, incluindo um organismo da indústria de alimentos, o FoodDrinkEurope (cujos membros incluem Cargill, Coca-Cola, Danone e Mars), bem como Nestlé e Procter & Gamble (que, você vai se lembrar, fabrica a Pringles). O SMC também já recebeu financiamento direto da Tate & Lyle, da Northern Foods, da Kraft Foods e da Coca-Cola. Tom Whipple, editor de ciências do *Times*, é citado no artigo do *British Medical Journal* dizendo: "Imagino que seria fácil representá-los como um Voldemort tentacular da ciência, e nós, jornalistas, como suas marionetes ingênuas", e é exatamente assim que acho útil retratar o SMC.

Quando um artigo científico é publicado, ele reúne respostas de cientistas quanto à qualidade da pesquisa e ao contexto em que ela se situa. Esses comentários são postados no site do SMC. No fim de cada página de respostas há uma declaração sobre os conflitos de interesses desses comentadores, e com muita frequência nada é declarado. Por exemplo, Gunter Kuhnle, professor de nutrição e ciência alimentar na Universidade de Reading, apareceu ao longo do ano passado em diversas "reações de especialistas" do SMC em relação a AUPs. Em cada caso, Kuhnle declarou "nenhum conflito de interesses",[10] ainda que alguma pesquisa (e um pedido de acesso à informação feito por Stuart Gillespie, especialista em políticas mundiais de nutrição) tenha revelado que ele recebeu bolsas de pesquisa irrestritas da Mars (sim, a Mars que faz os chocolates Mars) e recentemente foi coautor de artigos com funcionários da Mars. O departamento onde ele trabalha na Universidade de Reading conta com três indústrias financiadoras principais, e todas elas fabricam AUPs: Mars, PepsiCo e Roquette Frères.[11] Entre 2018 e 2023, a Mars ofereceu 262.832 libras em financiamentos de pesquisa para o departamento. Kuhnle disse ao *British Medical Journal* que "segue todas as orientações do centro para dar declarações 'relevantes' e sempre foi claro em relação a seus conflitos", mas é realmente difícil conciliar isso com o que ele de fato declarou.

Sejamos absolutamente claros em relação ao que constitui um "conflito de interesses". Quando Kuhnle (e outros pesquisadores financiados pelas indústrias de AUPs) se manifesta no site do SMC, o principal interesse deles é a evidência que demonstra ou não que os AUPs fazem mal para a saúde humana. Essa evidência está em conflito direto com o principal interesse da Mars, que é ganhar dinheiro com um portfólio de produtos que inclui muitos AUPs. Se você aceita dinheiro da Mars ao mesmo tempo que comenta sobre o fato de os AUPs afetarem ou não a saúde humana, você tem um conflito de interesses. Isso não torna tudo que esses cientistas dizem incorreto, mas eu instaria a imprensa e o público a serem céticos quanto a opiniões de cientistas bancados por fabricantes de chocolate. As evidências mostram que eles têm probabilidade de serem parciais. E adivinha só? Kuhnle é cético em relação ao fato de os AUPs serem causadores de doenças relacionadas à alimentação.[12]

Kuhnle não é o único cientista com conflitos[13] que faz comentários sobre AUPs no site do SMC. Ao longo dos últimos dois anos, até o momento em que estou escrevendo, o SMC produziu respostas a dezesseis artigos científicos pulicados sobre AUPs. Mais de 70% dos comentários eram de "especialistas" com vínculos atuais ou prévios com empresas que fabricam AUPs.

Assim, a entrevista coletiva que alegava que alguns AUPs são saudáveis foi promovida por um órgão financiado pela indústria e apresentava cientistas financiados pela indústria. É assim que o "debate" público em torno de AUPs é orquestrado no Reino Unido. A indústria financia o SMC, que parece ter credibilidade, o qual por sua vez lança mão de cientistas financiados pela indústria, muitas vezes da British Nutrition Foundation — que parece ter credibilidade, mas é financiada por Coca-Cola, McDonald's e a maioria das empresas de alimentos que você pode imaginar — e da Unidade de Nutrição Humana Hugh Sinclair da Universidade de Reading, que parece ter credibilidade, mas é financiada pela Mars e pela Pepsi.

Mas alguns dos cientistas que comentaram no site da SMC — e um que se pronunciou na entrevista coletiva sobre AUPs — vêm do Scientific Advisory Committee on Nutrition (SACN), que assessora o governo no que diz respeito a nutrição e questões relacionadas à saúde. Essa é a fonte mais alarmante de dúvida e confusão em torno dos AUPs, porque parece ter credibilidade total. No entanto, os membros desse comitê declararam conflitos com a British Nutrition Foundation, a American Society for Nutrition [Sociedade estadunidense de nutrição] (cujos financiadores incluem Mars, Nestlé e Mondelēz), a Cargill, a indústria da carne, a indústria de laticínios, CBC Israel (eles fabricam e comercializam Coca-Cola e Sprite, entre outros refrigerantes), a Tate & Lyle, a Sainsbury's e a Danone. E — o que é pavoroso — um membro do Subgroup on Maternal and Child Nutrition [Subgrupo sobre nutrição materna e infantil] tem vínculos com a Nestlé.[14]

Veja, eu posso encher páginas e páginas com esse tipo de coisa— e adoro fazer isso. A influência da indústria é tão tentacular que é quase impossível descrevê-la em sua totalidade. Você vai ficar entediado muito antes de eu terminar e vai começar a se perguntar: "Tá, mas os conflitos de interesses importam de verdade?".

Nós temos evidências extremamente boas de que importam. Há muitos dados que mostram que a ciência financiada pela indústria tem mais probabilidade de chegar a resultados benéficos para a indústria do que pesquisas com financiamento independente. Citei algumas delas no capítulo 3, mas meu exemplo favorito é uma revisão feita em 2016 das evidências de que bebidas adoçadas com açúcar estão ligadas a ganho de peso e obesidade (Schillinger *et al.*, 2016).

Vou começar dizendo que há um consenso geral entre os especialistas de que, sim, estão — mesmo a British Nutrition Foundation, o SACN e a Unidade de Nutrição Humana Hugh Sinclair em Reading concordam com isso. Dos 34 estudos na revisão que mostravam uma ligação entre as bebidas adoçadas com açúcar e diabetes tipo 2 e obesidade, 33 — ou 97% — eram independentes (ou seja, não financiados pela indústria de alimentos e bebidas). Em contraste, dos 36 estudos que sugeriam não haver ligação, 25 eram financiados pela indústria — incluindo Coca-Cola, PepsiCo, Dr Pepper Snapple Group, Tate & Lyle e outras empresas que ganham dinheiro com bebidas açucaradas. Então, 96% dos estudos financiados pela indústria sugeriam que está tudo bem beber refrigerantes, o que quer dizer que estudos independentes tinham uma probabilidade 33 vezes maior de ligar bebidas açucaradas a males à saúde.

Encontramos padrões similares por toda a produção científica. O financiamento da ciência cria viés — o que também podemos chamar de corrupção. Mas, nesse caso específico relacionado a AUPs, temos de perguntar: será que eles — o SMC, a British Nutrition Foundation, a Universidade de Reading e o SACN — podem na verdade estar certos?

A parte ardilosa é que, quando se trata do detalhe granular, muito do que dizem os cientistas da British Nutrition Foundation ou os citados pelo SMC é engenhosamente verdadeiro. Por exemplo, em seu site, a British Nutrition Foundation reconhece que, ainda que estudos sobre AUPs tenham mostrado "associações consistentes, é difícil distinguir o impacto de padrões alimentares e estilos de vida menos saudáveis, e eles não oferecem evidências claras de associação causal entre o processamento *per se* e a saúde".[15] Isso reflete muitas declarações de cientistas com conflitos (muitas vezes da British Nutrition Foundation) no site do SMC. E é verdade: não se pode provar causalidade com estudos populacionais do tipo que vinculam AUPs a malefícios ou, se pensarmos bem, com estudos que ligaram cigarros a câncer no pulmão. De fato, nunca provamos causalidade quando se trata de cigarros e câncer.[16]

As empresas de tabaco tiraram muita vantagem dessa incerteza. Em 1953, elas fundaram o Tobacco Industry Research Committee [Comitê de pesquisa da indústria do tabaco], que encaro como o equivalente da British Nutrition Foundation. O Tobacco Industry Research Committee emitiu uma declaração para o público em 1954, alegando:

1. que a pesquisa médica nos últimos anos indica muitas causas possíveis do câncer de pulmão;
2. que não há consenso entre as autoridades no que diz respeito a qual é sua causa;
3. que não há provas de que fumar cigarros é uma das causas;
4. que as estatísticas que pretendem ligar o consumo de cigarros à doença podem ser aplicadas com a mesma intensidade a qualquer um dos muitos outros aspectos da vida moderna.

De fato, a validade das estatísticas em si é questionada por muitos cientistas.[17] Você pode ouvir ecos dessa declaração naquela da British Nutrition Foundation citada anteriormente. Não há prova definitiva de que fumar provoca câncer ou que AUPs façam mal à saúde... e, no entanto, é extremamente provável que ambos o façam.

A cada novo estudo publicado, o SMC recebe "especialistas" que dizem a mesma coisa. Uma equipe no mundialmente renomado Imperial College de Londres publicou o estudo mais abrangente até o momento sobre as ligações entre o consumo de AUPs e 34 tipos diferentes de câncer (Chang *et al.*, 2023). O estudo mostrou que um consumo elevado de AUPs é associado a um risco geral mais alto de câncer e especificamente de câncer no ovário, bem como a um risco mais elevado de mortalidade geral ou associada a câncer no ovário e de mama. Essas descobertas condiziam com evidências anteriores que indicavam o mesmo (Cordova *et al.*, 2023; Fiolet *et al.*, 2018; Dicken & Batterham, 2021, p. 23).

Mas, claro, um cientista da British Nutrition Foundation explicou que uma limitação do estudo era que ele "não oferece evidências de um vínculo causal claro entre AUPs e câncer, ou risco de outras doenças".[18] É verdade. Mas isso de fato oferece um quadro útil para os jornalistas ou o público? Afinal, essa crítica invalida toda a epidemiologia. A equipe do Imperial College, composta por epidemiologistas de nível mundial, está ciente da dificuldade de provar causalidade, e assim faz ajustes para o fumo e para uma gama de outros possíveis fatores, incluindo dados sociodemográficos, atividade física e outros aspectos da dieta.

É importante reconhecer as limitações das evidências científicas, mas, ao oferecer críticas de artigos, um a um, a British Nutrition Foundation e o SMC privilegiam uma visão cética das evidências em torno dos AUPs que cai bem à indústria. Eles estão fazendo precisamente o que as empresas de tabaco fizeram por muitas décadas — a dúvida é o seu produto. A não ser que você tenha trabalhado em um laboratório ou conduzido pesquisas, em geral não entende a medida em que cada um dos artigos e estudos publicados individualmente é falho. Isso vale em especial para nutrição, área em que é extremamente difícil gerar o padrão ouro de evidências, ou seja, um estudo randomizado.[19]

Existe agora tamanho número de evidências sobre os malefícios dos AUPs que vai ser difícil que os comitês de ética em pesquisa permitam que cientistas atribuam uma dieta com altos níveis de AUPs para os participantes, de modo que vamos precisar confiar em experimentos de laboratório em animais, alguns poucos testes clínicos de pequena escala e grandes dados populacionais nos quais se acompanham pessoas que comem diferentes quantidades de AUP "na natureza", por assim dizer, para então ver o que acontece com elas. Os cientistas que executam esse trabalho fazem o máximo possível para garantir que as pessoas que consomem AUPs não fumem feito chaminés e assim por diante.

Quando se dá um passo para trás e se olha para todo o conjunto da literatura, como fizemos com o fumo, ele é absolutamente convincente. Existem hoje cerca de oitenta estudos populacionais do tipo que foi usado para vincular o fumo ao câncer e mais de dois mil artigos no total que oferecem evidências de que um padrão de alimentação com altos níveis de AUPs é prejudicial. Existem hoje evidências da ligação entre AUPs e câncer, doença cardiometabólica, adição e, muito importante, transtornos alimentares (Chang *et al.*, 2023; Cordova *et al.*, 2023; Sellem *et al.*, 2023; Song *et al.*, 2023; Rios, Berg & Gearhardt, 2023; Gearhardt *et al.*, 2023; Ayton *et al.*, 2021; Steele *et al.*, 2022; Samuthpongtorn *et al.*, 2023). Os AUPs atingiram um limiar que significa poder dizer que, enquanto categoria alimentar, causam uma ampla gama do que eufemisticamente são chamados "resultados negativos para a saúde", categoria que inclui tudo, de câncer à morte — portanto, extremamente negativos.[20]

Mas discutir as falhas em cada estudo favorece a indústria porque posterga a discussão sobre o que precisa ser feito em relação aos alimentos que todos nós concordamos que fazem mal. Logo falaremos mais a respeito disso, mas, essencialmente, alimentos que não fazem bem precisam de uma rotulagem com alertas. Poderíamos começar com os produtos sobre os quais todos concordamos — como, por exemplo, refrigerante de cola e outras bebidas gaseificadas adoçadas. O açúcar nessas bebidas também provoca cárie, ganho de peso e doenças metabólicas. Os outros ácidos nessas bebidas também estragam os dentes, e existem algumas evidências de que prejudicam os ossos. Beba o suficiente e você pode acabar botando seu próprio esqueleto para fora pela urina (Tucker *et al.*, 2006). Hoje, minha filha de seis anos pode ir a qualquer loja e comprar uma lata sem nada que diga a ela (ou a mim) sobre qualquer um desses efeitos.

Por que não ouvimos cientistas da British Nutrition Foundation falarem em uma entrevista coletiva do SMC sobre a crise de sobrepeso e doenças metabólicas em crianças e discutirem a melhor maneira de rotular esses produtos? Uma das razões pode se dever ao fato de que a Healthy Eating Week [Semana da alimentação saudável] de 2023 da British Nutrition Foundation foi patrocinada pela Coca-Cola, entre outros. E, como já foi discutido, o SMC é patrocinado pela FoodDrinkEurope, órgão industrial em parte financiado pela Coca-Cola e outras empresas que fabricam produtos similares.

Se você enquanto indivíduo ou instituição não engole as evidências sobre os AUPs mas está comprometido a reduzir doenças relacionadas à alimentação e tem um desejo real de colocar uma rotulagem de alerta em refrigerantes, não se preocupe: nós podemos conversar. Tenho certeza de que concordamos sobre mais coisas do que discordamos. Não surpreende que não haja entusiasmo em relação a isso por parte de grupos financiados pela indústria.

✽

Mesmo financiando intermediários para semear dúvida e confusão, a indústria de AUPs tem estado muito ávida para me conhecer. Uma importante cadeia de fast-food ofereceu pagar minha passagem de avião para participar de sua reunião de conselho nos Estados Unidos, e outras grandes empresas do ramo de alimentação me ofereceram quantias obscenas para conversar com suas equipes mesmo que brevemente pelo Zoom.

De início, fiquei desconcertado com isso. As informações mais importantes neste livro vieram de pessoas de dentro das próprias empresas. Elas sabem muito mais que eu sobre muitos aspectos do sistema de alimentação, desde suas próprias motivações comerciais até as razões pelas quais usam determinados emulsificantes. O que não sabem, elas podem ler no livro ou me ouvir falar em uma entrevista. Pagar dezenas de milhares de libras por uma hora do meu tempo parecia insensato. Mas eu estava ávido para conhecê-las, porque tinha certeza de que ia aprender mais com elas do que elas aprenderiam comigo.

Eu me debati com a questão de se poderia aceitar o dinheiro sem isso se tornar um conflito de interesses. No fim, decidi aceitar vinte mil libras de uma das empresas menos terríveis — e de um modo que a quantia nunca chegaria à minha conta bancária. Meus agentes receberiam o dinheiro e o doariam diretamente para uma instituição beneficente não relacionada a alimentação, com a qual trabalho. Marcamos uma data para o encontro... e então o contrato chegou. Ao lê-lo, entendi por que me ofereciam todo esse dinheiro.

> Seção 5, parágrafo 1, parte f.
> GARANTIAS, REPRESENTAÇÕES E COMPROMISSOS
> O fornecedor [no caso, eu] garante, representa e se compromete que ele [eu] não fará qualquer declaração ou se comportará de modo a, na opinião sensata desta empresa de alimentos, depreciar, ou poder depreciar esta empresa de alimentos e/ou seus clientes, ou seus produtos ou serviços ou levar o nome da empresa de alimentos a descrédito.

Por vinte mil libras, eles queriam comprar meu silêncio. É claro que eles não estavam interessados em minhas opiniões sobre AUPs, saúde pública ou qualquer outra coisa. Queriam que eu e todos os meus colegas e colaboradores nos calássemos. Os termos do contrato eram bastante amplos, estendendo-se "ao longo de todo o universo, em perpetuidade". Ao assiná-lo, eu não poderia criticar essa empresa, seus produtos ou seus clientes mesmo se eu me mudasse para Plutão.

Recusei o dinheiro. Eles cancelaram a reunião.[21]

✽

Isso nos traz à questão do que exatamente está sendo feito para melhorar o sistema alimentar.

Em setembro de 2023, fui a Nova York para o Fórum Global sobre Obesidade. É um evento afiliado à Organização Mundial da Saúde que acontece na véspera da Assembleia Geral da ONU. É a única organização global concentrada exclusivamente na obesidade.

Eu fiz uma fala sobre AUPs e os paralelos entre a Big Food e a Big Tobacco, e como, portanto, devemos usar uma abordagem regulatória similar. Minha participação foi razoavelmente bem recebida, mas havia um clima de confusão no recinto. Eu tinha estruturado minhas palavras defensivamente, do modo que estou acostumado a ter de fazer no Reino Unido quando falo com parlamentares, jornalistas, elaboradores de políticas e um público mergulhado nas mensagens da indústria. Eu havia trabalhado as evidências, repassando em grandes detalhes as respostas aos contra-argumentos. A confusão não se devia ao fato de eu ter dito qualquer coisa errada, mas sim ao fato de achar que alguém poderia discordar. Eu estava dizendo coisas que outras pessoas pelo mundo vêm dizendo há anos.

A verdade é que o Reino Unido ficou para trás. Globalmente, dietas com altos níveis de AUPs estão sob escrutínio. Acadêmicos de saúde pública da América de Sul e da América Central cujos discursos seguiram o meu se levantaram e fizeram apresentações sobre como estão rotulando AUPs com octógonos pretos (ver capítulo 19) e como isso já está fazendo as compras caírem. Encontrei colegas do Fundo das Nações Unidas para a Infância (Unicef) que me falaram sobre suas políticas a respeito de empresas que fabricam AUPs. Vou citá-los integralmente, uma vez que é o resumo mais simples de como todos os elaboradores de políticas públicas e reguladores deveriam interagir com a indústria de alimentos:

> A Unicef evitará todas as parcerias com indústrias de alimentos e bebidas ultraprocessados (AUP). Para preservar nossa liderança em ideias e ações, alinhar nossas estratégias de programação e manter nossa credibilidade como consultores de confiança de políticas públicas, orientação normativa e implementação de programas para crianças, a Unicef evitará todas as formas de parcerias financeiras e não financeiras bem como colaborações com a indústria de AUPs. Isso inclui empresas individuais, assim como

> associações, plataformas e grupos de fachada representando indústrias de AUPs e seus interesses. (Unicef, 2023)

Assim como a Unicef, grupos de pesquisa pelo mundo estão muito convencidos pelos dados, e muitos governos já produziram diretrizes claras e sem ambiguidades sobre AUPs. Vou listá-las a seguir porque são de grande clareza, e a leitura delas pode ser útil (Childs & Sibson, 2023).

**BÉLGICA**

Opte pelo mínimo possível de produtos ultraprocessados. Os AUPs não têm valor agregado real em uma dieta saudável e ecologicamente responsável.

**BRASIL**

Evite AUPs. Sempre dê preferência a alimentos naturais ou minimamente processados e pratos e refeições feitas na hora. Não ofereça AUPs para crianças.

**CANADÁ**

Limite alimentos e bebidas altamente processados porque eles não são parte de um padrão de alimentação saudável. Se você come alimentos altamente processados, tente:

- comê-los com menos frequência;
- comê-los em menor quantidade;
- substituí-los por opções mais saudáveis.

**EQUADOR**

Evite o consumo de AUPs.

**FRANÇA**

Limite bebidas com muito açúcar e alimentos gordurosos, doces, salgados e ultraprocessados. Evite oferecer produtos ultraprocessados para crianças menores de três anos. Evite oferecer alimentos comerciais para bebês e refeições prontas para crianças menores de três anos. Eu adoro em especial esta citação do guia francês: "*Pour varier les goûts et les textures, le fait maison a tout bon... Plus de goûts, plus de textures, plus de miam!*", cuja tradução, grosso modo, é: "Para variar sabores e texturas, a comida caseira tem tudo de bom... Mais sabores, mais textura, mais delícia!".

**ISRAEL**

Reduza o máximo possível o consumo de AUPs. Evite o máximo possível alimentos processados, industrializados e embalados. Não há necessidade de comprar alimentos feitos especialmente para crianças e bebês.

**MÉXICO**

Evite AUPs. Os AUPs promovem a preferência por sabores muito doces ou muito salgados, e aumentam o risco tanto de obesidade quanto de má nutrição.

**PERU**

Evite o consumo de AUPs.

**URUGUAI**

Baseie sua dieta em alimentos saudáveis e evite o consumo regular de produtos ultraprocessados que contenham gordura, açúcar e sal em excesso.

**REINO UNIDO**

O progresso é lento, mas, espero, constante. O SMC agora está pelo menos parcialmente descredibilizado e os jornalistas, cada vez mais desconfiados de qualquer um que tenha vínculos com a British Nutrition Foundation, financiada pela Coca-Cola. A Câmara dos Lordes estava para iniciar uma investigação sobre as ligações entre AUPs e obesidade no primeiro semestre de 2024* graças a esforços extraordinários da baronesa Anne Jenkin, da baronesa Rosie Boycott e do lorde Bethell de Romford, juntamente com a doutora Dolly van Tulleken (eu a entrevistei quando era doutora Dolly Theis e então conspirei

* A Câmara dos Lordes recebeu evidências e promoveu audiências públicas sobre o tema entre fevereiro e maio de 2024, mas, até o momento da publicação deste livro, ainda não havia publicado o relatório final da investigação. [N.E.]

com sua irmã para juntá-la ao meu irmão, Xand. Este livro teve muitos resultados inesperados, mas este foi o que trouxe mais alegria).

## O que é necessário em termos de políticas?

Há dois projetos distintos. Primeiro precisamos regular a indústria que produz AUPs de um modo que aumente as escolhas e a liberdade. Segundo, precisamos possibilitar que as pessoas possam escolher alimentos saudáveis e acessíveis, se quiserem. Já há muitas vozes poderosas e diversas engajadas no segundo projeto, celebrando e promovendo comida de verdade e acessível. Meu interesse reside no primeiro: regulação.

Acredito que a abordagem precisa seguir o molde do controle do tabaco. Não se trata de proibir nada — proibições de substâncias aditivas tipicamente fazem mais mal do que bem. Há duas medidas principais que precisam ser adotadas:

1. *Colocar alertas em rótulos de alimentos que fazem mal*: se tentarmos estampar octógonos pretos em tudo que contém um aditivo não encontrado em uma cozinha doméstica, teremos advogados da indústria de alimentos se queixando sobre o fato de algumas pessoas terem goma xantana em suas cozinhas, mas isso não importa. Na Argentina e no México, os alimentos mais nocivos têm até cinco octógonos pretos com símbolos de "pare" (um para cada um dos itens: sal, gordura, açúcar, gordura trans ou gordura saturada e calorias) e dois retângulos pretos para cafeína e adoçantes. Esse sistema de rotulação com alertas para alimentos empacotados, que é baseado na classificação de perfil nutricional da Organização Mundial da Saúde, tem demonstrado funcionar bem em muitos países da América do Sul e da América Central. Mais importante: ele varre mais de 95% dos AUPs. Eu sugeriria alertas adicionais sobre emulsificantes sintéticos, mas uma vez que você colocou um octógono preto nos alimentos e tem um patamar para o nível de evidências que autorize fazer isso, adicionar outro é fácil. Nenhuma empresa quer enfrentar advogados do governo cara a cara sobre pesqui-

sas que mostram que as coisas que eles colocam na sua comida fazem ratos incharem e morrerem. Rótulos como esse se tornaram lei em muitos países. Uma lata de Coca-Cola na Argentina agora tem dois octógonos — para excesso de açúcar e de calorias — e, importante, não tem semáforos verdes para baixo teor de gordura e de sal, como no Reino Unido, o que sugere que a Coca-Cola seria mais saudável do que não saudável. Uma vez que você coloca octógonos pretos em produtos, é fácil dizer às pessoas quais alimentos elas devem evitar.

2. *Acabar com conflitos de interesses*: este passo é simples mas essencial, e foi vital para o controle do tabaco — o dinheiro da indústria passou a ser visto como sujo. Se você busca melhorar a saúde pública no Reino Unido, precisa ter uma relação regulatória com a indústria. Ela pode ser cordial, com linhas abertas de comunicação, mas você vai precisar obrigar a indústria a fazer coisas que ela não quer; portanto, não pode se tratar meramente de uma parceria. Você não pode ajudar a resolver um problema com cuja criação você lucra. Organizações como o Scientific Advisory Committee on Nutrition não deveriam ter ninguém em seus comitês que tenha uma relação formal com a indústria. No momento, há um especialista da indústria no comitê, e seis dos outros catorze membros têm conflitos de interesses com empresas como Danone, Mars e Nestlé. E tampouco instituições filantrópicas deveriam se relacionar com a indústria: enquanto a British Nutrition Foundation e a Bite Back têm vínculos financeiros com essas empresas, as melhores instituições filantrópicas no ramo da alimentação não aceitam nenhum dinheiro. First Steps Nutrition Trust, Unicef e Food Foundation são todas organizações incríveis. Cientistas ligados à indústria deveriam ser rigorosamente excluídos do espaço de políticas e do debate público, e não deveriam ser citados em artigos ou aparecer em notícias mais do que cientistas financiados pelo tabaco. Conflitos de interesses minam a confiança na ciência, e as instituições e os profissionais de nutrição deveriam evitar e encerrar relações financeiras, parcerias e associação de suas marcas com empresas de alimentos. Em vez disso, eles deveriam defender uma expansão do financiamento público de apoio a pesquisas.

Uma vez que tenhamos alcançado esses dois objetivos, a maioria das outras coisas deve vir na sequência facilmente. Alertas sobre AUPs podem ser acrescentados a diretrizes de nutrição nacionais. Podemos impedir o marketing de AUPs (ou seja, qualquer coisa com um octógono) direcionado a crianças — o que se traduziria em nenhuma publicidade no Spotify ou no YouTube, nenhum personagem nas embalagens, nenhuma propaganda do McDonald's em pontos de ônibus. E podemos mudar os alimentos servidos em instituições como escolas, hospitais e prisões de modo que sejam preparados no local (não esquentados no local) por seres humanos. Isso cria empregos e traz resultados muito melhores para aqueles que os preparam e aqueles que os consomem.

Educação e impostos não estão na minha lista de prioridades. Ninguém sério está propondo a taxação de AUPs de que tanta gente depende. Deveríamos eventualmente taxar os produtos mais prejudiciais — doces, refrigerantes, salgadinhos etc. — e deveríamos usar esses impostos para subsidiar alimentos de verdade e torná-los mais facilmente acessíveis. Os governos locais já estão fazendo um ótimo trabalho nessa área, mas também têm o poder de assegurar que não aconteça de você parar em um ponto de Leicester e ver apenas Greggs e McDonald's. Ao mesmo tempo, uma melhoria na educação seria excelente — dê uma olhada no trabalho feito pela TastEd, instituição filantrópica brilhante ligada à alimentação —, mas quando as crianças estão mergulhadas no marketing e não podem arcar com um tipo diferente de comida, isso parece desconfortável.

Um problema perverso a ser resolvido é como tornar comida de verdade acessível. Viver na pobreza impõe uma dieta nociva; assim, o primeiro passo é acabar com a pobreza. Isso é possível. O custo da pobreza não pode e não deve ser expresso puramente em termos financeiros. A pobreza é uma falha de justiça: todas as crianças devem ter as mesmas oportunidades na vida, independentemente das famílias em que nasceram. Mas, mesmo em um nível puramente econômico, os argumentos para se acabar com a pobreza são esmagadores, e essa deveria ser uma prioridade até para o nacionalista direitista mais beligerante que deseja um exército poderoso e um time de futebol de nível mundial. (Estou imaginando que não muitos de vocês, direitistas, tenham chegado até este ponto neste livro, mas olá e bem-vindo se você ainda está aqui.)

No Reino Unido, estima-se que a pobreza custe ao governo por volta de 78 bilhões de libras por ano em aumento de custos com assistência médica, educação, policiamento, justiça criminal e assistência social, além de perdas de receitas fiscais (Bramley *et al.*, 2016). Isso representa mais dinheiro do que seria necessário para acabar com a pobreza. Portanto, não é apenas moralmente correto colocar um ponto final na pobreza; é muito mais eficaz em termos de custo fazer isso do que gastar dinheiro consertando as vidas que ela destrói.

O próximo passo é criar um mercado para comida de verdade — o sistema é complexo demais para que se consiga lidar com ele do topo para a base. Eu não acho que é certo dizer às pessoas o que devem comer; quero, sim, ajudar a criar um mundo onde todos nós de fato tenhamos escolha. Rotulagem com alertas em embalagens, educação e campanhas de saúde pública são regulações que não pajeiam as pessoas — as empoderam. Quando as pessoas entenderem seus alimentos e estiverem livres de marketing enganoso, vão exigir comida de verdade. A indústria será muito capaz de responder a essa mudança na demanda. Pode ser que nem todos os antigos gigantes da indústria de alimentos sobrevivam, mas veremos a ascensão de novas empresas com estruturas e portfólios de produtos diferentes.

Há, assim, todo um conjunto de mudanças a serem feitas no sistema agroeconômico que está muito além do escopo deste livro. Trata-se de um sistema muito bem administrado de subsídios e incentivos que poderiam ser realinhados pelo governo para sustentar um sistema alimentar que produza comida acessível, saudável e ecologicamente sustentável. Mas, até que exista um mercado para esses alimentos, nada irá mudar. Os políticos não terão incentivos para regular as empresas.

## O que você quer fazer?

Quando eu resumia e repetia as mensagens centrais deste livro em centenas de palestras e entrevistas nos últimos meses, havia sempre retomava alguns conceitos, por considerá-los especialmente úteis. Se você está com dificuldades e se vê comendo coisas que não quer comer, talvez eles possam ajudá-lo a comer da maneira que você deseja.

Você deve continuar comendo AUPs enquanto aprende sobre eles. Não proibi-los parece uma parte bastante importante da reabilitação. Mas lembre-se desta lista rápida de como os AUPs lhe fazem mal:

- Eles são macios e em geral densamente calóricos; então, você os come em um ritmo que seu corpo não consegue acompanhar no que diz respeito à sensação de saciedade.
- Coisas como proteínas isoladas, óleos refinados e carboidratos refinados são absorvidos com tanta rapidez que podem nem alcançar a porção do intestino que envia o sinal de saciedade para o cérebro. São coisas que seu corpo não está preparado para comer.
- Alguns dos aditivos são bem conhecidos por fazerem mal — fique particularmente atento a emulsificantes e adoçantes artificiais. Os emulsificantes podem afinar o revestimento mucoso do intestino, fazendo com que as bactérias fecais vazem para a corrente sanguínea e causem inflamação no seu corpo todo. Os adoçantes não nutritivos que dizem ao seu corpo que o açúcar está a caminho mas não oferecem nenhuma caloria parecem provocar tensão metabólica e mudanças no microbioma.
- Outros aditivos que afetam o microbioma são as maltodextrinas, os amidos modificados e muitas das gomas e dos espessantes.
- Intensificadores de sabor (glutamato, guanilato, inosinato e ribonucleotídeos em listas de ingredientes) levam ao consumo excessivo. Mais uma vez, quando são adicionados fora de contexto, eles contam ao seu corpo uma mentira sobre o conteúdo nutricional de algo que você está comendo.

Mas a coisa mais importante é lembrar do propósito dos AUPs. O problema não é nenhuma das propriedades anteriores. Cada produto tem centenas de propriedades diferentes: acidez, viscosidade, gordura, textura na boca, o tipo de emulsificante, o corante, a cor da fonte na embalagem, o tipo de personagem usado no anúncio e assim por diante. Cada uma dessas variáveis é testada em grupos de pessoas e otimizada para fazer você comer e comprar o máximo possível.

Porque o propósito do AUP que você come é fazer dinheiro.

Se a comida é feita por um conglomerado transnacional de propriedade de grandes investidores institucionais, eles irão priorizar o dinheiro a ser ganho em detrimento da sua saúde, e a melhor maneira de fazer dinheiro é ter um produto viciante, que pode ser produzido usando as matérias-primas mais baratas possíveis. Quando estiver comendo AUPs, pergunte a si mesmo quem produziu e o que eles estão tentando alcançar. É comida de verdade, feita para nutri-lo, ou é uma substância comestível produzida industrialmente, fabricada para transformar sua saúde em dinheiro para outra pessoa?

Se você está tendo dificuldades em parar de comer essas coisas, apenas lembre: não é você, é a comida.

## FAQs [Perguntas e respostas frequentes]

As pessoas costumam me fazer muitas perguntas. Aqui estão algumas respostas.

### Como posso ter certeza de que algo é um AUP?

Você está lendo a lista de ingredientes? Então provavelmente é um AUP. Você não reconhece um ingrediente? Provavelmente é um AUP. Existem algumas exceções. Em geral, a presença de conservantes em itens enlatados não significa que sejam um AUP, e o mesmo vale para as coisas que muitos países exigem que sejam adicionadas à farinha (no Reino Unido, cálcio, ferro, tiamina e niacina). A Open Food Facts é uma base de dados bastante útil.

### Os AUPs fazem mal? E quanto ao pão integral?

Pão integral ultraprocessado com emulsificante pode levar a excesso de consumo e outros problemas devido a esses emulsificantes e ao fato de que são muito macios. É quase certo que seja melhor do que pão não integral AUP, mas provavelmente é pior do que pão de verdade. E ainda que seja válido compreender qual AUP faz mais mal, pode-se dizer que o grau em que produtos "melhores" podem ser diferenciados é limitado. Temos um sistema alimentar que produz em sua maioria AUPs, e que precisa ser consertado. No âmbito de uma dieta completamente ultraprocessada, o pão integral ultraprocessado faz provavelmente menos mal do que algumas outras coisas, mas pode ser que você coma mais dele do que das outras coisas que sabe que fazem mal — por exemplo, é provável que você não coma chocolate todos os dias no café da manhã.

**Se você cozinha em casa com goma xantana, está fazendo AUP?**

Não. AUPs são produzidos industrialmente para a obtenção de lucro. Isso é parte da definição. Se você faz comida porque ama alguém e quer nutri-la, não está fazendo ultraprocessados. Há talvez algumas exceções a essa regra geral. É improvável que uma receita inteiramente feita de AUPs seja parte de uma dieta saudável. Ralar queijo em cima de nachos condimentados não constitui preparo de alimentos.

**Por que os AUPs são menos caros do que alimentos frescos? Com certeza todas essas "coisas que fazem com eles" e as embalagens deveriam torná-los mais caros, não?**

Aditivos economizam dinheiro. Estearina de palma é mais barato do que gordura láctea. Estabilizadores prolongam o prazo de validade, o que economiza dinheiro. Saborizantes são mais baratos do que frutas.

**Como parar de comer chocolate e de tomar sorvete?**

Continue tomando sorvete. Não estou te julgando. Mas leia sim o capítulo 1 mais uma vez enquanto toma sorvete e dê também uma olhada na lista de ingredientes. Há alguns sorvetes sem AUPs, mas são difíceis de encontrar. Eu pedi uma sorveteira de aniversário.

**O cereal Alpen não é saudável?**

O Alpen contém muitos grãos integrais, que são saudáveis, mas também "soro de leite em pó", que não é um ingrediente que se costuma ter em casa. Para entender se ele leva ao consumo em excesso, compre os outros ingredientes (trigo integral, aveia em flocos integral, uva passa, açúcar, leite em pó desnatado, avelã, amêndoa e sal) e veja se consegue fazer algo tão irresistível quanto um Alpen. Eu não consegui. O Alpen é fabricado pela Post Holdings, uma empresa de alimentos empacotados multibilionária. Eles sabem o que estão fazendo quando se trata de formular um cereal que você coma muito. Então, o Alpen não faz necessariamente mal para a saúde, mas você come muito dele. Eu costumava comer de sobremesa!

**Deixar as pessoas com medo de determinadas comidas não contribui para transtornos alimentares?**
Eu fiquei ansioso com o fato de que, ao criticar uma categoria de alimentos, pudesse correr o risco de impelir transtornos alimentares. Mas parece, sim, importante correr esse risco, especialmente porque existem algumas evidências de que os AUPs contribuem para transtornos alimentares. Eu me reuni com a Faculty of Eating Disorders Psychiatry do Royal College of Psychiatrists [Faculdade de psiquiatria dos transtornos alimentares do colégio real de psiquiatras] para discutir o assunto. Eles e muitos outros na comunidade de profissionais que tratam transtornos alimentares estão preocupados com o papel que os AUPs podem desempenhar. Dados iniciais sugerem que 100% dos alimentos com os quais as pessoas se empanturram são AUPs (Ayton *et al.*, 2021; Ayton & Ibrahim, 2020). Ingerir alimentos que não são produzidos para nutrição parece alterar nossa relação com a forma como comemos. Isso fica mais óbvio quando se trata de adição. Todas as pessoas sérias que fazem parte dessa discussão são muito sensíveis ao risco de demonizar um tipo específico de alimento. Não existe jeito perfeito de discutir nada disso, mas procurei mostrar meu raciocínio, e não acho que haja evidências convincentes de que os riscos de apontar os males dos AUPs superem os benefícios.

**Os AUPs são mesmo viciantes?**
As evidências de que muitos produtos ultraprocessados são viciantes são fortes e têm crescido desde que o livro foi publicado. Eu expressei essa ideia com cautela no capítulo 10: "pode haver vantagens em considerar os AUPs substâncias viciantes". Eu já não sinto necessidade dessa cautela. Acho cada vez mais que a adição é a melhor lente através da qual enxergar os AUPs, não importa se você está pensando em seus filhos ou criando políticas governamentais.

Muitos artigos sobre AUPs foram publicados no último ano, mas um deles, intitulado "Implicações sociais, clínicas e políticas da adição de alimentos ultraprocessados", que saiu no *British Medical Journal* em outubro de 2023, deve estar entre os mais importantes (Gearhardt *et al.*, 2023). Esse artigo noticia duas revisões que incluem 281 estudos de 36 países diferentes, que consideraram que a prevalência geral de adição alimentar era de 14% em adultos e de 12% em crianças. A taxa entre adultos é parecida com as taxas de vício em álcool (14%) e tabaco (18%), mas "o nível de adição subentendida em crianças é sem precedentes" — nós somos historicamente bons em proteger crianças de vícios.

É uma conspiração? As empresas deliberadamente passam seus alimentos por processos de design que resultam em produtos viciantes, e elas sabem que seus alimentos são viciantes. Nós temos um cereal chamado Krave,* e o fato de ser quase impossível parar de comer Pringles uma vez que o tubo é aberto é a base de suas campanhas de marketing tão bem-sucedidas. Ashwin Rodrigues é jornalista da revista *GQ*. Nós conversamos sobre AUPs e ele fez uma observação interessante de que todos os mascotes de cereais parecem ter uma relação de vício com os produtos que anunciam. É hilário quando você repassa os anúncios no YouTube, mas também perturbador — trata-se de normalizar um vício nesses alimentos.

Se você achar que está com vício em AUPs, a abstinência pode ser útil no seu caso (se você puder arcar com ela, claro). Se você não vive com um vício, diminuir e comer AUPs como um agrado ocasional pode ser fácil (ainda que, uma vez que você comece a encará-los como um agrado, eles podem não corresponder às expectativas).

### Todos os AUPs fazem igualmente mal?

Ainda há muitas perguntas importantes sobre AUPs, como: quais são os produtos que fazem menos mal? É quase certo que haja uma diferença entre uma salada da Pret, na qual o único ingrediente estranho é um pouco de goma xantana, e o sorvete Ms Molly's da Tesco, no qual o único ingrediente não estranho é o açúcar. A goma xantana na salada da Pret provavelmente não vai lhe fazer mal, mas lhe diz que ela foi produzida em um sistema industrial que não se importa muito com a sua saúde. Algumas saladas da Pret têm mais calorias do que um Big Mac, e você vai se ver terminando a coisa toda porque ela foi formulada para isso. Quando você toma o sorvete Ms Molly's, pelo menos tem absoluta clareza em que está se metendo. O que é crucial manter em mente é que as evidências se referem à proporção da sua dieta que provém de AUPs. Uma tigela de Coco Pops não é tóxica.

* Trocadilho com "crave", que em inglês significa querer muito, precisar, ansiar por, ter um desejo forte por algo. [N.E.]

Mas uma dieta construída em torno de produtos como o Coco Pops parece ser muito maléfica.

**Esta não é uma guerra cultural contra pessoas que já vivem na pobreza e já têm muito com o que lidar?**

Esta é uma questão levantada por Janet Cade, da British Nutrition Foundation, financiada pela indústria, na entrevista coletiva da SMC, financiada pela indústria:

> As pessoas recorrem a alimentos processados por diversas razões, então o ponto principal seria que, se os removêssemos de nossas dietas, isso exigiria uma mudança enorme no sistema de abastecimento de alimentos, o que é de fato inviável para a maioria das pessoas, e potencialmente resultaria em mais estigmatização, culpa etc. para aqueles que recorrem a alimentos processados, promovendo ainda mais desigualdade em grupos desfavorecidos.

Eu concordo com cada uma dessas palavras. Mas, enquanto Cade termina com "então, continue comendo AUPs", eu termino com "precisamos realizar uma enorme mudança no sistema de abastecimento de alimentos". Lançar mão desse argumento para reprimir a regulação que melhoraria a vida de muitas pessoas parece cínico e cruel. O que promove desigualdades é forçar grupos desfavorecidos a comer uma comida terrível. Todos nós estamos mergulhados em um marketing enganador e predatório.

Louisa Britain é militante e ativista sobre pobreza e deficiência e entende muito melhor do que eu como esses alimentos interagem com a pobreza. Em resposta aos comentários de Cade, ela disse: "Se há uma guerra cultural aqui, não é contra a classe trabalhadora. Eu comi uma pizza ultraprocessada ontem à noite e ela custou muito menos do que o guisado de carne bovina que vou fazer esta noite. Então, ser antiAUPs não é dizer 'Ah, o populacho tem que deixar de lado essas porcarias de iscas de peixe empanado', é dizer: 'Alguém pode dar uma fiscalizada adequada nessas empresas do setor alimentício, por favor?'".

Todas as soluções propostas por ativistas envolvem a redução da desigualdade. Vou dar a última palavra a Louisa: "A questão é tornar padrão a comida de verdade e adequada de fato, em vez de quase-comidas/substâncias que parecem comida produzidas industrialmente".

# AGRADECIMENTOS

Se eu tenho uma habilidade na vida, é me cercar de pessoas que são muito mais competentes do que eu. Isso se provou crucial, porque subestimei enormemente a escrita deste livro e precisei de muita ajuda de um monte de gente para conseguir terminá-lo.

Esta é uma lista, sem ordem específica, de pessoas sem as quais este livro não existiria, pessoas sem as quais este livro seria muito pior e pessoas e lugares que me apoiaram e me permitiram escrever este livro.

Minha mãe, Kit, e meu pai, Anthony. Mãe e pai vêm primeiro não apenas por causa da lógica da biologia, mas porque, durante minha vida inteira, eles criaram um ambiente para mim (e meus irmãos) em que tudo parecia possível. Minha mãe também é a melhor cozinheira que eu conheço e foi editora profissional; então, literalmente me ajudou a criar este livro e muitas das ideias que aparecem nele.

Tive três editores absurdamente talentosos que devolveram a segunda versão do manuscrito com comentários tão minuciosos que eles totalizaram quase 20% da extensão do livro final. Helen Conford, da Cornerstone Press, absorveu o estresse provocado pelos prazos que perdi como uma barra de carbono em um reator de fissão... a tal ponto que eu mal soube que a tinha estressado até bem depois. Ela, às vezes, é brutal, sempre imprevisível, extremamente engraçada e absolutamente a melhor editora que eu podia ter desejado.

Melanie Tortoroli, da WW Norton nos Estados Unidos, e Rick Meier, da Knopf no Canadá, envolveram suas críticas tão necessárias e brilhantes com tamanha afeição e humor que eu quase me diverti tentando consertar todos os problemas. O entusiasmo deles por um manuscrito inicial me fez seguir em frente.

A equipe da Cornerstone Press me apoiou muito além das expectativas. Minha assessora de imprensa, Etty Eastwood, trabalhou incansavelmente para levar as ideias deste livro ao máximo possível de pessoas. Claire Bush e Charlotte Bush (nenhum parentesco) realizaram feitos heroicos com o marketing e a publicidade, respectivamente. Matt Waterson, nas vendas, e Penny Liechti, nos direitos, ajudaram o livro a alcançar leitores. Joanna Taylor supervisionou o processo editorial, e Odhran O'Donoghue fez uma preparação em um nível de detalhes que foi, às vezes, humilhante, mas absolutamente necessário. Quaisquer erros reminiscentes são, é claro, da minha lavra.

Zoë Waldie, da RCW, é a melhor agente literária possível. Ela foi uma amiga, mentora e guia em cada estágio, das grandes decisões sobre estruturas e contratos até o posicionamento das vírgulas. Este livro não existiria sem ela ou a equipe da RCW.

Miranda Chadwick já era minha amiga antes de começar a me representar. Este livro também não existiria sem ela. Ela é a melhor agente de radiodifusão, sem exceção, e o motivo de eu ter uma carreira. Jamie Slattery é o yin do yang dela, e sem ele nenhum aspecto da minha vida funcionaria. Juntos eles são duas das pessoas mais importantes da minha vida.

James Browning (ou "Bames", como diria Sasha) chegou até mim por Zoë para auxiliar com a proposta e, um ano depois, parece alguém da família. Ele atuou como editor/conselheiro semana após semana, ajudando-me a entender a diferença entre um livro e uma série de afirmações factuais não conectadas.

Alexander Greene é meu amigo desde quando consigo me lembrar e nunca vacilou em seu entusiasmo ou incentivo para essa ideia toda. Sua fazenda na Itália vende as melhores comidas de verdade que você vai provar. Acesse potentino.com.

Lizzie Bolton foi quem primeiro me deu os artigos sobre AUPs para ler — ela é uma das mentes por trás de muitos dos meus documentários para a BBC, incluindo *What Are We Feeding Our Kids?* [Com o que estamos alimentando nossos filhos?], o programa sobre AUPs que registrou o experimento da dieta deste livro. Este livro não existiria sem ela ou Dominique Walker (que fez uma produção executiva magnífica para a maioria dos meus documentários), Jack Bootle (que desenvolve, executa e agora os comissiona) ou Tom McDonald (que cuidou de mim por tantos anos na BBC). A BBC é única por não ter financiamento comercial e possuir uma equipe de responsáveis por comissões e advogados que me apoiaram ousadamente enquanto eu fazia programas sobre determinantes comerciais de saúde por muitos anos. Nós todos temos muita sorte por ela existir.

Helen Crawley, especialista em políticas alimentares, foi uma das minhas revisoras técnicas e talvez seja minha fonte mais confiável sobre todos os aspectos que dizem respeito à comida, dos detalhes das evidências científicas nutricionais a como as políticas são criadas. Ela é uma pessoa brilhante.

Carlos Monteiro e sua equipe me ofereceram quantidades enormes de tempo e conselhos, sobretudo o próprio Carlos, e Fernanda Rauber, Geoffrey Cannon (que falou por horas e me mandou uma imensa quantidade de pesquisas valiosas), Maria Laura da Costa Louzada, Gyorgy Scrinis e Jean-Claude Moubarac.

Rob Percival e Helen Browning, da Soil Association. Rob parece quase onisciente em relação a quase todos os aspectos do problema. Helen me deu a primeira e até hoje a mais clara explicação sobre o aspecto econômico das commodities alimentares. Foi depois de conversar com eles pela primeira vez que eu realmente "entendi".

Quando comecei a escrever, entrevistei Dolly Theis, uma pessoa que entende profundamente a teoria e a política dos alimentos e as diretrizes que as cercam, e ela é agora parte da minha família. Ela está no cerne de muitas das ideias que permeiam este livro, sobretudo as do capítulo final sobre um caminho adiante.

Andrew e Claire Cavey são dois dos meus amigos mais queridos, e eu os importunei sobre cada palavra neste livro. A intolerância de Andrew a argumentos fracos é enfurecedora, mas uma de suas melhores características.

Giles Yeo é incrível e me influenciou mais do que possivelmente sabe. Compre e leia seus livros — *Gene Eating* [Comendo genes] e *Why Calories Don't Count* [Por que calorias não importam].

Melissa Thompson me falou mais sobre alimentos, história e cultura do que eu poderia incluir. Compre o livro dela: *Motherland: A Jamaican Cookbook* [Terra natal: um livro jamaicano de culinária].

Aubrey Gordon apresenta o podcast *Maintenance Phase* [Fase de manutenção], que é obrigatório para qualquer pessoa interessada em ciência, saúde, peso e humanidade. Ela foi imensamente generosa com conselhos sobre como discutir peso sem estigmas. Seus livros *What We Don't Talk about When We Talk about Fat* [O que não falamos quando falamos sobre gordura] e *"You Just Need to Lose Weight": And 19 Other Myths about Fat People* ["Você só precisa perder peso": e dezenove outros mitos sobre gordos] são essenciais.

Na UCL, Rachel Batterham tem sido minha amiga e mentora em diversos projetos. Sam Dicken, Janine Makaronidis e Claudia Gandini Wheeler-Kingshott contribuíram mais para este livro e outros projetos do que imaginam.

Bee Wilson escreveu o melhor relato sobre AUPs que eu já li no *Guardian* (que me foi indicado por Lizzie Bolton). Tenho a sorte de tê-la como amiga. Além de seus comentários ponderados sobre algumas ideias, ela me apresentou a Naomi Alderman, que me falou sobre como aceitar críticas e como o dinheiro funciona.

Kevin Hall me ofereceu quantidades enormes de tempo e me manteve dentro dos limites das evidências (na maior parte!).

Chris Snowdon foi muito generoso em relação a seu tempo e argumentos. Concordamos em tanta coisa, e tenho esperança de que, um dia, ele vá deixar o Institute of Economic Affairs e empregar seus consideráveis talentos em prol de tornar o mundo um lugar melhor para todos.

Em Muaná, Brasil — Paula Costa Ferreira, Lizete Novaes, da Pastoral Católica da Criança, Graciliano Silva Ramos e Léo e sua família. Tristan Quinn dirigiu a parte brasileira do documentário da BBC chamado *What Are We Feeding Our Kids?*. Alasdair Livingston foi o incrível diretor de fotografia, enquanto Tom Bell manteve tudo em pé.

Paul Hart me rastreou e se certificou de que eu não desviasse demais do caminho. Ele gentilmente revisou o texto e ainda contribuiu com sua imensa expertise técnica e ética. Paul e Sharon tornaram divertida grande parte da pesquisa.

Gary Taubes: posso não concordar quanto à insulina, mas gostei de verdade de falar com ele e passei a admirá-lo mais no fim de nossa conversa do que admirava no começo.

Barry Smith iluminou toda uma nova área da filosofia e da neurociência sobre a qual eu nunca tinha pensado e que me ajudou a entender como os AUPs operam no corpo e no cérebro. Ele foi incrivelmente generoso com muitíssimas ideias.

Clare Llewellyn estuda gêmeos na UCL e realizou alguns dos trabalhos mais importantes descrevendo a relação entre genes e o ambiente. As discussões com ela e sua pesquisa em geral são alguns dos conceitos mais importantes deste livro.

Anthony Fardet me falou sobre a matriz alimentar e ajustou o modo como eu abordo problemas científicos.

Suzi Shingler administra a Alliance to Save Our Antibiotics e ajuda a nos manter todos vivos.

Ben Scheindlin me falou longamente sobre Clara Davis, assim como o jornalista canadense Stephen Strauss, que passou anos desenterrando tudo o que podia encontrar sobre ela. Stephen foi incrivelmente generoso ao dividir essa pesquisa, assim como tantas outras coisas fascinantes sobre nutrição.

Matt Bosworth ofereceu inestimável e apavorante assessoria jurídica inicial (de graça!).

Tom Neltner e Maricel Maffini trabalharam no, e com o, Environmental Defense Fund, tentando fazer a FDA levar em conta os aditivos alimentares. Eles são verdadeiras tartarugas mordedoras. Emily Broad Leib, de Harvard, trabalha na mesma questão, e, da melhor forma, também a considero uma tartaruga mordedora: ela me ajudou a entender que os aditivos não afetam todos nós da mesma forma.

Sarah Finer é minha dupla, amiga médica e cientista que moldou minhas ideias ao longo de vários anos e diversas discussões.

Tive a sorte de ter um grande número de professores tolerantes e experientes na faculdade de medicina, mas Huw Dorkins e Paul Dennis me apoiaram particularmente e formataram minha carreira posterior mais do que qualquer um dos dois possa imaginar.

Sharon Newson: o que eu não falei sobre Sharon no texto é até que ponto ela mudou minha opinião sobre aspectos da obesidade e como nós discutimos o peso. Passei muito tempo empurrando-a para a direção errada antes que ela começasse a me empurrar na direção certa. Ela é uma verdadeira especialista e uma grande camarada.

Eddie Rixon me explicou brilhantemente sobre agricultura e o ramo da alimentação em frações de tempo enquanto a "Operation Ouch!" tomava sua fazenda.

Tim Cole, da UCL, reservou muito tempo para explicar de maneira precisa quão sutilmente mas certamente equivocadas estão as pessoas que tentam alegar que a obesidade infantil é um mito. Um homem adorável e inspirador.

David Biller tem a onisciência do banqueiro sobre todas as coisas e me fez um pouco menos ingênuo, além de me conectar a especialistas da indústria como Robert Plowman, o consultor de gestão anônimo, e Ibrahim Najafi. Esses colaboradores não tinham nada a ganhar (e muito a perder) falando comigo e foram incrivelmente generosos com seu tempo e conhecimento.

Patti Rundall entende a corrida armamentista entre empresas de alimentos melhor do que qualquer um e é uma enorme força protegendo crianças no mundo todo do marketing predatório, além de uma constante inspiração. Sua influência está em cada uma das páginas deste livro.

Tenho muito orgulho de trabalhar junto de toda a equipe da Unicef no Reino Unido, tanto profissionalmente quanto como apoiador — em especial Katherine Shats, Grainne Moloney, Claire Quarrell e Jessica Gray.

Especialistas e colegas da Organização Mundial da Saúde ajudaram com muito do trabalho acadêmico que precedeu este livro, e tenho um orgulho enorme de trabalhar ao lado deles, incluindo Nigel Rollins, Tony Waterston, Larry Grummer-Strawn, Nina Chad e Anna Gruending.

Victoria Kent e Sarah Halpin refinaram várias ideias sobre AUPs e prepararam muitos não AUPs para mim. Vic explicou sobre investimentos e dinheiro de uma maneira que até eu fui capaz de entender.

A equipe da National Food Strategy me alimentou bem diversas vezes e moldou grande parte da discussão neste livro. Tamsin Cooper e Henry (e Jemima) Dimbleby me ensinaram de verdade como abordar esse assunto. É por isso que você viu referências ao plano deles com tanta frequência nestas páginas.

Jo Rowntree, Philly Beaumont, Richard Berry e Hester Cant criaram o podcast *Addicted to Food* [Viciado em comida], que precedeu este livro. Todos eles são incríveis e me fizeram pensar mais do que nunca sobre comida.

Obrigado também a Marion Nestle, Phil Baker, Nicole Avena, Sadaf Farooqi, Andrea Sella, Mélissa Mialon, Bob Boyle, Gordon Hamilton e toda sua família, e Susan Jebb (ao longo de tantos documentários juntos, Susan tem sido incrivelmente solícita).

Os cientistas, ativistas e médicos que têm grandes reduções de salário para passar a vida diminuindo a desigualdade e tornando o mundo um lugar melhor e mais agradável para todos que nele vivem, incluindo minhas filhas e eu. É sempre mais fácil aceitar o dinheiro da Coca-Cola.

Todos do Hospital de Doenças Tropicais (mas, em especial, Sarah Logan, Phil Gothard e Mike Brown) ajudaram a encontrar um modo de fazer minha vida profissional funcionar. Tenho a sorte de trabalhar em um hospital de alto nível, o UCLH, cercado por pessoas que me apoiam e me desafiam, além de me proporcionar a flexibilidade de ter uma carreira paralela ao meu trabalho clínico.

As pessoas com quem trabalho semanalmente são uma fonte contínua de inspiração, pessoas brilhantes em todos os aspectos. Anna Checkley, Anna Last e Nicky Longley ficam com uma aclamação especial.

A equipe de comunicação da UCLH é previsivelmente central para muito da sobreposição entre meus trabalhos clínicos, acadêmicos e de radiodifusão, sobretudo Rachel Maybank, Sharon Spiteri e Michaela Keating.

Ser um médico do NHS (Serviço Nacional de Saúde) é um privilégio, e as pessoas com quem mais aprendo são os meus pacientes, que me ensinaram que o que comemos tem muito mais a ver com nosso ambiente do que com nosso desejo. O NHS é um dos últimos baluartes contra as forças comerciais que são agora a principal causa de morte prematura em nosso planeta. Se privatizarmos o serviço de saúde e permitirmos que ele opere com o mesmo conjunto de incentivos das empresas de alimento e tabaco, perderemos algo que nunca poderá ser reconstruído. Esse é um risco real e urgente.

Sou grato à UCL por me oferecer um lar acadêmico e uma liberdade enorme. Greg Towers e Richard Milne me arrancaram um doutorado, e o modo como eles investigam o mundo influencia tudo o que eu faço. Ambos leram versões iniciais do manuscrito e foram de grande ajuda.

O *British Medical Journal* (em particular: Rebecca Coombes, Fi Godlee, Kamran Abbasi, Jennifer Richardson e Peter Doshi) apoia meu trabalho acadêmico há muitos anos. Mais do que isso, ofereceu resposta a suas próprias publicações ao recusar patrocínio da indústria de fórmulas. Sinto sempre um orgulho imenso de publicar em suas páginas.

Julian Marks, da Barfoots, foi incrivelmente generoso com sua equipe e conhecimento, e explicou à perfeição tudo sobre frutas e legumes. Meu amigo Nick Seddon me ajudou a entender pelo menos um pouco do funcionamento interno do governo e das políticas.

Obrigado a toda a família Sheldrake, mas, particularmente, a Merlin por me explicar como escrever um livro: "É como uma festa — todo mundo tem de saber onde ficam os banheiros e todo mundo precisa de uma bebida". April Smith e Jackie Dalton mantiveram o show todo amarrado para nós em casa. Elke Maier me mandou pesquisas inestimáveis sobre manteiga de carvão. Adam Rutherford, Hannah Fry, Mark Schatzker, Gin Drinkers of Oak Room, Dr. Ronx, Amy Brown, Henry e Nicola Byam-Cook, Margaret McCartney, Ralph Woodling (que me falou sobre elétrons e química), Max Hardy, Nick Macan, Rupert Winckler, Ed von der Burg, Bruce Parry, James Blount, Hen Peace, Stuart Gillespie, Caroline e Imogen Barter (Caroline é responsável por muitas coisas boas em minha vida, incluindo Imogen), os SB, Layal Liverpool, Eszter Vamos, Dev Sharma, Christina Adane, Jamie Oliver, Nicki Whiteman, Vicki Cooper, Monika Ghosh, The SBWAG, Zeba Lowe e Dan Brocklebank (outro velho camarada que entende de dinheiro e é bom para explicar a respeito). Rosie Haines (dona do pub Scolt Head e da pizzaria Sweet Thursday, que são minhas melhores e únicas fontes de fast-food não ultraprocessado), Andreas Wesemann (que me falou sobre economia e me maltratou por ideias indolentes). Alasdair Cant consertou minha relação com meu irmão e me fez entender que exigir mudanças não é a melhor maneira de alcançá-las. A equipe da Operation Ouch! é como uma família e tolerou semanas de discussões úteis sobre AUPs.

Moro com minha cunhada incrível, Christine, que é uma inspiração constante para mim, Dinah e nossas filhas. Eu apoio meu computador na tese de doutorado dela, então estou literalmente baseando este livro no trabalho dela (e ela tem uma influência enorme, da melhor maneira possível, sobre o meu comportamento geral).

Meus irmãos e cunhadas (Carolina, Dolly, Ryan, Chid, Martha e Leah) são os melhores, e sou impossivelmente afortunado de tê-los em minha família. Conversas médicas que tive com a Carolina (que é brasileira) durante muitos anos me ajudaram a formatar este livro.

Meus irmãos, Xand e J (Bratty), são meus melhores amigos, e não faço nada sem discutir longa e entediantemente com ambos. A opinião deles conta mais do que a de qualquer outra pessoa, exceto (neste caso) a de Helen Conford. Xand, meu irmão gêmeo, formatou a tese central ao longo de uma década de lutas físicas e discussões aos gritos, das quais, no fim, saiu vencedor. J é a cola que une Xand e eu.

Meu sobrinho perfeito Julian provavelmente não se dá conta do quanto ele faz Xand e eu pensarmos sobre muitas coisas destas páginas.

Minhas duas filhas mais velhas são as únicas pessoas nestes agradecimentos que não demonstraram nenhum interesse por este livro. Ambas são consumidoras ávidas de AUPs e, além de serem previsivelmente participantes voluntárias em diversos testes com alimentos, a contribuição delas foi exclusivamente negativa.

Por fim, minha esposa, Dinah, que é responsável por tudo de bom na minha vida. Ela odeia esse tipo de coisa, mas é a melhor pessoa que eu já conheci.

# NOTAS

## INTRODUÇÃO (P. 19-29)

1 Há uma significativa bibliografia científica sobre lobos sendo mortos por suas presas. Em uma análise, 40% dos crânios de lobos têm evidências de ferimentos de presas, e há muitos registros de lobos mortos por alces americanos, cervos-almiscarados, bois e cervos (Haugen & Stephenson, 1985; Mech & Nelson, 1990).

2 Uma estranha inversão de um ecossistema-padrão, no qual as coisas que são menos consumidas são as mais adequadas.

3 Muitos dos efeitos de saúde associados à obesidade são resultado direto de estigma: pesquisas mostram que o preconceito com a gordura está mais arraigado entre médicos e outros profissionais de saúde do que a discriminação contra qualquer outra forma de diferença corporal. Essa é uma barreira enorme para o tratamento.

## 1
## POR QUE TEM LODO DE BACTÉRIA NO MEU SORVETE? A INVENÇÃO DOS AUPS (P. 33-46)

1 Zoe Avison, "Why UK Consumers Spend 8% of Their Money on Food" [Por que consumidores do Reino Unido gastam 8% do seu dinheiro em comida], *AHDB*, 3 fev. 2020. Disponível em: https://ahdb.org.uk/news/consumer-insight-why-uk-consumers-spend-8-of-their-money-on-food.

2 Quando se trata de alimentos, os fabricantes não podem reduzir custos com pessoal, despesas gerais de fábrica ou de energia — a competição com outras empresas significa que todos esses fatores já foram limados ao máximo. "A única coisa que os contadores podem brincar de cortar são os ingredientes", disse-me Hart. Isso ressalta a complexidade de rejeitar os AUPs: esses custos mais baixos de produção e distribuição acabam, às vezes, repassados para nós.

3 A produção de sorvete industrializado foi acelerada nos Estados Unidos a partir dos anos 1850 como destino para resíduos de leite, que de outro modo seriam descartados. As pessoas, afinal, só conseguem beber determinada quantidade de leite fresco, e ele

estraga bastante rápido. Transformar resíduos de leite em sorvete estende a data de validade e ainda mostra como o processamento agrega valor. Como veremos repetidamente, o reaproveitamento de resíduos é uma parte crucial dos AUPs, e é outra razão, junto com o baixo valor, pela qual o advento dos AUPs tem sido visto, em parte, como uma evolução em vez de um problema.

4 Amidos modificados se tornaram quase universais no início dos AUPs na década de 1950, mas também foram úteis na mineração e na extração de petróleo, nas quais os amidos são usados para ajustar a viscosidade das lamas de perfuração de modo que elas não sejam espessas demais ou finas demais para serem bombeadas ou transportadas para a superfície.

5 Há doze mil anos, o Saara estava exuberante e verde depois do fim da era glacial. Havia uma população sedentária de caçadores, pescadores e coletores que começou a mudar seu modo de vida por volta de dez mil anos atrás, transformando-se em pastores seminômades de gado, ovelhas e bodes (Di Lernia & Gallinaro, 2010).

6 Napoleão III era sobrinho de Napoleão I (aquele com o braço enfiado no casaco, que foi exilado em Elba, fugiu e, então, perdeu a Batalha de Waterloo). Era popular em geral e, ao longo de seu governo, promoveu projetos que visavam melhorar a vida da classe trabalhadora, inclusive permitir aos trabalhadores franceses o direito de fazer greves e de se organizar, e deu às mulheres o direito de serem admitidas em universidades. Ele não enfiou a mão em casaco nenhum, mas seguiu, sim, os passos do tio em pelo menos dois outros caminhos: perdeu uma batalha (Sedan) e morreu no exílio (na Inglaterra, não em Elba).

7 Ver também Rebecca Rupp, "The Butter Wars: When Margarine Was Pink" [As guerras da manteiga: quando a margarina era cor-de-rosa], *National Geographic*, 13 ago. 2014. Disponível em: https://www.nationalgeographic.com/culture/article/the-butter-wars-when-margarine-was-pink.

8 Em 1930, já era possível produzir uma margarina sólida de *óleo de baleia* líquido. A margarina derretia a 30 °C — portanto, na boca. Em 1960, o óleo de baleia já representava 17% das gorduras totais usadas na produção de margarina. "Whale Oil Uses — Margarine", *SCRAN*, 2002. Disponível em: http://www.scran.ac.uk/packs/exhibitions/learning_materials/webs/40/margarine.htm.

9 *Existe* um efeito colateral lamentável: o processo cria gorduras trans, que têm sido ligadas a doenças cardíacas e outros problemas de saúde. Hoje em dia, a hidrogenação parcial costuma ser substituída pela combinação de diferentes óleos, usando o calor para separar os diferentes tamanhos de moléculas (fracionamento) e enzimas para trocar cadeias de hidrocarbonetos entre diferentes gorduras (interesterificação enzimática). No entanto, apesar de preocupações difundidas de que gorduras trans são prejudiciais, alguns fabricantes de alimentos ainda continuam usando hidrogenação. No Reino Unido, em 2010, o então secretário de Saúde, Andrew Lansley, rejeitou uma proibição total de gorduras trans. Tanto Lansley quanto seu assessor especial já tinham trabalhado anteriormente para empresas que assessoravam muitas das companhias que seriam afetadas pela proibição, como Pizza Hut, Kraft e Tesco. Algumas pessoas podem considerar isso um conflito de interesses.

10 Em *Life on the Mississippi* [Vida no Mississippi], publicado em 1883, Mark Twain oferece uma adorável descrição da ciência que emergia: "Sabe, há apenas uma manchinha, uma essência ou seja lá o que for em um galão de óleo de semente de algodão, que lhe dá um cheiro, ou um sabor, ou alguma coisa — tire isso e tudo fica bem —

perfeitamente fácil de transformar o óleo em qualquer tipo de óleo que você quiser, e ninguém é capaz de separar o verdadeiro do falso. Bem, sabemos como remover aquela única partícula — e somos a única firma que sabe. E obtemos um azeite de oliva que é simplesmente perfeito — indetectável! Estamos fazendo um comércio excelente também — como eu poderia facilmente mostrar a você por meio do meu livro de pedidos desta viagem. Talvez você passe manteiga no pão de todo mundo em breve, mas nós colocaremos óleo de semente de algodão na salada deles daqui até o golfo do Canadá, e isso é tão certo quanto dois mais dois são quatro".

11 Ainda que o antioxidante tocotrienol de palma seja eliminado durante o processo de RBD, ele depois volta a ser acrescentado para evitar o ranço. Como disse Paul Hart: "Não daria para inventar!".

12 De início, as pessoas odiaram a margarina e as novas manteigas falsas. À medida que as importações e fabricações tiveram início nos Estados Unidos, a guerra da margarina começou. Maine, Michigan, Minnesota e alguns outros estados que não começam com a letra M proibiram a margarina. Outros lhe impuseram tarifas enormes. Lucius Hubbard, o governador de Minnesota, um estado de laticínios, declarou que "a capacidade do gênio humano depravado culminou na produção de oleomargarina e suas abominações afins". O senador Joseph Quarles (de Wisconsin, outro estado forte em laticínios) disse: "Quero manteiga que tenha o aroma natural de vida e saúde. Eu me recuso a aceitar gordura omenta, maturada sob o frio da morte, misturada com óleos vegetais e saborizada com truques químicos, como substituta". A *Harper's Weekly* comentou: "Epicuros atemorizados são informados de que eles estão comendo seus velhos tocos de velas de sebo e restos de cera disfarçados de manteiga".

13 Eu nunca tinha ouvido essa expressão e, a princípio, achava que Uncle Tom Cobley era uma empresa de ingredientes. A expressão vem de uma canção folk [britânica], na qual o refrão termina com uma extensa lista de pessoas, incluindo "Old Uncle Tom Cobley and all" [O velho tio Tom e todo mundo]. Passei a usar essa expressão com frequência.

## 2

## PREFIRO COMER CINCO TIGELAS DE COCO POPS: A DESCOBERTA DOS AUPS (P. 49-69)

1 Esse mascote vem entusiasticamente vendendo Coco Pops no Reino Unido desde antes de eu ter nascido e (de acordo com o YouTube de Gabe Fonseca, aficionado pela história do mascote do cereal) em países onde o cereal é conhecido como Coco/Choco Pops ou Choco Krispies. Nos Estados Unidos, onde ele é vendido como Cocoa Krispies, já houve macacos e elefantes, mas os mascotes atuais são Snap, Crackle e Pop, que também representam o Cocoa Krispies no Canadá.

2 Há um pequeno asterisco junto à alegação de 30% menos açúcar: acontece que o Coco Pops tem em média 30% menos açúcar do que outros cereais de arroz tostado sabor chocolate — essencialmente insignificante.

3 Paul Hart sugere que a maioria dos óleos modernos, por terem sido refinados, branqueados e desodorizados, deveria estar no grupo 4. É um ponto razoável, mas a

classificação vem dos dados brasileiros de Monteiro, sugerindo que o uso desses óleos é associado com as pessoas prepararem a própria comida, o que significa que, como o açúcar na mesa, eles são um sinal de saúde. Há novas evidências convincentes de que óleos de sementes são prejudiciais de muitos modos nas dosagens em que os consumimos, mas existe um mundo de diferença entre cozinhar com óleo de girassol e comer um produto fabricado industrialmente em que o óleo de girassol é um dos muitos ingredientes. Voltaremos muitas vezes a essa discussão do que deveria e não deveria estar no grupo 4 da NOVA.

4 Um dos principais efeitos é que eu já não uso "obeso" para descrever alguém. As pessoas "têm" sobrepeso e obesidade do mesmo modo como têm câncer e diabetes. Não é a identidade delas. Há uma tendência útil nessa direção na medicina em geral. As pessoas vivem com as coisas, não precisam ser definidas por elas.

5 Estudos pequenos e bem conduzidos podem ser bastante informativos, ainda que suas conclusões devam ser cuidadosamente testadas em grupos maiores. Historicamente, muitas, mas muitas descobertas — dos efeitos do sildenafil (Viagra) à eficácia de vacinas — foram inicialmente desvendadas em estudos com um número bem restrito de pacientes.

6 Hellmann's: óleo de canola (78%), água, ovo e gema pasteurizados, vinagre de vinho, sal, açúcar, aromatizantes, concentrado de suco de limão siciliano, antioxidante (EDTA cálcio dissódico), extrato de páprica.

7 O NPM 2004/5 foi desenvolvido pela Food Standards Agency [Agência de padrões de alimentos] para oferecer a Ofcom, o regulador de radiodifusão, um instrumento para diferenciar alimentos com base em sua composição nutricional, no contexto da publicidade televisiva de alimentos para crianças. A HFSS é uma das categorias no NPM 2004/5. Atualmente, se um alimento for classificado como HFSS, então os anúncios daquele produto específico para crianças serão restritos para ambiente on-line e TV. No entanto, as crianças ainda podem ver uma propaganda da marca (McDonald's ou Coca-Cola, por exemplo), e elas podem ter a marca anunciada para elas por meio de um brinquedo e um personagem em uma loja.

8 Michael Pollan, "Unhappy Meals" [Refeições infelizes], *The New York Times*, 28 jan. 2007.

9 Cozinhar muda, sim, a composição química, mas muitos dos outros processos, não.

10 Christopher Snowdon, "What Is 'Ultra-Processed Food'?" [O que é comida ultraprocessada?], *Velvet Glove, Iron Fist Blog*, 2022. Disponível em: https://velvetgloveironfist.blogspot.com/2022/01/what-is-ultra-processed-food.html.

11 As limitações relacionadas ao uso do IMC são problemáticas demais para serem abordadas aqui. Por ora, ele permanece a melhor ferramenta que temos para pensar em populações. Para uma dissecação de problemas com o IMC, recomendo "The Bizarre and Racist History of the BMI" [A história bizarra e racista do IMC], de Aubrey Gordon (*Medium*, 2019).

## 3

## CLARO, "ALIMENTOS ULTRAPROCESSADOS" SOA RUIM, MAS ELES SÃO *MESMO* UM PROBLEMA? (P. 71-86)

1 Essa dieta, na verdade, contém alguns "alimentos processados" como queijo, macarrão e assim por diante, mas nenhum AUP.

2 Perguntei a Hall sobre isso, e ele disse que muitas pessoas preferiam a cara da dieta de AUPs.

3 Isso foi em preparo para a redação do que seria a revisão definitiva de todas as revisões sobre AUPs, a ser publicada mais ou menos um mês depois.

4 Linguiças Wall's: carne de porco, água, farinha de rosca (trigo), proteína vegetal (soja), fécula de batata, sal, dextrose, saborizantes, estabilizantes (difosfatos), especiarias, ervas, extrato de levedura, cebola em pó, extrato de erva (sálvia), conservante (metabissulfito de sódio), antioxidantes (ácido ascórbico, alfa-tocoferol), invólucro (colágeno bovino). Yollies: creme de leite, iogurte, concentrado de proteína de soro (leite), xarope de glucose desidratado, açúcar, purê de concentrado de morango, amido, inulina, estabilizantes (ágar, goma de alfarroba, goma guar), fosfato de cálcio, saborizantes naturais, ácido cítrico, cor (carmim), vitamina D.

## 4

## (NÃO ACREDITO QUE NÃO É) MANTEIGA DE CARVÃO: O AUP SUPREMO (P. 89-96)

1 Stephen Engelberg & Michael R. Gordon, "Germans Accused of Helping Libya Build Nerve Gas Plant" [Alemães acusados de ajudar a Líbia a construir fábrica de gás dos nervos], *The New York Times*, 1º jan. 1989.

2 "Arthur Imhausen", *Second Wiki*, 2007. Disponível em: https://second.wiki/wiki/arthur_imhausen.

3 Em 1925, eles fizeram uma inovação. Usando óxido de zinco (a mesma coisa que você encontra em protetores solares e pomadas para assaduras), produziram metanol, o álcool mais simples. Então, com a mera adição de um pouco de ferro e cobalto, moléculas mais complexas podiam ser criadas.

4 Ambos partem de uma molécula chamada ácido graxo, uma longa cadeia de carbonos e hidrogênios com alguns oxigênios no fim. Faça o ácido graxo reagir com um álcali e você obterá sabão. Combine isso com glicerina e você obterá triglicerídeo — a gordura presente em animais e plantas.

5 "Arthur Imhausen, Chemist and Entrepreneur" [Arthur Imhausen, químico e empreendedor], *Evonik*, 2020. Disponível em: https://history.evonik.com/en/personalities/imhausen-arthur.

6 Trabalhadores das fábricas que produzem pipoca desenvolvem uma doença que destrói os pulmões, oficialmente chamada de bronquite obliterante, mas que também é conhecida como "pulmão de pipoca". Diacetilo também foi detectado em níveis muito mais baixos em alguns líquidos para cigarros eletrônicos. Martin Dockrell, "Clearing Up Some Myths Around E-Cigarettes", *UK Health Security Agency Blog*,

2018. Disponível em: https://ukhsa.blog.gov.uk/2018/02/20/clearing-up-some--myths-around-e-cigarettes/.

7 Os resultados desses testes foram apresentados em uma conferência ocorrida em Berlim em 1944. Entre os participantes, havia especialistas em nutrição, como o químico vencedor do prêmio Nobel de 1938, Richard Kuhn, e, é claro, Flössner. A votação foi unânime em favor da continuidade dos experimentos.

8 "Butter Is Made by Germans from Coal" [Manteiga é feita por alemães a partir do carvão], *The Eagle Valley Enterprise*, 1946; J. Thompson, "Butter from Coal: The Grafic Laboratory of Popular Science" [Manteiga a partir do carvão: o laboratório gráfico da ciência popular], *Chicago Daily Tribune*, p. C2, 1946.

9 A Evonik tem em seu site uma grande seção sobre o envolvimento da empresa com a "Era Nacional Socialista". Entre outras coisas, a companhia organiza viagens a Auschwitz para ajudar seus funcionários a entender a história do Holocausto e a aprender a lidar com os papéis desempenhados pelas empresas que precederam a Evonik.

10 "Arthur Imhausen, Chemist and Entrepreneur" [Arthur Imhausen, químico e empreendedor], *Evonik*, 2020. Disponível em: https://history.evonik.com/en/personalities/imhausen-arthur.

11 Edmund L. Andrews, "The Business World; IG Farben: A Lingering Relic of the Nazi Years" [O mundo dos negócios; IG Farben: uma persistente relíquia dos anos nazistas], *The New York Times*, 2 maio 1999; Michael Marek, "Norbert Wollheim gegen IG Farben" [Norbert Wolheim contra a IG Farben], *Deutsche Welle*, 20 nov. 2012. É amplamente aceito que a direção e os funcionários estavam a par dessas outras atividades da empresa. Depois da guerra, 21 funcionários da IG Farben foram levados a julgamento. Metade deles foi absolvida, e a sentença mais longa foi de apenas oito anos.

12 Edmund L. Andrews, *op. cit.*; Michael Marek, *op. cit.*; Denis Staunton, "Holocaust Survivors Protest at IG Farben Meeting" [Sobreviventes do Holocausto protestam em reunião da IG Farben], *The Irish Times*, 19 ago. 1999.

13 "IG-Farben-Insolvenz: Ehemalige Zwangsarbeiter gehen leer aus" [Insolvência da IG Farben: ex-trabalhadores forçados saem de mãos vazias], *Der Spiegel*, 10 nov. 2003; Jonathan Charles, "Former Zyklon-B Maker Goes Bust" [Ex-fabricante de Zyklon-B vai à falência], *BBC News*, 10 nov. 2003.

14 "IG-Farben-Insolvenz...", *op. cit.*; "Die Schweizer Konten waren alle abgeräumt" [Contas na Suíça foram todas compensadas], *Der Spiegel*, 5 set. 1993; "Zwanzig Minuten Kohlenklau" [Vinte minutos roubando carvão], *Der Spiegel*, 5 dez. 1947.

## 5

## AS TRÊS ERAS DA ALIMENTAÇÃO (P. 101-20)

1 Há diversos tipos diferentes do elemento carbono, e esses tipos diferentes são usados em proporções diferentes quando as proteínas são produzidas pelas células.

2 E nêutrons, que não têm carga e, assim, em grande medida, não afetam o comportamento químico de um átomo.

3 Alguns químicos iriam preferir não usar palavras como "satisfeitos", mas outros não se importam. No nível subatômico, as palavras têm significados bastante frágeis. O sistema se comporta como se eles tivessem esses desejos, de forma que, como aproximação, acredito que sejam palavras aceitáveis.

4 Essa doação de elétrons é conhecida como oxidação. O oxigênio quer elétrons, ao que parece, na quantidade exata para a vida explorar. Ele não é, apesar do nome, o oxidante mais poderoso: o oxigênio demandará educadamente um elétron, enquanto outros gases, como o flúor ou o cloro, irão arrancar um elétron de praticamente qualquer outro átomo sem pedir. É por isso que eles são toxinas tão potentes — inale cloro ou flúor e você oxidará (eles apanharão elétrons de) tudo em seu corpo. Por um feliz acidente da química, o oxigênio é capaz de queimar toda a matéria orgânica do planeta, mas precisa de uma faísca para fazer isso. Nas células, as enzimas oferecem essa faísca para permitir que a reação aconteça de um modo controlado e que a energia seja extraída de forma proveitosa.

5 Agora você pode dizer sabiamente para as pessoas: "A vida não passa de um elétron procurando um lugar para descansar", uma citação do húngaro vencedor do prêmio Nobel Albert Szent-Györgyi. Se quiser entender isso melhor sem ter de fazer toda uma formação em bioquímica (ou se, como eu, já esqueceu toda a bioquímica que aprendeu), leia *Questão vital: por que a vida é como é?*, do meu colega da UCL Nick Lane.

6 Para os implicantes: como há uma diferença entre a massa de diferentes átomos, tenho cerca de 1,5% de cálcio em massa, mas apenas 0,2% dos meus átomos são átomos de cálcio.

7 O fato de alguns serem usados como agentes de processamento alimentar, além de produzidos dentro de seu próprio corpo, não significa que não sejam prejudiciais. No corpo humano, essas moléculas são liberadas em locais precisos em momentos precisos, e ingerir muitas delas não terá os mesmos efeitos.

8 As proteínas musculares começam a quebrar logo acima de 40 °C — uma das razões pelas quais a insolação é tão perigosa. E, por volta de 70 °C, todo o colágeno borrachudo conectivo — tendões e ligamentos — começa a virar um gel, tornando mais fácil rasgar a carne com os dentes. Além disso, cozinhar também mata os parasitas que infestam a carne e que podem cobrar um custo energético enorme em seu hospedeiro. Não há outro carnívoro que possa evitar esses parasitas, o que deu aos primeiros humanos que dominaram o fogo uma vantagem espetacular sobre todos os outros animais que desejavam comer herbívoros.

9 A hipótese de Wrangham é de que o *Homo erectus*, com pequenos molares, boca, estômago e um grande intestino, deve ter tido fogueiras controladas mais de um milhão de anos antes das primeiras evidências registradas de "fogões" primitivos e fogueiras controladas (há duzentos mil-quatrocentos mil anos na caverna Qesem, na Palestina). Áreas específicas para o fogo com evidências de cozimento de idade similar foram encontradas na África, na França, na Espanha, na China e na Grã-Bretanha. Com suas pernas compridas e a forma do torso, o *Homo erectus* provavelmente não foi um adepto da escalada. Os chimpanzés usam ninhos em árvores primeiramente por causa de leopardos, e os predadores da antiga savana fariam um leopardo moderno parecer o meu gato Winston. O fogo teria sido um meio essencial de afugentar predadores para os primeiros hominídeos que não escalavam.

10 Existe uma moda de dietas cruas — elas não costumam ir bem de acordo com as evidências, levando à perda de peso extrema e a problemas de fertilidade (Koebnick *et al.*, 1999).

11 "The Inventor of Saccharin", *Scientific American*, 1886.

12 Incidentalmente, você também pode ver os ossos da mão do adulto segurando a criança — um lembrete de há quanto tempo isso aconteceu, antes que se soubesse dos riscos dos raios X.

13 Obtemos a maior parte de nossa vitamina D da luz solar, que faz com que ela se forme na pele.

## 6
## COMO NOSSO CORPO REALMENTE MANEJA AS CALORIAS (P. 123-30)

1 Enquanto eu escrevia este livro, vários amigos me enviaram artigos que propunham diversas causas para a obesidade: muitos deles relatavam que os animais também estão ganhando peso. Dois deles faziam referência a um artigo de David Allison: "Canaries in the Coal Mine: A Cross-Species Analysis of the Plurality of Obesity Epidemics" [Canários na mina de carvão: uma análise transespécie da pluralidade da epidemia de obesidade] (Klimentidis *et al.*, 2011). Na verdade, esse estudo examinou grupos de animais de oito espécies que não representavam populações selvagens. O artigo não oferece evidências para sugerir que a obesidade humana difundida seja diretamente causada por qualquer coisa além do aumento de AUPs. David Allison é um acadêmico da Universidade do Alabama sobre quem se diz que tem amplas ligações com a Coca-Cola. Em 2008 e 2011, tanto o *New York Times* quanto a *ABC News* fizeram reportagens sobre o financiamento que David Allison recebia da Coca-Cola, da Kraft, da PepsiCo, do McDonald's e da Associação Estadunidense de Bebidas ("Is 'Big Food's' Big Money Influencing the Science of Nutrition?" [O dinheiro das Big Food influencia a ciência da nutrição?], *ABC News*, 15 jun. 2011; Stephanie Saul, "Obesity Researcher Quits Over New York Menu Fight" [Pesquisador de obesidade se demite por causa de briga por cardápio de Nova York], *The New York Times*, 3 mar. 2008). Esse financiamento pode não ter influência no que ele publica, mas uma publicação recente sua, "French-Fried Potatoes Consumption and Energy Balance: A Randomized Controlled Trial" [Consumo de batatas fritas e equilíbrio energético: um teste aleatório controlado], é um exemplo de como a ciência financiada pela indústria costuma fazer descobertas que se alinham aos interesses do financiador. O estudo foi patrocinado por uma bolsa da Alliance for Potato Research and Education [Aliança para a pesquisa e a educação sobre batatas] (APRE). Esta é uma parte da conclusão: "Os resultados não sustentam uma relação causal entre o crescimento de consumo de batatas fritas e os resultados negativos de saúde estudados".

2 Esses experimentos, em última instância, deram origem a diversas start-ups no vale do Silício que tentaram — sem êxito — estender a vida de bilionários que envelheciam ao lhes administrar sangue de pessoas jovens. Zoë Corbyn, "Could 'Young' Blood Stop Us Getting Old?" [Sangue jovem pode nos impedir de envelhecer?], *The*

*Guardian*, 2 fev. 2020; Maya Kosoff, "Peter Thiel Wants to Inject Himself with Young People's Blood" [Peter Thiel quer injetar em si mesmo sangue de pessoas jovens], *Vanity Fair*, 1 ago. 2016.

3 Ainda antes de você começar a comer, seu estômago secreta um hormônio chamado grelina — o "hormônio da fome" —, que corre no sangue, para uma parte do cérebro chamada hipotálamo e lhe diz para começar a comer. A grelina também estimula os neurônios do "desejo" — os da dopamina no sistema límbico. À medida que a comida segue para o intestino, ainda mais hormônios são liberados. Existe a colecistocinina, que manda um sinal nervoso para os centros inconscientes do cérebro no alto da medula espinhal, que, por sua vez, passam a mensagem adiante para o hipotálamo, fazendo você se sentir satisfeito. Então há o peptídeo YY e o peptídeo-1 semelhante ao glucagon, que correm no sangue até o hipotálamo e reduzem o contentamento de comer, e um monte de outros hormônios e neurotransmissores com nomes chamativos que atuam em conjunto para determinar a ingestão de alimentos. E isso antes de chegarmos aos hormônios secretados quando você jejua ou passa fome.

## 7

## POR QUE A QUESTÃO NÃO É O AÇÚCAR... (P. 133-44)

1 Muitas pessoas acharam que Taubes tinha exagerado a força da crença ortodoxa. Não fica realmente claro se alguma orientação nutricional já fora dada da maneira que ele garantia. O relatório do cirurgião geral estadunidense, que sugeriu a diminuição de gordura, foi organizado por Marion Nestle, uma das figuras mais importantes, meticulosas e respeitadas da nutrição mundial das últimas cinco décadas. Marion esclareceu que o relatório nunca disse para evitar gordura — ele simplesmente reconheceu que a gordura contém mais calorias do que a proteína ou o carboidrato; portanto, a gordura vai engordar a não ser que você limite outras fontes de calorias. Se o dogma de que "baixo teor de gorduras é bom" era ou não de fato a ortodoxia, Taubes está certo ao dizer que, na virada do século, era de amplo conhecimento que, tanto em testes clínicos quanto no mundo real, dietas com baixo teor de gordura falharam largamente em ter um impacto significativo no peso dos participantes a longo prazo.

2 Mais uma vez, é de se discutir quão herética essa perspectiva realmente era. Por exemplo, até Taubes reconheceu que Walter Willett, então chefe do Departamento de Nutrição da Escola de Saúde Pública de Harvard — não exatamente uma figura da contracultura no mundo das dietas —, tinha levado a cabo um estudo de cem milhões de dólares com aproximadamente trezentas mil pessoas que contradizia a mensagem de que "baixo teor de gorduras é bom".

3 Atkins foi uma figura controversa, notavelmente porque parece ter tido pelo menos um ataque cardíaco; quando morreu em decorrência de uma queda, pesava 117 quilos, de acordo com o *Wall Street Journal* e um boletim médico vazado.

4 As críticas, no entanto, às vezes tiraram seu sono à noite. Sempre fico curioso sobre o motivo de as pessoas estarem acordadas às quatro da madrugada, porque eu costumo estar acordado nesse horário, aflito. "Nas altas horas tento dizer a mim mesmo: 'Não leve isso tão a sério'", disse-me Taubes. "Gosto de brincar que alguns judeus evo-

luíram para estar acordados às quatro horas da madrugada se preocupando. Muitos na Europa que sobreviveram ao século XX, afinal, teriam sido os que estavam acordados, prontos para partir no meio da noite, quando vinha a batida na porta..."

5 Há relatos (em grande parte anedóticos) de pessoas que sustentaram uma perda de peso significativa em uma dieta com poucos carboidratos. Eu me pergunto se isso se deve menos aos baixos níveis de insulina do que ao fato de que a dieta keto descarta quase todos os AUPs, que costumam ter como base carboidratos e açúcar.

6 Xarope de bordo, néctar de agave, açúcar comum, melaço — o corpo trata todos eles amplamente como a mesma coisa. As pessoas brigam sobre glicose *vs.* frutose, mas o mel e o xarope de milho rico em frutose são tão parecidos que a adulteração do primeiro com o segundo pode ser difícil de detectar (Soares *et al.*, 2017). Há também um longo histórico na produção comercial de mel de alimentar abelhas com xarope de milho rico em frutose se as colmeias estiverem em locais sem néctar selvagem suficiente (Sammataro & Weiss, 2013). Isso levanta a questão de saber se grande parte do — ou todo o — mel comercial é, na verdade, um AUP feito por abelhas.

7 Em estudos do povo hadza na Tanzânia, caçadores obtinham entre 8% e 16% das calorias diárias a partir de mel. Carne fornecia de 30% a 40%, a múcua, 35%, e tubérculos, de 6% a 22%. O mel vem com o favo, que é cheio de gorduras semidigeríveis e quantidades enormes de proteínas leves das larvas e dos ovos de abelhas que vivem no favo. É um alimento nutricionalmente completo.

8 Geoffrey Cannon foi a primeira pessoa a enquadrar o açúcar dessa maneira para mim. Trata-se de um amigo e colaborador de longa data de Carlos Monteiro, tendo sido crucial para trazer um entendimento do papel da indústria para a classificação NOVA.

9 Os próprios Rice Krispies aumentam mais o açúcar do sangue do que o açúcar comum. Em uma escala de impacto do açúcar no sangue, se a glicose é cem, então o pão branco também é cem, Rice Krispies são 95, Corn Flakes da Kellogg's (como vendidos nos Estados Unidos) são 92, Alpen é 55, Special K (como vendido na França) é 54 — o mesmo, grosso modo, que mingau —, Special K (como vendido nos Estados Unidos) é setenta, e na França, 84. Skittles são setenta. Um Snickers é apenas 41. Cenouras variam de 32 a 92. O açúcar comum é por volta de sessenta. É difícil saber o que tirar dessa variação, exceto que ela mostra as limitações de pensar a comida em termos de índice glicêmico. Pode ser que as coisas doces afetem menos o açúcar no sangue porque assim que elas chegam à boca estimulam a liberação de insulina, que faz o nível de açúcar no sangue baixar.

10 As cáries dentárias, como a obesidade, são anteriores aos AUPs. Foram encontradas entre primatas selvagens, mas em taxas muito baixas (Towle *et al.*, 2022). Algumas das primeiras evidências de deterioração dentária em hominídeos são de australopitecíneos vivendo entre 1,5 milhão e 1,8 milhão de anos atrás, mas as cáries dentárias estavam presentes em menos de 3% dos cerca de 125 esqueletos encontrados em uma única localidade — taxa mais baixa do que a dos esqueletos de *Homo erectus* encontrados no mesmo sítio (Grine, Gwinnett & Oaks, 1990). Só que, em geral, as populações pré-agrícolas têm taxas baixas de cáries dentárias, e suas cavidades são relativamente rasas. Sabemos disso parcialmente por causa das baixas taxas de cáries dentárias em esqueletos antigos, mas também porque não há evidência de odontologia até o período Neolítico, mais ou menos por volta de dez mil anos atrás — quando os seres humanos começaram a fazer casas permanentes em vez de apenas vagar de uma caverna para a outra. Foi também quando começamos a domesticar e culti-

var lavouras de cereais como trigo e cevada no Oriente Médio. A presença de cáries em vestígios de esqueletos começa a crescer nesse período. Qualquer pessoa que tenha sentido dor de dente (a maioria de nós, infelizmente) pode entender como um humano neolítico pode ter sido levado a extremos para se livrar da dor. No Paquistão, há nove mil anos, alguém audacioso — com know-how originalmente desenvolvido por artesãos habilidosos para a produção de contas — fez uma das primeiras tentativas de obturação dentária na forma de uma presumivelmente agonizante proto-odontologia (Coppa *et al.*, 2006). Quando começamos a comer mais carboidratos e açúcares refinados e fermentáveis, as taxas de cáries dispararam. Tabuletas cuneiformes entalhadas há quatro mil anos definiram encantamentos especiais para pedir à divindade babilônica Ea para "se apossar do verme e arrancá-lo do dente violado". O folclore antigo acreditava que o verme do dente causava as cáries. Essa crença surgiu em locais diferentes e se espalhou pelo mundo até a Idade Média e além (Coppa *et al.*, 2006; Waldron, 2008; Oxilia *et al.*, 2015).

# 8

## ... NEM EXERCÍCIOS (P. 147-60)

1 No Reino Unido e nos Estados Unidos na virada do século XX, por volta de metade dos trabalhadores estava em empregos que exigiam algum tipo de esforço físico, como agricultura ou fábricas. Também havia mais trabalho manual a ser feito em casa, porque máquinas de lavar, secadoras de roupas e aspiradores de pó não tinham sido inventados nem estavam amplamente à disposição (Lindsay, 2003; Office for National Statistics, 2019). Por outro lado, no início do século XXI, por volta de 75% dos trabalhadores do Reino Unido e dos Estados Unidos estavam empregados no setor de serviços, e até aqueles que ainda trabalhavam em fábricas faziam muito menos exercícios físicos por dia, em parte devido à automação cada vez maior, e em parte por causa dos itens produzidos (por exemplo, menos construção naval e mais produção de microchips). Os carros e o transporte público tornaram a ida e a volta do trabalho menos exigentes. A British Heart Foundation estima que a distância que o cidadão médio caminha por ano diminuiu de quatrocentos quilômetros na década de 1970 para 290 quilômetros em 2010 (British Heart Foundation, 2012).

2 O Instituto de Estudos Fiscais usou esses dados para fazer alguns modelos e produziu um exemplo simples. Se um homem de tamanho médio em um emprego sedentário tem uma semana de trabalho de quarenta horas, ele vai queimar por volta de trinta quilos de gordura por ano. Se ele trabalhasse em um emprego extenuante, queimaria quase setenta quilos de gordura. Para compensar o trabalho sedentário, esse homem teria de correr 10,6 horas extras por semana, o que não fica longe do tempo dedicado a exercícios por parte dos corredores de maratona olímpicos. M. Fox, "Mo Farah — Base Training (Typical Week)" [Mo Farah — treinamento básico (semana típica)], *Sweat Elite*, [s.d.]. Disponível em: https://www.sweatelite.co/mo-farah-base-training-typical-week/; Cathal Dennehy, "The Surprisingly Simple Training of the World's Fastest Marathoner" [O treinamento surpreendentemente simples do maratonista

mais rápido do mundo], *Outside*, 6 nov. 2021. Disponível em: https://www.outsideonline.com/health/running/eliud-kipchoge-marathon-workout-training-principles/.

3 Snowdon confirmou isso com dados de outras fontes, como a UK National Diet and Nutrition Survey Data [Pesquisa nacional britânica sobre dieta e nutrição], a UK Living Costs and Food Survey [Pesquisa britânica de custo de vida e alimentos] e a British Heart Foundation [Fundação britânica do coração]. A estadunidense National Health and Nutrition Examination Survey [Pesquisa nacional de exame da saúde e nutrição] também mostrou a mesma coisa, a saber, que a média de calorias compradas e consumidas tinha caído desde os anos 1970 — ou seja, que estamos comendo *menos*.

4 Quando as pessoas bebem a água pesada, ela dilui em todo o corpo, e elas gradualmente a urinam. O hidrogênio rotulado só pode deixar o corpo como perda de água — sobretudo na forma de urina e transpiração. O oxigênio rotulado deixa o corpo de duas maneiras: com o hidrogênio na forma de perda de água e na respiração como dióxido de carbono. Quanto mais calorias você queima, mais dióxido de carbono você expira. Ao olhar as taxas diferenciais em que o oxigênio e o hidrogênio deixam o corpo, você pode obter uma estimativa do consumo calórico.

5 Por exemplo, comparações sugerem que o consumo de álcool relatado poderia ser entre 40% e 60% mais baixo do que a realidade.

6 Nielsen, "Snack Attack: What Consumers Are Reaching for Around the World", set. 2014. Disponível em: https://www.nielsen.com/wp-content/uploads/sites/2/2019/04/nielsen-global-snacking-report-september-2014.pdf; NielsenIQ, "The Power of Snacking", 12 jul. 2018. Disponível em: https://nielseniq.com/global/en/insights/report/2018/the-power-of-snacking/.

7 Kantar, "Consumer Panels", 2022. Disponível em: https://www.kantarworldpanel.com/id/About-us/consumer-panels.

8 Tate & Lyle Sugars, "Come Along to the #IEA #ThinkTent for Steaming Porridge & Lyle's Golden Syrup & to Discuss Global Trade: Producers vs. Consumers — Where Does the Balance Lie?" [Venha para o mingau quentinho com xarope Golden da Lyle no IEA Think Tent para discutir comércio internacional: produtores vs. consumidores — para onde pesa a balança?], *X*, 2 out. 2018. Disponível em: https://twitter.com/tatelylesugars/status/1047037066952028166; Institute of Economic Affairs (IEA), "After Brexit, Building a Global Free Trade Environment" [Construir um ambiente de livre comércio global pós-Brexit], 2016. Disponível em: https://iea.org.uk/events/exiting-the-eu-reclaiming-trade-sovereignty/.

9 Anahad O'Connor, "Coca-Cola Funds Scientists Who Shift Blame for Obesity Away from Bad Diets" [Coca-Cola financia cientistas que eximem más dietas da culpa pela obesidade], *The New York Times*, 9 ago. 2015.

10 *Ibidem*.

11 Coca-Cola, "Exercise Is the Best Medicine", 5 maio 2009. Disponível em: https://investors.coca-colacompany.com/news-events/press-releases/detail/392/exercise-is-the-best-medicine.

12 "389 artigos publicados em 169 periódicos diferentes, e de autoria de 907 pesquisadores, citam financiamento da Coca-Cola Company. Mas as listas de transparência da Coca-Cola estão longe de ser completas. Depois de incorporar os resultados de uma enquete, nossa pesquisa identificou até 471 autores correspondendo a 128 artigos cujos nomes não aparecem nas listas da Coca-Cola, mas cujos artigos reconhecem o financiamento da companhia" (Serôdio, McKee & Stuckler, 2018).

# 9

## ... NEM FORÇA DE VONTADE (P. 163-75)

1 Para tomar apenas um exemplo, em fevereiro de 2021 Matthew Syed, um colunista do *Times*, escreveu um artigo sobre um novo fármaco para obesidade e o postou no Twitter com esta mensagem: "Aqui eu digo que algumas pessoas obesas poderiam perder peso com força de vontade — mais exercício, menos comida. Excluo explicitamente as que têm problemas de tireoide e outras doenças. O fato de isso ter ofendido algumas pessoas destaca o meu ponto: vimos um colapso da responsabilidade individual". Disponível em: https://twitter.com/matthewsyed/status/1360913923340394499.

2 Às vezes uma única mutação significa que a doença é tratável. Sabe-se que cerca de cem famílias no mundo todo têm uma mutação que afeta a leptina (o hormônio que parece ser o principal caminho por meio do qual o cérebro detecta a quantidade de gordura no corpo) e elas tipicamente têm obesidade severa (ou seja, um IMC superior a quarenta). Existem também mutações mais comuns, como as mutações no gene MC4R. Novos fármacos estão sendo desenvolvidos o tempo todo, incluindo o Setmelanotide. As farmacêuticas estão sendo cautelosas (ou vários regulamentadores estão exigindo que sejam cautelosas). Elas começam com testes em crianças que são mais severamente afetadas para garantir que os benefícios irão superar os riscos, e então seguem para testes em um número cada vez maior de pessoas.

3 "Saudável" corresponde a um IMC de 18,5 a 24,9. "Sobrepeso" se refere a IMC de 25 a 29,9, e "obeso", a IMC de 30 ou mais. Há muitos problemas nisso, e obviamente é um absurdo rotular alguém de não saudável ou saudável de acordo com uma única medida — ou rotular de qualquer maneira. Mas é assim que isso é discutido na ciência, então, por favor, perdoe minha falta de jeito aqui.

4 Os estudos funcionam porque existem dois tipos de gêmeos: gêmeos idênticos, como Xand e eu, que são clones genéticos um do outro e compartilham 100% do material genético, e gêmeos não idênticos, que compartilham apenas por volta da metade de seu material genético — quase o mesmo que irmãos comuns. Como os gêmeos idênticos e não idênticos têm (mais ou menos) ambientes igualmente similares, é possível deslindar a influência genética em qualquer característica que se deseje. Para características que são 100% genéticas, como a cor dos olhos ou o tipo sanguíneo, *todos* os pares de gêmeos idênticos irão compartilhar o traço, mas apenas alguns dos pares de gêmeos não idênticos irão compartilhá-lo. Por outro lado, características que são mais determinadas pelo ambiente, como se você quebrou ou não o braço direito, ocorrem com a mesma frequência tanto em gêmeos idênticos quanto em não idênticos. Os estudos em gêmeos nos permitem entender se um traço específico é hereditário.

5 Como costuma ser o caso em estudos de psicologia, a conclusão de que o experimento simplesmente testa a pobreza não é conclusiva. O estudo que discuti que revisitou o teste de marshmallow de Mischel (Watts, Duncan & Quan, 2018) foi, por sua vez, revisitado por outro artigo (Falk, Kosse & Pinger, 2020), que questionou alguns dos métodos utilizados. Minha leitura das evidências mais amplas é que usar um simples teste em dado momento da vida de uma criança para fazer previsões sobre os resultados de sua vida individual é carregado de riscos e exige evidências extraordinárias. Há muitas evidências de que a pobreza altera a tomada de decisão de modos racionais. Não é difícil imaginar que uma promessa de comida pode, às vezes, nunca

de fato ser cumprida em um contexto de extrema pobreza, por exemplo. O próprio Mischel foi até certo ponto para refutar a ideia de que a força de vontade é um traço inato que você tem ou não tem, e mostrou que crianças com pai ausente tendiam a optar por recompensas imediatas, mais uma vez por motivos racionais. E um estudo de acompanhamento de 2020 (de que o próprio Mischel foi um dos autores!) descobriu que as crianças que logo cediam à tentação do marshmallow não eram em geral nem mais nem menos seguras financeiramente, educadas ou fisicamente saudáveis do que seus pares que resistiram à tentação. Assim, não se preocupe demais se os seus filhos comem doces quando você sai da sala... mas trate de esconder os doces (Evans & English, 2002; Sturge-Apple *et al.*, 2016; Kidd, Palmeri & Aslin, 2013; Raver *et al.*, 2011; Dee Gill, "New Study Disavows Marshmallow Test's Predictive Powers", UCLA *Anderson Review*, 24 fev. 2021; "Desire Delayed": Walter Mischel on the Test that Became his Life's Work" [Desejo postergado: Walter Mischel sobre o teste que se transformou no trabalho de sua vida], *The Economist*, 11 out. 2014).

# 10

## COMO OS AUPS INVADEM NOSSO CÉREBRO (P. 177-93)

1 "Who 'Invented' the TV Dinner?" [Quem inventou o jantar de TV], *Library of Congress*, 2019. Disponível em: https://www.loc.gov/everyday-mysteries/food-and-nutrition/item/who-invented-the-tv-dinner/.

2 Klara Lynch, "Understanding Opportunities in the Chilled Ready Meals Category in the UK" [Compreendendo as oportunidades na categoria das refeições prontas resfriadas no Reino Unido], *Irish Food Board*, 22 fev. 2021. Disponível em: https://www.bordbia.ie/industry/news/food-alerts/2020/understanding-opportunities-in-the-chilled-ready-meals-category-in-the-uk/.

3 É raro deixar qualquer coisa para trás em uma embalagem de AUP. Tenho certeza de que nunca deixei uma batata chips ou um pedaço de sanduíche em uma embalagem.

4 Muitos biscoitos e barras têm uma fórmula básica parecida. Os Minis Chocolate Chip Cookies, da Maryland, são adorados na sala de chá do trabalho. Mais uma vez, eles compreendem carboidratos modificados (farinha de trigo refinada e xarope de açúcar invertido), mais gorduras industriais (palma, óleo de árvore sal, carité), mais proteína adicionada (soro de leite), unidos com emulsificante lecitina de soja. Essa combinação é tornada palatável com sal, açúcar e aromatizante.

5 O querer e o gostar foram separados pela primeira vez em experimentos usando ratos, conduzidos por Roy Wise e Kent Berridge. Os ratos compartilham muito do nosso circuito cerebral, sobretudo para coisas como motivação. Wise e Berridge primeiro suprimiram a dopamina nos ratos com um fármaco e então destruíram o caminho da dopamina com uma neurotoxina. Eles esperavam que os ratos sentissem menos prazer com o açúcar (Berridge era especialista em detectar prazer em ratos). Em vez disso, descobriram que, ainda que os ratos não se movessem para comer e já não estivessem motivados, quando o açúcar era colocado na língua deles, eles pareciam gostar tanto quanto antes.

6 Depois dos Twizzlers, comi uma sobremesa Gü Hot Pud Chocolate Melting Middle: ovo integral pasteurizado (ovo, preservador [sorbato de potássio], regulador de acidez [ácido cítrico]), açúcar, chocolate amargo (20%) (massa de cacau, açúcar, pó de cacau com gordura reduzida, emulsificador [lecitina de soja]), manteiga, farinha de trigo (farinha de trigo, carbonato de cálcio, ferro, niacina, tiamina), óleo vegetal (óleo de palma, óleo de canola), xarope de glucose, água, preservador (sorbato de potássio). Eu estava comendo às 19h, mas o site da Gü diz: "Se você está se perguntando se comer uma sobremesa Gü é aceitável às onze da manhã, saiba apenas que a cada segundo, em algum lugar, alguém está mergulhando de cabeça em uma Gü".

7 Comecei com uma lata no café da manhã, mas, gradualmente, passei a ansiar por Coca-Cola diet a cada refeição e entre as refeições. No fim, eu estava bebendo por volta de seis latas por dia. Não tenho como explicar como elas davam a sensação de serem viciantes. Achamos que o vício em comida é mediado em algum nível por recompensas psicológicas, mas a Coca-Cola diet é apenas adoçante, ácido e cafeína. E, como veremos, pode ser que eu tenha ficado viciado no sabor e na lata, mas nunca ansiei por Coca-Cola normal tanto quanto por Coca-Cola diet. Isso é amplamente relatado por muitas pessoas, e nunca encontrei uma explicação satisfatória (Abby Ellin, "I Was Powerless over Diet Coke" [Eu fiquei impotente diante da Coca Diet], *The New York Times*, 11 ago. 2021).

8 Por exemplo, as partes do cérebro que controlam os movimentos trocam constantemente figurinhas com as outras partes do cérebro que dão início aos movimentos, mesmo quando você não está se mexendo. Essas conexões são chamadas de "redes em estado de descanso". Sabemos que pessoas com doenças neurológicas como esclerose múltipla ou mal de Parkinson têm redes de descanso de conectividade diferentes, mas a nossa compreensão sobre o efeito da dieta nessas redes é bem reduzida.

9 Um artigo de 2018 — "Food Addiction: A Valid Concept?" [Vício em comida: um conceito válido?] —, de Paul Fletcher (contra) e Paul Kenny (a favor), é legível e gratuito (Fletcher & Kenny, 2018). Ambos são pesos-pesados. Eu me alinho um pouco mais com Kenny em sua conclusão, mas Fletcher recomenda, sobretudo, prudência aos cientistas em relação a estender as crenças para além do que as evidências mostram com clareza. Kenny esboça o que ele acredita serem substâncias que viciam: "Macronutrientes em itens alimentares palatáveis altamente calóricos que não combinam naturalmente, mas que quando combinados podem carregar um impacto suprafisiológico nos circuitos de motivação cerebrais, que é suficiente para modificar comportamentos consumatórios subsequentes".

10 Nicole Avena entende que a comparação com cigarros é justa, embora reconheça haver diferenças — em primeiro lugar, que "as pessoas não *precisam* de cigarros, mas precisam de comida". É claro, algumas pessoas precisam de AUPs porque é tudo o que têm de disponível e acessível, mas *fisiologicamente* não precisamos de AUPs. Avena acredita que, em termos de efeitos no cérebro, os cigarros e muitos produtos enquadrados como AUPs são comparáveis: "Muitas pessoas vão achar mais fácil parar de fumar do que abrir mão de AUPs". E os efeitos no corpo também podem ser semelhantes. "Acho que precisamos começar a prestar mais atenção ao fato de que essas comidas estão nos matando."

## 11

### ULTRAPROCESSADOS SÃO PRÉ-MASTIGADOS (P. 197-205)

1 Comida de bebê é, na maior parte das vezes, uma papinha e, pela mesma razão, tem altos níveis de açúcar, sendo cara e desnecessária.

2 É claro, existem comidas "de verdade" que são tão ou mais macias do que alguns AUPs, como bananas, tomates e frutas vermelhas. Mas todos esses alimentos ainda têm uma matriz preservada que será destruída pelo processamento. Quando eles se tornam ingredientes de AUPs — purê de frutas vermelhas, tomate em pó e assim por diante —, ficam ainda mais macios do que eram antes. Você nunca encontra uma banana inteira em um iogurte. O ketchup não contém tomates inteiros. Um mirtilo, assim como uma maçã, se comporta de maneira diferente a depender de ter sido transformado em smoothie ou consumido inteiro.

3 O problema da maciez é amparado por evidências sugerindo que AUPs são consumidos muito mais rápido do que comida integral ou minimamente processada, o que significa que mais calorias podem ser consumidas por minuto.

4 Jon Ungoed-Thomas, "An Honest Crust? Craft Bakeries Rise Up against 'Sourfaux' Bread" [Uma crosta honesta? Padarias artesanais se insurgem contra o pão "sourfake"], *The Guardian*, 23 abr. 2022.

5 "Mary Rose Skeletons Studied by Swansea Sports Scientists" [Esqueletos do Mary Rose são estudados por cientistas esportivos de Swansea], *BBC News*, 16 mar. 2012.

6 Jenner Deal, "Why McDonald's Hamburgers Don't Rot" [video], *Business Insider*, 2016. Disponível em: https://www.businessinsider.com/why-mcdonalds-hamburgers-do-not-rot-2016-2.

7 A comida, obviamente, foi processada por meio de cozimento e assim por diante, mas, no estudo, ela é chamada de "dieta não processada".

## 12

### ULTRAPROCESSADOS TÊM CHEIRO ESQUISITO (P. 207-17)

1 Um dos integrantes da equipe, Frédéric Brochet, deixou a academia e hoje produz vinhos. Em outro estudo famoso de autoria de Brochet ([s.d.]), um painel diferente de especialistas provou um Bordeaux médio, mas de uma garrafa com um rótulo que sugeria se tratar de um vinho de mesa barato. Na semana seguinte, o mesmo painel tomou o mesmo vinho, mas de uma garrafa com um rótulo que indicava se tratar de um grand cru, que valia muito mais. Outra vez, as notas da degustação refletiram que a expectativa passa por cima da verdadeira experiência sensorial.

2 Se você colocar comida na boca e mastigar, moléculas vão subir para o seu nariz pelo fundo da sua boca. Esse cheiro retronasal parece gostoso, e você experimenta esse tipo de olfato como sendo "dentro da boca" — mas não é, e ele tem uma contribuição enorme para o sabor. Com um clipe de nariz, os dois doces podem ter o mesmo gosto — doce. Mas, quando se retira o clipe de nariz e os odores viajam da boca para o nariz, podemos sentir o gosto de seus diferentes sabores de frutas.

3 Como o olfato funciona: ar inalado através das narinas ou pelo fundo da boca passa sobre longas rebordas de ossos até o epitélio olfatório, onde os nervos olfatórios — os nervos dos cheiros — passam através do osso para a pele macia coberta de muco para tocar o ar inalado. O sistema olfativo é o único exemplo do cérebro enviando seus próprios neurônios para o ambiente como uma sonda. Esses nervos são cobertos por centenas de receptores diferentes — proteínas com pequenos bolsos. Odorantes (moléculas de cheiro) no ar que você respira se ligam a esses receptores e mandam informação para o cérebro decodificar (usar algumas centenas de receptores para detectar um trilhão de cheiros é um problema de codificação). Cada molécula de cheiro se liga a mais de um receptor, e cada receptor se liga a muitas moléculas de cheiro. E elas se ligam com diferentes intensidades por tempos diferentes, codificando assim uma maior variedade de possibilidades do que se houvesse um receptor por molécula.

4 O número de fato de estímulos olfativos discrimináveis — ou seja, cheiros — pode ser bem superior a um trilhão. Você é capaz não só de distinguir entre moléculas individuais, mas entre misturas de trinta moléculas diferentes. Também é capaz de distinguir misturas de moléculas idênticas em proporções ligeiramente diferentes.

5 Existem apenas quinze odorantes para os quais a ciência estabeleceu o limite mínimo detectável para cães. Mas os humanos são melhores em detectar baixas doses de cinco dessas moléculas, todas odores de frutas ou flores presumivelmente de significância menor para um carnívoro. Mas os cachorros são previsivelmente bons em detectar baixos níveis de ácido carbólico liberado por suas presas em odores corporais. Existe uma vasta bibliografia mostrando que o olfato dos humanos é parecido ou mais sensível do que de cachorros, ratos ou coelhos para odorantes em frutas. Os ratos são bons em detectar moléculas encontradas na urina de predadores de ratos (ainda que nós não sejamos ruins), e nós somos melhores do que os ratos em detectar o cheiro de sangue humano. Os humanos são capazes de sentir o cheiro ruim do mercaptano acrescentado ao gás para alertar sobre vazamentos, mas os cachorros não sentem nada. E os humanos podem aprender a seguir um rastro de cheiro como um cachorro, e nós melhoramos imensamente com apenas um pouco de treino, o que indica que nosso olfato é um sentido subutilizado — como nossos ossos e músculos, ele se tornou débil e inativo.

6 Pode ser que as mesmas moléculas sejam percebidas de maneiras diferentes quando inaladas em relação a quando elas viajam da boca para o nariz. Barry Smith explicou: “Um queijo fedido pode ter um cheiro nojento — olfação ortonasal — e bastante parecido com o de meias. Mas pode ter um sabor delicioso quando os odores vêm da boca para o nariz — olfação retronasal”.

7 Podemos aprender que alguns cheiros são doces, mas isso parece ser cultural. Butirato de etila cheira “doce” provavelmente porque é um cheiro em geral associado experiencialmente com o gosto doce do suco de fruta. Se pareado com um gosto doce, isso pode fazê-lo ter um gosto mais doce e mascarar o gosto azedo. A forma como experimentamos qualquer combinação de sabor depende de como a experimentamos antes. Aprendemos que certos gostos e cheiros são congruentes. Construímos essas associações como sabores quando somos muito novos, e elas são de extrema especificidade cultural. A canela é quase sempre uma especiaria doce na cozinha europeia, mas no Marrocos são feitas tortas de pombo com canela e açúcar, e ela também é amplamente usada em pratos picantes em muitos outros lugares. A bau-

nilha tem cheiro doce no Ocidente, onde ela tende a ser misturada com açúcar, mas tem cheiro salgado para pessoas do Sudeste Asiático, em cuja cozinha a baunilha costuma ser combinada com sal e peixe.

**8** Trabalhei brevemente no norte da Rússia em Chukotka. Sergei, o caçador da família que me hospedava, matou uma morsa no primeiro dia lá, cortou uma nadadeira e a deixou no chão do lado de fora da cabana, sem explicação. Ela ficou na terra do outono cinza do Ártico a uma temperatura pouco acima da de uma geladeira por três semanas antes de ele a levar para a cozinha um dia. Ela estava coberta de lanugem verde, fluídos escorrendo, com um cheiro enjoativo e doce de podre. Sergei cortou a lanugem, removeu uma bolha de gordura e a apresentou para mim: "Snickers". Tinha aquele familiar cheiro penetrante de fermentação — os produtos da quebra acidulada das proteínas e das gorduras — como um queijo que está tão maturado que é quase picante. Eu estava lá para tentar entender a dieta regional e seus efeitos na coagulação sanguínea, então isso se tornou uma comida básica. Levei cerca de três dias para conseguir comer mesmo a menor quantidade sem que sentisse engulhos. Então me lembro de que, um dia, de repente, eu me vi ansiando por aquilo. Parecia criar algum tipo de fornalha interna incrível — eu podia comer aquilo o dia todo e me manter aquecido.

**9** Paul Hart apontou que há uma tendência muito clara no Reino Unido em direção a variedades com mais açúcar, sobretudo de bananas, ervilhas etc.

**10** O açafrão tem um cheiro desejável por causa do safranal, que vem da vitamina A. Quantidades mínimas produzem sabores potentes, mas obter sua cota diária recomendada de vitamina A a partir do açafrão custaria por volta de 2.500 libras. Então, você pode alterar dramaticamente o sabor de algo sem, de fato, mudar seu conteúdo nutricional.

**11** Esse tipo de interação complexa de minerais e de vitaminas também é observado em suplementos nutricionais humanos, que pode ser a razão pela qual os suplementos costumam estar ligados a problemas de saúde, incluindo morte prematura. Se você ingerir grandes quantidades de cálcio, não vai conseguir absorver ferro. Se ingerir grandes quantidades de ferro, não vai conseguir absorver zinco. Se tomar vitamina C, vai diminuir seu nível de cobre.

**12** Muitas pessoas expressam ansiedade sobre o conteúdo de nutrientes reduzido da comida produzida através de agricultura industrial, com o foco em maximizar a produção de produtos alimentares básicos ao mesmo tempo minimizando os custos. Ainda que haja evidências de que até frutas, vegetais e carnes podem conter menos micronutrientes do que no passado, a maioria de nós está *tão* longe de comer uma dieta de alimentos integrais que esse é um foco menos importante para mim. Em qualquer sistema de produção de alimentos, no entanto, se um bom conteúdo nutricional não é um incentivo, então uma boa saúde não será um resultado.

**13** Martin Enserink, "Did Natural Selection Make the Dutch the Tallest People on the Planet?" [Teria a seleção natural tornado os holandeses o povo mais alto do mundo?], *Science*, 7 abr. 2015. Disponível em: https://www.science.org/content/article/did-natural-selection-make-dutch-tallest-people-planet; Gavin Haines, "Why Are the Dutch So Tall?" [Por que os holandeses são tão altos?], *BBC*, 24 ago. 2020.

# 13

## ULTRAPROCESSADOS TÊM GOSTO ESTRANHO (P. 219-31)

1 O adoçante artificial sacarina causa contração na bexiga de ratos. Detectar glicose na urina pode ser importante, porque nunca deve estar presente. É possível imaginar um sistema no qual a bexiga responda à presença de glicose sinalizando ao pâncreas para estimular a secreção de insulina, mesmo que isso ainda não tenha sido estudado. Também não foram estudados o efeito dos adoçantes na bexiga nem qualquer sinalização subsequente partindo da bexiga (Behrens & Meyerhof, 2011).

2 Mesmo dentro dos gostos convencionados, você pode argumentar que só temos certeza sobre o doce, o amargo e o umami. Os únicos receptores cuja existência é confirmada (na época da escrita) em humanos vivos são os de doce, os de amargo (toxina) e os de umami. Os outros existem — podemos ver a assinatura deles em nossos genes —, mas nosso conhecimento vem do estudo em ratos e moscas.

3 Os pássaros perderam o gosto de doce, mas como os beija-flores bebem néctar, adaptaram seus receptores de umami. Barry Smith acha que isso é significativo: "Como filósofo dos sentidos, é claro que eu quero saber se o néctar é doce ou umami para um beija-flor". Os beija-flores detestam aspartame, apreciam água com açúcar. Ninguém sabe por que os tucanos gostam de fruta. Nem sequer Barry Smith.

4 A própria Coca-Cola não nega que ela costumava conter cocaína, mas, em vez disso, diz mais ambiguamente que "a cocaína nunca foi um ingrediente acrescentado à Coca-Cola". "Does Coca-Cola Contain Cocaine?"[A Coca-Cola contém cocaína?], *Coca-Cola*, 2020. Disponível em: https://www.coca-cola.com/hk/en/about-us/faq/does-coca-cola-contain-cocaine.

5 Aliás, o ácido fosfórico na sua comida não é extraído de frutas ou vegetais. É produzido a partir da queima de rochas que contêm fósforo em altos-fornos com carvão. Também é usado no processamento de semicondutores e para modificar o asfalto de estradas. Os refrigerantes de cola eram originalmente chamados de refrigerantes de fosfato. Eles são AUPs incipientes. O ácido fosfórico não apenas apodrece os dentes e disfarça o açúcar. Ele pode também sugar minerais dos ossos (Tucker *et al.*, 2006).

6 Oscar Lopez & Andrew Jacobs, "In Town with Little Water, Coca-Cola Is Everywhere. So Is Diabetes" [Em cidade com pouca água, Coca-Cola está por toda parte. A diabetes também], *The New York Times*, 14 jul. 2018.

7 Outro estudo (Tate *et al.*, 2012) no mesmo periódico examinou a perda de peso em adultos usando bebidas diet ou água. Um dos autores recebia apoio de uma bolsa da Nestlé Waters. No fim, o estudo diz que não há conflitos de interesse, mas isso está incorreto. Se você é financiado por uma empresa de água (que também produz bebidas adoçadas artificialmente) e realiza um estudo sobre água e bebidas adoçadas artificialmente, trata-se, sim, de um conflito de interesses. Isso não significa que o estudo esteja errado. Mas *é* um conflito.

8 As descobertas desse estudo são condizentes com as de estudos feitos em roedores (Swithers, Sample & Davidson, 2013).

9 Outros adoçantes podem não perturbar o microbioma, mas o efeito no metabolismo através do gosto oral pode ser o mesmo: o gosto de doce na boca indicando o açúcar que nunca chega sempre pode ser um problema com qualquer adoçante de baixo teor calórico. Existem outras sérias preocupações sobre a segurança de alguns adoçantes artificiais. Por exemplo, os autores de um artigo de 2019 acharam que a European

Food Safety Authority tinha sido indulgente e utilizado critérios complacentes para julgar os estudos que mostravam efeitos nocivos do aspartame.

10 "Soft Drinks Industry Levy Comes into Effect", *HM Treasury*, 5 abr. 2018. Disponível em: https://www.gov.uk/government/news/soft-drinks-industry-levy-comes-into-effect.

11 O dinheiro do imposto do açúcar destinava-se a angariar centenas de milhões por ano, que iriam para os fundos dedicados a ajudar escolas a melhorar suas instalações esportivas. Fico desconfortável com a ligação de imposto sobre açúcar com mais fundos para esportes. Acredito que isso sugere que atividade física pode, de alguma forma, compensar os efeitos do consumo de refrigerantes na saúde.

12 Existe outro absurdo, apontado pela First Steps Nutrition: a logomarca da Change4Life, às vezes, aparece em produtos que contêm corantes artificiais. Como os corantes artificiais podem ter um efeito adverso na atividade e na atenção de crianças, os produtos que os contêm devem ter um alerta no rótulo. Isso significa que existem alguns produtos tanto com alertas quanto com incentivos — nada fácil para os pais interpretarem. Também vale mencionar que a campanha contra a obesidade da Change4Life no Reino Unido listava os seguintes parceiros comerciais: Tesco, Asda, PepsiCo, Kellogg's, Co-operative Group, Fitness Industry Association, Advertising Association, Spar, Costcutter, Nisa, Premier e Mills Group.

13 A Associação Britânica de Refrigerantes recentemente relatou que, em 2018, 65% do total de refrigerantes comprados eram zero caloria ou com baixo teor de calorias. Um total de 88% de todas as bebidas diluíveis vendidas também eram zero caloria ou com baixo teor de calorias (Sibson & Crawley, 2019).

14 Meu próprio advogado sugeriu que eu provavelmente deveria evitar ter uma perspectiva sobre se um produto específico é viciante, mas, no caso da Pringles, a equipe de marketing parece confortável com a implicação: "Uma vez que começa, você não consegue parar". É uma zona cinzenta legal, mas, ainda assim, em maio de 2009, um artigo no *Guardian* saiu impune descrevendo a Pringles como "crack em um tubo de papelão".

# 14

## ANSIEDADE ADITIVA (P. 233-45)

1 "Pret's Progress" [O progresso da Pret], *Sustain*, 2018. Disponível em: https://www.sustainweb.org/news/dec18_pret_progress/; Zoe Wood, "Pret a Manger Censured Over Natural Sandwich Ingredients Claim" [Pret a Manger repreendida por alegação de ingredientes naturais em sanduíche], *The Guardian*, 18 abr. 2018.

2 "Annual Report 2020" [Relatório anual 2020], *JAB Holding Company*, 2021. Disponível em: https://www.jabholco.com/documents/2/FY20_JAB_Holding_Company_Sarl_Consolidated_Financial_Statements.pdf; Binyamin Appelbaum, "Bagels and War Crimes" [Bagels e crimes de guerra], *The New York Times*, 27 mar. 2019; Katrin Bennhold, "Germany's Second-Richest Family Discovers a Dark Nazi Past" [Segunda família mais rica da Alemanha descobre obscuro passado nazista], *The New York Times*, 25 mar. 2019; Maximilian Kiewel, "Die Nazi-Vergangenheit der Calgon-

Familie" [O passado nazista da família Calgon], *Bild*, 26 mar. 2019; David Rising, "Family Who Owns Krispy Kreme, Panera, Peet's Coffee Acknowledges Nazi Past" [Família proprietária de Krispy Kreme, Panera e Peet's Coffee reconhece passado nazista], NBC, 26 mar. 2019.

3 Não foi um estudo brilhante. Tanto o U.S. Food and Drug Administration (FDA) quanto a European Food Safety Authority o revisaram de forma independente e concluíram que não confirmava o vínculo entre aditivos e efeitos comportamentais. Mas ele abriu, sim, a porta para a consideração plausível de alguns dos males dos aditivos.

4 Todas as células vivas dependem de membranas adiposas que circundam gotículas de água para mantê-las separadas umas das outras. Essas membranas são feitas de moléculas com uma cabeça que ama água e um traseiro que detesta água mas ama gordura — são emulsificantes. E elas naturalmente se dispõem dentro de uma membrana que circunda uma gota de água: uma célula. A membrana separa a vida do mundo exterior. Elas são fronteiras entre você e o não você — o limite literal da vida.

5 "Panodan DATEM: Emulsifier for Efficient Processing and Fat Reduction" [DATEM Panodan: emulsificante para processamento eficiente e redução de gordura], *DuPont Nutrition and Biosciences*, [s.d.].

6 Nathaniel Rich, "The Lawyer Who Became DuPont's Worst Nightmare" [O advogado que se tornou o pior pesadelo da DuPont], *The New York Times*, 6 jan. 2016.

7 *Ibidem*.

8 Gretchen Morgenson, "How DuPont May Avoid Paying to Clean Up a Toxic 'Forever Chemical'" [Como a DuPont pode evitar pagar para limpar um "químico eternamente tóxico"], NBC *News*, 1 mar. 2020.

9 *Ibidem*.

10 A colonização inicial é parte fecal, mas vem, sobretudo, da flora vaginal — essas são as espécies pioneiras. E é importante: uma avaliação da Dinamarca de dois milhões de crianças nascidas entre 1977 e 2012 mostrou que crianças que nasceram de cesariana tinham um maior risco significativo de asma, doenças sistêmicas no tecido conectivo, artrite juvenil, doença inflamatória intestinal, deficiências imunológicas e leucemia (Sevelsted *et al.*, 2015).

11 Esses são realmente seus genes. Não é possível separar seu microbioma de você mesmo mais do que qualquer outro órgão. Ele tem uma cadeia ininterrupta de ancestrais que remonta a muito antes que os seus fossem peixes primitivos.

12 Na minha perspectiva, as evidências não sustentam comer muitas outras bactérias na forma de probióticos.

13 O microbioma tem efeitos profundos no comportamento de ratos. Ratos sem germes são menos sociais e apresentam um padrão de exposição a riscos dramaticamente alterado em comparação a ratos com passageiros microbianos. Se você der antibióticos aos ratos muito cedo na vida, eles também apresentarão mudanças na ansiedade e nos comportamentos sociais. Introduzir microbiota a ratos que são criados em um ambiente estéril por volta da época de desmame pode restabelecer comportamentos normais, incluindo talvez um nível de ansiedade que seja protetivo. Os efeitos dos emulsificantes foram mostrados com requinte em 2019 (Holder *et al.*, 2019). Os ratos receberam carboximetilcelulose ou polisorbato 80 em sua água potável e ganharam peso. Só que, ainda mais significativo, eles começaram a apresentar muito mais comportamentos semelhantes à ansiedade. Caso esteja curioso, o modo como eles mediram a ansiedade nos ratos foi com um teste em um campo aberto, um dos

testes mais amplamente usados em psicologia animal. Nem os ratos nem os humanos que conduzem o teste precisam de treinamento especial para obter resultados. Ele vem sendo aplicado em vacas, porcos, coelhos, primatas, abelhas e lagostas. Consiste simplesmente em uma caixa branca com paredes altas sem tampa. O animal se sente exposto no meio e costuma passar tempo nas laterais. Você pode medir quanto tempo o animal fica no aberto e outras coisas, como o quanto ele defeca. Os emulsificantes deixaram os ratos muito mais ansiosos.

**14** Eles usaram uma concentração de 1%, que é mais baixa do que a concentração dos conservantes em muitos produtos alimentares. Para verificar as doses mínimas, os pesquisadores reduziram a concentração para 0,5% e 0,1%, e os efeitos perduraram. Para o polisorbato 80, uma dose tão baixa quanto 0,1% resultou em evidências de inflamação leve e adiposidade aumentada.

**15** Para traduzirmos os resultados para humanos, precisaríamos presumir que existe uma concentração média de, pelo menos, 0,1% na dieta humana, que para algumas pessoas, talvez até para a maioria, é muito típica.

**16** A maltodextrina foi inventada em 1812, e então perdida e redescoberta por outro químico industrial chamado C. Armbruster, cujos hobbies incluíam fazer armadilhas para animais, e que administrava um negócio de controle de pragas em meio período, o Fred's Wildlife Nuisance Control.

# 15

## ÓRGÃOS DESREGULADORES (P. 249-58)

**1** Maricel V. Maffini & Thomas G. Neltner, "Broken GRAS: A Scary Maze of Questions a Corn Oil Producer Couldn't Answer" [GRAS quebrado: um labirinto assustador de perguntas que um produtor de óleo de milho não pôde responder], *Environmental Defense Fund Blog*, 25 mar. 2022. Disponível em: http://blogs.edf.org/health/2022/03/25/broken-gras-a-scary-maze-of-questions-a-corn-oil-producer-couldnt-answer/.

**2** A razão para toda essa fiscalização e burocracia é porque, quando a indústria farmacêutica não era supervisionada tão de perto, ela se mostrou extremamente competente em manipular os dados de modo sofisticado para minimizar danos aparentes e maximizar benefícios aparentes (Goldacre, 2012).

**3** A empresa enviou três determinações de GRAS. Essa edição veio da segunda, que gerou ainda mais questionamentos da FDA, e a empresa pediu para interromper a avaliação do óleo. Maricel V. Maffini & Thomas G. Neltner, *op. cit.*; Derrick Okull, "Stabilized Chlorine Dioxide in Fuel Ethanol Fermentation: Efficacy, Mechanisms and Residuals" [Dióxido de cloro estabilizado na fermentação do combustível de etanol: eficiência, mecanismos e resíduos], *DuPont*, 2019. Disponível em: https://distillersgrains.org/wp-content/uploads/2019/05/5-Okull-Stabilized-Chlorine-Dioxide-Fuel-Ethanol-Fermentation.pdf.

**4** Ver também Maffini & Neltner, *op. cit.*

**5** A esta altura, é provável que você tenha muitas perguntas razoáveis, como: "Mas, com certeza, mesmo que uma empresa possa se autodeterminar, existe uma exigência para fazer testes específicos?". Consultei Neltner a esse respeito: "Não há exigência para que a empresa faça um teste específico". Neltner chamou isso de toxicologia "baseada em pressuposto". A empresa pode pedir que seus próprios cientistas examinem as evidências e decidam que o produto é GRAS. "Se houver problemas mais tarde", continuou Neltner, "talvez você nunca seja capaz de mostrar que isso decorreu de um aditivo específico porque eles não estão todos nos rótulos. Pense no óleo de milho — como você saberia como ele foi produzido?"

6 Dois tipos de gorduras trans haviam sido aprovados pela FDA, mas outros usos e variantes foram autoaprovadas como GRAS sem análise. Foi por isso que a agência primeiro teve que classificá-las como "não GRAS" — porque estimavam que milhares de pessoas estavam morrendo todos os anos — para efetivamente forçar a indústria a submeter um requerimento de registro de aditivo alimentar, o qual a agência então negou.

7 É válido considerar tudo isso do ponto de vista do Office of Food Additive Safety [Escritório de segurança de aditivos alimentares], da FDA, responsável por regular mais de dez mil substâncias químicas e uma indústria multibilionária — pelo menos em teoria. O escritório tem apenas cem funcionários técnicos em tempo integral e um orçamento anual de cerca de um bilhão de dólares, o que é uma ninharia se comparado ao que eles precisam. Eles estão atolados com encaminhamentos de GRAS. O resultado é que, do ponto de vista interno da FDA, a coisa parece um sistema regulador — eles examinam dados e evidências, e trabalham duro —, só que tudo isso significa muito pouco, talvez nada, porque não há regulamentação independente significativa. Quando se trata de substâncias químicas alimentares, poderia não fazer diferença se a FDA mandasse todo mundo embora e fechasse o departamento. Um sistema mais honesto poderia ser a FDA fazer exatamente isso, e apenas dizer que a indústria vai cuidar de si mesma, e todos nós podemos simplesmente nos arriscar com quem quer que decida se autorregulamentar. Essa foi, até certo ponto, a abordagem do governo de Donald Trump.

8 Elaine Watson, "Where Are the Dead Bodies? Toxicology Experts Hit Back at Latest Attack on Food Additive Safety System", *Beverage Daily*, 14 ago. 2013. Disponível em: https://www.beveragedaily.com/Article/2013/08/15/Where-are-the-dead-bodies-Toxicology-experts-hit-back-at-latest-attack-on-food-additive-safety-system.

## 16

## ULTRAPROCESSADOS DESTROEM DIETAS TRADICIONAIS (P. 261-73)

1 "2016 Full Year Results Conference Call Transcript" [Transcrição da reunião sobre os resultados do ano de 2016], *Nestlé*, 16 fev. 2017. Disponível em: https://www.nestle.com/sites/default/files/asset-library/documents/investors/transcripts/2016-full-year-results-investor-call-transcript.pdf.

2 Andrew, Jacobs & Matt Richtel, "How Big Business Got Brazil Hooked on Junk Food" [Como grandes corporações tornaram o Brasil viciado em junk food], *The New York Times*, 16 set. 2017.

3 A Wayback Machine é um recurso incrível — eu faço uma doação mensal. Ela opera uma varredura na internet e salva webpages regularmente, de modo que mesmo se as empresas deletarem coisas elas continuam acessíveis.

4 "Door-to-Door Sales of Fortified Products" [Venda de porta a porta de produtos fortificados], *Nestlé*, 2012. Disponível em: https://web.archive.org/web/20150923094209/https://www.nestle.com/csv/case-studies/allcasestudies/door-to-doorsalesoffortifiedproducts,brazil.

5 "Nestlé Launches First Floating Supermarket in the Brazilian North Region" [Nestlé lança primeiro supermercado flutuante na região Norte do Brasil], *Nestlé*, 17 jun. 2010. Disponível em: https://www.nestle.com/sites/default/files/asset-library/documents/media/press-release/2010-february/nestl%C3%A9%20brazil%20press%20release%20-%20a%20bordo.pdf.

6 No século XVII, durante o período colonial, os impostos sobre tudo o que era extraído da floresta tropical eram cobrados aqui para a Coroa portuguesa, na Casa do Haver-o-Peso. Ao longo dos séculos, o nome foi contraído para Ver-o-Peso.

7 Nayara Figueiredo, "ADM Sets Record for Single Soybean Shipment from Northern Brazil" [ADM bate recorde de embarque único de soja no Norte do Brasil], *Reuters*, 22 fev. 2022.

8 "Weight to Volume Conversions for Select Substances and Materials" [Conversão de peso para volume para substâncias e materiais selecionados], *Aqua-Calc*. Disponível em: https://www.aqua-calc.com/calculate/weight-to-volume.

9 Felicity Lawrence, "Should We Worry about Soya in Our Food?" [Deveríamos nos preocupar com a soja em nossa comida?], *The Guardian*, 25 jul. 2006.

10 "Barcarena Now Handling Export Soya" [Barcarena agora maneja soja para exportação], *Dry Cargo International*, 2015. Disponível em: https://www.drycargomag.com/barcarena-now-handling-export-soya.

11 Ver também: "Remembering the Civil War" [video], C-Span, 2011. Disponível em: https://www.c-span.org/video/?298125-1/remembering-civil-war.

12 Melissa Thompson, "I've Always Loved Fried Chicken. But the Racism Surrounding It Shamed Me", *The Guardian*, 13 out. 2020.

13 Dionne Searcey & Matt Richtel, "Obesity Was Rising as Ghana Embraced Fast Food. Then Came KFC" [A obesidade crescia conforme Gana abraçava o fast-food. Então veio o KFC], *The New York Times*, 2 out. 2017.

14 Esse aumento no peso corporal refletiu as vendas de AUPs. Dados coletados pela empresa de pesquisa de mercado Euromonitor mostram que as vendas de refrigerantes dobraram na América Latina desde 2000, de modo que a região ultrapassou os Estados Unidos como mercado. No mundo todo, as vendas de fast-food cresceram 30% entre 2011 e 2016. Em 2016, a Domino's Pizza abriu 1.281 lojas, uma a cada sete horas, quase todas elas fora dos Estados Unidos. A Índia agora tem quase 1.500 pontos da Domino's. "Annual Report 2016" [Relatório anual 2016], *Domino's Pizza*, 2016. Disponível em: https://ir.dominos.com/static-files/315497fc-5e31-42f9-8beb-f182d9282f21; "Number of Domino's Pizza Outlets in India from 2006 to 2022" [Número de lojas da Domino's Pizza na Índia de 2006 a 2022], *Statista*, 2022. Disponível em: https://www.statista.com/statistics/277347/number-of-dominos-pizza-stores-india/.

## 17

## O VERDADEIRO CUSTO DA PRINGLES (P. 275-92)

1 Uma das críticas ao VAT é que as pessoas pobres gastam com ele uma proporção muito maior de sua renda do que as pessoas ricas, e então, para compensar isso, alguns itens essenciais são isentos de VAT (ou, mais especificamente, recebem taxa zero, o que é a mesma coisa, mas com uma ligeira diferença legal que apenas advogados tributaristas entendem). Paga-se VAT sobre todos os bens de luxo.

2 Para mim, o episódio todo repousa desconfortavelmente junto a uma alegação on-line da equipe de liderança da P&G de que eles "sempre se esforçam para usar seu conhecimento e experiência para melhorar a vida dos consumidores".

3 James Hansen, "Kellogg's Is Taking the Government to Court Over Putting Milk in Cereal" [Kellogg's vai processar o governo em relação a colocar leite no cereal], *London Eater*, 27 abr. 2022. Disponível em: https://london.eater.com/23044506/kelloggs-breakfast-cereal-milk-suing-government-coco-pops-frosties; Mark Sweney, "Kellogg's to Challenge New UK Rules for High-Sugar Cereals in Court" [Kellogg's desafia em tribunal novas regras do Reino Unido para alto teor de açúcar nos cereais], *The Guardian*, 27 abr. 2022.

4 No "Novo Mundo", 1492 marca o início do "Intercâmbio Colombiano", um estranho eufemismo que insinua comércio e benefícios mútuos, em vez do que realmente aconteceu — o início de um período conhecido como The Great Dying [O grande morredouro], mas que seria mais bem descrito como The Great Killing [A grande matança]. Historiadores da América pré-colombiana descrevem um ciclo de assassinatos, violência e escravidão, catalisado por Colombo e levado adiante por europeus que vieram depois para explorar os recursos do continente. A chegada dos europeus catalisou ondas de doenças epidêmicas: sarampo, varíola, peste bubônica e vírus respiratórios como a gripe (Cook & Borah, 1979; Denevan & Lovell, 1992; Nunn & Qian, 2010). Cientistas de várias estirpes colaboraram para calcular uma estimativa grosseira da população pouco tempo depois de 1492. Colegas da UCL estimaram a população total das Américas em 1500 em cerca de sessenta milhões de pessoas. Eram sociedades prósperas — até vinte milhões de pessoas viviam na Amazônia, onde tinham sistemas de agricultura complexos, cultivando batata-doce, arroz, mandioca, amendoim, pimenta e milho. Evidências arqueológicas mostram plataformas construídas com pedras em colinas, sistemas de drenagem e campos elevados, bem como uma modificação extensiva de paisagem usando fogo, limpeza de plantas não úteis e dispersão de sementes. Apenas cem anos depois da chegada de Colombo, a população caíra para seis milhões de pessoas. A redução da população em 90% em um século significava que a terra agrícola tinha voltado a ser floresta. Árvores voltaram a crescer em 56 milhões de hectares de terra, removendo 7,4 bilhões de toneladas de dióxido de carbono da atmosfera. A equipe da UCL sugeriu que esse reflorestamento levou a uma "pequena era glacial", vista em representações de cenas de inverno em muitas pinturas do século XVII (Michael Marshall, "Climate Crisis: What Lessons Can We Learn from the Last Great Cooling-Off Period?" [Crise climática: que lições podemos aprender com o último grande período de resfriamento?], *The Guardian*, 9 maio 2022; Koch *et al.*, 2019). O mesmo pode ter acontecido na Austrália. As primeiras populações humanas queimaram florestas provavelmente para promover pasta-

gens para caça, e talvez, como aconteceu no Norte da África, nos antigos pântanos que hoje formam o Saara, isso tenha afetado o timing da monção de verão. Essas são discussões contenciosas, e com razão, mas parece que até sociedades antigas podem ter tido efeitos significativos no tempo, no clima e na geografia globais. Isso não deve solapar compromissos de incorporar conhecimentos indígenas em políticas alimentares e ambientais. O conhecimento indígena tem valor prático, e os povos indígenas têm direitos de uso da terra. Eles foram e são comunidades que viveram na terra de maneira sustentável por milênios. Isso não quer dizer impacto zero, mas sim que eles não corroeram o capital ecológico fundamental do sistema em menos de um século.

5 Especificamente, 35% do uso de água, 39% do uso de energia, 33% de equivalentes a dióxido de carbono e 35% do uso de terra (Anastasioua *et al.*, 2022).

6 Incluindo óleo de palma, proteína e óleo de soja, açúcar, trigo, milho, carne, leite e ovos.

7 Ver também: "Ultra-Processed Planet: The Impact of Ultra-Processed Diets on Climate, Nature and Health (and What to Do about It)" [Planeta ultraprocessado: o impacto de dietas ultraprocessadas no clima, natureza e saúde (e o que fazer sobre isso)], *Soil Association*, 2021. Disponível em: https://www.soilassociation.org/media/23032/soilassociation_upf_2023_digital.pdf; Agnes R. Quisumbing *et al.*, "Women: The Key to Food Security" [Mulheres: a chave para a segurança alimentar], *International Food Policy Research Institute*, 1995. Disponível em: https://www.ifpri.org/publication/women-key-food-security

8 "The Final Countdown" [A contagem regressiva final], *Greenpeace International*, 19 set. 2018. Disponível em: https://www.greenpeace.org/international/publication/18455/the-final-countdown-forests-indonesia-palm-oil/.

9 Fred Pearce, "UK Animal Feed Helping to Destroy Asian Rainforest, Study Shows" [Ração animal do Reino Unido contribui para a destruição da floresta tropical asiática, revela estudo], *The Guardian*, 9 maio 2011.

10 "Fossil Fuel Subsidies", Fundo Monetário Internacional (FMI), 2019. Disponível em: https://www.imf.org/en/Topics/climate-change/energy-subsidies.

11 Hoje em dia, por volta de 80% da terra cultivável do mundo é usada para pastagem de animais ou cultivo de lavouras para alimentar animais. O peso combinado dos animais criados para servir de alimento é hoje dez vezes o peso combinado de todos os mamíferos e aves selvagens juntos (Bar-On; Phillips & Milo, 2018). Ver também: Olivia Rosane, "Humans and Big Ag Livestock Now Account for 96 Percent of Mammal Biomass" [Humanos e criações para o agronegócio representam agora 96% da biomassa de mamíferos], *EcoWatch*, 23 maio 2018. Disponível em: https://www.ecowatch.com/biomass-humans-animals-2571413930.html.

12 Felicity Lawrence, "Should We Worry about Soya in Our Food?" [Deveríamos nos preocupar com a soja em nossa comida?], *The Guardian*, 25 jul. 2006.

13 Hannah Ritchie, "Is Our Appetite for Soy Driving Deforestation in the Amazon?" [O nosso apetite por soja está levando ao desmatamento da Amazônia?], *Our World in Data*, 7 fev. 2021. Disponível em: https://ourworldindata.org/soy.

14 Felicity Lawrence, *op. cit.*; Cathy Cliff, "Intensively Farmed Chicken: The Effect on Deforestation, Environment and Climate Change" [Frangos criados de forma intensiva: efeitos no desmatamento, meio ambiente e mudança climática], *Soil Association Blog*, 4 ago. 2021. Disponível em: https://www.soilassociation.org/blogs/2021/august/4/intensively-farmed-chicken-and-its-affect-on-the-envi-

ronment-and-climate-change/; "Riskier Business: The UK's Overseas Land Footprint" [Negócio mais arriscado: a pegada das terras do Reino Unido fora do país], Worldwide Fund For Nature (WWF), 2020. Disponível em: https://www.wwf.org.uk/riskybusiness.

15 "Appetite for Destruction" [Fome de destruição], Worldwide Fund For Nature (WWF), out. 2017. Disponível em: https://www.wwf.org.uk/sites/default/files/2017-11/WWF_AppetiteForDestruction_Full_Report_Web_0.pdf.

16 Desde a década de 1960, metade do Cerrado foi perdida para produção de soja e pastagens de gado. A "pegada de soja" ultramarina do Reino Unido é de uma área do tamanho do País de Gales — 1,7 milhão de hectares do que antes era floresta tropical e que já não é lar para tatus, tamanduás, onças ou os humanos que lá viveram durante milênios. Em um nível por pessoa, essa escala de impacto também vale para os Estados Unidos (que tem uma população aproximadamente cinco vezes maior do que a do Reino Unido), e para a maioria das economias ocidentais. "Peak Poultry: Briefing for Policy Makers" [O pico do frango de criação: relatório para formuladores de políticas], *Soil Association*, 2022. Disponível em: https://www.soilassociation.org/media/22930/peak-poultry-briefing-for-policy-makers.pdf.

17 Worldwide Fund for Nature, *op. cit.*; Soil Association, *op. cit.*; "Meat Atlas: Facts and Figures about the Animals We Eat", Friends of the Earth Europe, 2014. Disponível em: https://friendsoftheearth.eu/wp-content/uploads/2014/01/foee_hbf_meatatlas_jan2014.pdf.

18 Gustavo Faleiros & Manuela Andreoni, "O agro-suicídio: desmatamento da Amazônia já afeta produtores de soja", *Diálogo Chino*, 15 out. 2020. Disponível em: https://dialogue.earth/pt-br/alimentos/o-agro-suicidio-desmatamento-da-amazonia-ja-afeta-produtores-de-soja-brasil/.

19 Ver também: Damian Carrington, "Amazon Rainforest Now Emitting More $CO_2$ Than It Absorbs" [Floresta amazônica já emite mais $CO_2$ do que absorve], *The Guardian*, 14 jul. 2021.

20 Essa falta de conexão pode ser refletida na quantidade de coisas que jogamos fora. O Reino Unido é bastante típico, descartando cerca de 25% de toda a comida (Tilman & Clark, 2014).

21 "Ultra-Processed Planet: The Impact of Ultra-Processed Diets on Climate, Nature and Health (and What to Do about It)" [Planeta ultraprocessado: o impacto de dietas ultraprocessadas no clima, natureza e saúde (e o que fazer sobre isso)], *Soil Association*, 2021. Disponível em: https://www.soilassociation.org/media/23032/soilassociation_upf_2023_digital.pdf.

22 Ver também: "Agriculture at a Crossroads: Global Report" [A agricultura em uma encruzilhada: relatório global], International Assessment of Agricultural Knowledge, Science, Technology for Development (IAASTD), 2009. Disponível em: https://wedocs.unep.org/handle/20.500.11822/8590.

23 Os genes que conferem resistência a antibióticos estão por toda parte. Você pode encontrá-los em bactérias em cavernas profundas isoladas do resto do mundo por milhares, ou até milhões, de anos. Os genes existem porque os micro-organismos estão em constante conflito uns com os outros. Os antibióticos são substâncias químicas que os micro-organismos usam para matar outros micro-organismos. No método de corrida armamentista dessas coisas, os dois lados do conflito desenvolvem defesas, que ocasionam a resistência a antibióticos.

24 Os cientistas observaram genes resistentes em bactérias nas patas de moscas saindo de criadouros industriais de frango, nos quais pode haver 250 mil aves. As moscas podem se deslocar livremente para dentro e para fora das construções carregando vírus e bactérias resistentes. Elas levam todas aquelas bactérias resistentes para dentro de nossos pulmões, para as lavouras de vegetais e para a água potável.

25 "Global Brand Audit Report 2020" [Relatório de auditoria de marcas globais], *Break Free from Plastic*, 2020. Disponível em: https://www.breakfreefromplastic.org/globalbrandauditreport2020.

26 Sandra Laville, "Report Reveals 'Massive Plastic Pollution Footprint' of Drinks Firms" [Relatório revela "pegada maciça de poluição plástica" de empresas de bebidas], *The Guardian*, 31 mar. 2020; Karen McVeigh, "Coca-Cola, Pepsi and Nestlé Named Top Plastic Polluters for Third Year in a Row" [Coca-Cola, Pepsi e Nestlé são apontadas como maiores poluidores de plástico pelo terceiro ano consecutivo], *The Guardian*, 7 dez. 2020.

27 Sandra Laville, "Coca-Cola Admits It Produces 3m Tonnes of Plastic Packaging a Year" [Coca-Cola admite produzir três milhões de toneladas de embalagens plásticas por ano], *The Guardian*, 14 mar. 2019.

# 18

## ULTRAPROCESSADOS SÃO CONCEBIDOS PARA CONSUMO EM EXCESSO (P. 297-312)

1 Há quem pense que, porque as pessoas com porcentagem de gordura corporal elevada consomem mais comida, é do interesse das empresas alimentícias nos fazer ganhar peso. Mas duvido que haja alguém nas empresas tendo essa conversa. O foco está no trimestre seguinte, não nos apetites futuros.

2 "Patents by Inventors Gary Norman Binley", *Justia Patents*, 2022. Disponível em: https://patents.justia.com/inventor/gary-norman-binley.

3 De acordo com Paul Hart, um cientista de liberação de sabor chamado Patrick Dunphy acordou uma manhã se perguntando se eles podiam adaptar a tecnologia da margarina, na qual a água é emulsificada em gordura, para um batom hidratante. "Ele inventou o LipSpa!", disse-me Hart. "Oito libras por picolé! Hidratando seus lábios."

4 Milton Friedman, "A Friedman Doctrine: The Social Responsibility of Business Is To Increase Its Profits" [Uma doutrina Friedman: a responsabilidade social da empresa é aumentar seus lucros], *The New York Times*, 13 set. 1970.

5 "2022 Climate-Related Shareholder Proposals More Prescriptive Than 2021" [Propostas de acionistas relacionadas ao clima em 2022 são mais prescritivas que em 2021], *BlackRock*, 2022. Disponível em: https://www.blackrock.com/corporate/literature/publication/commentary-bis-approach-shareholder-proposals.pdf; Andrew Ross Sorkin *et al.*, "The Pushback on E.S.G. Investing" [O retrocesso do investimento em ESG], *The New York Times*, 11 maio 2022.

6 William Macaskill, "Does Divestment Work?" [Desinvestimento funciona?], *The New Yorker*, 20 out. 2015. Disponível em: https://www.newyorker.com/business/currency/does-divestment-work.

7 “Nestlé Enters Weight Management Market: Jenny Craig Acquisition Enhances Group’s Nutrition, Health and Wellness Dimension” [Nestlé entra no Mercado de controle de peso: aquisição da Jenny Craig eleva a dimensão de nutrição, saúde e bem-estar do grupo], *Nestlé*, 19 jun. 2006. Disponível em: https://www.nestle.com/media/pressreleases/allpressreleases/weightmanagementmarket-jennycraig-19jun06.

8 A Jenny Craig alegou em seu site que “uma nova pesquisa publicada no periódico científico *Nature* mostra que indivíduos que seguem nossos planos mais efetivos de todos os tempos, que incluem nossa revolucionária Recharge Bar, podem experimentar resultados de perda de peso impressionantes e níveis mais baixos de pressão e açúcar no sangue”. A pesquisa não foi publicada na *Nature* — foi publicada no *International Journal of Obesity*, que também publicou algumas das descobertas financiadas pela Coca-Cola que mencionei anteriormente. É constrangedor que seja um periódico do grupo da *Nature*, mas isso é como chamar o seu Skoda de Bentley porque ambos são de propriedade da mesma empresa matriz. “Jenny Craig Meals & Nutrition” [Refeições e nutrição da Jenny Craig], *Jenny Craig*, 2022. Disponível em: https://web.archive.org/web/20210412031221/https://www.jennycraig.com/nutrition-mission.

9 A Jenny Craig foi vendida por uma soma não divulgada em 2013, como parte de um impulso mais amplo de alienar marcas com mal desempenho. “Nestlé Sells Most of Jenny Craig to Private Equity Firm” [Nestlé vende maior parte da Jenny Craig para empresa de capital privado], *CNBC*, 7 nov. 2013.

10 “Acquisitions, Partnerships & Joint Ventures” [Aquisições, parcerias e *joint ventures*], *Nestlé*, 2022. Disponível em: https://www.nestle.com/investors/overview/mergers-and-acquisitions/nestle-health-science-acquisitions.

11 Aaron Kirchfeld; Ruth David & Dinesh Nair, “Nestle Eyed Biggest-Ever Deal in Aborted Move for GSK Unit” [Nestlé em buscava maior acordo de todos os tempos em proposta abortada por unidade da GSK], *Bloomberg*, 25 maio 2022.

12 “Danone’s Subsidiaries and Equity Holdings as of December 31, 2020” [Subisidiárias e participações societárias da Danone em 31 de dezembro de 2020], *Danone*, 2020. Disponível em: https://www.danone.com/content/dam/danone-corp/danone-com/investors/danone-at-a-glance/List%20of%20subsidiairies%202020.pdf.

13 Pessoalmente, meu exemplo favorito de empresa que causa um problema para o qual também vende uma solução é a Philip Morris, a maior companhia de tabaco do mundo. Em julho de 2021, a Philip Morris concordou em comprar o Vectura Group por 1,1 bilhão de libras — uma empresa que, à época, obtinha a maior parte de sua receita de duzentos milhões de libras a partir de um portfólio de produtos para tratar doenças relacionadas ao fumo. Alex Ralph, “Philip Morris Buys Respiratory Drugs Company Vectura for £1Bn” [Philip Morris compra empresa de medicamentos respiratórios Vectura por um bilhão de libras], *The Times*, 9 jul. 2021.

## 19

## O QUE PODEMOS PEDIR QUE OS GOVERNOS FAÇAM (P. 315-29)

1 "Action Now on Baby Foods" [Providências urgentes contra alimentos para bebês], *New Internationalist*, 1 ago. 1973. Disponível em: https://newint.org/features/1973/08/01/baby-food-action-editorial; Ian Fitzpatrick, "Nestléd in Controversy" [Controvérsia com a Nestlé], *New Internationalist*, 1 out. 2010. Disponível em: https://newint.org/columns/applause/2010/10/01/nestle-baby-milk-campaign.

2 "Research on Marketing and the Code" [Pesquisa sobre marketing e o Código], Unicef, 2022. Disponível em: https://www.unicef.org.uk/babyfriendly/news-and-research/baby-friendly-research/research-on-marketing-and-the-code/.

3 "Don't Push It: Why the Formula Industry Must Clean Up Its Act" [Não empurre: por que a indústria da fórmula precisa limpar suas operações], Save the Children, 2018. Disponível em: https://resourcecentre.savethechildren.net/pdf/dont-push-it.pdf/.

4 Ver também "Nurturing the Health and Wealth of Nations: The Investment Case for Breastfeeding" [Nutrindo a saúde e a riqueza das nações: por que investir no aleitamento materno], Global Breastfeeding Collective, jul. 2017. Disponível em: https://www.globalbreastfeedingcollective.org/media/426/file/The%20investment%20case%20for%20breastfeeding.pdf.

5 "Statement on the Role of Hydrolysed Cows' Milk Formulae in Influencing the Development of Atopic Outcomes and Autoimmune Disease" [Declaração sobre o papel da fórmula de leite de vaca hidrolisado como influência no desenvolvimento de atopias e doenças autoimunes], UK Food Standards Agency. Disponível em: https://cot.food.gov.uk/sites/default/files/finalstatement-hydrolysedformula.pdf.

6 Esta é uma nota de rodapé sobre as melhores evidências independentes quanto à alimentação, mas, se você está fora desse estágio (que costuma ser bastante desalentador) da criação de filhos, simplesmente a pule. Existem muitos estudos independentes de alta qualidade comparando bebês nunca, em parte e exclusivamente amamentados. As fórmulas em todos os países estão associadas a riscos elevados significativos de mortalidade geral, mortalidade por diarreia e pneumonia (Sankar *et al.*, 2015), obesidade e diabetes tipo 2 (Horta, Loret de Mola & Victora, 2015a), otite média (Bowatte *et al.*, 2015), má oclusão (Victora *et al.*, 2017), asma (Lodge *et al.*, 2015) e síndrome de morte súbita infantil (Thompson *et al.*, 2017). Crianças não amamentadas também demonstram pontuação de QI significativamente mais baixa mesmo depois de levado em conta o QI materno (Horta, Loret de Mola & Victora, 2015b). A alimentação com fórmula afeta a saúde materna primeiro em função de efeitos protetores da amamentação previamente determinados contra câncer de ovário, câncer de mama e diabetes tipo 2 (Baker *et al.*, 2016).

7 "What We Do" [O que fazemos], British Nutrition Foundation, 2022. Disponível em: https://www.nutrition.org.uk/our-work/what-we-do/.

8 "Current Members" [Membros atuais], British Nutrition Foundation, 2022. Disponível em: https://www.nutrition.org.uk/our-work/support-what-we-do/corporate-partnerships/current-members/.

9 Anahad O'Connor, "Group Shaping Nutrition Policy Earned Millions from Junk Food Makers" [Grupo que desenha política nutricional faturou milhões com fabricantes de junk food], *The Washington Post*, 24 out. 2022.

10 "Our Current Partners" [Nossos parceiros atuais], Diabetes UK, 2022. Disponível em: https://www.diabetes.org.uk/get_involved/corporate/acknowledgements/partners; "About Our Corporate Partnership Programme" [Sobre nosso programa de parcerias corporativas], Cancer Research UK, 2022. Disponível em: https://www.cancerresearchuk.org/get-involved/become-a-partner/about-our-corporate-partnership-programme; "Our Current Partners" [Nossos parceiros atuais], British Heart Foundation, 2022. Disponível em: https://www.bhf.org.uk/how-you-can-help/corporate-partnerships/our-corporate-partners; "BDA Corporate Members" [Membros corporativos da BDA], The Association of UK Dietitians, 2022. Disponível em: https://www.bda.uk.com/news-campaigns/work-with-us/commercial-work/bda-corporate-members.html.

11 Por exemplo, Helen Crawley, que trabalhou com Oliver por muitos anos e enfatizou as boas intenções dele para mim.

12 "Top Consumer Companies' Palm Oil Sustainability Claims Go Up in Flames" [Alegações de sustentabilidade de principais empresas de óleo de palma vão pelos ares], Greenpeace International, 4 nov. 2019. Disponível em: https://www.greenpeace.org/international/press-release/25675/burningthehouse/.

13 Depois da proibição do Kinder Surpresa, um executivo da Ferrero alegou que o brinquedo não era um artefato promocional, mas uma "parte intrínseca da guloseima", enquanto o embaixador italiano no Chile acusou o ministro da Saúde Pública de travar "terrorismo alimentar". Andrew Jacobs, "In Sweeping War on Obesity, Chile Slays Tony the Tiger" [Em ampla guerra contra a obesidade, Chile veta Tigre Tony], *The New York Times*, 7 fev. 2018).

## POSFÁCIO O QUE ACONTECEU EM SEGUIDA... E ALGUMAS PERGUNTAS FREQUENTES (P. 335-58)

1 Tom Whipple, "Is Ultra-Processed Food Bad for You? Not Always, Scientists Say", *The Times*, 28 set. 2023. Disponível em: https://www.thetimes.co.uk/article/is-ultraprocessed-food-bad-for-you-not-always-scientists-say-jd05qflg5.

2 Tom Bawden, "10 Ultra-Processed Foods that Are Actually Good for You", *The Independent*, 27 set. 2023. Disponível em: https://inews.co.uk/news/ultra-processed-foodsgood-for-you-2646725.

3 Sarah Knapton, "Ultra-Processed Food Can Still Be Good for You, It Depends on What Is in It" [Alimentos ultraprocessados ainda podem lhe fazer bem, depende do que há neles], *Telegraph*, 27 set. 2023. Disponível em: https://www.telegraph.co.uk/news/2023/09/27/ultra-processed-food-can-be-good-for-you-say-experts/.

4 Clare Wilson, "Ultra-Processed Food Isn't Always Unhealthy, Say UK Food Officials", *New Scientist*, 27 set. 2023. Disponível em: https://www.newscientist.com/article/2394414-ultra-processed-food-isnt-always-unhealthy-say-uk-foodofficials/.

5 Andrew Gregory, "Scientists on Panel Defending Ultra-Processed Foods Linked to Food Firms" [Cientistas em painel que defendeu ultraprocessados são ligados a empresas de alimentos], *The Guardian*, 28 set. 2023. Disponível em: https://www.

theguardian.com/science/2023/sep/28/scientists-on-panel-defending-ultra-processed-foods-linked-to-food-firms.

**6** Ver Gornall (2015, p. h231); Ian Quinn, "Carbohydrates-Probe Scientists Hit Back at Dispatches" [Pesquisadores de carboidratos reagem a despachos], *The Grocer*, 25 jan. 2014. Disponível em: https://www.thegrocer.co.uk/topics/carbohydratesprobe-scientists-hit-back-at-dispatches/353891.article.

**7** Jon Ungoed-Thomas & Kate Mansey, "Sugar Advisers Have Their Cake and Eat It" [Consultores sobre açúcar se lambuzam], *The Times*, 19 jan. 2014. Disponível em: https://www.thetimes.co.uk/article/sugaradvisers-have-their-cake-and-eat-it-9cwrr3gb2sf.

**8** Ian Quinn, *op. cit.*

**9** A quinta pessoa que falou foi o professor Robin May, da Food Standards Agency. Não há registros de que ele tenha conflitos, e não sei por que decidiu dividir uma plataforma com aqueles que têm.

**10** "Expert Reaction to Observational Study of Ultra Processed Food and Risk of Depression" [Reação de especialistas a estudo sobre alimentos ultraprocessados e risco de depressão], *Science Media Centre*, 20 set. 2023. Disponível em: https://www.sciencemediacentre.org/expert-reaction-to-observational-study-of-ultra-processed-food-and-risk-of-depression-as-published-in-jama-network-open/; "Expert Reaction to SACN (Scientific Advisory Committee on Nutrition) Statement on Processed Foods and Health" [Reação de especialistas à declaração do SACN (Comitê Consultor Científico sobre Nutrição) sobre alimentos processados e saúde], *Science Media Centre*, 11 jul. 2023. Disponível em: https://www.sciencemediacentre.org/expert-reaction-to-sacn-scientific-advisory-committee-on-nutrition-statement-on-processed-foods-and-health/; "Expert Reaction to IARC Press Release and Article in *The Lancet Planetary Health* Looking at Food Processing and Cancer Risk in Europe" [Reação de especialistas ao press release e ao artigo do IARC no *The Lancet Planetary Health* sobre processamento alimentício e risco de câncer na Europa], *Science Media Centre*, 7 mar. 2023. Disponível em: https://www.sciencemediacentre.org/expert-reaction-to-iarc-press-release-and-article-in-the-lancet-planetary-health-looking-at-food-processing-and-cancer-risk-in-europe/; "Expert Reaction to Study Looking at Association of Consumption of Ultra-Processed Food and Cognitive Decline" [Reação de especialistas a estudo sobre a associação entre consumo de alimentos ultraprocessados e declínio cognitivo], *Science Media Centre*, 5 dez. 2022. Disponível em: https://www.sciencemediacentre.org/expert-reaction-to-study-looking-at-association-of-consumption-of-ultra-processed-food-and-cognitive-decline/.

**11** A Roquette Frères fabrica ingredientes como proteínas isoladas, amidos modificados e outros para uso em AUPs.

**12** "Expert Reaction to SACN...", *op. cit.*

**13** Depois que o escândalo veio a público, Kuhnle atualizou sua declaração de conflitos de modo a incluir que sua pesquisa fora financiada pela Mars e também uma longa lista de outros interesses que não constituem conflitos, inclusive que ele é "membro de uma associação de pais e professores", indicando que nem ele nem o SMC têm uma compreensão real do que são conflitos e de como eles funcionam. "Expert reaction to Study Looking at Consumption of Ultra-Processed Foods and Risk of Multimorbidity of Cancer and Cardiometabolic Diseases" [Reação de especialistas a estudo sobre consumo de alimentos ultraprocessados e risco de multimorbidade de câncer e doenças cardiometabólicas], *Science Media Centre*, 13 nov. 2023. Disponível em: https://www.sciencemediacentre.org/expert-reaction-to-study-looking-at-consumption-of-ultra-processed-foods-and-risk-of-multimorbidity-of-cancer-and-cardiometabolic-diseases/.

**14** "Scientific Advisory Committee on Nutrition: Register of Interests" [Comitê Consultor Científico sobre Nutrição: registro de interesses], Scientific Advisory Committee on Nutrition, jan. 2024. Disponível em: https://assets.publishing.service.gov.uk/media/6571ae24049516000f49bdf7/SACN_Register_of_Interests_v41.pdf.

**15** "Position Statement on the Concept of Ultra-Processed Foods (UPF)" [Declaração de posicionamento sobre o conceito de alimentos ultraprocessados (AUPs)], British Nutrition Foundation, 2023. Disponível em: https://www.nutrition.org.uk/news/position-statement-on-the-concept-of-ultra-processed-foods-upf/.

**16** Em resposta ao artigo publicado que ligava o consumo elevado de AUPs a depressão (Samuthpongtorn *et al.*, 2023), um comentador (um nutricionista sem nenhum artigo de pesquisa publicado) disse: "Ainda que haja um vínculo nessa pesquisa, nós não sabemos com certeza se os AUPs eram a causa. Esse é um caso em grande medida de correlação e não de causalidade" ("Expert Reaction to Observational Study of Ultra Processed Food and Risk of Depression", *op. cit.*). O que acontece é que o artigo partiu de equipes da faculdade de medicina e da escola de saúde pública de Harvard, que têm uma compreensão geral sobre como a epidemiologia funciona. E elas não afirmam que o artigo é prova de que consumir AUPs causa depressão, mas sim que ele faz parte de um contexto de evidências crescentes em diversas populações de que um consumo elevado de AUPs está associado a depressão — trata-se do quarto maior estudo a mostrar o mesmo resultado (Zheng *et al.*, 2020; Adjibade *et al.*, 2019, p. 78; Gómez- Donoso *et al.*, 2020). Um dos testes importantes de dados epidemiológicos é perguntar se há um mecanismo plausível por meio do qual os AUPs possam deixar as pessoas dependentes. Sim, há. Existem centenas de outros artigos que poderíamos citar sobre aditivos que provocam inflamação ou efeitos no microbioma; e também é plausível que alimentos que estão associados a obesidade e muitos outros problemas de saúde também podem causar dor e sofrimento como resultado desses problemas. Então, ainda que não possamos dizer conclusivamente que AUPs causam depressão, há evidências mais do que suficientes de grupos independentes de fato excelentes do mundo todo que mostram que esse é um risco que vale a pena ser levado a sério e ser dividido com o público. Para muitos dos outros problemas de saúde associados aos AUPs, sinto que podemos usar a palavra "causa", pois há mais evidências.

**17** "Tobacco Industry Research Committee", *TobaccoTactics*, 2020. Disponível em: https://tobaccotactics.org/article/tobacco-industry-research-committee/.

**18** "Expert Reaction to Study Looking at Ultra-Processed Foods and Risk of Different Cancers" [Reação de especialistas a estudo sobre alimentos ultraprocessados e risco para diferentes cânceres], *Science Media Centre*, 31 jan. 2023. Disponível em: https://www.sciencemediacentre.org/expert-reaction-to-study-looking-at-ultra-processed-foods-and-risk-of-different-cancers/.

**19** Idealmente, pegaríamos um grande número de pessoas e atribuiríamos de maneira aleatória a elas duas dietas que variariam apenas em termos de ser ou não ultraprocessadas. Precisaríamos fazer isso muitas vezes com muitas dietas diferentes, é claro, e mesmo assim a pergunta "Mas que produtos ultraprocessados estão fazendo mal?" continuaria. Então, de fato, o que seria feito seria a variação de um único elemento de uma dieta em cada estudo. Para entender o pão, seria preciso randomizar pessoas em dietas idênticas que diferem apenas em relação ao tipo de pão que comem: pães ultraprocessados *vs.* pães não ultraprocessados. Todos seriam isolados, idealmente desde o nascimento, em laboratórios metabólicos, como o de Kevin Hall, por várias décadas, e veríamos o que aconteceria. Para um experimento realmente perfeito, seria preciso separar gêmeos idênticos no nascimento e acompanhá-los até a morte. O custo seria proibitivo muito antes que o conselho de ética encerrasse a coisa toda.

**20** Os AUPs atendem a uma série de critérios que nos permitem dizer que estamos certos de que eles "causam" problemas de saúde, em vez de meramente serem associados a eles (porque, por exemplo, são consumidos mais por populações desfavorecidas):

1. A associação é consistente: o vínculo entre AUPs e males à saúde foi encontrado em diversos estudos, em diferentes populações, por muitos pesquisadores diferentes.
2. A associação é forte: os malefícios não são triviais — dieta de má qualidade é a principal causa de morte prematura.
3. A associação é graduada: quanto maior a proporção de AUPs na dieta, piores os malefícios.
4. A causalidade é plausível: há milhares de estudos que mostram que tudo nos AUPs leva à patologia, da textura aos aditivos.
5. A causalidade é amparada por evidências: experimentos em humanos e animais tanto de produtos ultraprocessados quanto de ingredientes ultraprocessados sustentam um vínculo causal.

**21** Algumas das grandes empresas ainda queriam se encontrar comigo mesmo se eu não aceitasse seu dinheiro ou assinasse um acordo de amordaçamento, então fui. Nos dois casos, as equipes eram extremamente inteligentes e, até onde pude dizer a partir de um encontro de duas horas, composta de pessoas decentes. Nós concordamos sobre as evidências e que os produtos que eles fabricam fazem mal à saúde humana.

# REFERÊNCIAS

ADAM, Tanja C. & EPEL, Elissa S. "Stress, Eating and the Reward System", *Physiology & Behavior*, v. 91, n. 4, p. 449-58, 2007.

ADJIBADE, Moufidath *et al.* "Prospective Association between Ultra-Processed Food Consumption and Incident Depressive Symptoms in the French Nutrinet-Santé Cohort", *BMC Medicine*, v. 17, 2019.

ADLER, Christina J. *et al.* "Sequencing Ancient Calcified Dental Plaque Shows Changes in Oral Microbiota with Dietary Shifts of the Neolithic and Industrial Revolutions", *Nature Genetics*, v. 45, p. 450-5, 2013.

AFSHIN, Ashkan *et al.* "Health Effects of Dietary Risks in 195 Countries, 1990-2017: A Systematic Analysis for the Global Burden of Disease Study 2017", *The Lancet*, v. 393, n. 10184, p. 1958-72, 2019.

ALLEON, Julien *et al.* "Chemical Nature of the 3.4 Ga Strelley Pool Microfossils", *Geochemical Perspectives Letters*, v. 7, p. 37-42, 2018.

ALLISON, Sarah & TIMMERMAN, Gayle M. "Anatomy of a Binge: Food Environment and Characteristics of Nonpurge Binge Episodes", *Eating Behaviors*, v. 8, n. 1, p. 31-8, 2007.

ANASTASIOUA, K. *et al.* "A Conceptual Framework for Understanding the Environmental Impacts of Ultra-Processed Foods and Implications for Sustainable Food Systems", *Journal of Cleaner Production*, v. 368, 2022.

ANDERSON, Timothy S. *et al.* "Academic Medical Center Leadership on Pharmaceutical Company Boards of Directors", *Journal of the American Medical Association*, v. 311, n. 13, p. 1353-5, 2014.

ARAUJO, Ivan E. de *et al.* "Metabolic Regulation of Brain Response to Food Cues", *Current Biology*, v. 23, n. 10, p. 878-83, 2013.

ARNOLD, Amanda R. & CHASSAING, Benoit. "Maltodextrin, Modern Stressor of the Intestinal Environment", *Cellular and Molecular Gastroenterology and Hepatology*, v. 7, n. 2, p. 475-6, 2019.

AUBERT, Pierre-Marie; SCHWOOB, Marie-Hélène & POUX, Xavier. "Agroecology and Carbon Neutrality: What Are the Issues?", *IDDRI*, *Issue Brief*, n. 5, abr. 2019.

AYTON, Agnes & IBRAHIM, Ali. "The Western Diet: A Blind Spot of Eating Disorder Research? A Narrative Review and Recommendations for Treatment and Research", *Nutrition Reviews*, v. 78, p. 579-96, 2020.

AYTON, Agnes *et al.* "Ultra-Processed Foods and Binge Eating: A Retrospective Observational Study", *Nutrition*, v. 84, 2021.

BACKHAUS, Olivia & BENESH, Melanie. "EWG Analysis: Almost All New Food Chemicals Greenlighted by Industry, Not the FDA", *EWG*, n. 4, 2022.

BÄCKHED, Fredrik *et al.* "Defining a Healthy Human Gut Microbiome: Current Concepts, Future Directions, and Clinical Applications", *Cell Host & Microbe*, v. 12, n. 5, p. 611-22, 2012.

BAKER, Carl. "Obesity Statistics", *House of Commons Library*, 12 jan. 2023. Disponível em: https://researchbriefings.files.parliament.uk/documents/SN03336/SN03336.pdf.

BAKER, Phillip *et al.* "Global Trends and Patterns of Commercial Milk-Based Formula Sales: Is an Unprecedented Infant and Young Child Feeding Transition Underway?", *Public Health Nutrition*, v. 19, n. 14, p. 2540-50, 2016.

BARABÁSI, Albert-Lászlo; MENICHETTI, Giulia & LOSCALZO, Joseph. "The Unmapped Chemical Complexity of Our Diet", *Nature Food*, v. 1, p. 33-7, 2020.

BARALDI, Larissa Galastri *et al.* "Consumption of Ultra-Processed Foods and Associated Sociodemographic Factors in the USA between 2007 and 2012: Evidence from a Nationally Representative Cross-Sectional Study", *BMJ Open*, v. 8, n. 3, 2018.

BAR-ON, Yinon M.; PHILLIPS, Rob & MILO, Ron. "The Biomass Distribution on Earth", *Proceedings of the National Academy of Sciences*, v. 115, n. 25, p. 6506-11, 2018.

BARONA, Josep L. *From Hunger to Malnutrition: The Political Economy of Scientific Knowledge in Europe, 1918-1960*. Pieterlen: Peter Lang AG, 2012.

BARRETT, Garry; LEVELL, Peter & MILLIGAN, Kevin. "A Comparison of Micro and Macro Expenditure Measures Across Countries Using Differing Survey Methods". *In*: CARROLL, Christopher D.; CROSSLEY, Thomas F. & SABELHAUS, John (org.). *Improving the Measurement of Consumer Expenditures*. Chicago: University of Chicago Press, 2015, p. 263-86.

BARTOLOTTO, Carole. "Does Consuming Sugar and Artificial Sweeteners Change Taste Preferences?", *Permanente Journal*, v. 19, n. 3, p. 81-4, 2015.

BATTERHAM, Rachel. "Health Inequalities and Obesity", *Royal College of Physicians*, 28 out. 2020. Disponível em: https://www.rcplondon.ac.uk/news/health-inequalities-and-obesity.

BEAN, Charles. "Independent Review of UK Economic Statistics: Final Report", mar. 2016.

BEE, C. Adam; MEYER, Bruce & SULLIVAN, James. "The Validity of Consumption Data: Are the Consumer Expenditure Interview and Diary Surveys Informative?", *EconPapers, NBER Working Papers*, n. 18308, 2012.

BEHRENS, Maik & MEYERHOF, Wolfgang. "Gustatory and Extragustatory Functions of Mammalian Taste Receptors", *Physiology & Behavior*, v. 105, n. 1, p. 4-13, 2011.

BELL, Elizabeth A. *et al.* "Energy Density of Foods Affects Energy Intake in Normal-Weight Women", *American Journal of Clinical Nutrition*, v. 67, n. 3, p. 412-20, 1998.

BELL, Elizabeth A. *et al.* "Potentially Biogenic Carbon Preserved in a 4.1-Billion-Year-Old Zircon", *Proceedings of the National Academy of Sciences USA*, v. 112, n. 47, p. 14518-21, 2015.

BEMILLER, James N. "One Hundred Years of Commercial Food Carbohydrates in the United States", *Journal of Agricultural and Food Chemistry*, v. 57, n. 18, p. 8125-9, 2009.

BES-RASTROLLO, Maira *et al.* "Financial Conflicts of Interest and Reporting Bias Regarding the Association between Sugar-Sweetened Beverages and Weight Gain: A Systematic Review of Systematic Reviews", *PLoS Medicine*, v. 10, n. 12, 2013.

BILICI, Saniye *et al.* "Energy Expenditure and Nutritional Status of Coal Miners: A Cross-Sectional Study", *Archives of Environmental & Occupational Health*, v. 71, n. 5, p. 293-9, 2016.

BJELAKOVIC, Goran *et al.* "Antioxidant Supplements for Prevention of Mortality in Healthy Participants and Patients with Various Diseases", *Cochrane Database of Systematic Reviews*, v. 2012, n. 3, 2012.

BOBACK, Scott M. *et al.* "Cooking and Grinding Reduces the Cost of Meat Digestion", *Comparative Biochemistry & Physiology*, v. 148, n. 3, p. 651-66, 2007.

BONACCIO, Marialaura *et al.* "Ultra-Processed Food Consumption Is Associated with Increased Risk of All-Cause and Cardiovascular Mortality in the Molisani Study", *American Journal of Clinical Nutrition*, v. 113, n. 2, p. 446-55, 2021.

BOTKIN, Jeffrey R. "Should Failure to Disclose Significant Financial Conflicts of Interest Be Considered Research Misconduct?", *Journal of the American Medical Association*, v. 320, n. 22, p. 2307-8, 2018.

BOWATTE, Gayan *et al.* "Breastfeeding and Childhood Acute Otitis Media: A Systematic Review and Meta-Analysis", *Acta Paediatrica*, v. 104, n. 467, p. 85-95, 2015.

BOYLAND, Emma *et al.* "Association of Food and Non-Alcoholic Beverage Marketing with Children and Adolescents' Eating Behaviors and Health: A Systematic Review and Meta-Analysis", *JAMA Pediatrics*, v. 176, n. 7, 2022.

BRAMLEY, Glen *et al. Counting the Cost of UK Poverty*. York: Joseph Rowntree Foundation, 2016. Disponível em: https://www.jrf.org.uk/counting-the-cost-of-uk-poverty.

BREITMAN, Richard. *The Architect of Genocide: Himmler and the Final Solution*. Nova York: Alfred A. Knopf, 1991.

BRESLIN, Paul A. S. "An Evolutionary Perspective on Food and Human Taste", *Current Biology*, v. 23, n. 9, p. R409-18, 2013.

BRITISH AND IRISH LEGAL INFORMATION INSTITUTE TRIBUNAL. "Procter & Gamble (UK) v Revenue & Customs [2007] UKVAT V20205", 2007.

BRITISH AND IRISH LEGAL INFORMATION INSTITUTE TRIBUNAL. "Revenue & Customs v Procter & Gamble UK EWCA Civ 407", 2009.

BRITISH HEART FOUNDATION. "Physical Activity Statistics 2012", Londres, 2012.

BRITISH HEART FOUNDATION. "Portion Distortion", Londres, 2013.

BRITISH INTELLIGENCE OBJECTIVES SUB-COMMITTEE. "Government Reports", [s.d.a]. Disponível em: https://www.fischer-tropsch.org/primary_documents/gvt_reports/BIOS/biostoc.htm.

BRITISH INTELLIGENCE OBJECTIVES SUB-COMMITTEE. "Synthetic Fatty Acids and Detergents", [s.d.b]. Disponível em: http://www.fischer-tropsch.org/primary_documents/gvt_reports/BIOS/bios_1722htm/bios_1722_htm_sec14.htm.

BROCHET, Frédéric. "Chemical Object Representation in the Field of Consciousness", [s.d.].

BROWN, Amy. *Why Breastfeeding Grief and Trauma Matter*. Londres: Pinter & Martin, 2019.

BROWN, Horace T. & MORRIS, G. H. "On the Non-Crystallisable Products of the Action of Diastase Upon Starch", *Journal of the Chemical Society, Transactions*, v. 47, p. 527-70, 1885.

BUCHWALD, Henry. "A Brief History of Obesity: Truths and Illusions", *Clinical Ontology News*, 20 jul. 2018. Disponível em: https://www.clinicaloncology.com/Community-Oncology/Article/07–18/A-Brief-History-of-Obesity-Truths-and-Illusions/51221.

BUSHDID, C. *et al.* "Humans Can Discriminate More Than 1 Trillion Olfactory Stimuli", *Science*, v. 343, n. 6177, p. 1370-2, 2014.

BUTT, Nathalie; OLIVEIRA, Paula Afonso de & COSTA, Marcos Heil. "Evidence that Deforestation Affects the Onset of the Rainy Season in Rondonia, Brazil", *Journal of Geophysical Research*, v. 116, n. D11, 2011.

CARR, Allen & DICEY, John. *Allen Carr's Easy Way to Quit Smoking without Willpower — Includes Quit Vaping: The Best-Selling Quit Smoking Method Updated for the 2020s*. Londres: Arcturus, 2020.

CARRIEDO, Angela *et al.* "The Corporate Capture of the Nutrition Profession in the USA: The Case of the Academy of Nutrition and Dietetics", *Public Health Nutrition*, v. 25, n. 12, p. 3568-82, 2022.

CAVALAZZI, Barbara *et al.* "Cellular Remains in a ~3.42-Billion-Year-Old Subseafloor Hydrothermal Environment", *Science Advances*, v. 7, n. 29, 2021.

CENTRE FOR INDUSTRIAL RHEOLOGY. "Hellman's vs Heinz: Mayonnaise Fat Reduction Rheology", [s.d.]. Disponível em: https://www.rheologylab.com/articles/food/fat-replacement/.

CHANDRASHEKAR, Jayaram *et al.* "The Cells and Peripheral Representation of Sodium Taste in Mice", *Nature*, v. 464, p. 297-301, 2010.

CHANG, Kiara *et al.* "Association between Childhood Consumption of Ultraprocessed Food and Adiposity Trajectories in the Avon Longitudinal Study of Parents and Children Birth Cohort", *JAMA Pediatrics*, v. 175, n. 9, 2021.

CHANG, Kiara *et al.* "Ultra-Processed Food Consumption, Cancer Risk and Cancer Mortality: A Large-Scale Prospective Analysis within the UK Biobank", *EClinicalMedicine*, v. 56, 2023.

CHASSAING, Benoit *et al.* "Dietary Emulsifiers Impact the Mouse Gut Microbiota Promoting Colitis and Metabolic Syndrome", *Nature*, v. 519, p. 92-6, 2015.

CHEN, Xiaojia *et al.* "Consumption of Ultra-Processed Foods and Health Outcomes: A Systematic Review of Epidemiological Studies", *Nutrition Journal*, v. 19, n. 1, 2020.

CHEN, Xuanli *et al.* "Associations of Ultra-Processed Food Consumption with Cardiovascular Disease and All-Cause Mortality: UK Biobank", *European Journal of Public Health*, v. 32, n. 5, p. 779-85, 2022.

CHEN, Zhe *et al.* "Trace Fossil Evidence for Ediacaran Bilaterian Animals with Complex Behaviors", *Precambrian Research*, v. 224, p. 690-701, 2013.

CHILDS, Rachel & SIBSON, Vicky. *Ultra-Processed Foods (UPF) in the Diets of Infants and Young Children in the UK: What They Are, How They Harm Health, and What Should Be Done to Reduce Intakes*. Londres: First Steps Nutrition Trust, 2023. Disponível em: https://www.firststepsnutrition.org/s/FSN_UPF-Report_Digital-for-web-June-2023.pdf.

CHURCH, Timothy S. *et al.* "Trends Over 5 Decades in US Occupation-Related Physical Activity and Their Associations with Obesity", *PLoS One*, v. 6, n. 5, 2011.

CHUSYD, Daniella E. *et al.* "Adiposity, Reproductive and Metabolic Health, and Activity Levels in Zoo Asian Elephant (*Elephas maximus*)", *Journal of Experimental Biology*, v. 224, n. 2, 2021.

CLARK, Michael A. *et al.* "Global Food System Emissions Could Preclude Achieving the 1.5 °C and 2 °C Climate Change Targets", *Science*, v. 370, n. 6517, p. 705-8, 2020.

COCA-COLA. "Transparency Research Report", 2022.

COOK, Sherbune F. & BORAH, Woodrow. *Essays in Population History: Mexico and California*. Berkeley: University of California Press, 1979.

COOKSEY-STOWERS, Kristen; SCHWARTZ, Marlene B. & BROWNELL, Kelly D. "Food Swamps Predict Obesity Rates Better Than Food Deserts in the United States", *International Journal of Environmental Research and Public Health*, v. 14, n. 11, 2017.

COOMBES, Rebecca. "Row over Ultra-Processed Foods Panel Highlights Conflicts of Interest Issue at Heart of UK Science Reporting", *British Medical Journal*, v. 383, 2023.

COPPA, A. *et al.* "Palaeontology: Early Neolithic Tradition of Dentistry", *Nature*, v. 440, p. 755-6, 2006.

CORDOVA, Reynalda *et al.* "Consumption of Ultraprocessed Foods and Risk of Multimorbidity of Cancer and Cardio Metabolic Diseases: A Multinational Cohort Study", *The Lancet Regional Health — Europe*, v. 35, 2023.

CORRUCCINI, Robert S. "An Epidemiologic Transition in Dental Occlusion in World Populations", *American Journal of Orthodontics*, v. 86, n. 5, p. 419-26, 1984.

CORRUCCINI, Robert S. "Australian Aboriginal Tooth Succession, Interproximal Attrition, and Begg's Theory", *American Journal of Orthodontics and Dentofacial Orthopedics*, v. 97, n. 4, p. 349-57, 1990.

CORRUCCINI, Robert S. *How Anthropology Informs the Orthodontic Diagnosis of Malocclusion's Causes*. Londres: Edwin Mellen Press, 1999.

DAEPP, Madeleine I. G. *et al.* "The Mortality of Companies", *Journal of the Royal Society Interface*, v. 12, n. 106, 2015.

DALENBERG, Jelle R. *et al.* "Short-Term Consumption of Sucralose with, but Not without, Carbohydrate Impairs Neural and Metabolic Sensitivity to Sugar in Humans", *Cellular Metabolism*, v. 31, n. 3, p. 493-502, 2020.

DAVIS, Clara M. "Self-Regulation of Diet in Childhood", *Health Education Journal*, v. 5, n. 1, p. 37-40, 1947.

DE GRAAF, Cees. "Texture and Satiation: The Role of Oro-Sensory Exposure Time", *Physiology & Behavior*, v. 107, n. 4, p. 496-501, 2012.

DE-LA-CRUZ, Miriel *et al.* "The Artificial Sweetener Splenda Intake Promotes Changes in Expression of c-Fos and NeuN in Hypothalamus and Hippocampus of Rats", *Brain Research*, v. 1700, p. 181-9, 2018.

DELANEY, J. J. "Investigation of the Use of Chemicals in Food Products", House of Representatives, Union Calendar n. 1139, 3 jan. 1951. Disponível em: https://aseh.org/resources/Documents/Delaney-Investigation.Use%20of%20Chemicals%20in%20Foods-1.3.51.pdf.

DENEVAN, William M. & LOVELL, W. George (org.). *The Native Population of the Americas in 1492*. Madison: University of Wisconsin Press, 1992.

DEPARTMENT FOR ENVIRONMENT, FOOD & RURAL AFFAIRS. "Family Food 2012", Londres, 2013.

DE WIJK, Rene A. *et al.* "The Effects of Food Viscosity on Bite Size, Bite Effort and Food Intake", *Physiology & Behavior*, v. 95, n. 3, p. 527-32, 2008.

DICKEN, Samuel J. & BATTERHAM, Rachel L. "The Role of Diet Quality in Mediating the Association between Ultra-Processed Food Intake, Obesity and Health-Related Outcomes: A Review of Prospective Cohort Studies", *Nutrients*, v. 14, n. 1, 2021.

DI LERNIA, Savino & GALLINARO, Marina. "The Date and Context of Neolithic Rock Art in the Sahara: Engravings and Ceremonial Monuments from Messak Set-Tafet (South-West Libya)", *Antiquity*, v. 84, n. 326, p. 954-75, 2010.

DINAN, Timothy G. *et al.* "Collective Unconscious: How Gut Microbes Shape Human Behavior", *Journal of Psychiatric Research*, v. 63, p. 1-9, 2015.

DODD, Matthew S. *et al.* "Evidence for Early Life in Earth's Oldest Hydrothermal Vent Precipitates", *Nature*, v. 543, p. 60-4, 2017.

DODSON, Thomas B. & SUSARLA, Srinivas M. "Impacted Wisdom Teeth", *BMJ Clinical Evidence*, v. 2014, 2014.

DRAY, Sally. "Food Waste in the UK", *House of Lords Library*, 12 mar. 2021. Disponível em: https://lordslibrary.parliament.uk/food-waste-in-the-uk/.

DUGAS, Lara R. *et al.* "Energy Expenditure in Adults Living in Developing Compared with Industrialized Countries: A Meta-Analysis of Doubly Labeled Water Studies", *American Journal of Clinical Nutrition*, v. 93, n. 2, p. 427-41, 2011.
DUNNE, Julie *et al.* "First Dairying in Green Saharan Africa in the Fifth Millennium BC", *Nature*, v. 486, p. 390-4, 2012.
EBBELING, Cara B. *et al.* "Effects of a Low Carbohydrate Diet on Energy Expenditure During Weight Loss Maintenance: Randomized Trial", *British Medical Journal*, v. 363, 2018.
EBERSOLE, Kara *et al.* "Energy Expenditure and Adiposity in Nigerian and African-American Women", *Obesity*, v. 16, n. 9, p. 2148-54, 2008.
EBISAWA, Motohiro; ITO, Komei & FUJISAWA, Takao. "Japanese Guidelines for Food Allergy 2017", *Allergology International*, v. 66, n. 2, p. 248-64, abr. 2017.
EDWARDS, Ryan B. *et al.* "Causes of Indonesia's Forest Fires", *World Development*, v. 127, 2020.
EFSA PANEL ON FOOD ADDITIVES AND FLAVOURINGS. "Re-Evaluation of Dimethyl Polysiloxane (E 900) as a Food Aditive", *EFSA Journal*, v. 18, 2020.
ELIZABETH, Leonie *et al.* "Ultra-Processed Foods and Health Outcomes: A Narrative Review", *Nutrients*, v. 12, n. 7, 2020.
ELLISON, Peter T. "Energetics and Reproductive Effort", *American Journal of Human Biology*, v. 15, n. 3, p. 342-51, 2003.
ELLISON, Peter T. & LAGER, Catherine. "Moderate Recreational Running Is Associated with Lowered Salivary Progesterone Profiles in Women", *American Journal of Obstetrics and Gynecology*, v. 154, n. 5, p. 1000-3, 1986.
EMESSEN, T. R. *Aus Görings Schreibtisch ein Dokumentenfund*. Dortmund: Historisches Kabinett, Allgemeiner Deutscher Verlag, 1947.
ENVIRONMENTAL PROTECTION AGENCY. "Lifetime Health Advisories and Health Effects Support Documents for Perfluorooctanoic Acid and Perfluorooctane Sulfonate", *Federal Register*, v. 81, n. 101, 25 maio 2016.
ESKRIDGE, Larry. "After 150 Years, We Still Ask: Why 'This Cruel War'?", *Canton Daily Ledger*, 2011.
EVANS, Gary W. & ENGLISH, Kimberly. "The Environment of Poverty: Multiple Stressor Exposure, Psychophysiological Stress, and Socioemotional Adjustment", *Child Development*, v. 73, n. 4, p. 1238-48, 2002.
EVERSHED, Richard P. *et al.* "Dairying, Diseases and the Evolution of Lactase Persistence in Europe", *Nature*, v. 608, p. 336-45, 2022.
FABBRI, Alice *et al.* "The Influence of Industry Sponsorship on the Research Agenda: A Scoping Review", *American Journal of Public Health*, v. 108, n. 11, p. e9-16, 2018.
FALK, Armin; KOSSE, Fabian & PINGER, Pia. "Re-Revisiting the Marshmallow Test: A Direct Comparison of Studies by Shoda, Mischel, and Peake (1990) and Watts, Duncan, and Quan (2018)", *Psychological Science*, v. 31, n. 1, p. 100-4, 2020.
FARDET, Anthony & ROCK, Edmond. "Perspective: Reductionist Nutrition Research Has Meaning Only within the Framework of Holistic and Ethical Thinking", *Advances in Nutrition*, v. 9, n. 6, p. 655-70, 2018.
FERRO-LUZZI, Anna & MARTINO, Laura. "Obesity and Physical Activity", *Ciba Foundation Symposium*, v. 201, p. 207-21, 1996.
FIOLET, Thibault *et al.* "Consumption of Ultra-Processed Foods and Cancer Risk: Results from NutriNet-Santé Prospective Cohort", *British Medical Journal*, v. 360, 2018.
FLACCO, Maria Elena *et al.* "Head-to-Head Randomized Trials Are Mostly Industry Sponsored and Almost Always Favor the Industry Sponsor", *Journal of Clinical Epidemiology*, v. 68, n. 7, p. 811-20, 2015.

FLETCHER, Paul C. & KENNY, Paul J. "Food Addiction: A Valid Concept?", *Neuropsychopharmacology*, v. 43, n. 13, p. 2506-13, 2018.

FLÖSSNER, Otto. *Synthetische Fette: Beiträge zur Ernäehrungsphysiologie*. Leipzig: Barth, 1948.

FOGEL, Anna *et al.* "A Description of an 'Obesogenic' Eating Style That Promotes Higher Energy Intake and Is Associated with Greater Adiposity in 4.5-Year-Old Children: Results from the GUSTO Cohort", *Physiology & Behavior*, v. 176, p. 107-16, 2017.

FOLKVORD, Frans *et al.* "The Effect of Playing Advergames That Promote Energy-Dense Snacks or Fruit on Actual Food Intake among Children", *The American Journal of Clinical Nutrition*, v. 97, n. 2, p. 239-45, 2013.

FOLKVORD, Frans *et al.* "The Role of Attentional Bias in the Effect of Food Advertising on Actual Food Intake among Children", *Appetite*, v. 84, p. 251-8, 2015.

FOOD & DRUG ADMINISTRATION (FDA). "Corn Oil ONE. FDA GRAS 704 Corn Oil Zero 1st Application", [s.d.]. Disponível em: https://www.fda.gov/media/107554/download.

FORDE, Ciarán G.; MARS, Monica & DE GRAAF, Kees. "Ultra-Processing or Oral Processing? A Role for Energy Density and Eating Rate in Moderating Energy Intake from Processed Foods", *Current Developments in Nutrition*, v. 4, n. 3, 2020.

FORSYTH, Brian W.; MCCARTHY, Paul L. & LEVENTHAL, John M. "Problems of Early Infancy, Formula Changes, and Mothers' Beliefs about Their Infants", *Journal of Pediatrics*, v. 106, n. 6, p. 1012-7, 1985.

FOSTER, Gary D. *et al.* "A Randomized Trial of a Low-Carbohydrate Diet for Obesity", *New England Journal of Medicine*, v. 348, n. 21, p. 2082-90, 2003.

FOWLER, Sharon P. G. "Low-Calorie Sweetener Use and Energy Balance: Results from Experimental Studies in Animals, and Large-Scale Prospective Studies in Humans", *Physiology & Behavior*, v. 164, p. 517-23, 2016.

FOWLER, Sharon P. G. *et al.* "Fueling the Obesity Epidemic? Artificially Sweetened Beverage Use and Long-Term Weight Gain", *Obesity*, v. 16, n. 8, p. 1894-900, 2008.

FRINGS, Daniel *et al.* "Comparison of Allen Carr's Easyway Programme with a Specialist Behavioural and Pharmacological Smoking Cessation Support Service: A Randomized Controlled Trial", *Addiction*, v. 115, n. 5, p. 977-85, 2020.

FURNESS, John B. & BRAVO, David M. "Humans as Cucinivores: Comparisons with Other Species", *Journal of Comparative Physiology B*, v. 185, p. 825-34, 2015.

GALLAGHER, Alison M. *et al.* "Low-Calorie Sweeteners in the Human Diet: Scientific Evidence, Recommendations, Challenges and Future Needs. A Symposium Report from the FENS 2019 Conference", *Journal of Nutritional Science*, v. 10, 2021.

GARCÍA, Olga P.; LONG, Kurtz Z. & ROSADO, Jorge L. "Impact of Micronutrient Deficiencies on Obesity", *Nutrition Review*, v. 67, n. 10, p. 559-72, 2009.

GARDNER, Christopher D. *et al.* "Effect of Low-Fat vs Low-Carbohydrate Diet on 12-Month Weight Loss in Overweight Adults and the Association with Genotype Pattern or Insulin Secretion: The DIETFITS Randomized Clinical Trial", *Journal of the American Medical Association*, v. 319, n. 7, p. 667-79, 2018.

GATTI, Luciana V. *et al.* "Amazonia as a Carbon Source Linked to Deforestation and Climate Change", *Nature*, v. 595, p. 388-93, 2021.

GEARHARDT, Ashley N. & SCHULTE, Erica M. "Is Food Addictive? A Review of the Science", *Annual Review of Nutrition*, v. 41, p. 387-410, 2021.

GEARHARDT, Ashley N. *et al.* "Social, Clinical, and Policy Implications of Ultra-Processed Food Addiction", *British Medical Journal*, v. 383, 2023.

GEYER, Roland; JAMBECK, Jenna R. & LAW, Karen. "Production, Use, and Fate of All Plastics Ever Made", *Scientific Advances*, v. 3, n. 7, 2017.

GIBNEY, Michael J. *et al.* "Ultra-Processed Foods in Human Health: A Critical Appraisal", *American Journal of Clinical Nutrition*, v. 106, n. 3, p. 717-24, 2017.

GILBERT, Jack A. *et al.* "Current Understanding of the Human Microbiome", *Nature Medicine*, v. 24, p. 392-400, 2018.

GOLDACRE, Ben. *Bad Pharma: How Medicine Is Broken, And How We Can Fix It*. Londres: HarperCollins, 2012.

GÓMEZ-DONOSO, Clara *et al.* "Ultra-Processed Food Consumption and the Incidence of Depression in a Mediterranean Cohort: The SUN Project", *European Journal of Nutrition*, v. 59, n. 3, p. 1093-103, 2020.

GORNALL, Jonathan. "Sugar's Web of Influence", *British Medical Journal*, v. 350, 2015.

GRAMLING, Carolyn. "Hints of Oldest Fossil Life Found in Greenland Rocks", *Science*, 31 ago. 2016.

GRANT, Bridget F. *et al.* "Epidemiology of DSM-5 Alcohol Use Disorder: Results from the National Epidemiologic Survey on Alcohol and Related Conditions III", *JAMA Psychiatry*, v. 72, n. 8, p. 757-66, 2015.

GREER, Frank R. *et al.* "The Effects of Early Nutritional Interventions on the Development of Atopic Disease in Infants and Children: The Role of Maternal Dietary Restriction, Breastfeeding, Hydrolyzed Formulas, and Timing of Introduction of Allergenic Complementary Foods", *Pediatrics*, v. 143, n. 4, 2019.

GRIFFITH, Rachel; LLUBERAS, Rodrigo & LÜHRMANN, Melanie. "Gluttony and Sloth? Calories, Labor Market Activity and the Rise of Obesity", *Journal of the European Economic Association*, v. 14, n. 6, p. 1253-86, 2016.

GRINE, F. E.; GWINNETT, A. J. & OAKS, J. H. "Early Hominid Dental Pathology: Interproximal Caries in 1.5 Million-Year-Old Paranthropus Robustus from Swartkrans", *Archives of Oral Biology*, v. 35, n. 5, p. 381-6, 1990.

HABER, G. *et al.* "Depletion and Disruption of Dietary Fibre. Effects on Satiety, Plasma-Glucose, and Serum-Insulin", *The Lancet*, v. 2, n. 8040, p. 679-82, 1977.

HALL, Andrew B.; HUFF, Connor & KURIWAKI, Shiro. "Wealth, Slaveownership, and Fighting for the Confederacy: An Empirical Study of the American Civil War", *American Political Science Review*, v. 113, n. 3, p. 658-73, 2019.

HALL, Kevin D. "Diet versus Exercise in 'The Biggest Loser' Weight Loss Competition", *Obesity*, v. 21, n. 5, p. 957-9, 2013.

HALL, Kevin D. "A Review of the Carbohydrate-Insulin Model of Obesity", *European Journal of Clinical Nutrition*, v. 71, n. 3, p. 323-6, 2017.

HALL, Kevin D.; GUO, Juen & SPEAKMAN, John R. "Do Low-Carbohydrate Diets Increase Energy Expenditure?", *International Journal of Obesity*, v. 43, p. 2350-4, 2019.

HALL, Kevin D. *et al.* "Quantification of the Effect of Energy Imbalance on Bodyweight", *The Lancet*, v. 378, n. 9793, p. 826-37, 2011.

HALL, Kevin D. *et al.* "Energy Expenditure and Body Composition Changes After an Isocaloric Ketogenic Diet in Over-Weight and Obese Men", *The American Journal of Clinical Nutrition*, v. 104, n. 2, p. 324-33, 2016.

HALL, Kevin D. *et al.* "Ultra-Processed Diets Cause Excess Calorie Intake and Weight Gain: An Inpatient Randomized Controlled Trial of Ad Libitum Food Intake", *Cellular Metabolism*, v. 30, n. 1, p. 67-77, 2019.

HALL, Kevin D. *et al.* "Effect of a Plant-Based, Low-Fat Diet versus an Animal-Based, Ketogenic Diet on Ad Libitum Energy Intake", *Nature Medicine*, v. 27, n. 2, p. 344-53, 2021.

HALL, Kevin D. *et al.* "The Energy Balance Model of Obesity: Beyond Calories in, Calories Out", *American Journal of Clinical Nutrition*, v. 115, n. 5, p. 1243-54, 2022.

HAND, Gregory A. & BLAIR, Steven N. "Energy Flux and Its Role in Obesity and Metabolic Disease", *European Endocrinology*, v. 10, n. 2, p. 131-5, 2014.

HARDY, Karen *et al.* "The Importance of Dietary Carbohydrate in Human Evolution", *Quarterly Review of Biology*, v. 90, n. 3, p. 251-68, 2015.

HARPER, Hugo & HALLSWORTH, Michael. "Counting Calories: How Under-Reporting Can Explain the Apparent Fall in Calorie Intake", *The Behavioural Insights Team*, Londres, 2016.

HARRIS, Jennifer L.; BARGH, John A. & BROWNELL, Kelly D. "Priming Effects of Television Food Advertising on Eating Behavior", *Health Psychology*, v. 28, n. 4, p. 404-13, 2009.

HARRIS, Jennifer L. *et al.* "US Food Company Branded Advergames on the Internet: Children's Exposure and Effects on Snack Consumption", *Journal of Children and Media*, v. 6, n. 1, p. 51-68, 2012.

HARTUNG, Thomas. "Toxicology for the Twenty-First Century", *Nature*, v. 460, p. 208-12, 2009.

HAUGAARD, Rasmus *et al.* "The Joffre Banded Iron Formation, Hamersley Group, Western Australia: Assessing the Palaeo-Environment through Detailed Petrology and Chemostratigraphy", *Precambrian Research*, v. 273, p. 12-37, 2016.

HAUGEN, Harald Sveinson & STEPHENSON, Robert O. "Anomalies on Alaskan Wolf Skulls". *In*: 36th Alaska Science Conference, 1985, Fairbanks. *Anais* [...]. Fairbanks: University of Alaska-Fairbanks, 1985.

HEALTH AND SOCIAL CARE INFORMATION CENTRE. "Health Survey for England, 2012", 18 dez. 2013.

HEBEBRAND, Johannes *et al.* "'Eating Addiction', Rather Than 'Food Addiction', Better Captures Addictive-Like Eating Behavior", *Neuroscience & Biobehavioral Reviews*, v. 47, p. 295-306, 2014.

HENQUIN, Jean-Claude. "Do Pancreatic β Cells 'Taste' Nutrients to Secrete Insulin?", *Science Signaling*, v. 5, n. 239, p. pe36, 2012.

HERVEY, G. R. "The Effects of Lesions in the Hypothalamus in Parabiotic Rats", *The Journal of Physiology*, v. 145, n. 2, p. 336-52, 3 mar. 1959.

HILL, James O. "Understanding and Addressing the Epidemic of Obesity: An Energy Balance Perspective", *Endocrine Reviews*, v. 27, n. 7, p. 750-61, 2006.

HILL, James O.; WYATT, Holly R. & PETERS, John C. "Energy Balance and Obesity", *Circulation*, v. 126, n. 1, p. 126-32, 2012.

HILL, James O.; WYATT, Holly R. & PETERS, John C. "The Importance of Energy Balance", *European Endocrinology*, v. 9, n. 2, p. 111-5, 2013.

HISCOCK, Rosemary *et al.* "Smoking and Socioeconomic Status in England: The Rise of the Never Smoker and the Disadvantaged Smoker", *Journal of Public Health*, v. 34, n. 3, p. 390-6, 2012.

HISTORISCHE KOMMISSION FÜR WESTFALEN. *Ingenieure im Ruhrgebiet Rheinisch-Westfälische Wirtschaftsbiographien*, v. 17. Münster: Aschendorff, 2019.

HOFMAN, Denise L.; VAN BUUL, Vincent J. & BROUNS, Fred J. P. H. "Nutrition, Health, and Regulatory Aspects of Digestible Maltodextrins", *Critical Reviews in Food Science and Nutrition*, v. 56, n. 12, p. 2091-100, 2016.

HOLDER, Mary K. *et al.* "Dietary Emulsifiers Consumption Alters Anxiety-Like and Social-Related Behaviors in Mice in a Sex-Dependent Manner", *Scientific Reports*, v. 9, n. 1, 2019.

HOLLIDAY, Richard J. & HELFTER, Jim. *A Holistic Vet's Prescription for a Healthy Herd: A Guide to Livestock Nutrition, Free-Choice Minerals, and Holistic Cattle Care.* Greeley: Acres USA, 2014.

HOLMAN, Eric W. "Immediate and Delayed Reinforcers for Flavor Preferences in Rats", *Learning and Motivation*, v. 6, n. 1, p. 91-100, 1975.

HOLMAN, Garvin L. "Intragastric Reinforcement Effect", *Journal of Comparative and Physiological Psychology*, v. 69, n. 3, p. 432-41, 1969.

HORTA, Bernardo L.; LORET DE MOLA, Christian & VICTORA, Cesar G. "Long-Term Consequences of Breastfeeding on Cholesterol, Obesity, Systolic Blood Pressure and Type 2 Diabetes: A Systematic Review and Meta-Analysis", *Acta Paediatrica*, v. 104, n. 467, p. 30-7, 2015a.

HORTA, Bernardo L.; LORET DE MOLA, Christian & VICTORA, Cesar G. "Breastfeeding and Intelligence: A Systematic Review and Meta-Analysis", *Acta Paediatrica*, v. 104, n. 467, p. 14-29, 2015b.

HOSTE, Hervé *et al.* "Use of Agro-Industrial By-Products Containing Tannins for the Integrated Control of Gastro-Intestinal Nematodes in Ruminants", *Parasite*, v. 29, n. 10, 2022.

IMAMURA, Fumiaki *et al.* "Consumption of Sugar Sweetened Beverages, Artificially Sweetened Beverages, and Fruit Juice and Incidence of Type 2 Diabetes: Systematic Review, Meta-Analysis, and Estimation of Population Attributable Fraction", *British Medical Journal*, v. 351, 2015.

IMHAUSEN, Arthur. "Die Fettsäure-Synthese und ihre Bedeutung für die Sicherung der deutschen Fettversorgung", *Kolloid-Zeitschrift*, v. 103, p. 105-8, 1943.

INGERVALL, Bengt & BITSANIS, Elias. "A Pilot Study of the Effect of Masticatory Muscle Training on Facial Growth in Long-Face Children", *European Journal of Orthodontics*, v. 9, n. 1, p. 15-23, 1987.

IOANNIDIS, John P. A. "Why Most Published Research Findings Are False", *pLoS Medicine*, v. 2, n. 8, p. e124, 2005.

IOANNIDIS, John P. A. "Evidence-Based Medicine Has Been Hijacked: A Report to David Sackett", *Journal of Clinical Epidemiology*, v. 73, p. 82-6, 2016.

JACOBS, Frank M. J. *et al.* "An Evolutionary Arms Race between KRAB Zinc-Finger Genes ZNF91/93 and SVA/L1 Retrotransposons", *Nature*, v. 516, p. 242-5, 2014.

JARDIM, Mariana Zogbi *et al.* "Ultra-Processed Foods Increase Noncommunicable Chronic Disease Risk", *Nutrition Research*, v. 95, p. 19-34, 2021.

JELLIFFE, Derrick B. "Commerciogenic Malnutrition?", *Nutrition Reviews*, v. 30, n. 9, p. 199-205, 1972.

JOHNS HOPKINS MEDICAL INSTITUTIONS. "Formula-Fed Preemies at Higher Risk for Dangerous GI Condition Than Babies Who Get Donor Milk", maio 2011. Disponível em: https://www.sciencedaily.com/releases/2011/04/110430171122.htm.

JOHNSON, J. A. "Corporate Morality in the Third Reich", *Science History Institute*, 2009.

JONES, Julie Miller. "Food Processing: Criteria for Dietary Guidance and Public Health?", *Proceedings of the Nutrition Society*, v. 78, n. 1, p. 4-18, 2019.

JOSHI, Preeti A. "The Australasian Society of Clinical Immunology and Allergy Infant Feeding for Allergy Prevention Guidelines", *The Medical Journal of Australia*, v. 210, n. 2, p. 89-93, fev. 2019.

KATZMARZYK, Peter T. *et al.* "Relationship between Lifestyle Behaviors and Obesity in Children Ages 9-11: Results from a 12-Country Study", *Obesity*, v. 23, n. 8, p. 1696-702, 2015.

KEAST, Russell S. J. & BRESLIN, Paul A. S. "An Overview of Binary Taste-Taste Interactions", *Food Quality and Preference*, v. 14, n. 2, p. 111-24, 2003.

KEOGAN, Sheila; LI, Shasha & CLANCY, Luke. "Allen Carr's Easyway to Stop Smoking: A Randomised Clinical Trial", *Tobacco Control*, v. 28, n. 4, p. 414-9, 2019.

KHOSROVA, Elaine. *Butter: A Rich History*. Londres: Appetite by Random House, 2016.

KIDD, Celeste; PALMERI, Holly & ASLIN, Richard N. "Rational Snacking: Young Children's Decision-Making on the Marshmallow Task Is Moderated by Beliefs about Environmental Reliability", *Cognition*, v. 126, n. 1, p. 109-14, 2013.

KIM, Hyunju; HU, Emily A. & REBHOLZ, Casey M. "Ultra-Processed Food Intake and Mortality in the USA: Results from the Third National Health and Nutrition Examination Survey (NHANES III, 1988-1994)", *Public Health Nutrition*, v. 22, n. 10, p. 1777-85, 2019.

KLIMENTIDIS, Yann C. *et al.* "Canaries in the Coal Mine: A Cross-Species Analysis of the Plurality of Obesity Epidemics", *Proceedings of the Royal Society B*, v. 278, n. 1712, p. 1626-32, 2011.

KNORR, Dietrich & WATZKE, Heribert. "Food Processing at a Crossroad", *Frontiers in Nutrition*, v. 6, 2019.

KOCH, Alexander *et al.* "Earth System Impacts of the European Arrival and Great Dying in the Americas After 1492", *Quaternary Science Reviews*, v. 207, p. 13-36, 2019.

KOEBNICK, Corinna *et al.* "Consequences of a Longterm Raw Food Diet on Body Weight and Menstruation: Results of a Questionnaire Survey", *Annals of Nutrition and Metabolism*, v. 43, n. 2, p. 69-79, 1999.

KRAFT, Thomas S. *et al.* "The Energetics of Uniquely Human Subsistence Strategies", *Science*, v. 374, n. 6575, 2021.

KRAUT, Hans. "The Physiological Value of Synthetic Fats", *British Journal of Nutrition*, v. 3, p. 355-8, 1949.

LADABAUM, Uri *et al.* "Obesity, Abdominal Obesity, Physical Activity, and Caloric Intake in US Adults: 1988 to 2010", *American Journal of Medicine*, v. 127, n. 8, p. 717-27, 2014.

LAKSHMAN, Rajalakshmi. "Establishing a Healthy Growth Trajectory from Birth: The Baby Milk Trial", *Medical Research Council* (MRC), [s.d.].

LAKSHMAN, Rajalakshmi; OGILVIE, David & ONG, Ken K. "Mothers' Experiences of Bottle-Feeding: A Systematic Review of Qualitative and Quantitative Studies", *Archives of Disease in Childhood*, v. 94, n. 8, p. 596-601, 2009.

LAMBERTI, Laura M. *et al.* "Breast-Feeding for Reducing the Risk of Pneumonia Morbidity and Mortality in Children under Two: A Systematic Literature Review and Meta-Analysis", *BMC Public Health*, v. 13, s. 3, 2013.

LARAIA, Barbara A. *et al.* "Biobehavioral Factors That Shape Nutrition in Low-Income Populations: A Narrative Review", *American Journal of Preventive Medicine*, v. 52, p. S118-26, 2017.

LEE, I-Min *et al.* "Effect of Physical Inactivity on Major Non-Communicable Diseases Worldwide: An Analysis of Burden of Disease and Life Expectancy", *The Lancet*, v. 380, n. 9838, p. 219-29, 2012.

LEITE-FILHO, Argemiro T.; COSTA, Marcos H. & FU, Rong. "The Southern Amazon Rainy Season: The Role of Deforestation and Its Interactions with Large-Scale Mechanisms", *International Journal of Climatology*, v. 40, n. 4, p. 2328-41, 2020.

LEME, Ana Carolina B. *et al.* "Co-Occurrence and Clustering of Sedentary Behaviors, Diet, Sugar-Sweetened Beverages, and Alcohol Intake among Adolescents and Adults: The Latin American Nutrition and Health Study (ELANS)", *Nutrients*, v. 13, n. 6, 2021.

LENNOX, Alison *et al.* "Appendix X — Misreporting in the National Diet and Nutrition Survey Rolling Programme (NDNS RP): Summary of Results and Their Interpretation", *National Diet and Nutrition Survey*, Food Standards Agency, [s.d.].

LEUNG, Cindy W. *et al.* "Food Insecurity and Ultra-Processed Food Consumption: The Modifying Role of Participation in the Supplemental Nutrition Assistance Program (SNAP)", *The American Journal of Clinical Nutrition*, v. 116, n. 1, p. 197-205, 2022.

LEVINE, Arielle Richey *et al.* "Emulsifiers and Intestinal Health: An Introduction", *Journal of Pediatric Gastroenterology and Nutrition*, v. 74, n. 3, p. 314-9, 2022.

LEVY-COSTA, Renata Bertazzi *et al.* "Household Food Availability in Brazil: Distribution and Trends (1974-2003)", *Revista de Saúde Pública*, v. 39, n. 4, p. 530-40, 2005.

LI, Huiping *et al.* "Association of Ultraprocessed Food Consumption with Risk of Dementia: A Prospective Cohort Study", *Neurology*, v. 99, n. 10, p. e1056-66, 2022.

LI, Weiqiang; BEARD, Brian L. & JOHNSON, Clark M. "Biologically Recycled Continental Iron Is a Major Component in Banded Iron Formations", *Proceedings of the National Academy of Sciences USA*, v. 112, n. 27, p. 8193-8, 2015.

LIEBERMAN, Daniel E. *The Story of the Human Body: Evolution, Health and Disease*. Londres: Penguin Books, 2011. [Ed. bras.: *A história do corpo humano: evolução, saúde e doença*. Rio de Janeiro: Zahar, 2015.]

LIEBERMAN, Daniel E. *et al.* "Effects of Food Processing on Masticatory Strain and Craniofacial Growth in a Retrognathic Face", *Journal of Human Evolution*, v. 46, n. 6, p. 655-77, 2004.

LIEBMAN, Bonnie. "Big Fat Lies — The Truth about the Atkins Diet", *Nutrition Action*, v. 29, n. 9, nov. 2002.

LINDSAY, Craig. "A Century of Labour Market Change: 1900 to 2000", *Labour Market Trends*, mar. 2003.

LIST, Gary R. "Hippolyte Mège (1817-1880)", *Inform*, v. 17, 2006.

LLAVERO-VALERO, María *et al.* "Ultra-Processed Foods and Type-2 Diabetes Risk in the SUN Project: A Prospective Cohort Study", *Clinical Nutrition*, v. 40, n. 5, p. 2817-24, 2021.

LLEWELLYN, Clare H. *et al.* "Eating Rate Is A Heritable Phenotype Related to Weight in Children", *The American Journal of Clinical Nutrition*, v. 88, n. 6, p. 1560-6, 2008.

LO, Chun-Han *et al.* "Ultra-Processed Foods and Risk of Crohn's Disease and Ulcerative Colitis: A Prospective Cohort Study", *Clinical Gastroenterology and Hepatology*, v. 20, n. 6, p. e1323-37, 2022.

LODGE, Caroline J. *et al.* "Breastfeeding and Asthma and Allergies: A Systematic Review and Meta-Analysis", *Acta Paediatrica*, v. 104, n. 467, p. 38-53, 2015.

LOPEZ-QUINTERO, Catalina *et al.* "Probability and Predictors of Transition from First Use to Dependence on Nicotine, Alcohol, Cannabis, and Cocaine: Results of the National Epidemiologic Survey on Alcohol and Related Conditions (NESARC)", *Drug and Alcohol Dependence*, v. 115, n. 1-2, p. 120-30, 2011.

LUCAS, A. & COLE, T. J. "Breast Milk and Neonatal Necrotising Enterocolitis", *The Lancet*, v. 336, n. 8730-8731, p. 1519-23, 1990.

LUKE, Amy *et al.* "Energy Expenditure Does Not Predict Weight Change in Either Nigerian or African American Women", *American Journal of Clinical Nutrition*, v. 89, n. 1, p. 169-76, 2009.

LUNDH, Andreas *et al.* "Industry Sponsorship and Research Outcome", *Cochrane Database of Systematic Reviews*, v. 2, n. 2, 2017.

MACNAB, Andrew. "Regular Pringles: Once You Pop (Open VATA 1994, Schedule 8, Group 1, Excepted Item 5), the Fun Doesn't Stop!", *Monckton Chambers*, 2007.

MAFFINI, Maricel V.; NELTNER, Thomas G. & VOGEL, Sarah. "We Are What We Eat: Regulatory Gaps in the United States That Put Our Health at Risk", *PLoS Biology*, v. 15, n. 12, 2017.

MAIER, Elke. "Coal – In Liquid Form", *Max Planck Research*, v. 4, p. 78-9, 2016. Disponível em: https://www.mpg.de/10856815/S004_Flashback_078–079.pdf.

MAIER, Helmut. "Chemiker im 'Dritten Reich'. Die Deutsche Chemische Gesellschaft und der Verein Deutscher Chemiker im NS-Herrschaftsapparat. Im Auftrag der Gesellschaft Deutscher Chemiker. Weinheim, Wiley-VCH 2015", *Historische Zeitschrift*, v. 305, p. 269-70, 2017.

MARCHESE, Laura *et al.* "Ultra-Processed Food Consumption, Socio-Demographics and Diet Quality in Australian Adults", *Public Health Nutrition*, v. 25, n. 1, p. 94-104, 2022.

MARLOWE, Frank W. *et al.* "Honey, Hadza, Hunter-Gatherers, and Human Evolution", *Journal of Human Evolution*, v. 71, p. 119-28, 2014.

MARTIN, Crescent B. *et al.* "Attempts to Lose Weight among Adults in the United States, 2013-2016", *National Center for Health Statistics Data Brief*, n. 313, p. 1-8, 2018.

MARTINI, Daniela *et al.* "Ultra-Processed Foods and Nutritional Dietary Profile: A Meta-Analysis of Nationally Representative Samples", *Nutrients*, v. 13, n. 10, 2021.

MARTIN-MCGILL, Kirsty J. *et al.* "Ketogenic Diets for Drug-Resistant Epilepsy", *Cochrane Database of Systematic Reviews*, v. 6, n. 6, 2020.

MCCANN, Donna *et al.* "Food Additives and Hyperactive Behaviour in 3-Year-Old and 8/9-Year-Old Children in the Community: A Randomised, Double-Blinded, Placebo-Controlled Trial", *The Lancet*, v. 370, n. 9598, p. 1560-7, 2007.

MCDERMOTT, LeRoy. "Self-Representation in Upper Paleolithic Female Figurines", *Current Anthropology*, v. 37, n. 2, p. 227-75, 1996.

MCGANN, John P. "Poor Human Olfaction Is a 19th-Century Myth", *Science*, v. 356, n. 6338, 2017.

MCGEE, Harold. *On Food and Cooking: The Science and Lore of the Kitchen*. Londres: Scribner, 2007. [Ed. bras.: *Comida & cozinha: ciência e cultura da culinária*. Trad. Marcelo Brandão Cipolla. São Paulo: WMF Martins Fontes, 2014.]

MECH, L. David & NELSON, Michael E. "Evidence of Prey-Caused Mortality in Three Wolves", *The American Midland Naturalist*, v. 123, n. 1, p. 207-8, 1990.

MENDONÇA, Raquel de Deus *et al.* "Ultra-Processed Food Consumption and the Incidence of Hypertension in a Mediterranean Cohort: The Seguimiento Universidad de Navarra Project", *American Journal of Hypertension*, v. 30, n. 4, p. 358-66, 2017.

MENEGUELLI, Talitha Silva *et al.* "Food Consumption by Degree of Processing and Cardiometabolic Risk: A Systematic Review", *International Journal of Food Sciences and Nutrition*, v. 71, n. 6, p. 678-92, 2020.

MENNELLA, Julie A.; JAGNOW, Coren P. & BEAUCHAMP, Gary K. "Prenatal and Postnatal Flavor Learning by Human Infants", *Pediatrics*, v. 107, n. 6, 2001.

MEPHAM, Ben. "Food Additives: An Ethical Evaluation", *British Medical Bulletin*, v. 99, n. 1, p. 7-23, 2011.

MEYER, Bruce D.; MOK, Wallace K. C. & SULLIVAN, James X. "Household Surveys in Crisis", *Journal of Economic Perspectives*, v. 29, n. 4, p. 199-226, 2015.

MICHALOPOULOS, Argyris; TZELEPIS, George & GEROULANOS, S. "Morbid Obesity and Hypersomnolence in Several Members of an Ancient Royal Family", *Thorax*, v. 58, n. 3, p. 281-2, 2003.

MILLER, Paige E. & PEREZ, Vanessa. "Low-Calorie Sweeteners and Body Weight and Composition: A Meta-Analysis of Randomized Controlled Trials and Prospective Cohort Studies", *The American Journal of Clinical Nutrition*, v. 100, n. 3, p. 765-77, 2014.

MINTZ, Sidney W. *Sweetness and Power: The Place of Sugar in Modern History*. Londres: Penguin Publishing Group, 1985.

MISCHEL, Walter; EBBESEN, Ebbe B. & ZEISS, Antonette Raskoff. "Cognitive and Attentional Mechanisms in Delay of Gratification", *Journal of Personality and Social Psychology*, v. 21, n. 2, p. 204-18, 1972.

MISCHEL, Walter; SHODA, Yuichi & RODRIGUEZ, Monica L. "Delay of Gratification in Children", *Science*, v. 244, n. 4907, p. 933-8, 1989.

MONTEIRO, Carlos Augusto *et al.* "Household Availability of Ultra-Processed Foods and Obesity in Nineteen European Countries", *Public Health Nutrition*, v. 21, n. 1, p. 18-26, 2018.

MONTEIRO, Carlos Augusto *et al.* "Ultra-Processed Foods, Diet Quality, and Health Using the NOVA Classification System", *Food and Agriculture Organization of the United Nations*, Roma, p. 1-44, 2019. Disponível em: https://www.fao.org/3/ca5644en/ca5644en.pdf.

MORALES, Ileana & BERRIDGE, Kent C. "'Liking' and 'Wanting' in Eating and Food Reward: Brain Mechanisms and Clinical Implications", *Physiology & Behavior*, v. 227, 2020.

MORROT, Gil; BROCHET, Frédéric & DUBOURDIEU, Denis. "The Color of Odors", *Brain and Language*, v. 79, n. 2, p. 309-20, 2001.

MOTE, Travis; VILLALBA, Juan J. & PROVENZA, Frederick D. "Foraging Sequence Influences the Ability of Lambs to Consume Foods Containing Tannins and Terpenes", *Behavioral Education for Human, Animal, Vegetation, and Ecosystem Management*, v. 113, p. 57-68, 2008.

MULLER, Adrian *et al.* "Strategies for Feeding the World More Sustainably with Organic Agriculture", *Nature Communications*, v. 8, n. 1290, 2017.

MULLER, Mike. *The Baby Killer*. Londres: A War on Want, 1974. Disponível em: http://archive.babymilkaction.org/pdfs/babykiller.pdf.

MURRAY, Elisabeth A.; WISE, Steven P. & RHODES, Sarah E. V. "What Can Different Brains Do with Reward?". *In*: GOTTFRIED, Jay A. (org.). *Neurobiology of Sensation and Reward*. Boca Raton: CRC Press/Taylor & Francis, 2012.

NABKASORN, Chanudda *et al.* "Effects of Physical Exercise on Depression, Neuroendocrine Stress Hormones and Physiological Fitness in Adolescent Females with Depressive Symptoms", *European Journal of Public Health*, v. 16, n. 2, p. 179-84, 2006.

NAIMI, Sabrine *et al.* "Direct Impact of Commonly Used Dietary Emulsifiers on Human Gut Microbiota", *Microbiome*, v. 9, n. 66, 2021.

NAIR, Divek V. T. *et al.* "Food Additive Guar Gum Aggravates Colonic Inflammation in Experimental Models of Inflammatory Bowel Disease", *Current Developments in Nutrition*, v. 5, s. 2, 2021.

NARULA, Neeraj *et al.* "Association of Ultra-Processed Food Intake with Risk of Inflammatory Bowel Disease: Prospective Cohort Study", *British Medical Journal*, v. 374, 2021.

NATIONAL FOOD STRATEGY. *The Plan*, 2021.

NATIONAL INSTITUTES OF HEALTH (NIH). "Low-Fat Diet Compared to Low-Carb Diet", 2021. Disponível em: https://www.nih.gov/news-events/nih-research-matters/low-fat-diet-compared-low-carb-diet.

NCD RISK FACTOR COLLABORATION. "Height and Body-Mass Index Trajectories of School-Aged Children and Adolescents from 1985 to 2019 in 200 Countries and Territories: A Pooled Analysis of 2181 Population-Based Studies with 65 Million Participants", *The Lancet*, v. 396, n. 10261, p. 1511-24, 2020.

NELTNER, Thomas G. *et al.* "Navigating the US Food Additive Regulatory Program", *Comprehensive Reviews in Food Science and Food Safety*, v. 10, n. 6, p. 342-68, 2011.

NELTNER, Thomas G. *et al.* "Conflicts of Interest in Approvals of Additives to Food Determined to Be Generally Recognized as Safe: Out of Balance", *JAMA Internal Medicine*, v. 173, n. 22, p. 2032-6, 2013a.

NELTNER, Thomas G. *et al.* "Data Gaps in Toxicity Testing of Chemicals Allowed in Food in the United States", *Reproductive Toxicology*, v. 42, p. 85-94, 2013b.

NETTLETON, Jennifer A. *et al.* "Diet Soda Intake and Risk of Incident Metabolic Syndrome and Type 2 Diabetes in the Multi-Ethnic Study of Atherosclerosis (MESA)", *Diabetes Care*, v. 32, n. 4, p. 688-94, 2009.

NICKERSON, Kourtney P. & MCDONALD, Christine. "Crohn's Disease-Associated Adherent-Invasive *Escherichia coli* Adhesion Is Enhanced by Exposure to the Ubiquitous Dietary Polysaccharide Maltodextrin", *PLoS One*, v. 7, n. 12, 2012.

NICKERSON, Kourtney P. *et al.* "The Dietary Polysaccharide Maltodextrin Promotes Salmonella Survival and Mucosal Colonization in Mice", *PLoS One*, v. 9, n. 7, 2014.

NICOLE, Wendee. "Secret Ingredients: Who Knows What's in Your Food?", *Environmental Health Perspectives*, v. 121, n. 4, p. a126-33, 2013.

NIXON, H. C. "The Rise of the American Cottonseed Oil Industry", *Journal of Political Economy*, v. 38, n. 1, p. 73-85, 1930.

NUNN, Nathan & QIAN, Nancy. "The Columbian Exchange: A History of Disease, Food, and Ideas", *Journal of Economic Perspectives*, v. 24, n. 2, p. 163-88, 2010.

ODEGAARD, Andrew O. *et al.* "Western-Style Fast Food Intake and Cardiometabolic Risk in an Eastern Country", *Circulation*, v. 126, n. 2, p. 182-8, 2012.

OECD ILIBRARY. "Obesity among Children", 2018. Disponível em: https://www.oecd-ilibrary.org/sites/health_glance_eur-2018-26-en/index.html.

OFFICE FOR NATIONAL STATISTICS. "Survey Sampling for Family Food", 2015.

OFFICE FOR NATIONAL STATISTICS. "Living Costs and Food Survey", 2017.

OFFICE FOR NATIONAL STATISTICS. "Long-Term Trends in UK Employment: 1861 to 2018", 29 abr. 2019.

OHKUMA, Toshiaki. *et al.* "Association between Eating Rate and Obesity: A Systematic Review and Meta-Analysis", *International Journal of Obesity*, v. 39, n. 11, p. 1589-96, 2015.

ONAOLAPO, Adejoke Yetunde & ONAOLAPO, Olakunle J. "Food Additives, Food and the Concept of 'Food Addiction': Is Stimulation of the Brain Reward Circuit by Food Sufficient to Trigger Addiction?", *Pathophysiology*, v. 25, n. 4, p. 263-76, 2018.

O'RAHILLY, Stephen. "Harveian Oration 2016: Some Observations on the Causes and Consequences of Obesity", *Clinical Medicine*, v. 16, n. 6, p. 551-64, 2016.

ORGANIZAÇÃO MUNDIAL DA SAÚDE (OMS). "Allen Carr's Easyway", 2021.

OSTROWSKI, Matthew P. *et al.* "The Food Additive Xanthan Gum Drives Adaptation of the Human Gut Microbiota", *bioRxiv* (pré-impressão), 2021.

OXILIA, Gregorio *et al.* "Earliest Evidence of Dental Caries Manipulation in the Late Upper Palaeolithic", *Scientific Reports*, v. 5, n. 12150, 2015.

PAZ-FILHO, Gilberto *et al.* "Congenital Leptin Deficiency: Diagnosis and Effects of Leptin Replacement Therapy", *Arquivos Brasileiros de Endocrinologia & Metabologia*, v. 54, n. 8, p. 690-7, 2010.

PELL, David *et al.* "Changes in Soft Drinks Purchased by British Households Associated with the UK Soft Drinks Industry Levy: Controlled Interrupted Time Series Analysis", *British Medical Journal*, v. 372, 2021.

PETERSON, Kevin J. *et al.* "The Ediacaran Emergence of Bilaterians: Congruence between the Genetic and the Geological Fossil Records", *Philosophical Transactions of the Royal Society B*, v. 363, n. 1496, p. 1435-43, 2008.

PETERSEN, Max C. & SHULMAN, Gerald I. "Mechanisms of Insulin Action and Insulin Resistance", *Physiological Reviews*, v. 98, n. 4, p. 2133-223, 2018.

POLACK, Fernando P.; KHAN, Nafees & MAISELS, M. Jeffrey. "Changing Partners: The Dance of Infant Formula Changes", *Clinical Pediatrics*, v. 38, n. 12, p. 703-8, 1999.

POLK, Sarah E. *et al.* "Wanting and Liking: Separable Components in Problematic Eating Behavior?", *Appetite*, v. 115, p. 45-53, 2017.

PONTZER, Herman. "The Crown Joules: Energetics, Ecology, and Evolution in Humans and Other Primates", *Evolutionary Anthropology*, v. 26, n. 1, p. 12-24, 2017.

PONTZER, Herman. "Energy Constraint as a Novel Mechanism Linking Exercise and Health", *Physiology*, v. 33, n. 6, p. 384-93, 2018.

PONTZER, Herman *et al.* "Hunter-Gatherer Energetics and Human Obesity", *PLoS One*, v. 7, n. 7, 2012.

PONTZER, Herman *et al.* "Primate Energy Expenditure and Life History", *Proceedings of the National Academy of Sciences USA*, v. 111, n. 4, p. 1433-7, 2014.

PONTZER, Herman *et al.* "Metabolic Acceleration and the Evolution of Human Brain Size and Life History", *Nature*, v. 533, p. 390-2, 2016a.

PONTZER, Herman *et al.* "Constrained Total Energy Expenditure and Metabolic Adaptation to Physical Activity in Adult Humans", *Current Biology*, v. 26, n. 3, p. 410-7, 2016b.

PONTZER, Herman *et al.* "Daily Energy Expenditure Through the Human Life Course", *Science*, v. 373, n. 6556, p. 808-12, 2021.

POUX, Xavier & AUBERT, Pierre-Marie. "An Agroecological Europe in 2050: Multifunctional Agriculture for Healthy Eating. Findings from the Ten Years for Agroecology (TYFA) Modelling Exercise", *IDDRI*, n. 9, 18 set. 2018.

POUX, Xavier; SCHIAVO, Michele & AUBERT, Pierre-Marie. "Modelling an Agroecological UK in 2050: Findings from TYFAREGIO", *IDDRI*, n. 10, nov. 2021.

POWELL, Hugh. "Fertilizing the Ocean with Iron", *Oceanus*, 2007.

POWERS, Grover F. "Infant Feeding: Historical Background and Modern Practice", *Journal of the American Medical Association*, v. 105, n. 10, p. 753-61, 1935.

PROCTOR, Robert N. *The Nazi War on Cancer*. Princeton: Princeton University Press, 2000.

PROVENZA, Fred. *Nourishment: What Animals Can Teach Us about Rediscovering Our Nutritional Wisdom*. Hartford: Chelsea Green Publishing, 2018.

PUBLIC HEALTH ENGLAND. "National Dental Epidemiology Programme for England: Oral Health Survey of Five-Year-Old Children", 2017.

PUBLIC HEALTH ENGLAND. "Annex A: The 2018 Review of the UK Nutrient Profiling Model", 2018.

PUBLIC HEALTH ENGLAND. "Child Oral Health: Applying All Our Health", 8 mar. 2022.

QUIGLEY, Maria A. & CARSON, Claire. "Breastfeeding in the 21st Century", *The Lancet*, v. 387, n. 10033, p. 2087-8, 2016.
RASMUSSEN, Kristine *et al.* "Collaboration between Academics and Industry in Clinical Trials: Cross Sectional Study of Publications and Survey of Lead Academic Authors", *British Medical Journal*, v. 363, 2018.
RAUBER, Fernanda *et al.* "Ultra-Processed Food Consumption and Chronic Non-Communicable Diseases-Related Dietary Nutrient Profile in the UK (2008-2014)", *Nutrients*, v. 10, n. 5, 2018.
RAUBER, Fernanda *et al.* "Ultra-Processed Food Consumption and Risk of Obesity: A Prospective Cohort Study of UK Biobank", *European Journal of Nutrition*, v. 60, n. 4, p. 2169-80, 2020a.
RAUBER, Fernanda *et al.* "Ultra-Processed Food Consumption and Indicators of Obesity in the United Kingdom Population (2008-2016)", *PLoS One*, v. 15, n. 5, 2020b.
RAVER, C. Cybele *et al.* "CSRP's Impact on Low-Income Preschoolers' Preacademic Skills: Self-Regulation as a Mediating Mechanism", *Child Development*, v. 82, n. 1, p. 362-78, 2011.
REARDON, Thomas *et al.* "The Processed Food Revolution in African Food Systems and the Double Burden of Malnutrition", *Global Food Security*, v. 28, 2021.
REDDY, Avanija *et al.* "The pH of Beverages in the United States", *Journal of the American Dental Association*, v. 147, n. 4, p. 255-63, 2016.
RETALLACK, Gregory J. "First Evidence for Locomotion in the Ediacara Biota from the 565 Ma Mistaken Point Formation, Newfoundland", *Geology*, v. 38, n. 2, 2010.
REYES, Marcela *et al.* "Development of the Chilean Front-of-Package Food Warning Label", *BMC Public Health*, v. 19, n. 1, 2019.
RICO-CAMPÀ, Anaïs *et al.* "Association between Consumption of Ultra-Processed Foods and All Cause Mortality: SUN Prospective Cohort Study", *British Medical Journal*, v. 365, 2019.
RIOS, Julia M.; BERG, Martha K. & GEARHARDT, Ashley N. "Evaluating Bidirectional Predictive Pathways between Dietary Restraint and Food Addiction in Adolescents", *Nutrients*, v. 15, n. 13, 2023.
ROBERTS, Carol L. *et al.* "Translocation of Crohn's Disease *Escherichia coli* across M-Cells: Contrasting Effects of Soluble Plant Fibres and Emulsifiers", *Gut*, v. 59, n. 10, p. 1331-9, 2010.
RODGERS, Anthony *et al.* "Prevalence Trends Tell Us What Did Not Precipitate the US Obesity Epidemic", *The Lancet Public Health*, v. 3, n. 4, p. e162-3, 2018.
RODRÍGUEZ-PALACIOS, Alexander *et al.* "The Artificial Sweetener Splenda Promotes Gut Proteobacteria, Dysbiosis, and Myeloperoxidase Reactivity in Crohn's Disease-Like Ileitis", *Inflammatory Bowel Disease*, v. 24, n. 5, p. 1005-20, 2018.
ROLLS, Barbara J. "The Relationship between Dietary Energy Density and Energy Intake", *Physiology & Behavior*, v. 97, n. 5, p. 609-15, 2009.
ROLLS, Barbara J.; CUNNINGHAM, Paige M. & DIKTAS, Hanim E. "Properties of Ultraprocessed Foods That Can Drive Excess Intake", *Nutrition Today*, v. 55, n. 3, p. 109-15, 2020.
ROMERO FERREIRO, Carmen; LORA PABLOS, David; GÓMEZ DE LA CÁMARA, Agustín. "Two Dimensions of Nutritional Value: Nutri-Score and NOVA", *Nutrients*, v. 13, n. 8, 2021.
RÖÖS, Elin *et al.* "Agroecological Practices in Combination with Healthy Diets Can Help Meet EU Food System Policy Targets", *The Science of the Total Environment*, v. 847, 2022.
RUTJES, Anne Ws *et al.* "Vitamin and Mineral Supplementation for Maintaining Cognitive Function in Cognitively Healthy People in Mid and Late Life", *Cochrane Database of Systematic Reviews*, v. 12, n. 12, 2018.

SADLER, Christina R. *et al.* "'Even We Are Confused': A Thematic Analysis of Professionals' Perceptions of Processed Foods and Challenges for Communication", *Frontiers in Nutrition*, v. 9, 2022.

SAMMATARO, Diana & WEISS, Milagra. "Comparison of Productivity of Colonies of Honey Bees, *Apis mellifera*, Supplemented with Sucrose or High Fructose Corn Syrup", *Journal of Insect Science*, v. 13, 2013.

SAMUTHPONGTORN, Chatpol *et al.* "Consumption of Ultraprocessed Food and Risk of Depression", *JAMA Network Open*, v. 6, 2023.

SANKAR, Mari Jeeva *et al.* "Optimal Breastfeeding Practices and Infant and Child Mortality: A Systematic Review and Meta-Analysis", *Acta Paediatrica*, v. 104, n. 467, p. 3-13, 2015.

SCHEINDLIN, Benjamin. "'Take One More Bite for Me': Clara Davis and the Feeding of Young Children", *Gastronomica*, v. 5, n. 1, p. 65-9, 2005.

SCHILLINGER, Dean *et al.* "Do Sugar-Sweetened Beverages Cause Obesity and Diabetes? Industry and the Manufacture of Scientific Controversy", *Annals of Internal Medicine*, v. 165, p. 895-97, 2016.

SCHNABEL, Laure *et al.* "Association between Ultra-Processed Food Consumption and Functional Gastrointestinal Disorders: Results from the French NutriNet-Santé Cohort", *American Journal of Gastroenterology*, v. 113, n. 8, p. 1217-28, 2018.

SCHNABEL, Laure *et al.* "Association between Ultra-Processed Food Consumption and Risk of Mortality among Middle-Aged Adults in France", *JAMA Internal Medicine*, v. 179, n. 4, p. 490-8, 2019.

SCHREMPFT, Stephanie *et al.* "Variation in the Heritability of Child Body Mass Index by Obesogenic Home Environment", *JAMA Pediatrics*, v. 172, n. 12, p. 1153-60, 2018.

SCHULTE, Erica M.; AVENA, Nicole M. & GEARHARDT, Ashley N. "Which Foods May Be Addictive? The Roles of Processing, Fat Content, and Glycemic Load", *PLoS One*, v. 10, n. 2, 2015.

SCHULTE, Erica M.; SONNEVILLE, Kendrin R. & GEARHARDT, Ashley N. "Subjective Experiences of Highly Processed Food Consumption in Individuals with Food Addiction", *Psychology of Addictive Behaviors*, v. 33, n. 2, p. 144-53, 2019.

SCLAFANI, Anthony. "Oral and Postoral Determinants of Food Reward", *Physiology & Behavior*, v. 81, n. 5, p. 773-9, 2004.

SCOTT, Courtney; SUTHERLAND, Jennifer & TAYLOR, Anna. "Affordability of the UK's Eatwell Guide", *The Food Foundation*, set. 2018. Disponível em: https://foodfoundation.org.uk/sites/default/files/2021-10/Affordability-of-the-Eatwell-Guide_Final_Web-Version.pdf.

SCRINIS, Gyorgy. "Reframing Malnutrition in All Its Forms: A Critique of the Tripartite Classification of Malnutrition", *Global Food Security*, v. 26, 2020a.

SCRINIS, Gyorgy. "Ultra-Processed Foods and the Corporate Capture of Nutrition: An Essay by Gyorgy Scrinis", *British Medical Journal*, v. 371, 2020b.

SELLEM, Laury *et al.* "Food Additive Emulsifiers and Risk of Cardiovascular Disease in the NutriNet-Santé Cohort: Prospective Cohort Study", *BMJ*, v. 382, 2023.

SERÔDIO, Paulo M.; MCKEE, Martin & STUCKLER, David. "Coca-Cola: A Model of Transparency in Research Partnerships? A Network Analysis of Coca-Cola's Research Funding (2008-2016)", *Public Health Nutrition*, v. 21, n. 9, p. 1594-607, 2018.

SEVELSTED, Astrid *et al.* "Cesarean Section and Chronic Immune Disorders", *Pediatrics*, v. 135, n. 1, p. e92-8, 2015.

SHOOK, Robin P. *et al.* "What Is Causing the World-Wide Rise in Body Weight?", *European Journal of Endocrinology*, v. 10, n. 2, p. 136-44, 2014.

SIBSON, Vicky & CRAWLEY, Helen. *Sweet Enough Already: Artificial Sweeteners in the Diets of Young Children in the UK.* Londres: First Steps Nutrition Trust, 2019.

SINGAL, Mayank; BANH, Hoan Linh & ALLAN, G. Michael. "Daily Multivitamins to Reduce Mortality, Cardiovascular Disease, and Cancer", *Canadian Family Physician*, v. 59, n. 8, 2013.

SNODGRASS, Katharine. "Margarine as a Butter Substitute", *Oil & Fat Industries*, v. 8, p. 153, 1931.

SNOWDON, Christopher. "The Fat Lie", *Briefing 14:03*, Institute of Economic Affairs, 2014.

SOARES, Sónia *et al.* "A Comprehensive Review on the Main Honey Authentication Issues: Production and Origin", *Comprehensive Reviews in Food Science and Food Safety*, v. 16, n. 5, p. 1072-100, 2017.

SONG, Zheyi *et al.* "Effects of Ultra-Processed Foods on the Microbiota-Gut-Brain Axis: The Bread-and-Butter Issue", *Food Research International*, v. 167, 2023.

SROUR, Bernard *et al.* "Ultra-Processed Food Intake and Risk of Cardiovascular Disease: Prospective Cohort Study (Nutri-Net-Santé)", *British Medical Journal*, v. 365, 2019.

SROUR, Bernard *et al.* "Ultraprocessed Food Consumption and Risk of Type 2 Diabetes among Participants of the NutriNet-Santé Prospective Cohort", *JAMA Internal Medicine*, v. 180, n. 2, p. 283-91, 2020.

STAMATAKIS, Emmanuel; WEILER, Richard & IOANNIDIS, John P. A. "Undue Industry Influences that Distort Healthcare Research, Strategy, Expenditure and Practice: A Review", *European Journal of Clinical Investigation*, v. 43, n. 5, p. 469-75, 2013.

STEELE, Eurídice Martínez *et al.* "Dietary Share of Ultra-Processed Foods and Metabolic Syndrome in the US Adult Population", *Preventive Medicine*, v. 125, p. 40-8, 2019.

STEELE, Eurídice Martinez *et al.* "Potential Reductions in Ultra-Processed Food Consumption Substantially Improve Population Cardiometabolic-Related Dietary Nutrient Profiles in Eight Countries", *Nutrition, Metabolism and Cardiovascular Diseases*, v. 32, p. 2739-50, 2022.

STEVENS, C. Edward & HUME, Ian D. *Comparative Physiology of the Vertebrate Digestive System.* Cambridge: Cambridge University Press, 2004.

STOLBERG-WERNIGERODE, Otto. *Neue Deutsche Biographie.* Berlim: Duncker & Humblot, 1974.

STOLTZ, Tasha *et al.* "51 Donor Milk in the NICU: A Community Pediatrics Perspective", *Paediatrics & Child Health*, v. 26, 2021.

STROTZ, Luke C. *et al.* "Getting Somewhere with the Red Queen: Chasing a Biologically Modern Definition of the Hypothesis", *Biology Letters*, v. 14, n. 5, 2018.

STURGE-APPLE, Melissa L. *et al.* "Vagal Tone and Children's Delay of Gratification: Differential Sensitivity in Resource-Poor and Resource-Rich Environments", *Psychological Science*, v. 27, n. 6, p. 885-93, 2016.

SUEZ, Jotham *et al.* "Artificial Sweeteners Induce Glucose Intolerance by Altering the Gut Microbiota", *Nature*, v. 514, p. 181-6, 2014.

SWINBURN, Boyd A. *et al.* "The Global Syndemic of Obesity, Undernutrition, and Climate Change: The Lancet Commission Report", *The Lancet*, v. 393, n. 10173, p. 791-846, 2019.

SWITHERS, Susan E.; SAMPLE, Camille H. & DAVIDSON, Terry L. "Adverse Effects of High-Intensity Sweeteners on Energy Intake and Weight Control in Male and Obesity-Prone Female Rats", *Behavioral Neuroscience*, v. 127, n. 2, p. 262-74, 2013.

SYLVETSKY, Allison C. *et al.* "Consumption of Low-Calorie Sweetened Beverages Is Associated with Higher Total Energy and Sugar Intake among Children, NHANES 2011-2016", *Pediatric Obesity*, v. 14, n. 10, 2019.

TAILLIE, Lindsey S. *et al.* "An Evaluation of Chile's Law of Food Labeling and Advertising on Sugar-Sweetened Beverage Purchases from 2015 to 2017: A Before-and-After Study", *PLoS Medicine*, v. 17, n. 2, 2020.

TANOFSKY-KRAFF, Marian *et al.* "Laboratory Assessment of the Food Intake of Children and Adolescents with Loss of Control Eating", *American Journal of Clinical Nutrition*, v. 89, n. 3, p. 738-45, 2009.

TATE, Deborah F. *et al.* "Replacing Caloric Beverages with Water or Diet Beverages for Weight Loss in Adults: Main Results of the Choose Healthy Options Consciously Everyday (CHOICE) Randomized Clinical Trial", *The American Journal of Clinical Nutrition*, v. 95, n. 3, p. 555-63, 2012.

THE AMERICAN JOURNAL OF CLINICAL NUTRITION. "Corrigendum", v. 107, n. 3, p. 482-3, mar. 2018.

THEIS, Dolly R. Z. & WHITE, Martin. "Is Obesity Policy in England Fit for Purpose? Analysis of Government Strategies and Policies, 1992-2020", *The Milbank Quarterly*, v. 99, n. 1, p. 126-70, 2021.

THOMPSON, John M. D. *et al.* "Duration of Breastfeeding and Risk of SIDS: An Individual Participant Data Meta-Analysis", *Pediatrics*, v. 140, n. 5, 2017.

TILMAN, David & CLARK, Michael. "Global Diets Link Environmental Sustainability and Human Health", *Nature*, v. 515, p. 518-22, 2014.

TOBIAS, Deirdre K. & HALL, Kevin D. "Eliminate or Reformulate Ultra-Processed Foods? Biological Mechanisms Matter", *Cell Metabolism*, v. 33, n. 12, p. 2314-5, 2021.

TOUGER-DECKER, Riva & VAN LOVEREN, Cor. "Sugars and Dental Caries", *American Journal of Clinical Nutrition*, v. 78, n. 4, p. 881S-92S, 2003.

TOWLE, Ian *et al.* "Dental Caries in Wild Primates: Interproximal Cavities on Anterior Teeth", *American Journal of Primatology*, v. 84, n. 1, 2022.

TUCKER, Katherine L. *et al.* "Colas, but Not Other Carbonated Beverages, Are Associated with Low Bone Mineral Density in Older Women: The Framingham Osteoporosis Study", *The American Journal of Clinical Nutrition*, v. 84, n. 4, p. 936-42, 2006.

TUDOR-LOCKE, Catrine *et al.* "How Many Steps/Day Are Enough? For Adults", *The International Journal of Behavioral Nutrition and Physical Activity*, v. 8, n. 79, 2011.

UNICEF (FUNDO DAS NAÇÕES UNIDAS PARA A INFÂNCIA). *Engaging with the Food and Beverage Industry*. Nova York: Unicef Programme Guidance, 2023.

US NATIONAL TOXICOLOGY PROGRAM. "NTP Technical Report on the Toxicology and Carcinogenesis Studies of Isoeugenol (CAS no. 97-54-1) in F344/N Rats and B6C3F1 Mice", set. 2010. Disponível em: https://ntp.niehs.nih.gov/ntp/htdocs/lt_rpts/tr551.pdf.

VAN DER GOOT, Atze Jan *et al.* "Concepts for Further Sustainable Production of Foods", *Journal of Food Engineering*, v. 168, p. 42-51, 2016.

VAN TULLEKEN, Chris. "Overdiagnosis and Industry Influence: How Cow's Milk Protein Allergy Is Extending the Reach of Infant Formula Manufacturers", *British Medical Journal*, v. 363, 2018.

VAN VALEN, Leigh. "A New Evolutionary Law", *Evolutionary Theory*, v. 1, p. 1-30, 1973.

VAN VALEN, Leigh. "Extinction of Taxa and Van Valen's Law (Reply)", *Nature*, v. 257, p. 515-6, 1975.

VAN VALEN, Leigh. "The Red Queen", *American Naturalist*, v. 111, n. 980, p. 809-10, 1977.

VELDHUIZEN, Maria Geraldine *et al.* "Integration of Sweet Taste and Metabolism Determines Carbohydrate Reward", *Current Biology*, v. 27, n. 16, p. 2476-85, 2017.

VICTORA, Cesar G. *et al.* "Breastfeeding in the 21st Century: Epidemiology, Mechanisms, and Lifelong Effect", *The Lancet*, v. 387, n. 10017, p. 475-90, 2017.

VILLALBA, Juan J.; PROVENZA, Frederick D. & MANTECA, Xavier. "Links between Ruminants' Food Preference and Their Welfare", *Animal*, v. 4, n. 7, p. 1240-7, 2010.

VILLARREAL, Luis P. *Viruses and the Evolution of Life*. Londres: ASM Press, 2005.

VOLKOW, Nora D. *et al.* "Overlapping Neuronal Circuits in Addiction and Obesity: Evidence of Systems Pathology", *Philosophical Transactions of the Royal Society B*, v. 363, n. 1507, p. 3191-200, 2008.

VOLKOW, Nora D *et al.* "Food and Drug Reward: Overlapping Circuits in Human Obesity and Addiction", *Current Topics in Behavioral Neurosciences*, v. 11, p. 1-24, 2012.

VON CORNBERG, Jobst Freiherr & STEINER, John. M. "Willkür in der Willkür: Befreiungen von den antisemitischen Nürnberger Gesetzen", *Vierteljahrshefte für Zeitgeschichte*, v. 46, p. 143-87, 1998.

WALDRON, Tony. "Dental Disease". *In*: *Palaeopathology*. Cambridge: Cambridge University Press, 2008, p. 236-48.

WASTE AND RESOURCES ACTION PROGRAMME. "Household Food and Drink Waste in the United Kingdom 2012", 2013.

WATTS, Tyler W.; DUNCAN, Greg J. & QUAN, Haonan. "Revisiting the Marshmallow Test: A Conceptual Replication Investigating Links between Early Delay of Gratification and Later Outcomes", *Psychological Science*, v. 29, n. 7, p. 1159-77, 2018.

WEBBER, Jonathan. "Energy Balance in Obesity", *The Proceedings of the Nutrition Society*, v. 62, n. 2, p. 539-43, 2003.

WEE, May Sui Mei *et al.* "Correlation of Instrumental Texture Properties from Textural Profile Analysis (TPA) with Eating Behaviours and Macronutrient Composition for a Wide Range of Solid Foods", *Food & Function*, v. 9, n. 10, p. 5301-12, 2018.

WEIDENBACH, Kristin. *Rock Star: The Story of Reg Sprigg — An Outback Legend*. Kensington: East Street Publications, 2008.

WILSON, Bee. "The Irreplaceable", *The London Review of Books*, v. 44, n. 12, 23 jun. 2022.

WOOD, Benjamin; RUSKIN, Gary & SACKS, Gary. "How Coca-Cola Shaped the International Congress on Physical Activity and Public Health: An Analysis of Email Exchanges between 2012 and 2014", *International Journal of Environmental Research and Public Health*, v. 17, n. 23, 2020.

YI, Jing *et al.* "Post-Farmgate Food Value Chains Make Up Most of Consumer Food Expenditures Globally", *Nature Food*, v. 2, p. 417-25, 2021.

ZHANG, Shunming *et al.* "Ultra-Processed Food Consumption and the Risk of Non-Alcoholic Fatty Liver Disease in the Tianjin Chronic Low-Grade Systemic Inflammation and Health Cohort Study", *International Journal of Epidemiology*, v. 51, n. 1, p. 237-49, 2021.

ZHANG, Shunming *et al.* "Ultra-Processed Food Intake Is Associated with Grip Strength Decline in Middle-Aged and Older Adults: A Prospective Analysis of the TCLSIH Study", *European Journal of Nutrition*, v. 61, n. 3, p. 1331-41, 2022.

ZHENG, Liwen *et al.* "Ultra-Processed Food Is Positively Associated with Depressive Symptoms among United States Adults", *Frontiers in Nutrition*, v. 7, 2020.

ZHONG, Guo-Chao *et al.* "Association of Ultra-Processed Food Consumption with Cardiovascular Mortality in the US Population: Long-Term Results from a Large

Prospective Multicenter Study", *International Journal of Behavioral Nutrition and Physical Activity*, v. 18, p. 21, 2021.

ZHU, Yong; HSU, Walter H. & HOLLIS, James H. "Increasing the Number of Masticatory Cycles Is Associated with Reduced Appetite and Altered Postprandial Plasma Concentrations of Gut Hormones, Insulin and Glucose", *The British Journal of Nutrition*, v. 110, n. 2, p. 384-90, 2013.

ZINK, Katherine D.; LIEBERMAN, Daniel E. & LUCAS, Peter W. "Food Material Properties and Early Hominin Processing Techniques", *Journal of Human Evolution*, v. 77, p. 155-66, 2014.

Foto: © Jonny Storey 2023

**CHRIS VAN TULLEKEN** é infectologista no Hospital de Doenças Tropicais em Londres. Formou-se em Oxford e tem doutorado em virologia molecular pela University College London, onde é professor associado. Sua pesquisa se concentra em como as corporações afetam a saúde humana, sobretudo no contexto da nutrição infantil. Ele também trabalha com o Fundo das Nações Unidas para a Infância (Unicef) e a Organização Mundial da Saúde (OMS). Um dos principais apresentadores da BBC para crianças e adultos, seu trabalho venceu dois prêmios da Academia Britânica de Cinema e Televisão (BAFTA). Mora em Londres com a esposa e filhos. No X e no Instagram: @DoctorChrisVT.

Esta publicação
foi financiada pela

ACT
Promoção da Saúde

Título original:
*Ultra-processed People: Why Do We All Eat Stuff That Isn't Food... and Why Can't We Stop?*
Penguin Books, 2023

Primeira edição, setembro de 2024
Primeira reimpressão, dezembro de 2024
São Paulo, Brasil

---

Dados Internacionais de Catalogação na Publicação (CIP)
Angélica Ilacqua CRB-8/7057

---

Tulleken, Chris van
Gente ultraprocessada: por que comemos coisas que não são comida, e por que não conseguimos parar de comê-las – Chris van Tulleken; tradução de Érika Nogueira Vieira. – São Paulo: Elefante, 2024.
432 p.

Bibliografia
ISBN 978-65-6008-047-8

Título original: Ultra-Processed People

1. Alimentos processados 2. Alimentação saudável
3. Alimentação – Estilo de vida I. Título II. Vieira, Érika Nogueira

24-2174 CDD 641.4

---

Índice para catálogo sistemático:
1. Alimentos processados

---

**elefante**

editoraelefante.com.br
contato@editoraelefante.com.br
fb.com/editoraelefante
@editoraelefante

Aline Tieme [comercial]
Samanta Marinho [financeiro]
Yana Parente [design]
Beatriz Macruz [redes]

TIPOGRAFIA Rand & Signifier
PAPEL Cartão 250 g/m² & Ivory Slim 65 g/m²
IMPRESSÃO Leograf